学术共同体文库

中国政法大学县域法治研究中心 | 主办

杨玉圣 | 主编

胡玉坤 博士，北京大学人口研究所副教授、博士生导师，美国哥伦比亚大学富布莱特访问学者（2013~2014年），还任澳大利亚格里菲斯大学兼职副教授、北京大学-林肯研究院城市发展与土地政策研究中心研究员、中华女子学院中国妇女发展研究中心兼职研究员、中国社会学会妇女/性别社会学专业委员会常务理事、中国家庭文化研究会常务理事、中国人口学会理事及中国妇女研究会理事等。曾任若干国际发展机构的社会性别咨询专家或顾问。研究领域主要包括：社会性别与发展，人口、资源环境与可持续发展，性与生殖健康，老年社会工作及质性研究方法等。主要专著和译著有：《社会性别与生态文明》（社会科学文献出版社，2013年，获第三届中国妇女研究优秀成果专著类二等奖）；《中国妇女与农村发展——云南禄村60年的变迁》（译著，江苏人民出版社，2005）；《中国北方村落的社会性别与权力》（译著，江苏人民出版社，2004）；《生育健康研究与促进》（合著，中国书籍出版社，1998）等。迄今发表过数十篇文章，主要论文见"爱思想网"思想库社会学专栏（http://www.aisixiang.com/thinktank/huyukun.html）。

人口、健康与发展

胡玉坤 著

——全球化视阈与本土经验

Population, Health and Development: Global Perspectives and Local Experiences

社会科学文献出版社

SSAP

SOCIAL SCIENCES ACADEMIC PRESS (CHINA)

目　录
CONTENTS

全球化时代的人口、健康与发展（代序）

一 应对全球化挑战的国际健康政策

在全球发展议程中，健康向来不是一个狭隘界定的医学问题。1948 年 4 月生效的《世界卫生组织宪章》开宗明义的第一条原则便指明："健康是身体、心理和社会适应的完好状态，而不仅仅是没病或者不虚弱。"该宪章紧接着指出："不分种族、宗教信仰、政治信念、经济或社会状况，每个人享有可达到的最高健康水平是基本权利之一。"[①] 几十年来，无论是国际健康政策抑或其他发展框架一直都秉承并强化了这一理念，因而几十年来对于实现很多健康发展目标都发挥了积极的作用。

世界各国几无例外都面临促进个体和人口健康的双重挑战。在医学领域，人口健康是一个颇为时尚的较新的术语，从字面上看就知道，这一概念并不指向个体的健康。然而事实上，"个人与人口健康之间的关系在很大程度上是相对的并呈动态变化的"。[②] 假如硬要区分的话，临床医学主要是针对个体的；而公共卫生则是面向人群或集体的。前者旨在针对个体通过提供健康信息和服务满足个人的需求与偏好；后者则致力于通过各种干预在人口层面改善人群的健康和福祉。

在以往数十年，不断加快的全球化进程不仅重塑了全球经济，也改变了全球健康及其决定因素。通过国际贸易、投资、货物、资本、人员、服务、

---

① United Nations, *Constitution of the World Health Organization*, 1946, http://apps. who. int/gb/bd/PDF/bd47/EN/constitution – en. pdf? ua = 1.

② Onyebuchi A. Arah, "On the Relationship between Individual and Population Health," *Medicine, Health Care and Philosophy*, 2009, Vol. 12, No. 3, pp. 235 – 244.

技术乃至观念的流动等各种渠道，势不可挡的全球经济一体化就像一张无形的网使国与国之间和人与人之间更紧密地联系在一起，并且变得互为依存和依赖。① 世界卫生组织总干事陈冯富珍在《2015 健康：从 MDGs 到 SDGs》一书的序言中就从宏观角度言简意赅地勾勒了当下人口、健康与发展的关系："实现可持续发展目标的根本是要承认，消除贫困与不平等，创造包容性的经济增长，保护我们的星球和改善人口健康不仅仅相互关联，而且是互为依赖的。这对于发展战略有深刻的影响，伴随我们前行的步伐，更多这方面的证据会显露出来的。"② 诚然，教育、减贫、工业化、农业、清洁能源、环境卫生、性别平等及妇女赋权等发展问题都紧密地交织在一起，无一不对人们能否过健康的生活产生重大的影响。

20 世纪 90 年代以来，伴随全球化的提速，不管身处发达抑或发展中国家，人们的健康风险和危机都在不断加剧。当前，全球健康问题林林总总。传染性疾病与非传染性疾病并存，精神与心理疾患、妇幼卫生、生殖健康尤其是妇女和年轻人的性与生殖健康、艾滋病、基于性别的暴力等，莫不对全球人口健康构成巨大的挑战。在时代的巨变中，地球人面临的健康风险、威胁和疾病负担也开始趋同。

从全球健康的角度去审视，由于人类依存关系的增强，很多健康问题都全球化了，就连健康的决定因素也开始跨越国界。人和货物的全球性流动为传染病和其他相关风险的传播提供了肥沃的土壤。由于国际旅行人口的扩增，有些传染性疾病会沿着国际航道迅速扩散。2003 年，突如其来的"非典"（SARS）的迅速扩散便是全球化的产物。SARS 成为 21 世纪初沿着国际航空路线向全球迅疾蔓延的第一例高致病性传染病。几乎每个有国际机场的城市都受到了威胁。回首当年，各地民众惊恐万分，机场、企业、学校乃至一些边境都不得不暂时关闭，一些国家的经济因此而陷入了停顿。③ 2013年底起源于西非几内亚的埃博拉疫情，是新近暴发的又一例跨境传染病。这

① United Nations, *Global Sustainable Development Report*, 2015, p. 87, https：//sustainabledevelopment. un. org/content/documents/1758GSDR％202015％20Advance％20Unedited％20Version. pdf；〔美〕托马斯·弗里德曼：《世界是平的：21 世纪简史》，何帆、肖莹莹、郝正非译，湖南科学技术出版社，2006。

② WHO, *Health in 2015：From MDGs（Millennium Development Goals）to SDGs（Sustainable Development Goals）*, 2015, p. Ⅲ, http：//www. who. int/gho/publications/mdgs－sdgs/en/.

③ 陈冯富珍：《全球危机对卫生的影响：金钱、气候与微生物》，2009，http：//www. who. int/ dg/speeches/2009/financial_ crisis_ 20090318/zh/。

两者都表明本土的健康事件有可能演变成为具有世界影响的危机。

在一个互为依存的大千世界里，健康问题不但愈来愈凸显，而且其肇因也愈发复杂化和多样化了。很多健康威胁的根源都位于传统的卫生领域之外。诸如食品安全问题、环境污染等问题，不但需要国际及国家层面的顶层设计和政治意愿，还需动员各种利益相关者的共同参与。可见，健康问题不能靠一个国家单挑或者一个卫生部门单打一的行动，而需要国际、国家和地方层面的合作、协调及以整合性方式加以应对。为了降低跨境的健康风险，国际治理和国际层面的集体行动就变得至关重要。

自 20 世纪 90 年代以来，促进和保护健康遂成为国际政策议程中的题中应有之义。作为人力资本的主要元素，健康不仅关乎人的全面发展，而且关涉整个社会的可持续发展。促进健康不但本身成为一个发展目标，而且成为实现其他发展目标不可或缺的关键性因素。在国际政策框架中，有关健康与保健的现代理念也出现了跨越式的发展。平等、自由、个人尊严、人权、社会公正与正义以及以人为中心（people-centered）的可持续发展观等现代理念和原则被引入了人口与健康领域。鉴于人口健康影响到人权、福祉和幸福，所有年龄段人口的健康与权利问题被摆上了国际议事日程的优先位置。

例如，1994 年召开的国际人口与发展大会成为人口健康领域的一个里程碑，其最大亮点莫过于从关注人口数量控制转向以人的需求、福祉和权利为中心。这次大会率先提出了"以人为本"的"生殖健康"的新概念和2015 年之前确保所有人在其整个生命周期普遍享有生殖健康的愿景。2005年召开的世界峰会进而将"2015 年之前普及生殖保健"确立为联合国千年发展目标（MDGs）的一个具体目标。青少年、青年①、男性和老年人的健康与发展等以往被忽略的议题也得到了前所未有的关注。上述全球大会唤起了国际社会和各国政府对人口健康尤其是生殖健康和性别平等的关注。

2000 年 9 月，189 个国家的国家元首与政府首脑及主要发展机构的领导人齐聚纽约，一致通过了《联合国千年宣言》，共同描绘了一个雄心勃勃的15 年发展蓝图。为了确保全球化的包容性和公平性，以便更多人能分享全

---

① 联合国系统特别是世界卫生组织、联合国人口基金、联合国儿童基金会等发展机构通常将 10~19 岁人口界定为青少年（adolescent），15~24 岁的定义为青年（youth），10~24 岁的称为年轻人（young people）。这三个年龄范畴在不同程度上都包括了联合国《儿童权利公约》第一条规定的"儿童"概念，即不满 18 周岁的人口。除了联合国系统以外，其他各种国际发展组织和英文世界的学者也都广泛采用了基于上述年龄限定的几个术语。

球化带来的益处并规避其负面效应，凝聚了国际共识的《联合国千年宣言》有针对性地指明："我们深信，我们今天面临的主要挑战是确保全球化成为一股有利于全世界所有人民的积极力量。因为尽管全球化带来了巨大的机遇，但它所产生的惠益目前分配非常不均，各方付出的代价也不公平。"①

2001 年，联合国据此提出了 2015 年前实现的含八大目标的"千年发展目标"（Millennium Development Goals，简称 MDGs）。在这八大目标中，有 3 个与健康相关的目标，充分彰显了把人的健康与发展放在中心的意图。这三大目标分别是："目标 4：降低儿童死亡率"；"目标 5：改善孕产妇健康"；"目标 6：与艾滋病病毒/艾滋病、疟疾和其他疾病做斗争"。此外，"目标 8：建立全球发展伙伴关系"的"具体目标 5：与制药公司合作为发展中国家提供负担得起的基本药物"② 等其他目标亦或多或少都与健康有所关联。为了应对全球化带来的挑战，特别是回应弱势人群的健康需求，国际、国家和地方层面围绕上述几个目标做了大量努力。

2000 年以来，全球千年发展目标运动在健康领域成就斐然。以降低孕产妇死亡率为例，千年发展目标 5 要求 1990~2015 年孕产妇死亡率（MMR）下降 75%。一项基于对 171 个国家相关数据的跨国研究表明，全球 MMR 由 1990 年的 100000 例活产有 385 例死亡，降至 2015 年的 216 例，相对下降率为 43.9%。然而，全球降低 MMR 的努力存在明显的地区差异。高收入地区为 12/100000，与此形成鲜明对照的是，撒哈拉以南非洲高达 546/100000，两者相差 44.5 倍之多。东亚和南亚孕产妇死亡率的相对降幅最大，分别达到了 84% 和 81%。③ 中国就是成功将孕产妇死亡率降低了 3/4 的一个范例。诸如此类的健康成就多少使经济全球化有了更多人情味或者说富有人性化的面孔。

当前，全球人口与发展正处于一个关键性的节点上。2015 年是千年发

---

① United Nations：*United Nations Millennium Declaration*，2000，http：//www. un. org/millennium/declaration/ares552e. htm.

② 其他目标分别是："目标 1：消除极端贫困与饥饿"；"目标 2：到 2015 年前普及小学教育"；"目标 3：促进社会性别平等和赋权妇女"；"目标 7：确保环境的可持续性"；"目标 8：建立全球发展伙伴关系"。

③ Leontine Alkema and Doris Chou, et al. ，"Global, Regional, and National Levels and Trends in Maternal Mortality between 1990 and 2015, with Scenario-based Projections to 2030：a Systematic Analysis by the UN Maternal Mortality Estimation Inter - Agency Group," *Lancet*, 2016, Vol. 387, No. 10017, pp. 462 - 474.

展目标的收官之年。为了完成联合国千年发展目标的未竟事业并为未来 15
年打造一个更美好而光明的世界，193 个联合国成员国和国际组织的领导人
在 2015 年 9 月 25～27 日召开的联合国可持续发展峰会上又通过了一个凝聚
了国际共识的题为"改变我们的世界"的《2030 年可持续发展议程》。这
个变革性和普适性的发展框架整合并兼顾了可持续发展不可分割的三个维
度：经济、社会和环境，并全方位描绘了 2030 年之前结束贫困，消除各种
不平等，同时保护生态环境的新图景。这个升级版的发展愿景包含了 17 个
可持续发展目标（Sustainable Development Goals，简称 SDGs）和 169 个具体
目标。①

这个全新的 2015 年后发展议程将《联合国千年宣言》"以人为本"等
理念和精神进一步发扬光大。应对全球化问题在这个议程中占有更突出的位
置，可以说，这体现在关涉经济、社会和环境问题的多项具体目标之中。健
康作为可持续发展的题中应有之义再次得到了明确强调。在这个 2015 年后
议程中，关乎健康的内容被压缩为一个目标，即目标 3："确保不同年龄段
的所有人都过上健康的生活并促进他们的福祉"。与千年发展目标相比，健
康的位次提前到了第三位，而且，它将健康与福祉并置并强调关注不同年龄
段的所有人。

健康目标与其他 16 个可持续发展目标也都不无关系。世界卫生组织就
明确指出："可持续发展目标（SDGs）承认消除贫困与不平等，创造包容性
的经济增长和保护星球之间，不但相互难解难分，而且同人口健康也密不可
分。这些元素相互之间的关系是动态的和互惠性的。就健康而言，可持续发
展目标的一个基本假定便是健康是可持续发展政策的一个主要贡献者，也是
其主要受惠者。"②

基于以往千年发展目标运动在公共卫生方面留下的遗产，该议程提出了
13 个更为宽泛的具体目标。这些具体目标不但保留了降低孕产妇死亡率、
降低儿童死亡率及抗击艾滋病和疟疾等内容，而且开始聚焦于公共卫生领域
一些同样紧迫的严峻挑战。其主题归纳起来可分为以下几类：①孕产妇死亡
率、新生儿和 5 岁以下儿童死亡率以及性与生殖健康服务，包括获得计划生

---

① United Nations, *Transforming Our World*：*The 2030 Agenda for Sustainable Development*, 2015,
http：//www. un. org/ga/search/view_ doc. asp? symbol = A/RES/70/1&Lang = E.

② WHO, *Health in 2015*：*From MDGs*（*Millennium Development Goals*）*to SDGs*（*Sustainable
Development Goals*）, 2015, p. 7, http：//www. who. int/gho/publications/mdgs - sdgs/en/.

育、信息和教育；②传染性疾病包含艾滋病、结核病、疟疾、肝炎、一些热带疾病及通过水传播的疾病；③非传染性疾病包含心脏病、癌症、糖尿病、危险化学品，以及空气、水和土壤污染造成的死亡与疾患等；④心理健康和滥用药物导致的病患；⑤公路交通事故和暴力造成的伤亡。在世界各地，要增进大众健康并提升全民医疗保障水平仍面临多重挑战。譬如，要实现全球每100000例活产中孕产妇死亡低于70例的可持续发展新目标，最不发达国家仍需在卫生筹资及构建新的筹资机制和伙伴关系上付出艰辛的努力。而要降低非传染性疾病和伤亡的风险，则需要花大力气支持全民努力以化解不良健康和过早死亡的各种社会与行为决定因素。

在这十三个具体目标中，有的还勾勒了确保健康目标3实现的具体手段和举措。譬如，实现全民健康覆盖（Universal Health Coverage，简称UHC）；加强执行《世界卫生组织烟草控制框架公约》的力度；增加发展中国家医疗资金并增加保健人员的招聘、培养、培训和留用；加强所有国家特别是发展中国家警示、缓解和管理国家与全球健康风险的能力等。

这样一些全球共识的达成无疑是全球化的一个产物。知识、信息、人员、观念的全球流动有助于挑战传统理论与实践。1945年通过的《联合国宪章》便宣告了"基本人权、人的人格尊严与价值以及男女与大小国之间平等权利之信念"的普世价值。为了谋求解决与全球化相伴生的风险和危害，《2030年可持续发展议程》再一次明确强调，要为所有人构建一个更美好而光明的未来。在健康领域，"全民健康覆盖"作为一个具体目标被明确提出，① 这不言而喻彰显了2015年后发展目标提出的促进人人共享、"不丢下任何一个人"的愿景。这无疑有助于确保基本医疗卫生服务和保障惠及世界各地最贫弱的脆弱人群，进而以矫正全球化导致的健康不平等和不公正。

二　人口与发展领域的两大"基石"

从理论上讲，除非所有人尤其是边缘化人群的健康需求与权利得到保障，否则，可持续发展是可望而不可即的。在实践层面，这个庞大群体的内

---

① 事实上，早在1978年，阿拉木图初级卫生保健会议就提出了"人人享有卫生保健"的愿景。这次大会通过的《阿拉木图宣言》肯定了健康与共享繁荣之间不可分割的联系。

部千差万别，其健康需求也迥然有别。很多弱势者因基于城乡、区域、性别、年龄、种族、阶级、族裔、残疾、性取向或其他方面的权力关系而面临多重剥夺和排斥。采取"一刀切"的补救措施显然是无济于事的。在健康领域，妇女和年轻人是明显遭受多重剥夺的两个弱势群体，因而逐渐成为国际政策框架中的优先关注目标。

妇女占全球人口的半数而且在发展进程中起了举足轻重的作用。在 20 世纪 90 年代，联合国召集的一系列全球发展大会及其后续审查会议，都毫无例外将社会性别平等与赋权妇女列为一个核心议题。无怪乎，1994 年举行的国际人口与发展大会所确立的原则之一是这样表述的："促进性别平等与公平，妇女赋权以及消除一切形式针对妇女的暴力，并确保妇女有能力控制自己的生育率是有关人口和发展方案的基石。"这次大会商定的《行动纲领》提供了一个促进社会性别平等和赋权妇女的综合性行动计划。次年在北京召开的第四次世界妇女大会，系全方位探讨促进性别平等和赋权妇女的一个巅峰。它在促进妇女健康与发展上也上了一个大台阶。健康成为这次大会通过的《行动纲领》所确立的 12 个关切领域之一。此外，对妇女施暴这个公共卫生问题也被剥离出来作为一个单独的关切领域。

由于势不可挡的全球化的冲击，青少年和青年的性与生殖健康危机开始浮出水面并逐渐变成一个全球性的公共卫生问题和世界性的发展挑战。年轻人面临越来越多互为叠加的健康与发展挑战，其中包括无保护的性行为、非意愿妊娠、早孕早育、人工流产、女性割礼、孕产妇高发病率与高死亡率、艾滋病等性传播疾病、性暴力、贫困以及缺乏经济机会等。

1994 年召开的国际人口与发展大会将"生殖健康与权利"和"社会性别平等、公正与妇女赋权"确立为人口与发展的两大基石。该大会通过的具有里程碑意义的《行动纲领》第一次把青少年和青年的生殖健康与权利当作一个重要的发展问题，并且鲜明提出获得性与生殖健康的信息、教育和服务是该群体享有的一项基本权利。自那时起，青年人的性与生殖健康被视为事关世界未来的重大发展问题而受到了空前的关注和重视。尤其是跨入 21 世纪以来，对年轻人的投资即投资于未来日益成为一种国际共识和国际行动的一个优先议题。

对上述两个人群的投资被公认是一个能带来高额回报和益处的明智选择。例如，国际人口与发展大会高层工作组在 2015 年专门发表一篇题为《2015 年后发展议程筹资的明智投入》的文章。基于大量数据和实践经验，该文详尽阐述可持续发展明智投资的 4 个领域：实现性别平等和所有妇女与女童的赋权；通过普遍获得优质的负担得起的性与生殖健康的信息、教育和服务促进所有人的性与生殖健康及其权利；预防和应对针对妇女和女童的性别暴力；增强青少年和青年的权利、参与和发展。[①]

自 20 世纪 90 年代以来，除了世界卫生组织和联合国人口基金以外，越来越多国际发展组织和机构开始关注健康与发展问题，特别是妇女和青少年的性与生殖健康。譬如，联合国开发计划署 1990 年在其首次推出的《人类发展报告》中提出了"人类发展"（Human Development）的新概念，以彰显"以人为本"的发展理念。它努力传递的一个中心思想是：人类发展是社会所有成员扩大其选择的过程。为此，它建构了若干综合性指数用以衡量世界各国人类发展的进展并列出各国的全球排位。限于资料的可得性，这几个指数仅选取了几个关键性变量。其中，健康成为检验人类发展的一个重要尺度。

联合国开发计划署采用的若干指数几乎都有与健康相关的维度。例如，人类发展指数（Human Development Index，简称 HDI）采用了健康、教育和生活水平三类变量来评估人的基本能力：健康长寿用出生时预期寿命来度量；教育用成人识字率和小学、中学及大学综合入学率来衡量；生活水平用估计的收入来衡量。它的社会性别发展指数（Gender Development Index，简称 GDI）采用了 3 个相同的维度，但主要着眼于考察上述 3 个方面的性别差异。

到 2010 年人类发展报告问世 20 周年之时，联合国开发计划署还启用性别不平等指数（Gender Inequality Index，简称 GII），取代了 1995 年以来一直沿用的社会性别赋权测量（Gender Empowerment Measure，简称 GEM）。[②]前者采用生殖健康、赋权和劳动力市场参与三个维度的不平等来度量，其中两个生殖健康指标分别是孕产妇死亡率和未成年人生育率。2010 年，联合国开发计划署还启用了多维贫困指数（Multidimensional Poverty Index，简称

---

① High－Level Task Force for ICPD, *Smart Investments for Financing the Post－2015 Development Agenda*, 2015, http://icpdtaskforce.org/wp－content/uploads/2015/01/FinancingBriefSmartInvestments2015.pdf.

② 这个指数集中捕捉妇女在经济、政治和专业活动中的参与程度：用购买力平价美元测定妇女的人均收入，用议席中所占的份额测量政治机会和参与决策的情形，用专业技术和行政管理工作中所占的比例来衡量获得专业机会及参与经济决策的程度。

MPI）主要用于衡量健康、教育和生活这三个关键领域遭受剥夺的状况。可持续人类发展的新思维在很大程度上改变了国际发展干预的图景。

伴随全球化的冲击不断加剧，尊重、保护和履行这两个人群的健康与权利尤其是其性与生殖健康成了国际政策和干预的重中之重。2010 年 9 月，联合国秘书长启动了《促进妇女儿童健康全球战略》。鉴于未完成的议程，联合国秘书长 2015 年 9 月又启动了新的《妇女、儿童和青少年健康全球战略（2016~2030）》，为促进这三个人群的健康与发展勾勒了一幅重要的路线图。① 若不妥善补上这几块"短板"，促进"人人享有健康"将无从谈起。相反，追加投放还有助于整个国家和政府履行保障妇女与年轻人基本权利的义务及责任。

全球化对于处于不同社会位置的人们的健康与保健具有截然不同的含义。例如，年轻人更向往西方文明，更能适应和把握全球化带来新机遇，但这个非同质化人群的边缘化部分更易受到经济全球化的冲击。作为未来的主劳力，倘若不对他/她们进行投资，其后果将远超过实际投资的费用。人是一个国家真正的财富，也是发展的最终目标。这是联合国开发计划署近 20 年来一以贯之积极倡导的新发展观。对妇女和青少年等弱势人群的投资被漠视得太久，怎么补偿、追加和增拨资源似乎都并不过分。

三 全球化"悖论"下的中国人口健康及其影响因素

反观中国，在一个被全球化裹挟的时代里，无论你有无意识，也不论你赞成与否，每个人都置身其间。"走向世界"30 多年之后，各种在场与缺席的、近在眼前与远在天边的全球化势力错综复杂地交织在一起。全球化不再只是遥不可及的一个抽象术语，而是近在咫尺，甚至是看得见、摸得着的现实存在。全球化的"悖论"亦已悄无声息地嵌入人们的日常生活之中。中国人的健康和保健从某种程度上可以说是受全球化正面负面影响的一个缩影。

（一）正面影响

中国堪称全球化最为成功的一个国家。以 1978 年党的十一届三中全会

① United Nations, *Global Strategy for Women's, Children's and Adolescent Health, 2016 - 2030*, 2015, http：//www. who. int/life - course/partners/global - strategy/globalstrategyreport2016 - 2030 - lowres. pdf? ua = 1.

为界，中国在启动改革的同时逐渐敞开了国门，拉开了从封闭半封闭经济到对外开放的历史性转变的序幕。2001 年 12 月，中国加入世界贸易组织（WTO）后，开始了全方位开放的全新阶段。利用全球化提供的有利契机，中国一跃成为全球最大的制造业中心。特别是进入 21 世纪以后，中国经济进一步提速，GDP 的增长率连续多年都达到了两位数。经历了 30 多年举世瞩目的强劲经济增长之后，中国经济总量已跃居全世界第二位，人均国内生产总值约增至 7800 美元，已奇迹般地迎头赶超了很多国家。

不可否认，全球化在很多方面都是一股积极的力量。中国融入世界体系之后，创造和积累了以前难以想象的巨大财富。1978 年敞开国门的时候，全国农村约有 2.5 亿绝对贫困人口，约占全中国人口的 1/4，整个中国社会处于几乎濒于崩溃的边缘。在面向世界的过程中，国人的生活水平和生活质量大为提升，就连处于社会最底层的脆弱人群也得到了水涨船高的好处。在新近 20 年，中国的扶贫干预卓有成效。按照世界银行每天 2 美元的标准测算，中国贫困人口从 1990 年的 6.89 亿下降为 2011 年的 2.5 亿，减少了4.39 亿人。①

伴随现代科技的突飞猛进，全球化带来了前所未有的发展机遇和便捷，也大大加速了国人融入全球经济体系的进程。以信息通信技术来说，1994年，中国首次接入国际互联网。截至 2014 年底，网民已达 6.49 亿人，互联网普及率为 47.9%，其中手机网民达 5.57 亿人。网民中使用手机上网的比例从 2013 年的 81.0% 上升为 2015 年的 85.8%。手机端即时通信使用保持稳步增长势头，使用率为 91.2%。②

伴随社会经济发展，医疗保健技术日新月异，医疗卫生服务体系不断健全，人口健康水平得到了显著提高。人口平均预期寿命的不断延长就是一个很好的例证。1981 年，我国人口的平均预期寿命为 67.8 岁。2010 年人口普查数据显示，预期寿命已提升为 74.83 岁，其中男性 72.38 岁，女性 77.37 岁。③

---

① 中华人民共和国外交部和联合国驻华系统：《中国实施千年发展目标报告（2000~2015 年）》，2015，第 11 页，http://www.cn.undp.org/content/china/zh/home/library/mdg/mdgs – report – 2015 –.html。

② 中华人民共和国外交部和联合国驻华系统：《中国实施千年发展目标报告（2000~2015 年）》，2015，第 69 页，http://www.cn.undp.org/content/china/zh/home/library/mdg/mdgs – report – 2015 –.html。

③ 国家统计局社会科技和文化统计司编《中国妇女儿童状况统计资料（2014）》，中国统计出版社，2014，第 10 页。

另据联合国的相关数据，中国 2010～2015 年的平均预期寿命为 75.4 岁，高于世界 70.5 岁的平均水平。[①]

新生儿死亡率、婴儿死亡率、5 岁以下儿童死亡率及孕产妇死亡率等人口健康指标也显示了巨大的进步。举例来说，全国孕产妇死亡率从 1990 年的每 100000 活产约 89 例死亡下降为 2013 年的每 100000 活产约 23 例遭遇不幸。2014 年又进一步降至平均每 100000 名孕产妇中约 22 例悲剧发生，而且城乡之间的差距也正在追平。[②]

（二）负面效应

正以不断加快的步伐跨界推进的全球化并不是一服"万灵药"。在从计划经济向市场经济转轨的过程中，中国实施了一揽子以市场为导向的改革，其中包括家庭联产承包责任制的实施、乡镇企业崛起、国有企业重组、对全球贸易和投资实行开放等。在"面向世界"和"走向世界"的过程中，市场化、工业化、城市化、大规模人口流动等社会经济快速发展和社会转型，引发了中国人生产方式和生活方式的巨大转变。这一切在很大程度上也改写了城乡居民的健康和医疗保健。

在这个充满了不确定性的难以捉摸的全球化时代，影响健康的经济、社会和环境因素变得愈发错综繁杂了。贫困、就业和收入不平等之类的经济因素，性别不平等、人权、教育等社会因素以及气候变化和污染等环境因素，几乎都与健康休戚相关。例如，在过去几十年中，不健康食品与产品的全球营销和不健康的生活方式，借助于大众传媒以惊人的速度和眼花缭乱的方式席卷中华大地，并逐渐渗透到人们的日常生活之中。

在日常生活中，难以预测的不确定性因素越来越多。譬如，气候变化特别是极端气候事件会深刻影响健康的基本决定因素，如粮食和水的供应、空气、环境卫生等。由于社会不平等与排斥，一些边缘化人群更依赖自然资源，更缺乏替代性的选择，也更无力保护自己免受威胁。气候变化和自然灾

① United Nations Department of Economic and Social Affairs/Population Division, *World Population Prospects: The 2015 Revision, Key Findings and Advance Tables*, 2015, p. 45, http://esa. un. org/unpd/wpp/publications/files/key_ findings_ wpp_ 2015. pdf.

② 国务院妇女儿童工作委员会办公室、国家统计局、联合国儿童基金会：《中国儿童发展指标图集》，2014，第 47 页，http://www. unicef. cn/cn/uploadfile/2015/0323/20150323031107419. pdf。

害因而会对脆弱人群的健康和发展造成更严重、更直接的影响。[1]

在中国，全球化的各种"悖论"正在逐渐累积并不断呈现出来。就人口与健康而言，主要体现在以下方面。

第一，社会经济不平等与不平衡在加剧。

在经济全球化时代，尽管人均收入有所增加，然而，国与国之间和一国之内的收入不平等在逐渐扩大。全球化给少数人带来了史无前例的发展机遇，而大多数人获得的益处却相对较少，有的反倒因此而面临更严峻的挑战，[2] 这在中国也不例外。正像卷入全球重构之中的其他发展中国家一样，经历了 30 多年的市场化和私有化之后，城乡、东中西各区域、本地居民与流动人口、不同性别及年轻人与老年人之间在机会、财富和权力上的差距与不平等愈来愈悬殊。只需稍加留心便会发现，在面向全球的过程中，"富者愈富，贫者愈贫"的马太效应越来越显性化。笔者就发现，即使在村落层面，贫富两极分化和收入分配上的差距都变得十分惊人。中国基尼（Gini）系数从 1990 年的 0.32 增至 2010 年的 4.2。[3] 收入不平等是全球化影响最显著的维度之一，会导致机会和权力上的诸多不平等。中国业已从改革前世界上相对最公平的国家之一转变为最不公平的国家之一。

在从计划经济向市场经济转型的过程中，农村居民、农民工、儿童、青少年、残疾者、老年人、穷人及农村妇女等更无力应对全球化冲击的弱势人群，一步步被抛离社会发展的主流。举例来说，改革开放翻过了 30 多个年头，中国农业户籍人口仍有 9 亿之多。不容否认，由于私有化、商业化、现代技术的应用、大规模流动等巨变，农民本身已成为一个高度分化和多样化的社会群体。但不管是在城里还是在乡下，农民和农民工都是社会的"二等公民"。2014 年，农民工超过 2.7 亿。他/她们绝大多数从事非正规经济部门的工作，生活在城市的"夹缝"之中。作为外来者，农民工依然不能享有市民身份和本地居民享有的福利，多数农民工还被排除于国家劳动法规

① United Nations, *Global Sustainable Development Report*, 2015, p. 58, https：//sustainabledevelopment. un. org/content/documents/1758 GSDR％202015％20Advance％20Unedited％20 Version. pdf.

② Pavcnik Nina, "Globalization and Within-country Income Inequality," in Marc Bacchetta and Marion Jansen, eds., *Making Globalization Socially Sustainable*, Geneva：International Labour Organization and World Trade Organization, 2011, pp. 233 – 259, https：//www.wto.org/english/ res_e/booksp_e/glob_soc_sus_e. pdf.

③ World Bank, *Distribution of Income or Consumption*, 2015, http：//wdi. worldbank. org/table/ 2. 9.

和社会保障制度之外。

社会经济不平等也投射在医疗保健资源的配置、医疗保障的享有和健康结局的差距和不公平上。在改革之后很长时间里，政府削减了对教育和医疗等基本公共服务的投资。伴随集体经济的解体，过去的合作医疗失去了赖以生存的经济基础。1993 年、1998 年和 2003 年 3 次国家卫生服务的调查结果显示，1993 年农村合作医疗制度的覆盖率仅为 9.8%，1998 年为 6.6%，2003 年也仅上升到 9.5%。[①] 加上多数农户一直处于入不敷出的境地，农村老少边穷地区"因病致贫、因病返贫"的恶性循环变得触目惊心，生活中的不确定性、不安全感和焦虑感在加剧。近年来，农村初步建立了以最低生活保障和医疗保障为基本内容的社会救助制度。截至 2014 年底，全国参加新型农村合作医疗（简称"新农合"）人口已达 7.36 亿人，参合率为 98.9%。[②] 这无疑有助于打破乡村居民贫病交加的恶性循环。尽管如此，城乡居民在享有保障性待遇的人数和金额上仍相差悬殊。

医疗服务利用的可及性和公平性问题仍十分突出。在由计划经济体制向市场经济体制过渡的过程中，政府对经济和社会领域包括对医疗体系的控制在逐渐削弱。其结果是健康与福祉的改善在个人、家庭和社区之间的分配变得极不均衡。有购买力的富人可以享有很高端的个性化服务，而贫困和弱势的边缘化人群却无力承受基本的医疗保健费用，更甭提获得优质的医疗保健服务。

无怪乎，一些健康指标存在着十分明显的城乡、地区和阶层差异。省与省之间平均预期寿命的差异便是其中一例。1990 年，预期寿命最高的省份是上海，为 74.9 岁，最低的西藏仅 59.6 岁，两者之间差距比值为 15.3 岁。到 2000 年，最高和最低的省份仍然未变，上海已提升为 78.1 岁，而西藏仅为 64.4 岁，两者仍相差几乎 14 岁。[③]

由于全球化的冲击，医疗卫生服务逐渐市场化、私有化和商业化。在一

---

① 转引自王虎峰《卫生医疗体制改革 30 年的进程》，邹东涛主编《中国经济发展和体制改革报告 No.1：中国改革开放 30 年（1978～2008）》，社会科学文献出版社，2008。

② 中华人民共和国国家卫生和计划生育委员会：《2014 年我国卫生和计划生育事业发展统计公报》，2015，http://www.nhfpc.gov.cn/guihuaxxs/s10742/201511/191ab1d8c5f240e8b2f5c81524e80f19.shtml。

③ 国家统计局社会科技和文化产业统计司：《中国社会中的女人和男人——事实和数据（2012）》，2012，第 127 页，http://wenku.baidu.com/link?url=MntIkh62pAkbw520WCExr1q0B_Ka7OaufC9ShMSsRwYHMce7h0TVhkwxAYNLwTfvDup9wVm6-tBXC_KVMk2jC35Ls_dVxr3kkuGEaaddVlS。

个规则欠完善的市场经济体系之下，公立和私立医院变得像企业一般追逐利润。曾几何时，乡村社会提供基本医疗卫生服务的合作医疗制度几近崩溃，而医疗服务成本则不断攀升，很多缺乏医疗保险覆盖的贫困患者因病而陷入困境乃至绝境。"因病致贫、因病返贫""看病难，看病贵"等现象一直为各界所诟病。尽管经过了几轮医疗体系改革的实验，老百姓求医问药上的一些"瓶颈"问题尚未突破。公立医疗机构及其医务人员离"公益人"的角色渐行渐远，医疗服务的高昂价格会使缺乏负担能力的贫弱者望而却步，医患冲突也不时被推到舆论的风口浪尖上。此外，卫生服务体系的碎片化现象突出，疾病预防控制体系与医疗卫生服务体系"各自为政"，健康促进和疾病预防遂被边缘化甚至被漠视。

第二，人口大规模迁移和快速而无序的城市化。

自 20 世纪 80 年代中后期以来，农村大量剩余劳动力源源不断地流向城市以寻求更好的就业机会。迁移流动人口的总量在不断增长。《2014 年全国农民工监测调查报告》显示，2014 年全国农民工总量约为 2.74 亿人，其中，外出农民工约 1.68 亿，本地农民工 1.06 亿。[①]

城镇化水平伴随"民工潮"的涌动而不断快速提升。1982 年，中国城镇化率为 20.91%。2010 年人口普查数据显示，居住在城镇的人口有 6.66 亿人，约占 49.68%，比 2000 年上升了 13.46 个百分点；居住在乡村的人口为 6.74 亿人，占 50.32%。到 2011 年，中国城市化率首次超过了半数。到 2014 年年末，大陆总人口为 13.6782 亿人，其中城镇常住人口为 7.4916 亿人，占总人口的比重为 54.77%。[②] 城镇化率的不断攀升折射了中国工业化和现代化水平的不断提高。然而，农业转移人口尤其是游走在城乡之间的农民工的市民化进程明显滞后，这个人群仍被排斥在城市基本公共服务之外，有很高未满足的健康需求。上述现象对于人口健康是有深刻含义的。

第三，人口年龄结构加速老化，对养老与医疗保健体系构成巨大挑战。

20 世纪 80 年代以来，由于控制人口过快增长的基本国策的全面落实，中国的生育率迅速下降。1950～2015 年，妇女的总和生育率从 6.11 个下降

---

① 国家统计局：《2014 年全国农民工监测调查报告》，2015，http：//www.gov.cn/xinwen/2015-04/29/content_2854930.htm。

② 国家统计局：《2014 年国民经济和社会发展统计公报》，2015，http：//www.stats.gov.cn/tjsj/zxfb/201502/t20150226_685799.html。

为 1.66 个。① 早在 90 年代初，生育率就降至更替水平以下，进入了低生育水平国家行列（低于 2.1 这个生育更替水平）。与此同时，人口死亡率和自然增长率也进入了低水平阶段。到 2014 年，全年出生人口 1687 万人，人口出生率为 12.37‰；死亡人口 977 万人，死亡率为 7.16‰；自然增长率为 5.21‰。② 全年净增人口为 710 万人。

伴随全球化的进程，中国人口再生产类型很快完成了由"高出生、低死亡、高自然增长"的"高低高"传统模式向"低出生、低死亡、低自然增长"的"低低低"现代模式的转变。这一历史性转变的步伐较快，仅用了不到 30 年的很短时间，而发达国家通常需要上百年才能走完这一历程。③ 在"低低低"人口增长模式之下，人口增长的势头已减缓，增量逐渐减少，然而人口总量依旧巨大并且还在继续增长。中国是世界上第一人口大国。联合国数据显示，到 2015 年年中，全球人口达到了 73 亿人，其中中国有 13.8 亿，占全球人口的 19%。④ 人口如此庞大，底子又很薄，自然资源相对匮乏，人口与资源环境、人口与经济社会发展的矛盾还会进一步显现。纵然已是世界第二大经济体，中国仍是一个中等收入的发展中国家，而且社会经济发展很不平衡。

人口转变的后果亦以飞快的速度接踵而至。在过去几十年，中国人口的结构尤其是年龄结构发生了急剧变化。老年人口的比重迅速提升，儿童和青少年人口数占总人口的比重在逐渐下降。第六次全国人口普查资料显示，2010 年中国 0~17 岁人口为 2.8 亿人，占总人口的比重为 20.9%，比 2000 年减少 6.9 个百分点。⑤ 伴随着生育率的下降，到 2010 年，平均每个家庭户

---

① WHO，*China Country Assessment Report on Aging and Health*，2015，p. 1，http：//apps. who. int/iris/bitstream/10665/194271/1/9789241509312_ eng. pdf？ua = 1.

② 国家统计局：《2014 年国民经济和社会发展统计公报》，2015，http：//www. stats. gov. cn/tjsj/zxfb/201502/t20150226_685799. html。

③ 国家统计局：《改革开放 30 年报告之六：人口素质全面提高就业人员成倍增加》，2008，http://www. stats. gov. cn/ztjc/ztfx/jnggkf30n/200811/t20081103_65692. html。

④ United Nations Department of Economic and Social Affairs/Population Division，*World Population Prospects：The 2015 Revision*，*Key Findings and Advance Tables*，pp. 1，4，http：//esa. un. org/unpd/wpp/publications/files/key_ findings_ wpp_ 2015. pdf。

⑤ 国家统计局社会科技和文化产业统计司：《中国社会中的女人和男人——事实和数据（2012）》，2012，第 3 页，http：//wenku. baidu. com/link？ url = MntIkh62pAkbw520WCExr1q0B_ Ka7OaufC9ShMSsRwYHMce7h0TVhkwxAYNLwTfvDup9wVm6 – tBXC_ KVMk2jC35Ls_ dVxr3kk uGEaaddVlS。

的人口规模已降为 3.1 人。

伴随生活质量和保健水平不断提高，平均预期寿命逐渐延长，人口老龄化趋势不断加快，遂形成了倒金字塔形的人口结构。到 2000 年，中国 60 岁及以上老年人口超过总人口的 10%，开始进入老龄化社会。[①] 60 岁和 65 岁人口所占的比重分别从 2000 年的 10.33% 和 6.96% 上升为 2010 年的 13.26% 和 8.87%。[②] 到 2014 年，中国 60 岁及以上人口达到 2.12 亿人，占总人口的 15.5%，65 岁及以上的有 1.38 亿人，占总人口的 10.1%。[③] 当前，中国是老龄人口最多的国家，也是老龄化速度最快的国家之一。

人口的日益老龄化会加剧疾病模式转变并带来更多富有挑战性的公共卫生问题。由于老年人群体渐趋庞大，慢性病患者的基数亦随之不断扩大，有的老人同时患有多种慢性病，疾病负担因而日渐沉重。诚如蔡昉指出的，伴随以低龄老人为主渐变为高龄老人为主的人口老龄化的深化，疾病、失能和半失能老人的医疗、康复、护理及照料需求会日渐紧迫。医疗养老等公共服务的性质和范围需与时俱进与之相配套。这也意味着需要物质赡养、生活照料和精神慰藉上的更多投入。[④] 鉴于老年人对卫生服务和长期照护的需求，医疗卫生将成为养老服务不可分割的关键性组成部分。统筹医疗卫生与养老服务资源，促进医疗卫生与养老服务结合也就变得十分紧迫和必要了。

当上述几股趋势交汇并交织在一起时，势必驱动着疾病负担的不断上升。

（三）疾病负担的转变

中国逐渐融入世界体系之后，各种旧的与新的、公开的与隐蔽的健康问题都糅杂到了一起。一些人口健康与发展问题并没有随着经济增长而消亡，反而因社会经济发展提供的平台呈现出新的面貌。与上述人口转变紧密相连

---

① 国家统计局社会科技和文化产业统计司：《中国社会中的女人和男人——事实和数据（2012）》，2012，第 3 页，http：//wenku. baidu. com/link? url = MntIkh62pAkbw520WCExr1q0B_Ka7OaufC9ShMSsRwYHMce7h0TVhkwxAYNLwTfvDup9wVm6 - tBXC_ KVMk2jC35Ls_ dVxr3kkuGEaaddVlS。

② 国务院第六次全国人口普查办公室、国家统计局人口和就业统计司编《2010 年第六次全国人口普查主要数据》，中国统计出版社，2011，第 9 页。

③ 国家统计局：《2014 年国民经济和社会发展统计公报》，2015，http：//www. stats. gov. cn/tjsj/zxfb/201502/t20150226_685799. html。

④ 蔡昉：《促进人口均衡发展》，《经济日报》2015 年 11 月 12 日，第 3 版。

的是健康转变（health transition）或者叫作流行病学转变（epidemiological transition），即疾病负担逐渐由婴幼儿、孕产妇健康问题及传染性疾病变为慢性非传染性疾病。联合国可持续发展目标（SDGs）中列举的所有健康主题可以说几无例外都是中国面临的严峻挑战。概言之，中国消灭传染性疾病的"第一次卫生革命"尚未完成，战胜慢性非传染性疾病的"第二次卫生革命"也面临着严峻的挑战。

事实上，慢性非传染性疾病业已取代传染病成为头号杀手。伴随着经济的发展和医学的进步，慢性非传染性疾病的侵扰非但没有淡出，其疾病负担反而伴随着社会经济进步而日渐沉重。[①] 到2012年，全国居民慢性病死亡率为533/100000，占总死亡人数的86.6%。其中死于心脑血管病、癌症和慢性呼吸系统疾病的人数占据前三位，仅这三者就占总死亡79.4%的份额。它们的死亡率分别为271.8/100000、144.3/100000和68/100000。像阿尔茨海默病等疾患的发病率和患病率也呈上升趋势。更不容忽视的是，很多疾病还呈愈来愈年轻化的趋势。2012年，全国18岁及以上成人高血压的患病率为25.2%，糖尿病的患病率为9.7%。[②]

全球化对非传染性疾病和伤病的激增无疑也起了推波助澜的作用。市场和营销的全球化通过改变饮食和生活方式会加剧了非传染性疾病的扩散，[③] 中国也概莫能外。颇具讽刺意味的是，随着生活水平的提高，人们反而平添了一些新疾病。例如，因膳食结构的改变和营养的改善，超重肥胖问题日渐凸显。2012年，全国18岁及以上成人的超重率为30.1%，肥胖率为11.9%。6~17岁儿童的相应比例分别为9.6%和6.4%。[④] 这么沉重的慢性病负担足以说明健康转变有多么巨大的影响。值得关注的是，疾病负担的快速变化有可能使低收入贫困人口因高昂的慢性病医疗费而陷入困境。

与此同时，战胜传染性疾病的艰巨任务似乎并不亚于应对非传染性疾

---

① 郑晓瑛、宋新明：《中国人口转变、经济发展与慢性病增长》，《中国高校社会科学》2014年第4期；Shiyong Wang, Patricio Marquez and John Langenbrunner, *Toward a Healthy and Harmonious Life in China*: *Stemming the Rising Tide of Non-communicable Diseases*, Washington, D. C.: World Bank, 2011。

② 中华人民共和国国家卫生和计划生育委员会：《中国居民营养与慢性病状况报告（2015）》，http://www.moh.gov.cn/xcs/s3574/201506/6b4c0f873c174ace9f57f11fd4f6f8d9.shtml。

③ WHO, *Health in 2015*: *From MDGs*（*Millennium Development Goals*）*to SDGs*（*Sustainable Development Goals*）, 2015, p. 27, http://www.who.int/gho/publications/mdgs-sdgs/en/.

④ 中华人民共和国国家卫生和计划生育委员会：《中国居民营养与慢性病状况报告（2015）》，http://www.moh.gov.cn/xcs/s3574/201506/6b4c0f873c174ace9f57f11fd4f6f8d9.shtml。

病。中国目前的主要传染病包括病毒性肝炎、肺结核及艾滋病等性传播疾病。改革开放之后，早已销声匿迹的一些古老的性传播疾病如梅毒和淋病等又开始死灰复燃。像艾滋病这样的新型传染性疾病开始浮出水面，并为人们所关注。经过多年大力干预，疫情总体上控制在低流行水平，发病率快速上升的势头得到初步遏制。2014 年，新报告艾滋病感染者和病人有 10.4 万例，年增长率为 14.8%，防治任务仍然十分艰巨。[①] 有可能突如其来的新发传染病，如 SARS、高致病性禽流感及手足口病等大型流行病疫情，仍会对公共卫生构成严重的威胁。

中国融入世界体系之后，与快速经济增长密切相关的一些健康问题一直层出不穷。譬如，严重危害劳动者生命与健康的职业病频频暴露，其中尘肺病连续多年居中国职业病发病之首。工伤、急性中毒、爆炸、火灾等灾难性事故也时有所闻。水和大气污染等环境威胁成为慢性病危险的重要因素。这一切都为中国的"世界工厂"地位蒙上了阴影。道路交通伤亡对人口健康的危害不断增大。吸烟和酗酒引起的过早死亡和致残率也在上升。由于工作和生活压力大增，加上不良的饮食习惯，人们的亚健康状况普遍化。由于人口老龄化和慢性疾病的增多，残疾率的不断上升也变得难以逆转。

中国人口健康状况依然不容乐观。当前，庞大的乡村居民不但遭受传染病和慢性病的双重困扰，有的贫弱者还受到营养不良、高婴儿死亡率、结核病、肝炎、肠道传染病及一些地方病的威胁。放眼全球，中国促进人口健康的一些指标在全球范围内也是明显滞后的。以妇女健康与发展为例，2006年以来，达沃斯世界经济论坛一直采用全球性别差距指数（Global Gender Gap Index，简称 GGGI）来评估经济参与机会、教育、政治赋权及健康与生存方面的性别差距。这个综合性框架已持续跟踪了 10 个年头。10 年前第一份《全球性别差距报告（2006）》显示，中国全球性别差距指数的年度排名是第六十三位。到了 2015 年，尽管数值有所上升，排位却下降了二十八位。健康与生存的分项指数用的是两个参数：其一是出生人口性别比；其二是男女性的健康预期寿命，即减去因暴力、疾病、营养不良等原因而丧失的年数

---

① 中华人民共和国外交部和联合国驻华系统：《中国实施千年发展目标报告（2000～2015年）》，2015，第6、8页，http：//www.cn.undp.org/content/china/zh/home/library/mdg/mdgs-report-2015-.html。

而测算的身体健康状况下的生存年数。2006 年，中国健康与生存分项指数的位次是第一百一十四位，系全球倒数第二。由于女婴生存权和健康权的保护一直收效甚微，到 2015 年甚至跌至全球倒数第一。① 这样的排序不能不引起我们的反思和警惕。

（四）日渐国际化的政策回应

在全球化浪潮下的推动下，中国在健康政策与实践干预方面加快了与国际接轨的步伐。自 20 世纪 90 年代初以来，中国批准了一些人权公约并积极参与联合国召集的各种发展大会。对全球事务参与的增多也渐渐打破了对国际发展的隔膜。各种国际峰会通过的"行动纲领"等国际文书，虽然对任何国家皆不具有法律约束力，却具有道义和政治上的力量，而且其贯彻执行也主要落在国家层面。为了落实各种发展目标，中国政府在境内外做了很多政治承诺。

2000 年之后，中国将联合国千年发展目标的落实融入以全面建成小康社会为目标的国家总体发展战略之中。各种相关政策法规也纷纷落地，国家围绕各项国际目标大刀阔斧地开展了一些有针对性的干预。从 2003 年至 2015 年，外交部与联合国驻华系统先后发布了 6 个千年目标进展报告（2003 年、2005 年、2008 年、2010 年、2013 年和 2015 年），详述了各个发展目标特别是 3 个健康目标的落实进展。很显然，国际和国家政策呈现出"高度吻合"的发展态势。

在面向世界的过程中，全球化带来了具有"他山之石，可以攻玉"价值的发展理念。"入世"之后，中国政府的发展思路和政策框架也与时俱进地朝国际化的方向迈进。弘扬平等、公正、人权和以人为本的人类核心价值观成了社会的"主旋律"。"面向世界"和"走向世界"亦已成了社会主流意识。2002 年召开的党的十六大确立了全面建设小康社会的目标。次年召开的十六届三中全会明确提出"坚持以人为本，树立全面、协调、可持续的发展观，促进经济社会和人的全面发展。"2004 年，人权"入宪"。第十届全国人民代表大会第二次会议通过的《中华人民共和国宪法修正案》明确宣告"国家尊重和保障人权"。

---

① World Economic Forum：*The Global Gender Gap Report 2015*，pp. 8-9，http：//www3. weforum. org/docs/Media/GGGR15/GGGR2015_FINAL. pdf.

伴随着医疗卫生领域国际交流与合作日益频繁，知情选择、优质服务、福祉、伦理及人权等理念逐渐融入了计生和卫生系统。健康研究亦逐渐从狭隘地囿于生物医学模式转变为多学科探究的对象。① 由于健康和保健领域干预的全球化，国家行动的边界在不断拓展。中国贯彻千年发展目标的评估结果表明，到 2015 年，中国已完成了消除贫困与饥饿、普及初等教育、促进两性平等和妇女赋权、降低儿童死亡率、改善孕产妇保健及遏制艾滋病等目标。② 中国借鉴和参照国际经验有的放矢地推出的一系列新举措无疑发挥了很大的威力。

进入 21 世纪以来，国际与国家层面的联动效应更加明显。健康和医疗保健等公共产品与服务一直是并仍将是政府推进发展的一个重要"抓手"和着力点。2009 年，中国政府提出了含医疗保健在内的基本公共服务均等化的目标③并加快了医药卫生体制的改革。为了使更多人公平地分享发展的成果并增进其福祉，2015 年 11 月召开的党的十八届五中全会通过的《中共中央关于制定国民经济和社会发展第十三个五年规划的建议》捕捉住了当下最为紧迫的一些人口、健康与发展问题，并明确提出了"促进人口均衡发展"的目标。我们在此不妨引述如下：

> 坚持计划生育的基本国策，完善人口发展战略。全面实施一对夫妇可生育两个孩子政策。提高生殖健康、妇幼保健、托幼等公共服务水平。帮扶存在特殊困难的计划生育家庭。注重家庭发展。积极开展应对人口老龄化行动，弘扬敬老、养老、助老社会风尚，建设以居家为基础、社区为依托、机构为补充的多层次养老服务体系，推动医疗卫生和

① 北京大学人口研究所郑晓瑛教授是中国从事健康与人口学交叉研究的先行者。她早先的主要观点详见其《人口科学中新的研究领域：人口、健康与发展》一文，《人口研究》2001 年第 4 期。

② 中华人民共和国外交部和联合国驻华系统：《中国实施千年发展目标报告（2000～2015 年）》，2015，http://www.cn.undp.org/content/china/zh/home/library/mdg/mdgs - report - 2015 - .html。

③ 2009 年，卫生部、财政部和国家人口和计划生育委员会发布了《关于促进基本公共卫生服务逐步均等化的意见》。2012 年通过的《国家基本公共服务体系"十二五"规划》提出 2020 年实现城乡基本公共服务均等化的目标。"十二五"期间基本公共服务的范围主要包括公共教育、劳动就业服务、社会保险、社会服务、医疗卫生、人口计生、住房保障、公共文化体育八个领域以及残疾人基本公共服务，几乎囊括了从摇篮到坟墓人生各个阶段生存与发展所需的基本公共服务。

养老服务相结合，探索建立长期护理保险制度。全面放开养老服务市场，通过购买服务、股权合作等方式支持各类市场主体增加养老服务和产品供给。坚持男女平等基本国策，保障妇女和未成年人权益。支持残疾人事业发展，健全扶残助残服务体系。

《建议》在"推进健康中国建设"部分还特别强调，"加强传染病、慢性病、地方病等重大疾病综合防治和职业病危害防治，通过多种方式降低大病慢性病医疗费用。倡导健康生活方式，加强心理健康服务"。①

在时下的国际健康政策中，解决老年人的健康问题成为积极应对人口老龄化的"重中之重"。世界卫生组织于2015年发布的《关于老龄化与健康的全球报告》基于"健康老龄化"定义（即促进和维护老年健康生活所需的功能发挥的过程），提出了一个公共卫生行动框架。该报告特别强调为了回应人口老龄化的挑战，卫生系统必须从以疾病为基础的治疗模式转向以老年人为中心的综合关怀模式并建立开展长期照护的综合系统。②《中共中央关于制定国民经济和社会发展第十三个五年规划的建议》的相关提法，与世界卫生组织这个报告的表述显得十分吻合。

中国人口与发展何去何从正处于一个关键性的十字路口。在面向全球的中国，来自国际社会的推动为我们政策和实践的完善注入了新活力。这从2015年10月通过的《中国共产党第十八届中央委员会第五次全体会议公报》中便可略见一斑。《公报》与《2030年可持续发展议程》的很多表述既一脉相承，又体现了中国特色的制度安排。2015年9月，习近平在联合国总部出席了联合国发展峰会并发表了题为《谋共同永续发展 做合作共赢伙伴》的讲话。在谈及中国的发展理念时，一些国际化的表述和责任感溢于言表。他最后宣告："郑重承诺，以落实2015年后发展议程为己任，团结协作，推动全球发展事业不断向前！"这个传递着正能量的讲话显得很意味深长。这将是中国参与全球对话和全球治理的一个新起点。我们可以乐观地预想，中国在未来15年仍会在各个发展领域继续与国际社会携手共进。

---

① 《中共中央关于制定国民经济和社会发展第十三个五年规划的建议》，2015，http://news. xinhuanet. com/ziliao/2015－11/04/c_128392424. htm。

② 世界卫生组织：《关于老龄化与健康的全球报告（概要）》，2015，第13、23页，http://apps. who. int/iris/bitstream/10665/186468/2/WHO_ FWC_ ALC_ 15. 01_ chi. pdf。

四　结语

从以上的梳理中不难看到，全球化对人口与健康的影响堪称一把"双刃剑"，既非"万灵药"，亦非一无是处的"罪魁祸首"。在一个相互依存的世界里，寰宇皆然，中国亦概莫能外。中国经济的腾飞一直获益于冲在全球化浪潮的最前列，全球化对人口健康的正面影响和负面效应也在所难免。尤其是在 GDP 至上思维的指导下和现实追赶中，诸如人口健康、性别平等及环境保护等社会发展目标都被边缘化。这一切都昭示着我们需要从更宽泛的视阈理解被全球化裹挟的人口、健康与发展问题。换言之，全球化视阈理应成为我们观察、思考和应对各种发展挑战的基本视野。

这本论文集是在人口、健康与发展研究中尝试连接全球－本土的初步探索。其"亮点"主要表现在以下两个方面：

其一，瞄准国际政策如何正视因全球化冲击突兀而起的一些健康与发展新挑战。例如，对妇女施暴就是全球范围内一个长期被漠视的公共卫生问题。从摇篮到坟墓，妇女整个一生中都有可能遭遇暴力。放眼寰宇，全球至少有 35% 的妇女在其一生中遭受过肢体/性暴力。[①] 暴力造成的身心创伤会加重超负荷的公共卫生系统的沉重负担并加剧受害者的脆弱性。进入 20 世纪 90 年代以来，消除性别暴力遂成为国际决策的一个焦点问题。包括联合国在内的国际社会在反对暴力侵害妇女和女童的全球干预中一直走在前列，发挥了引领性的先锋作用。世界各国也纷纷行动起来与国际上联动。故此，书中有的篇章勾勒了国际政策框架和国际发展干预中的这些优先关注主题及其历史演进，其中包括人口老龄化、对妇女的暴力及性与生殖健康等处于国际前沿的议题。

其二，聚焦于国际公认的"基石"性问题。1994 年召开的国际人口与发展大会将"生殖健康与权利"和"社会性别平等、公正与妇女赋权"并置确立为人口与发展的两大基石。

少女意外妊娠和人工流产低龄化就是一个与全球化密切相关的棘手难

[①] WHO, *Global and Regional Estimates of Violence against Women Prevalence and Health Effects of Intimate Partner Violence and Non - partner Sexual Violence*, 2013, http://apps.who.int/iris/bitstream/10665/85239/1/9789241564625_ eng.pdf? ua =1.

题。庞大的青少年群体在过渡到成年期时面临意外妊娠、性别暴力及艾滋病等严重威胁。有的青年人还会遭遇失学、贫困及各种社会不平等。人类历史上从未有过如此庞大的一代青年，当前 10～24 岁年轻人占全球人口的比重超过了 25%。按"六普"数据，2010 年，中国 10～19 岁青少年有 1.75 亿人，约占总人口的 13.1%，15～24 岁的青年占总人口的 17%。未雨绸缪地投资于年轻人的健康与发展，特别是确保所有青少年和青年在校内外普遍获得综合性的性教育，提供青年友好的性与生殖健康的信息和服务，将有助于大幅提升数亿人口的人力资本和生活质量。

相反，若不及时妥善补上这样的"短板"，促进"人人享有健康"势必无从谈起。故此，立足于全球化视野，本文集主要瞄准妇女、年轻人和老人等明显遭受多重剥夺的几个弱势群体，探究其健康尤其是性与生殖健康方面取得的进展和面临的挑战，并将全球－本土的回应勾连起来。

在全球化的进程中，中国对全球事务的参与逐渐增多并增强。未来数十年，在全球和中国追求公平和可持续发展的进程中，从更宽泛的全球化视阈探究和剖析中国本土的健康与发展问题，仍需我们做出不懈的努力。

（此文为未刊稿）

公共卫生的全球化：机遇与挑战

一　引言

　　21 世纪被公认是一个全球化的时代。全球化虽滥觞于 14～15 世纪，但自二战以降，当代全球化浪潮以惊人的速度在迅速推进，其范围和强度都是史无前例的。人员、货物、资本、技术以及思想文化，往往以超乎人们想象的规模和速度在不同国家之间流动，小小寰宇上的所有国家都变得紧密相连了，而且，这种互动和依存关系处于流变状态。全球化不单是一种经济现象，它还是一个政治、社会及文化过程。尤其值得关注的是，全球化的各个面向互为渗透、密不可分。全球化进程因而广泛而深刻地改变了我们星球上人类日常活动的许多重要领域。

　　全球化的经济、政治、社会及文化维度对公共卫生（public health，有的人译为"大众健康"）构成了越来越严峻的挑战。食品生产、制造和销售全球化了，旅游业也全球化了，由于广告和营销策略的全球传播，人们的生活方式和行为模式也同样不可避免地迅速全球化了。全球航空公司每年运载的乘客高达 20 亿人次，在人类和货物快速流向世界各个角落的同时，也有可能使传染性疾病随之在短短数小时之内由一个国家传播到另一个国家。一些时疫得以传播得更快更遥远，而且有可能扩散到地球每一个角落，并对地球上每个人构成威胁。

　　因全球化进程催生或加速的宏观社会经济变迁，其中包括经济一体化、工业化、城市化、人口迁徙、贫富两极分化、环境退化乃至全球气候变暖等，无一不直接或间接影响到了"地球村"人类日常生活的各个领域。据联合国的相关统计，到 2008 年底，全世界居住在城市的人口已达到了半数，而且这一比例还将不断上升。城市化过程加快导致了一些大都市人满为患，居住场所过分拥挤，并缺乏安全饮用水和卫生设施等基本需求品的供应。这一切都有增加霍乱和疟疾发生的可能性。对人类健康具有毁灭性影响的新型传染病也以前所未有的速度在增加。全球化有可能使来自异域的地方性瘟疫演变成全球性灾难。

由上述分析可见，人类健康的决定因素已不光局限于本国的地理疆界之内，而且充满了未知数、不确定性和复杂性。从这个意义上讲，许多公共卫生问题及其影响因素就不只是个人的问题、家庭的问题、一个国家抑或一个区域的问题，而是全人类共同面对的全球性挑战。全球化过程的不平衡性决定了各地公共卫生及其干预的多样性和多变性。有的健康问题仅靠各国本身就能应对，有的全球性威胁则有赖于国际合作。2009 年甲型 H1N1 流感突如其来的侵扰再度给全世界敲响了警钟。这一新型瘟疫首先袭击的墨西哥一向被认为是全球化的一个"实验室"。人口稠密的大都市墨西哥城成为这场灾害的"震中"。甲型 H1N1 至今仍在世界各地蔓延，究竟何时被制服还是一个未知数。公共卫生问题的跨国化及其对大众健康构成越来越大的威胁一再昭示世人，世界各国在预防、控制疾病和促进、保护健康方面采取国际层面的集体行动已变得刻不容缓！

公共卫生不再只是一个健康问题，而且是任何国家可持续发展的一个先决条件。所以，公共卫生是社会经济发展的敏感折射，也是检视和衡量全球化进步的一个重要指标。像墨西哥一样，中国是世界上全球化程度很高的一个国家。与国内经济改革同步，中国从封闭半封闭走向全方位开放，并积极参与了全球化进程。中国全球化成功的故事引起了举世瞩目。然而，不容否认的是，中国当下的许多发展问题正是深嵌在这种"经济奇迹"之中的。如何使疾病全球化的危害最小化并使公共卫生干预的益处最大化，成为摆在中国政府面前的一项严峻考验。投资于公共卫生干预对于改善人类的生活质量和福祉具有巨大的潜力。如同发展经济一样，健康干预也同样需要有国际眼光。甲型 H1N1 的流行也再次印证，唯有在当今势不可挡的全球化背景下加以审视，全球和当地的公共卫生问题、公共卫生干预和健康政策方可得到全面而系统的理解。

二 公共卫生问题的全球化

势不可挡的全球化无可规避地制造、催生并加剧了许多公共卫生问题，并戏剧性地改变了全球疾病谱。许多公共卫生危机，无论是传染性疾病、非传染性疾病抑或其他疾病，正逐渐变成越来越复杂化且多样化的全球性挑战。在如今的全球化时代，全球性的公共卫生问题不仅愈来愈多，而且日益复杂化。这一切对人类可持续发展构成的挑战是史无前例的。

（一） 非传染性疾病迅速增多

世界各地的人们正面临日趋严重的非传染性疾病的威胁。在 20 世纪，由于抗生素和疫苗的发明和普遍使用，连同各种公共卫生干预措施的实施，先是改变了发达国家而后是一些发展中国家的疾病谱，并戏剧性地减少了各国传染性疾病发病和死亡的负担。全球化图景下的社会经济革命，也转变了许多地方传统的生活方式。与行为模式和生活方式的转变相伴生，如心脑血管疾病、恶性肿瘤、中风、糖尿病、肥胖症及精神疾病等原先被当作富裕社会独有现象的非传染性疾病，已开始侵扰许多贫穷的第三世界国家。与营养膳食结构和生活方式的急剧转变相伴生，一些发展中国家死于非传染性疾病和伤损的人数迅速上升，并超过传染病带来的疾病和死亡负担。

世界卫生组织发布的《2012 年世界卫生统计》报告显示，全球 1/3 的成年人患有高血压，1/10 的人患有糖尿病，12% 的人患有肥胖症。仅 2008 年，全球约有 3600 万人死于非传染性疾病，约占当年世界死亡总人口的 63%。随着人口预期寿命的不断延长，人口老龄化趋势会不断加剧，未来死于非传染性疾病的人数还将继续增多。该统计报告预计，到 2030 年，全球死于非传染性疾病的人口将增至 5500 万。[1]

中国总的疾病谱也呈现出与发达国家趋同的态势，即死于非传染性疾病和损伤的人数与日俱增，已超过 80%。根据对部分城市和农村县死因的统计，2008 年城市居民前十位的死因顺序为：恶性肿瘤、心脏病、脑血管病、呼吸系病、损伤及中毒、内分泌营养和代谢疾病、消化系病、泌尿生殖系病、神经系病、精神障碍。前十位死因合计占死亡总数的 92.4%。农村居民前十位死因顺序是：恶性肿瘤、脑血管病、呼吸系病、心脏病、损伤及中毒、消化系病、内分泌营养和代谢疾病、泌尿生殖系病、神经系病、精神障碍。前十位死因合计占死亡总数的 93.5%。[2] 更具讽刺意味的是，一些农村

---

[1] WHO, *World Health Statistics 2012*, p. 34, http: //apps. who. int/iris/bitstream/10665/70889/1/WHO_ IER_ HSI_ 12. 1_ eng. pdf? ua = 1.

[2] 中华人民共和国卫生部:《2008 年我国卫生事业发展统计公报》, 2008, http: //www. moh. gov. cn/mohwsbwstjxxzx/s8208/201004/46556. shtml。

贫困者仍遭受营养不良的危害，而城里的一些人却受到了营养过剩的肥胖症的困扰。这一切都表明，非传染性疾病的预防和控制既不纯粹由得个人，亦不完全在医疗保健机构的掌控之中。

（二）一些古老传染性疾病死灰复燃

与此同时，各种新旧传染病仍对人类健康构成重大威胁。人类与肆虐的传染病进行了长久的抗争。尽管如今科学技术日新月异，但在全球化背景下，人类至今仍未能将传染病"关进笼子"里。伴随政治、经济、社会及文化生活等方面的急剧变迁，像肺结核、疟疾、肝炎、性病等一些人类宿敌又卷土重来，继续对人类健康构成重大威胁。传染病仍是全球残疾和死亡的一个主要原因，无论是对发展中国家还是发达国家来说，都是一个主要的公共卫生问题。其中，结核病是世界传染病中的最大"杀手"，每年夺取200万～300万人的生命。值得关注的是，大型流感、疟疾、结核病等传统的传染性疾病不断产生变种，并增强了抗药性，从而使这些传染性疾病的预防和控制变得更加繁复。当然，并非所有这种传染性疾病都是全球性或是越界传播的。

这里不妨以中国为例来审视一番。2008年中国报告甲乙类传染病发病3541163例，死亡12433人。发病数居前五位的分别是病毒性肝炎、肺结核、痢疾、梅毒和麻疹，占报告发病总数的92.6%；死亡数居前五位的是艾滋病、肺结核、狂犬病、病毒性肝炎和新生儿破伤风，占报告死亡总数的94.9%。[1] 中国在20世纪60年代宣告成功消灭了性病，但到了70年代末它又死灰复燃。据相关报道，1980年全国只有48例性传播疾病，但1985～1989年的年增长率已达到了三位数，平均约为121%。[2] 例如，全国梅毒报告的发病率由1987年的0.08/100000增长到2006年的13.35/100000，年增长率达到了30.66%。[3]

① 中华人民共和国卫生部：《2008年我国卫生事业发展统计公报》，2008，http://www.moh.gov.cn/mohwsbwstjxxzx/s8208/201004/46556.shtml。

② Xiushi Yang, "Temporary Migration and the Spread of STDs/HIV in China: Is There a Link?," *International Migration Review*, 2004, Vol. 38. No. 1, pp. 212 – 235.

③ 国务院防治艾滋病工作委员会办公室和联合国艾滋病中国专题组：《中国艾滋病防治联合评估报告（2007）》，2007，第10页，http://wenku.baidu.com/link?url=mG1Clg CpcZmKzzVSWH9Lw6BODLneZiccfn3mivq6cMiFhRr5Bmuu87JFt93_ 13e8ze2u882nvoG2fcBx_ eg LQ6JuXYxueRaIRpseYDM –4Km。

更具有挑战性的是，大流感、疟疾、结核病等传统疾病不断产生变种，并增强了抗药性，从而使这些传染病的预防和控制变得更加复杂化了。不仅如此，很多这种传染性疾病被全球化了，成为一个跨越国界的重大政策问题。世界卫生组织在聚焦于新老传染病的《世界卫生报告（1996）》中就曾告诫："我们正处于一场传染性疾病全球危机的边缘，没有任何国家可以免受其害，也没有任何一个国家可以对此高枕无忧。"[①] 2000 年联合国召集的世界高峰会议通过的联合国千年发展目标，仍将艾滋病病毒/艾滋病、疟疾和结核病三种传染病明确列入全球优先关注的目标之列。

（三）一些新型传染病开始滋生和蔓延

更令人担忧的是，在全球化时代诞生的具有更强传播性和更大威胁性的传染病，如艾滋病病毒/艾滋病、"严重急性呼吸系统综合征"（SARS）、禽流感及埃博拉等，都会通过全球社会、经济、贸易活动不断跨越洲界和国境波及其他地方。尽管这些新发传染性疾病的发生率不是很高，但人类至今仍未找到非常有效的治疗措施。在复杂多变的全球化进程中，这类传染性疾病很有可能在短时间内演变成区域内外高发性的传染病，并在世界范围内广为传播，因而对国际公共安全构成更大的威胁。2003 年 SARS 的传播即是一个实例。SARS 的降临和制服也为全球公共卫生干预提供了很有价值的启示和借鉴经验。

艾滋病在世界范围内的扩散便是疾病全球化的一个典型例子。自 1981 年美国发现世界首例艾滋病病例以来，艾滋病在全球范围内迅速扩散。不管其社会经济发展程度如何，迄今几乎没有任何国家能将艾滋病阻挡在国门之外。尽管国际社会、各国政府和非政府组织都做了不懈的努力，但艾滋病仍在全球范围内肆虐。据联合国艾滋病规划署发布的《2008 年全球艾滋病疫情报告》，全球艾滋病防治在 2007 年首次出现了"明显的重要进展"，艾滋病病毒新感染人数和死亡人数均有所下降。全球艾滋病病毒新感染人数从 1998 年的 320 万下降为 2007 年的 250 万；2007 年死亡者降为 200 万人，比 2001 年减少了 20 万。2008 年，但全球仍有 3320 万名艾滋病病毒感染者，其中 2250 万名感染者分布在撒哈拉沙漠以南的众多非洲国家，亚洲有近

---

① World Health Organization, *The World Health Report* (1996), *Fighting Disease*, *Fostering Development*, 1996, http://www.who.int/whr/1996/en/whr96_en.pdf.

500 万人。①

　　像其他许多地方一样，发源于境外的艾滋病时疫不只是一个公共卫生问题，而是带有中国特色的一个发展挑战。中国作为地球村的一隅，艾滋病危机正是在这种势不可挡的当代全球化风潮中，在中国改革启动后急速的社会转型过程中传入、传播并加剧蔓延的。据国务院防治艾滋病工作委员会办公室和联合国艾滋病中国专题组发布的《中国艾滋病防治联合评估报告（2007）》，截至 2007 年底，中国现存艾滋病病毒感染者和病人约 70 万人，其中艾滋病病人约 8.5 万人，当年新发感染者 5 万人。② 当前我国艾滋病疫情正处于由吸毒者、商业性工作者、同性恋男性等高危人群向低风险或无风险的一般人群大规模扩散的临界历史关口。遏制艾滋病病毒的进一步蔓延不容我们有丝毫的懈怠。

　　复杂多变的全球化过程使病媒以史无前例的速度将疾病和死亡风险带到地球各个角落。突发性公共卫生危机的发生也变得难以预料，并呈现出复杂多变的动态模式。SARS 的暴发和传播便是一个明证。2003 年春夏之交发生的 SARS 至今令国人记忆犹新。该疫情源于广东，但很快沿着国际航线在半年之内迅速蔓延到世界 30 多个国家和地区，造成 8000 多人发病，700 多人死亡。SARS 的流行最清楚不过地表明，新传染病在世界各地的传播有多迅速。SARS 时疫不仅对人类健康构成了巨大威胁，而且对一些国家/地区的社会、经济乃至金融市场造成了巨大的冲击。仅亚洲各国总体花销和商业损失估计就高达 600 亿美元。③ 继 SARS 之后，禽流感、甲型 H1N1 等在全球传播的传染性疾病也接踵而至。这类传染病引发的全球性危机不仅直接威胁国家安全，而且影响全球安全。类似突发性的公共卫生危机还有可能在"地球村"不断上演。由此可见，在一个全球化了的时代，一些地方性的公共卫生事件变得越来越具有国际重要性。

　　全球化过程导致的不平衡发展以及与之相伴的公共卫生问题，还远不止

---

① UNAIDS, *Report on the Global AIDS Epidemic 2008*, Geneva: UNAIDS, http://data.unaids.org/pub/GlobalReport/2008/jc1510_2008_global_report_pp29_62_en.pdf.
② 国务院防治艾滋病工作委员会办公室和联合国艾滋病中国专题组：《中国艾滋病防治联合评估报告（2007）》，2007，第 7 页，http://wenku.baidu.com/link? url=mG1ClgCpcZmKzzVSWH9Lw6BODLneZiccfn3mivq6cMiFhRr5Bmuu87JFt93_13e8ze2u882nvoG2fcBx_egLQ6JuXYxueRaIRpseYDM-4Km。
③ World Health Organization, *The World Health Report* (2007), *A Safer Future: Global Public Health Security in the 21st Century*, 2007, p.39, http://www.who.int/entity/whr/2007/whr07_en.pdf.

一些传染病和非传染性慢性病。除了这双重负担外，其他许多疾患也不容忽视。例如，工农业污染助长了恶性肿瘤、出生缺陷、不孕症、哮喘等疾病的发生。铺天盖地的广告营销使许多发展中国家丧失了传统的健康饮食和健康生活方式。我国一些贫困地区的居民还遭受血吸虫病、克山病、大骨节病、碘缺乏病及地方性氟中毒等地方病的危害。此外，抽烟、酗酒、吸毒、不良饮食习惯及缺乏身体锻炼等不良生活模式，连同职业危害、工伤交通事故以及神经系统疾病等，也使很多国家的负担更为严重。

在全球化时代，人口和流行病学转变同营养和膳食结构转变相汇合，更增加了各国保护健康和降低疾病威胁的挑战。中国 1999 年就跨入了老龄化社会的行列。据 2005 年全国 1% 人口抽样调查结果推算，2005 年底中国 65 岁及以上老年人口首次超过了 1 亿人，达到了 1.0055 亿人，占全国总人口的 7.7%；60 岁及以上的人口为 1.4422 亿人，占全国总人口的 11.03%。[①] 预期寿命的延长势必导致了慢性病大为增加。改革开放以来，中国用世界 9% 左右的耕地解决了世界 20% 人口的吃饭问题，而且，城乡居民的膳食营养水平大为改善，肉类、禽蛋、水产品和水果产量年均递增率超过 7%。[②] 人们的膳食结构也发生了很大的变化，谷物类和根茎类食物消费量下降，而动物性食物尤其是牲畜肉、奶类和蛋类食物平均日摄入量则明显增加。此外，由于全球消费文化的影响，软饮料和高脂肪的快餐深受人们欢迎。

社会经济状况是个体和人口健康的一个基本决定因素。经济全球化虽有助于创造财富，却无力确保财富的公平分配。在一个越来越不平等的全球化时代，地区和国家之间以及一国之内不同人口群体之间不断扩大的社会经济不平等，也日益体现为健康状况的不平等和不公平。在许多地方，收入水平的不断上升并未直接转化为更好的健康结果。相反，由于地区与地区、国家与国家、穷人与富人以及妇女与男性之间发展鸿沟越来越大，不同人群在健康状况和医疗保健服务利用上的差距也变得越来越大。由于全球化对各国保健和其他公共服务供给的巨大冲击，加上贫困、歧视、营养差、无资源保护自己，穷国和穷人首当其冲。譬如，腹泻在很大程度上是一种贫困病，儿童死亡和孕产妇死亡的根由同样主要是缘于贫困。一些疾

---

① 国家统计局人口与就业统计司编《中国人口统计年鉴（2006）》，中国统计出版社，2006。
② 中华人民共和国外交部和联合国驻华系统：《中国实施千年发展目标进展情况报告》，2008，http://www.un.org/chinese/millenniumgoals/china08/。

病主要影响到某些贫困地区或某些弱势的社会经济群体。因宏观社会经济变迁导致的社会经济不平等与不公平，无疑对公共卫生问题的全球化起了推波助澜的作用。

放眼全球，因全球化过程而扩大的健康不公平大大加剧了弱势人群的健康风险和脆弱性。在这样一个日新月异的全球化时代，很多公共卫生问题是历史遗留下来的，更多的则是因全球化过程而变复杂化了，或因全球化冲击而前所未有地被凸显和放大了。公共卫生问题的全球化使得该领域的国际合作变得十分迫切且极其必要。从这个意义上讲，公共卫生问题的全球化成为刺激公共卫生领域国际合作的一个助推器。换言之，公共卫生问题的跨国化也促进了公共卫生干预的全球化。

三　公共卫生干预的全球化

如前所述，在当今全球化了的世界里，政治、经济、社会、生态环境等因素对公共卫生的影响越来越明显，并呈现出复杂多变的动态模式。反之，无论是传染病暴发、自然灾害突降，抑或生态环境变化对公共卫生造成的打击，都有可能转化为对世界各地经济、社会和商业沉重而持续的打击。SARS 比以往任何疾病的暴发都更清楚不过地揭示了世界各地的密切联系以及新型传染病构成的全球性威胁。以往数十年的经验也表明，没有任何一个国家和地区能孤军抗击全球性疾病的入侵和蔓延。在全球化时代，战胜贫困、社会不公正、歧视、不健康行为、环境危机等，皆非单靠一个国家各自为战就能有效应对并解决的。认识上的这种转变引发了国际政策领域的显著变化。健康作为一种全球公共产品，逐渐进入了国际发展议程的主流。

世界各国的依存性和脆弱性因全球化而大为增强。这种甘苦与共的相互依存格局，势必产生全球集体防御并共担责任的强烈需求。各国在健康问题上的国际合作由来已久。困扰整个地球村的跨国公共卫生问题，尤其是传染病的流行，成为推动各种政府合作的助推器。这也呼唤世界各地团结一致以便通过协调一致的集体行动及时有效地应对这些考验。从这个意义上讲，正是公共卫生问题的全球化促使了全球公共卫生干预的全球化。尽管目前仍缺乏一个全球性的政府，然而可喜的是，健康与发展方面全球对话的机制和全球治理的基本格局业已形成。各种国际机构和民间组织正在世界各地努力传播健康促进和疾病预防的知识和实践佳例。有关公共卫生和公共卫生干预的新知识与新技术的国际传播，也带来了疾病监测、预防和治疗的新希望。

跨入 21 世纪之后，决定全球健康发展方向的各种干预努力越来越具有国际性。许多促进和保护健康、预防和控制疾病的措施也都全球化了。例如，人类在消除天花上的国际合作是颇为成功的。借助于疫苗的研发和使用，1980 年世界卫生组织宣告消灭了天花。此外，通过向发展中国家提供诸如乙肝疫苗和 AIDS 抗病毒药物等，国际组织也将全球性的医疗保健方案推广至世界各地。在国际健康合作过程中，世界卫生组织无疑发挥了越来越重要的作用。当前，以联合国为龙头的国际社会对健康问题的关注和介入是前所未有的，鉴于公共卫生干预对于改善人类生活质量和福祉的巨大潜力，公共卫生问题从来没有像今天这样在国际发展议程中占有如此重要的地位。

自 20 世纪 70 年代以来，以世界卫生组织为代表的国际发展机构一直致力于通过改善初级保健，来推动健康方面的平等与公平待遇。1977 年世界卫生组织在第三十届世界健康大会上发起了"2000 年人人享有卫生保健"的运动。次年在前苏联阿拉木图召开的初级保健国际大会上，通过了著名的《阿拉木图宣言》。该宣言将初级保健确立为实现"人人享有卫生保健"目标的一个主要战略。1986 年世界卫生组织在加拿大渥太华召集了第一届国际健康促进大会，通过了享誉全球至今仍被广泛援引的《渥太华宪章》。该宪章以整体观高瞻远瞩地提出了全方位促进健康的 5 项战略：创造支持性环境；制定有益于健康的公共政策；加强社区行动；增强个人技能以及重整公共服务的取向。

跨入 20 世纪 90 年代以来，在可持续发展和人类发展的政策框架下，联合国系统对健康与发展采取了以人权为本、具有社会性别敏感性的整合性方法。这最明显地体现在 2000 年 9 月 189 个国家首脑聚首纽约通过的《联合国千年宣言》及据此制定的发展目标上。在整合了联合国于 20 世纪 90 年代各种全球发展大会上提出的各种发展目标的基础上，联合国和其他国际发展机构的代表设定了最迟于 2015 年实现贫困人口减半等八大目标。该宣言还为在全球范围内实现这些雄心勃勃的发展理想制定了路线图和时间表。这可以说是当今世界在发展领域最具权威性、最全面的发展目标体系。《联合国千年宣言》高瞻远瞩地将健康置于发展议程的核心地位，并将之视为社会经济进步的主要推动力。

千年发展目标中将近一半目标都直接或间接涉及健康问题。具体来说，八大目标中有 3 项、18 项具体目标中有 8 项、48 个指标中有 18 个都同健康有关。这三项目标分别是："目标 4：降低儿童死亡率""目标 5：改善孕产妇健康""目标 6：与艾滋病病毒/艾滋病、疟疾和其他疾病做斗争"，而且，作为前七个目标实现手段的第八个目标即是"全球合作促进发展"。健康显然被摆到了千年发展目标的核心位置上。这是国际社会迄今所做出的最雄心勃勃的发展承诺，也可以说是公共卫生领域国际合作的一个新的里程碑。

近年来，有关健康和发展的国际政策与立法举措越来越关注全球化对健康的影响。例如，2005 年第六届国际健康促进大会通过了《关于在全球化世界中健康促进的曼谷宪章》。该宪章开宗明义提出："《曼谷宪章》确定了通过健康促进在一个全球化的世界里关注健康的决定因素所必需的行动、承诺和保证。"该宪章进一步推进了 1986 年第一届国际健康促进大会通过的《渥太华宪章》，并富有远见地为 21 世纪的健康促进提供了新方向。《曼谷宪章》的显著特点是突出了不断变化中的全球健康问题，并强调必须关注全球化对健康的影响，其中包括不断扩大的社会不公平、快速城镇化、资源环境的退化等。它敦促所有利益相关方在全球伙伴关系中积极履行承诺并有效执行各种战略。

由于世界卫生组织在国际公共卫生领域的积极推动，全世界在加强全球防范和应对共同挑战上达成了越来越多的共识。《烟草控制框架公约》和《国际卫生条例（2005）》可谓国际公共卫生政策新发展的两个标志性成果。这两份具有法律约束力的文书代表了卫生领域国际合作的新蓝图。它们从不同角度将公共卫生方面的预防措施提到新的高度，而且两者都涉及世界各国的共同脆弱性以及全球团结一致加强集体保护的共同责任。

2005 年 2 月正式生效的《烟草控制框架公约》是世界卫生组织推动下通过的第一个具有法律效力的公共卫生条约。这也是针对烟草问题的第一个国际多边协议。其主要目标是"保护当代和后代免受烟草消费和接触烟草烟雾对健康、社会、环境和经济造成的破坏性影响"。截至 2007 年 7 月，缔约国已多达 148 个，涵盖了全球 80% 以上的人口，其中 145 个缔约国已批准该公约生效。它成为联合国历史上得到最广泛接受的公约之一。

2007 年 6 月生效的新《国际卫生条例（2005）》，是跨入新世纪之后国际公共卫生界通过的另一个关键性国际法律文书。它旨在管理并控制突发性公共卫生问题在全球迅速传播所造成的威胁，以确保并促进国际公共卫生安全。该条例突破了以往只注重在各国边境内进行被动防范的措施，转而积极主动地采取风险管理的战略。这就使人类能在传染性疾病和具有国际意义的突发公共卫生事件构成国际威胁之前就在源头上快速而有效地加以控制。世界卫生组织和各个缔约国对此都做出了承诺：在限制传染性疾病国际传播和应对突发公共卫生事件方面进行投资并开展国际合作，以便使对国际旅行、贸易和经济造成的干扰降到最低限度。这一全球立法框架为增进国际社会和各国在公共卫生领域的合作并提高其应对能力提供了新机会。公共卫生方面国际立法的不断扩展和完善，对于激发国际承诺、促进政府行动并提高公众意识也起了积极的推动作用。

国际公共卫生活动的另一个新亮点是世界卫生组织将 2007 年世界卫生日的主题确定为"国际卫生安全"，并以此呼吁并敦促各国政府和各种国际组织"投资于健康，构建更安全的未来"。世界卫生组织同年发布的世界卫生报告——《构建安全的未来：21 世纪全球公共卫生安全》，详述了流行病暴发、工业事故、自然灾害及其他突发性公共卫生事件对全球公共卫生安全构成的威胁，并阐述了改善全球公共卫生集体行动的各项举措。为了应对公共卫生问题的全球化，该报告还提出了实施《国际卫生条例（2005）》的 7 项战略行动。它们分别是：加强全球伙伴关系，以确保《国际卫生条例（2005）》得到有效实施；加强国家的疾病检测、预防、控制和反应系统；加强旅行和交通运输方面的公共卫生安全；加强世界卫生组织全球预警和反应系统；加强流感、脑膜炎等特殊危害/疾病的全球控制项目；使参与贯彻执行《国际卫生条例（2005）》的专业人员明确理解新的权利、义务和程序；在国际和国家层面开展研究并监控实施过程。

作为国际健康方面的一个权威性的多边机构，世界卫生组织在推动国际对话与合作方面无疑发挥了积极的作用。由世界卫组织协调的国际网络借助于现代技术，对突发性公共卫生事件做出快速反应。无论是应对古老或新型的疾病负担，还是突发性公共卫生危机，都需要各个国家超越狭隘的自我利益在卫生方面分担职责并在履行责任时团结一致。战胜 SARS 的经验也表明，只要国际社会和各国政府团结一致做出应急反应，人类就有望尽早消除公共卫生危机带来的危害。

尽管全人类在控制疾病和延年益寿方面从未拥有过像今天这么先进的科学知识与手段，然而不容否认的是，我们在应对和治理全球化对健康的影响方面仍面临很多严峻的挑战。虽然很多健康问题全球化了，但由于缺乏一个"世界政府"，促进健康的责任主要还落在各国自己身上。各个民族国家依旧是健康服务的主要提供者，在促进"人人享有保健"方面起着不可或缺的重要作用。然而，全球化浪潮在很大程度上削弱了主权国家控制其疆域内所发生的事件与行为的能力。因为许多权力正从国家之手转入非国家的行动者之手，其中包括各种国际机构、企业家、银行家、传媒巨头及其他跨国势力等。[①] 因全球经济一体化加剧的经济竞争还增加了对政府开支的压力，致使有的政府甚至无力提供基本的"社会安全阀"。这就使各国政府保护其公民免受疾病侵袭和控制公共卫生事务的能力大为削弱。

因全球化过程而扩大的健康不公平也加剧了弱势人群的健康风险。当前世界性的健康不公平成了一个关乎生死的问题。到 2009 年，欠发达国家每年仍有 1000 多万儿童和孕产妇死于可以预防或医治的疾病。此外，国与国之间出生时预期寿命之差也十分惊人，2009 年，最高的日本平均为 83 岁，其中女性为 86 岁，同年最低的马拉维平均仅有 47 岁，其中男性为 44 岁。两个国家相差 36 岁之多。[②] 这一切显然都是全球和地方各级权力失衡及社会极度不公平的产物。改善贫弱者的健康结局应成为全球发展努力的主要目标。然而像其他各种公共卫生挑战一样，在一个日益相互依存的世界里，在公共卫生干预方面单靠各国各自为战，要解决健康公平性问题显然是很难奏效的，公共卫生领域的各项干预离不开各个层面双边和多边的国际集体行动。

四 对中国的政策启示

中华人民共和国成立 60 多年来，中国在控制疾病和改善公共卫生方面取得了举世瞩目的成就。1949 年至改革开放之前，中国政府把对健康、教育等社会福利的投资作为社会发展的优先关注目标。以农村来说，全国各地普遍建立起了县乡村三级医疗卫生网、"赤脚"医生队伍和合作医疗制度，即"三位一体"的农村初级卫生医疗体制。直到 1980 年，全国仍有约 90% 的行政村实行"合作医疗"制度，形成了集预防、医疗、保健功能于一身的二级卫生服务网络，基本上实现了"小病不出村、大病不出乡"

---

① Joan Kaufman, "China: The Intersections between Poverty, Health Inequity, Reproductive Health and HIV/AIDS," *Development*, 2005, Vol. 48, No. 4, pp. 113-119.

② WHO, *World Health Statistics 2012*, pp. 54, 56, http://apps.who.int/iris/bitstream/10665/70889/1/WHO_ IER_ HSI_ 12.1_ eng. pdf? ua = 1.

的目标。① 合作医疗以其成本低、覆盖面广、扎根社区、非专业化、技术要求不高及文化上适宜等诸多优势，使大多数农村居民公平享有费用低廉的医疗保健，从而大大提高了医疗卫生服务的可及性和公平性。②

然而，自实行改革并打开国门之后，中国社会经济发生了史无前例的深刻巨变。尤其是跨入 21 世纪之后，中国加快了迈向全球市场的进程。随之而来的是史无前例的大规模人口流动、迅猛推进的城市化、日益增多的非正规部门、逐渐市场化与私有化的医疗卫生服务，以及政府不断削减对健康、教育及其他社会项目的投资等，这一切都对公共卫生及保健服务的获取产生了极大的冲击。中国的这些情形也折射了公共卫生问题头绪繁多而又资源匮乏的发展中国家所普遍面临的共同挑战。

20 世纪 80 年代以来，国际上盛行的卫生保健改革从根本上改变了许多发展中国家健康与发展的政策环境。中国的发展道路虽然并未直接受国际货币基金组织、世界银行等国际金融机构在 20 世纪 90 年代推行的一套经济改革方案左右，但我们似乎明显受到了在盛行一时的"华盛顿共识"指导下的发展观的影响。其中心思想就是削减政府在经济中的角色，使市场发挥主导性作用。③ 中国政府减少对教育、保健等社会部门的投资即是例证。与国际健康政策转变遥相呼应的中国医疗体制改革及其弊端，也因充满各种悖论而备受诟病。

改革开放以来，中国城市与乡村、内陆和沿海地区在卫生资源的分配上出现了巨大的差距。其主要原因在于政府将卫生资源更多地投向了城市的中高级医疗保健，国家作为初级保健资源提供者的作用因此大为削弱。由于卫生部门也被推向了市场，各级医疗卫生机构为了经济生存不得不走上商业化和市场化的道路。预防、医疗和保健领域于是变得绝少有"免费的午餐"。在广大农村，医疗和保健负担几乎完全落到了农户和农民个人头上，从而剥夺了很多贫困者求医问药的权利。与此同时，靠集体经济支撑的乡村两级初级保健在家庭联产承包责任制实施之后开始崩塌。自 20 世纪 80 年代起，合

① 王绍光：《中国公共卫生的危机与转机》，吴敬琏主编《比较》第 7 辑，中信出版社，2003。

② Sydney White, "From 'Barefoot Doctor' to 'Village Doctor' in Tiger Springs Village: A Case of Rural Health Care Transformations in Socialist China," *Human Organization*, 1998, Vol. 57, No. 4, pp. 480 – 490.

③ Joan Kaufman, "China: The Intersections between Poverty, Health Inequity, Reproductive Health and HIV/AIDS," *Development*, 2005, Vol. 48, No. 4, pp. 113 – 119.

作医疗出现大面积滑坡，由改革前85%的乡村居民参加合作医疗，下降为2004年只剩下约10%的村还维持着，而且主要集中在发达地区。[①] 农村初级保健在医疗保健中的作用骤然下降。公共卫生危机与生存危机互为交织形成了贫困者难以挣脱的"怪圈"。农村"因病致贫、因病返贫"现象触目惊心，农民"就医难、看病贵"成了社会关注的一个热点和难点问题。[②]

2003年突如其来的SARS凸显了中国公共卫生防疫体系的漏洞和薄弱环节。初级保健系统在突发性的危机面前显得那么脆弱，积累已久的弊病暴露无遗。我们不禁会问这难道是偶然的吗？但种种证据却给予了否定的回答。这场危机导致的社会经济政治后果，也促使各级政府重新审视公共卫生问题的应急反应机制，并认真对待公共卫生问题全球化的挑战。自2003年SARS降临以来，禽流感、手足口病、甲型H1N1等全球传播的传染性疾病接踵而至。作为世界上全球化程度很高的一个发展中大国，中国显然不能对健康风险和疾病的全球化掉以轻心。

近年来，通过积极参与国际社会的干预努力以及各种国际合作，中国政府逐渐吸收并接纳了国际上广泛认可的表征人类文明进步的一些基本价值观，如公平、平等、伦理、人类安全以及可持续发展等理念。这进而引发了中国公共事务管理尤其是公共卫生管理上的一些重大变革。政府最高领导层对公共卫生已做出了庄严的政治承诺。《国民经济和社会发展第十一个五年规划纲要》将公共卫生摆到了优先发展的位置上，健康目标也被融入更宽泛的社会发展的目标之中。近年来，农村新型合作医疗制度不断完善，截至2008年9月底，全国开展新型农村合作医疗的县（市、区）达2729个，参加新农合的人口为8.14亿人，参合率达91.5%，越来越接近新型农村合作医疗制度全覆盖的目标。[③]

然而，全球化毕竟不是一次性的行动或事件，而是一个漫长的动态过程。受中国经济社会发展水平的限制，再加上历史遗留的种种问题，中国公共卫生状况与政府做出的承诺相比照还有相当大的差距。中国"人人享有保健"之路依旧任重而道远。在一个全球化的世界里，要促进与保护公共

① 中国农业年鉴编辑委员会：《中国农业年鉴（2005）》，中国农业出版社，2006，第454页。
② 胡玉坤：《疾病负担、结构性挑战与政策抉择——全球化图景下中国农村妇女的健康问题》，《人口与发展》2008年第2期。
③ 中华人民共和国卫生部：《2008年我国卫生改革与发展情况》，2008，http：//www.gov.cn/gzdt/2009 - 02/17/content_ 1233236.htm。

卫生，离不开个人、家庭、社区、国家乃至国际层面协调一致的共同努力。无论是上文所述的中国现实还是域外的经验教训，都给我们提供了一系列政策启示。

（一）经济增长必须同健康、教育等社会发展取得平衡

中国从计划经济向市场经济转型取得的巨大成功被公认为是一个"经济奇迹"。1978～2007 年，中国 GDP 年均增长约为 9.8%。到 2007 年中国 GDP 占世界经济总量的比重已达到了 6%，在全世界排名第四。人均 GDP 从 1978 年的 379 元增加到了 2007 年的 18934 元。同期城镇居民家庭人均可支配收入从 343.4 元提高到 13785.8 元；农村居民家庭人均纯收入由 133.6 元提高到 4140.4 元，扣除价格因素，均增长了 6 倍以上。人民生活业已从温饱不足发展到总体小康。与此同时，农村绝对贫困人口从 2.5 亿人减少为 2007 年的 1.479 亿人。[①] 人类历史上不曾有过哪些国家在如此之短的时间内迅速提高了这么多人的生活水平。中国在经济上取得的斐然成就显然与成功融入全球体系是密不可分的。

然而，中国的健康投资并未呈现与 GDP 增长相一致的趋势。政府对公共卫生的财政投入偏低，而且健康资源的分配极其不平衡。尽管卫生费用占 GDP 的比重从 1978 年的 3.02% 上升为 2006 年的 4.67%，但同期政府预算卫生支出在卫生总费用中的比例从 1978 年的 32.2% 下降为 2006 年的 18.1%（社会卫生支出相应从 47.4% 降为 32.6%），而个人现金卫生支出则从 20.4% 骤然上升到了 49.3%。再从卫生总费用的城乡构成来看，城市占 77.5%，农村占 22.5%。城市人均卫生费用为 1480.1 元，而农村仅有 348.5 元。[②]

改革开放以来，中国公共卫生干预也一直落后于经济发展。吸烟和道路交通事故的惊人上升便是很说明问题的两个例子。中国是世界上最大的烟草生产国和消费国，也是受烟草危害最严重的国家之一。烟草行业的迅猛发展固然带来了丰厚的税收来源，但不断增多的烟民却为此付出了高昂的健康代价。全国吸烟人数逾 3 亿，每年约有 100 万人死于同吸烟有关的疾病。道路

---

① 中华人民共和国外交部和联合国驻华系统：《中国实施千年发展目标进展情况报告》，2008，http://www.un.org/chinese/millenniumgoals/china08/。

② 中华人民共和国卫生部：《中国卫生统计年鉴（2008）》，中国协和医科大学出版社，2008，第 81 页。

交通事故是经济发展与健康后果之间失衡的另一个例证。中国每年增加的公路和汽车数量都是相当可观的。这虽有益于拉动社会经济发展，然而每年交通事故死亡者超过了 20 万人。经济、卫生、教育、交通及公安等各政府部门亟须行动起来，就限速、系安全带和改善道路状况等问题采取协同一致的行动。没有人文精神引导的经济增长是有可能误入歧途的。博茨瓦纳等非洲国家因忽视公共卫生的保护和促进，最终将数十年经济增长的成果皆葬送在艾滋病灾难之中。这种惩罚的警示意义是极其深刻的。

（二）致力于初级卫生保健系统的重构

改革开放以来，人民公社被撤销，集体制瓦解，地方分权的实施以及国家从农村抽身，使提供社会服务的责任落到了地方政府的头上。然而，贫困落后地区的地方财政往往捉襟见肘，当地政府空有责任却无能力和资源担当起这些责任。对收费服务的普遍依赖致使贫困人口难以获得最基本的预防和治疗服务，其中包括免疫接种、产前检查及安全分娩等。改革开放以来，我们实际上逐渐丢弃了世界卫生组织曾树为典范的中国初级保健模式。初级卫生保健是实现健康公平性的最佳保障，也是确保可持续改善健康结局的最佳途径。它不仅对于预防传染性疾病和减少非传染性疾病至关重要，对于应对突发性公共卫生事件也是必不可少的。然而，在目前的医疗体系之下，"人人享有卫生保健"的目标与其说是现实，毋宁说是一种难以企及的理想。鉴于市场这只"无形的手"不是万能的，国家理应在保障公民获取初级保健和社会保护上担负起不可推卸的责任。这既是政府履行社会管理和公共服务职能的一项主要内容，也是中国政府对国际社会做出的庄严承诺。

近年来，世界上许多有识之士都在重新反思和叩问初级保健的基础性作用。2008 年世界卫生组织在题为《初级卫生保健：过去重要，现在更重要》的世界卫生报告中，重温了 30 年前提出的作为提高弱势群体健康水平的一套价值观、原则和措施，并明确提出"以人为本"、预防与治疗并重的初级保健有助于对全球性的疾病威胁做出更快更好的反应。[①] 对于像中国这样的人口大国来说，低成本、高效益的初级保健应成为我们改善公共卫生的一个

---

① World Health Organization, *The World Health Report 2007: A Safer Future*, 2008, http://www. who. int/whr/2008/whr08_ ch. pdf.

主要发展战略。倘若连初级保健都不能普遍供给，那么"人人享有卫生保健"则只能沦为不可企及的"陈词滥调"。

（三）政府应特别关注因性别、年龄或社会经济地位而边缘化的弱势人群

在一个越来越不平等的全球化时代，政府在公共卫生保护与促进中的责任和角色不应只是提供卫生设施及医疗保健服务，而应致力于改善所有人特别是弱势群体的健康结果。改革开放尤其是"入世"以来，各种在场与缺席、远距离与近在眼前的全球化势力交织在一起，致使区域、城乡、不同社会群体以及两性之间在收入水平、生活水平和享有公共服务上的差距不断扩大。例如，大部分农村居民目前仍只能维持基本的温饱。按照官方统计，2007年农村居民平均每人年总收入为5791元，但平均每人的年总支出达到了5137元，其中家庭经营费用支出是1432元，购置生产性固定资产是147元，生活消费支出为3223元。① 可以想象得到，多数农户的生活会陷入入不敷出的境地。

地区、城乡、不同社会群体和两性之间在政治、经济及社会权力方面的多重不平等，无疑已投射到人们健康状况和获取保健服务的不平等上。全球化带来的各种风险致使在社会经济方面处于劣势的脆弱人群进一步边缘化了。老少边穷地区的许多乡村居民仍陷入"因病致贫、因病返贫"的恶性循环之中。从公共卫生全球化的背景下来检视，疾病负担主要落到最无能力承担的人群身上。中国农村人口不仅遭受传染性疾病和非传染性疾病的双重困扰，而且受到营养不良、高婴儿和孕产妇死亡率、交通事故乃至一些地方病的威胁。然而，医疗保健却成为他们支付不起的商品。当前，我国东西部和城乡之间在预期寿命、婴儿与儿童死亡率以及孕产妇死亡率等方面存在惊人的差距。更令人担忧的是，这类严重不平等还在继续扩大。

中国区域、城乡和不同社会群体之间健康差距的最突出例证莫过于孕产妇死亡率了。贫困、医疗卫生的市场化、农村缺乏医疗保健设施与医护人员以及性别歧视等，均使农村妇女尤其是边远地区的贫困妇女难以获得产前检查、产后访视、住院分娩以及妇科检查与治疗等基本保健服务。中国当前孕产妇死亡

---

① 中华人民共和国国家统计局编《中国统计年鉴（2008）》，中国统计出版社，2008，第338页。

率的格局是，农村高于城市，边远地区高于内地，内地高于沿海。孕产妇死亡率最低的 5 个省市——上海（7.86/100000）、浙江（8.08/100000）、天津（8.61/100000）、江苏（11.71/100000）和山东（16.04/100000）——已接近发达国家的水平；而最高的 5 个省份——甘肃（62.63/100000）、贵州（66.67/100000）、新疆（73.71/100000）、青海（78.70/100000）和西藏（256.38/100000）依然高得令人难以置信。[1] 其中最低的上海和最高的西藏相比几乎是上海的 33 倍，存在着无比讽刺的差距。这一切在很大程度上折射了中国眼下令人瞠目的社会与经济发展鸿沟。社会经济边缘化往往同歧视和社会排斥交织在一起。赋权边缘化的弱势人群并在公共卫生和其他基本公共服务的供给上向其倾斜，以消除区域、城乡、不同社会群体和两性之间越来越明显的健康差距，业已成为中国可持续的人类发展不可回避的政策焦点。[2]

（四） 在健康领域促进国家和国际层面的跨部门合作

在如今全球化了的世界里，各种主要的发展问题，包括健康、教育、环境保护、人口流动、妇女地位、就业、收入分配、社会保障等，都无一例外存在着互为关联的因果关系，并且都难解难分地交织在一起。公共卫生的促进不仅是卫生部门的责任，而且是国家面临的一个关键性发展问题。中国各种主要的公共卫生问题都存在着跨部门的风险因素，因此促进和改善公共卫生不仅需要超越狭隘的卫生服务的供给，而且需要更宽泛的本土和国际视野的整合性干预。除了积极参与国际合作外，卫生、教育、贸易、交通、环境等政府各个部委应联手行动以便形成合力。此外，政府还应致力于调动私有部门、民间社会尤其是非政府组织的力量乃至动员全体民众的积极参与。跨部门合作也是确保健康服务公平性和可持续性的一个基本保证。[3]

五　结语

综上所述，全球化具有双面性。它既导致或加剧了大量跨国化和全球性

---

① 中华人民共和国卫生部：《中国卫生统计年鉴（2008）》，中国协和医科大学出版社，2008，第 193 页。

② 中国（海南）改革发展研究院：《中国人类发展报告 2007/08——惠及 13 亿人的基本公共服务》，中国对外翻译出版公司，2008。

③ Anthony B. Zwi and Derek Yach, " International Health in the 21st Century: Trends and Challenges," *Social Science & Medicine*, 2002, Vol. 54, No. 11, pp. 1615 – 1620.

的公共卫生问题，也为公共卫生领域的干预提供了前所未有的新机遇。不管你是否愿意，全球化是一股不可抗拒的历史潮流，也不容我们置身事外。一味地指责全球化，将它作为"替罪羊"是不可取的。现在我们要直面的不是一个是否融入全球体系的问题，而是如何更好地融入的问题。

全球重构对公共卫生的影响，无论是正面的还是负面的，都是国际社会和各国政府无法规避的政策问题。在当下如火如荼的全球化进程中，公共卫生问题跨国化、复杂化和多样化了。所有国家，不分大小、强弱、贫富，都应担负起应对公共卫生问题全球化的责任。作为"地球村"的一员，我们必须理解并适应这一改变了的世界。

疾病全球化对中国的影响才刚刚开始显现，各种不确定因素越来越多。迎接全球性的挑战不允许简单化地从一时一地的角度思考应对方式，而应该在更广阔的全球社会经济发展和生态环境变迁中去考虑。换句话说，任何公共卫生问题及应对这些问题的干预，都必须跳出"健康"这个狭小盒子。20 世纪末举世风行的一句口号是"放眼全球，立足当地"。我们应立足于中国这一方水土的具体情境来积极参与国际公共卫生事务，以便利用全人类共同智慧并吸取国际上有益的经验教训。

公共卫生这一"公共产品"需要政府做出长久而坚定的承诺。面对 21 世纪跨国化的疾病风险，国家应着力于完善并扩大社会保障覆盖面，重构廉价并惠及所有居民的现代医疗体系和社会保障网络，以缓解区域、城乡、不同社会群体及两性在获得医疗卫生服务上的制度性和结构性不平等，进而逐渐打破贫困、歧视、不公正与不健康的恶性循环。所幸的是，中国政府在加快实行覆盖城乡的居民最低生活保障制度和建立新型农村合作医疗制度等方面已迈出了坚定的步伐。把感受健康幸福与疾病痛苦的活生生的人真正作为发展的中心和经济发展的终极目标，是全球千年发展目标运动的核心，也是中国为之奋斗的小康社会愿景的精髓所在。面对健康风险与疾病的跨国化，我们应充分利用全球变迁提供的各种机遇。在国际经验与本土实践的撞击中寻找应对全球公共卫生挑战的创新战略，无疑已成为摆在中国政府面前的一项严峻挑战。

[本文原题为《全球化时代的大众健康及其政策启示》，载《社会科学论坛》（学术评论卷）2009 年第 8 期]

全球化与国际老龄化政策

——基于社会性别视野的考察

一 问题的提出

在过去半个多世纪时间里，全球化进程不断提速，人口老龄化在世界范围内也在静悄悄地迅速蔓延。迈入 21 世纪之后，19 ~ 20 世纪以来逐渐留下的这个遗留问题因全球化的激荡正在改变整个世界。21 世纪伊始（2001年），联合国人口司就推出了《世界人口老龄化（1950 ~ 2050）》报告，对人口老龄化的全球过程及其影响提供了很多令人信服的数据，并得出了若干发人深省的结论：人口老龄化是史无前例的；人口老龄化是普遍化的；人口老龄化是经久不衰且不可逆转的；人口老龄化对人类生活的许多方面都产生了深远的影响。"人口老龄化深远、普遍和持久的后果对所有社会而言都提供了巨大的机会，也构成了巨大挑战。"[1]

全球化对人口老龄化的影响就像一把"双刃剑"。人口老龄化虽是全球化时代现代科技进步，人类战胜病魔、延年益寿的一个成功故事，但这场"人口革命"对个人、家庭、社区、国家乃至国际层面的负面效应正日渐凸显。特别值得关注的是，全球化加速与全球老龄化蔓延几乎同步。它们互为影响业已变成了形塑全球社会变迁的两股重要势力，并有可能成为 21 世纪制约世界各地老年人生活质量的重要决定因素。[2]

这场胜利的悖论与社会性别问题也密不可分。在这股席卷全球的银色浪潮中，老年妇女的数量及其所占的比例骤然上升。在几乎所有国家中，老年

① United Nations, *World Population Aging 1950 - 2050*, New York: United Nations, 2002, pp. XXVIII, XXXI, http://www.un.org/esa/population/publications/worldageing19502050/.

② Richard Settersten and Jacqueline Angel, *Handbook of Sociology of Aging*, Springer, 2011, p. 125.

妇女均成为老年人口的多数，尤其是在 80 岁以上的高龄老人中，这种性别失衡最为显著。老年人口群体的这种"女性化"现象正成为一个日渐彰显的全球趋势。联合国人口司推出的《2013 年老龄化剖面图》显示，2013年，60 岁及以上老年人口共计 8.38 亿人，占世界总人口的 11.7%（女性和男性分别占 12.8% 和 10.7%）。其中，女性有 4.55 亿，占 54.1%；男性3.83 亿，占 45.9%。预计到 2050 年女性和男性所占的比例将分别高达22.7% 和 19.6%。[①] 很多学者都承认，整个 21 世纪妇女都将成为世界老年人口的多数。性别比差距的持续存在和不断扩大，意味着现在和未来老年人面临的许多挑战与问题本质上都是老年妇女面临的挑战和问题。[②]

国际社会对人口老龄化是一个社会性别问题的认识和理解，是伴随全球化进程不断提速而逐渐加深的。自 20 世纪 70 年代以来，对老年妇女和老龄化过程中性别差异的关注夹杂在各种发展干预中进入国际政策框架，并经由一系列全球大会得到了广泛张扬。20 世纪 90 年代中叶前后可以说是国际政策话语转变的一个分水岭。在全球化浪潮的冲击下，国际层面的政策回应逐渐从狭隘地针对发达国家个人福祉问题，转向关注世界各地妇女整个生命周期的脆弱性和不公平待遇，并进而对老龄化问题采取以权利为本的探究（rights-based approach）。

在一个全球化的当今世界，国际政策框架不仅是刺激世界各国应对人口老龄化的一个外部动力，也是遭受老龄化困扰的国家建构其公共政策的重要依据和行动指南。作为老龄化最快又是全球化最为成功的一个国家，参照国际标准制定和完善具有性别敏感性的老龄化政策显然是摆在中国政府面前的一项严峻挑战。到 2000 年，中国开始进入老龄化社会，60 岁及以上老年人口占到总人口的 10.4%。毋庸说，这些国际政策议程对于我们"放眼全球、立足当地"也是大有裨益的。有鉴于此，本文旨在从社会性别视野对全球化时代国际老龄化政策的演进做出一个系统梳理，并对政策转变的缘由做一番剖析。

二 透过全球大会看当代国际老龄化政策

联合国成立伊始，这个政府间国际组织对人口老龄化这个挑战就有所察

---

① United Nations, Department of Economic and Social Affairs, Population Division, *Profile of Ageing 2013*, http://www. un. org/esa/socdev/documents/ageing/Data/AgeingProfiles2013. pdf.

② Kevin Kinsella and David Phillips, "Global Aging: The Challenge of Success," *Population Bulletin*, 2005, Vol. 60, No. 1, pp. 24 – 25.

觉。1948 年通过的《世界人权宣言》第二十五条载明："人人有权享有维持他本人和家人健康与福利所需的生活水准，其中包括食物、衣着、住房、医疗保健及必要的社会服务；在遭遇失业、疾病、残疾、寡居、衰老或者他无法控制的缺乏生计的其他情形下，有权享受保障。"① 在这个人权文书中，"寡居"与"衰老"紧挨着并列在一起。尽管其时国际社会对老年妇女面临的问题还不甚敏感，但它却为其后保障老年妇女的人权定下了基调。

当代率先触摸老年妇女问题的国际会议当推距今 40 多年前在墨西哥城召开的第一次世界妇女大会（1975 年）。紧随其后的"国际妇女年"尽管引发了风起云涌的国际妇女运动，但在这期间有关老年妇女的国际决策似乎并没有出现太大的起色。从下文中我们会发现，唯有专门针对妇女和老龄问题的世界大会才注意到老年妇女的少数特殊需求。跨入 90 年代之后，情况就大不一样了，与人口、社会发展及人权相关的全球论坛和首脑会议，都纷纷将这一主题纳入自己的议事日程，并且明确将妇女问题当作一个人权问题，老年妇女问题也相应被提到了人权与发展问题的高度（见表 1）。

表 1　涉及老年妇女/社会性别问题的全球大会

大会名称	地点	时间（年）
世界妇女大会		
第一次世界妇女大会	墨西哥	1975
第二次世界妇女大会	哥本哈根	1980
第三次世界妇女大会	内罗毕	1985
第四次世界妇女大会	北京	1995
世界老龄问题大会		
第一届老龄问题世界大会	维也纳	1982
第二届老龄问题世界大会	马德里	2002
联合国其他主题的发展大会及其后续行动		
国际人口与发展大会	开罗	1994
社会发展世界首脑会议	哥本哈根	1995
联合国千年首脑会议	纽约	2000

资料来源：联合国网站，http://www.un.org/en/development/desa/what-we-do/conferences.html。

---

① United Nations, *The Universal Declaration of Human Rights*, 1948, http://www.un.org/en/documents/udhr/index.shtml#a25.

这些全球论坛提供了反思和探寻全球化对人口老龄化和对妇女与社会性别关系之影响的重要平台。大会通过的国际政策框架虽不具有法律约束力，但它们对于国际和国家层面的政策开发与现实干预无疑都有重要的示范和指导意义。不像对待妇女、儿童和残疾人等其他弱势群体，联合国迄今尚未制定一个专门针对老年人的权利公约。唯其如此，这些全球大会国际文书对老年人需求与权利做出的承诺就显得尤为重要。限于篇幅，笔者在下面仅勾画这些国际文书在字面上明确提及老年妇女/社会性别问题的内容。

（一）历次世界妇女大会不断拓宽的老龄主题

1975 年在墨西哥城召开的第一次世界妇女大会，是首次专门反思"第二性"问题的一个政府间大会，也是触及老年妇女问题的第一次联合国聚会。此次大会通过的《为实现国际妇女年目标的世界行动计划》在提及老年女性与男性时仅用了寥寥两句的一段话："老年妇女得到的保护和协助通常比男性要少，因此应当特别注意她们的需要。妇女在 50 岁及以上年龄组的人口中占多数，其中许多人都很贫困，需要特别的关照。"[①]

所幸的是，这次大会专门通过了一个名为《妇女包括老年和残疾妇女的社会保障与家庭保障》的决议。这个决议涉及老年妇女的主要有第五条和第六条："敦促各国政府在适当情况下建立日托、教育、文娱及社会的中心，并以此作为促进妇女及其所抚养的子女还有老年、残疾和贫困妇女融入社会的一种手段"；"建议联合国成员国、联合国职能机构、专门机构应在其现有方案的框架范围内，就妇女境况特别是老年和残废妇女的境况开展特别研究。尤其应当研究保护她们免受与其境况有关的各种风险的最适当方法以及使她们重新融入社会积极生活的最有效措施"。[②]

令人遗憾的是，5 年后第二次世界妇女大会通过的《联合国妇女十年：平等、发展与和平后半期行动纲领》依旧只在一处，即阐述健康时轻描淡写地提及应直接特别注意老年、独居和残疾妇女的需要。像第一次世界妇女大会一样，这次大会也专门通过了一个题为《老年妇女与经济保障》的决议。该决议提请联合国成员国应确保妇女参与第一届老龄问题世界大会的规

---

① United Nations, *Report of the World Conference of the International Women's Year*, 1975, p. 30, http://www.un.org/womenwatch/daw/beijing/mexico.html.

② United Nations, *Report of the World Conference of the International Women's Year*, 1975, p. 86, http://www.un.org/womenwatch/daw/beijing/mexico.html.

划过程，并任命妇女为出席大会的代表团成员；会员国和联合国秘书长应努力使这次世界大会议程特别注意老年妇女在社会中面临的各种问题；秘书长在依照大会第 34/153 号决议收集关于老年人的数据时特别收集关涉老年妇女的数据等。① 此时的联合国正在紧锣密鼓地筹备第一届老龄问题世界大会，这个决议的内容主要同这次大会勾连起来也就不足为怪了。

1985 年召开的第三次世界妇女大会较前两次对老年妇女倾注了更多笔墨。这次大会通过的《到 2000 年为提高妇女地位前瞻性战略》在"应特别关注的领域"部分——罗列弱势妇女群体时，专门用了一大段篇幅阐述"老年妇女"（见 286 段）。《战略》复述了 1982 年第一届老龄问题世界大会关于解决老年妇女问题的一些对策，从而与 3 年前召开的这次全球大会的提法呼应和衔接起来。这段话还从消除刻板定型观念和促进老年妇女身心健康两个维度推进了前者在人道主义与发展方面的政策建议：

> 妇女一生应尽早在心理方面和社会方面做好准备以面对预期寿命较长带来的后果。随着变老，她们的职业与家庭角色会经历根本性的变化。作为发展的一个阶段，衰老对于妇女来说是一个挑战。应使妇女能在生命中的这个时期以创造性方法争取新的机会。应当承认并消除源自于关于老年人的刻板定型观念所带来的社会后果。传播媒介应给予协助表现积极的妇女形象，特别是要强调必须尊重妇女，因为她们在过去而且还将继续对社会做出贡献。应重视研究和处理老龄化特别是妇女老龄化过程中的健康问题。研究工作也应转向调查和延缓因终身紧张、过度操劳、营养不良及反复妊娠所造成的过早衰老的过程。②

尽管西方女权主义者早在 20 世纪 60 年代末 70 年代初就提出并使用"社会性别"这个概念，但它在此段中仍不见踪影。

1995 年在北京召开的第四次世界妇女大会，较之 10 年前的第三次世界

---

① United Nations, *Report of the World Conference to Review and Appraise the Achievements of the United NationsDecade for Women*: *Equality*, *Development and Peace*, 15 – 26 July, 1980, pp. 66 – 67, http://www. un. org/womenwatch/daw/beijing/otherconferences/Copenhagen/Copenhagen% 20 Full% 20 Optimized. pdf.

② United Nations, *Report of the World Conference to Review and Appraise the Achievements of the United Nations Decade for Women*: *Equality*, *Development and Peace*, 1985, pp. 68 – 69, http://www. un. org/womenwatch/daw/beijing/nairobi. html.

妇女大会，在内容上又向前迈出了一大步。北京大会通过的《行动纲领》^① 主要在下述 3 种情形下涉及老年妇女与男性的问题。

第一，把老年妇女或老年男女当作一个特别弱势的人群单列出来专门进行阐述。例如，101 段指出，"随着预期寿命延长和老年妇女人数的不断增加，需要特别重视她们的健康问题"，其中包括心血管病、骨质疏松症、残疾及其他老年疾病。95 段提到："老年妇女和男性独特的生殖健康与性健康问题没有得到适当关注。"

第二，把老年妇女同其他弱势妇女群体归并在一起加以讨论。例如，60 段提到，动员涉足发展过程的所有有关方面，提高针对最贫困和最弱势妇女群体的反贫困方案的成效，其中包括农村、土著、青年、老年、难民、迁移及残疾妇女等，承认社会发展主要是政府的责任。在 175 段呼吁各国政府要"支持增强青年妇女、残疾妇女、老年妇女和属于少数种族与族裔的妇女等特殊妇女群体自力更生的方案"。因此，老年妇女与其他弱势妇女是并列的。

第三，有关妇女和男性整个生命周期的阐述自然都适用于老年妇女。下面的几段话便是例证："必须确保妇女有权在整个生命周期与男性平等地享有能达到的最高健康标准"（92 段）；"增加妇女在整个生命周期获得恰当的、担负得起和优质的保健、信息及相关服务"（105 段）；"容许妇女在整个生命周期与男性一样平等地参加社会保障体系"（106 段）。

值得特别关注的是，到 1995 年第四次世界妇女大会召开时，全球化浪潮已势不可挡。1995 年大会通过的《行动纲领》对此也直言不讳："虽然经济的全球化为妇女创造了一些新的就业机会，但也存在男女之间不平等变本加厉的趋势"（157 段）。而且，这个纲领性文件所涉及的老年妇女面临的诸多挑战无不与全球化紧密相关，其中包括妇女照料老年人的负担和无偿劳动（30 段、156 段、175 段和 179 段）；老年妇女因社会福利削减更易陷入贫穷（52 段）；老年妇女易遭受暴力侵害（116 段）；劳动力市场对老年妇女的歧视（165 段和 178 段）及妇女健康特别是生殖健康问题（101 段）等。国际决策者及时做出这些回应，从某种意义上讲，正是当时现实生活中全球化威逼下的大环境使然。

---

① United Nations, *Report of the Fourth World Conference on Women*, 1995, http://www.un.org/womenwatch/daw/beijing/pdf/Beijing% 20full% 20report% 20E. pdf.

（二）妇女/社会性别主题被提上了两届老龄问题世界大会议程

1982 年在维也纳召开的第一届老龄问题世界大会，是国际层面专门系统探究老年妇女和老龄化中社会性别问题的一个起点。124 个国家一致通过的《维也纳老龄问题国际行动计划》是有史以来关注老龄化问题的第一个国际文书。这个共计 62 条的纲领性文件构筑了此后 20 年国际政策与方案的基石。

《行动计划》提出的所有建议都适用于男女两性，其中关于老年妇女的阐述散布在"导言"、"原则"、"行动建议"及"执行建议"四个板块的很多地方。在"导言"中，它首先指出了妇女将在老年人口中日益占多数的不争事实及预期寿命上的性别差别对于老年人居住安排、收入、保健和其他支持系统可能产生的某些影响。接着它在"原则"中呼吁："政府、非政府组织及所有相关方面均应对老年人中的最脆弱者，特别是对妇女和来自农村地区的贫困者承担特别的责任。"① 《行动计划》随后触及老年妇女与男性一些特殊的社会经济需求及发展问题，其中包括老年妇女的就业与收入需求（45 段）、妇女照料老年人的责任与负担及男性分担的问题（66 段）、老年妇女在家庭中的特殊需求和作用（67 段）、社会保障与社会方案对老年女性的特别关照（72 段）及劳动力市场的年龄歧视（73 段）等。

为迎接 21 世纪人口老龄化带来的机会与挑战，2002 年联合国召集了第二届老龄问题世界大会。这次大会通过的《马德里老龄问题国际行动计划》和《政治宣言》旨在使"全世界所有人都能够有保障、有尊严地步入老年，并作为享有充分权利的公民参与其社会"。② 这个全球议程迄今仍是指导联合国和世界各国应对老龄化危机的一个全球蓝图。共计 19 条的《政治宣言》确立了 3 个互为重叠的优先关注领域：老年人与发展；促进老年人健康与福祉；确保建立有利的支持性环境。《行动计划》分别依照 3 个优先领域提出了 200 多项行动建议，至少有 18 段或长或短述及如何解决老年妇女问题/老龄化中的社会性别问题。如表 2 所示，其具体主题包括：无酬劳动、

---

① United Nations, *The Vienna International Plan of Action on Aging*, Vienna,1982,http：//www. un. org/es/globalissues/ageing/docs/vipaa. pdf.

② United Nations, *The Madrid International Plan of Action on Ageing*：*Guiding Framework and Toolkit for Practitioners & Policy Makers*, 2008, p. 6, http：//www. un. org/esa/socdev/ageing/documents/building_ natl_ capacity/guiding. pdf.

参与决策过程、参与有酬劳动的影响因素、提高经济参与的举措、农村老年妇女获取经济资源、扶贫、社会保护与社会保障、对妇女的暴力、大众传媒等。较之第一届老龄问题世界大会，这个计划涉及的主题更多，而且增添了对妇女暴力、大众传媒、生命周期策略等新内容。这些显然与1995年第四次世界妇女大会通过的《行动纲领》的有关内容是相互呼应的。

表2 《马德里老龄问题国际行动计划》有关老年妇女/社会性别的内容

3个优先领域	主要内容
老年人与发展	(1)承认各个年龄段妇女在无酬劳动中的贡献(19段) (2)促使老年妇女充分、平等地参与各级决策过程(22段) (3)关注影响妇女从事有酬劳动的各种因素,包括累计养老金的能力等(25段) (4)通过各种手段提高老年妇女经济参与的程度(28段) (5)确保农村与边远地区老年妇女平等获取和掌握经济资源的权利(32段) (6)通过提供金融和基础设施服务优先增强农村地区老年妇女的能力(33段) (7)信息与通信技术等新技术要考虑老年妇女的需求;提高对重新培训老年女工重要性的认识(40段) (8)采取特别的社会保护措施解决贫困老年妇女人数不断增加的问题(46段) (9)确保扶贫战略与方案能满足老年妇女、高龄老人、残疾老人和独居老人的特殊需要(48段) (10)采取适当的社会保护/社会保障措施,解决贫困老年妇女人数不断增长的问题(51段) (11)保护老年男女在紧急情况下不受身心虐待、性虐待或经济剥削(55段)
促进老年人健康与福祉	(12)采用生命周期策略关注妇女在老年期的健康和福祉(64段) (13)满足妇女和男性始于婴儿期的终身健康与营养需求(68段) (14)关注老年妇女特别易于致残的问题(87段)
确保建立有利的支持性环境	(15)提高老年男女自身在自己社区工作和生活的能力,促进照料责任的分担(105段) (16)确定有助于老年妇女提供照料的方法,并解决她们在社会、经济和心理方面的具体需要(106段) (17)提高公众意识并为老年妇女提供保护,以减少老年妇女遭受的忽略、虐待和暴力;对老年男女一切形式暴力的原因、性质、程度、严重性和后果开展研究(110段) (18)鼓励大众媒体塑造老年妇女和男子的积极形象(113段)

资料来源：联合国，《马德里老龄问题国际行动计划》，2002，http://www.un.org/chinese/esa/ageing/actionplan1.htm。

（三）老龄化的性别维度也被纳入了联合国其他发展大会

跨入20世纪90年代的门槛后，联合国召集的有关人权、人口、社会妇女等主题的发展大会也不能对触目所及的全球化势力无动于衷了。它们无不紧跟时代脚步并紧扣自身主题对老年妇女和老龄化的性别维度做出回应。例如，1994 年国际人口与发展大会通过的《行动纲领》指出，"鉴于大部分老年人是妇女，而老年妇女的社会经济地位通常低于老年男性，满足日益增多的老年人需求的方案应充分反映出这一点"（第四章 14 段）。

基于这一理念，聚焦于"老年人"的第六章第三节专门阐述了老年人尤其是老年妇女面临的诸多问题及其应对之策。譬如，它指出"在大多数社会，妇女因为寿命比男子长而在老年人口占多数，在许多国家，贫困的老年妇女特别容易受到伤害"（第六章 16 段）。为此，它建议"建立老年保健制度以及经济与社会保障制度时，应适当对妇女的需要给予特别注意"（第六章 17 段）；"政府应同非政府组织和私营部门合作，在所有国家加强针对老年人的正规和非正规支持系统和安全网，消除各种形式对老年人的暴力和歧视，并特别注意老年妇女的需求"（第六章 20 段）；调查老年人群发病率和死亡率的性别差异。这个《行动纲领》的一个突出特点是关注老年男女特有的生殖健康问题。[①]

在千禧年之际，世界各国政要和首脑又一次在纽约联合国总部聚首。这一里程碑般的国际会议将 90 年代召开的一系列发展大会及其后续会议的目标和主题整合起来，随后据此提出了"千年发展目标"这个全球发展蓝图，其中的第三个目标即促进社会性别平等和赋权妇女。国际决策者不仅承诺"必须保障男女享有平等的权利和机会"，而且决心对全球化挑战做出更协调一致的回应。面对咄咄逼人的全球化势头，这次高峰会议通过的《联合国千年宣言》宣告："我们相信我们今天面临的中心挑战是确保全球化对世界所有人来说都是一种积极的力量。尽管全球化提供了巨大机遇，就目前来说其益处的分享是很不平衡的，其代价也不是均匀分布的。"[②]

从以上内容可见，当代国际老龄化政策伴随全球化进程的不断加速而与时俱进地逐渐扩充内容并加以完善。但从社会性别的角度来检视，我们不难发现，上述国际文书似乎一味地凸显了老年妇女在各种场景和福祉各个方面

---

① United Nations, *Report of the International Conference on Population and Development*, 1994, http://www.un.org/popin/icpd/conference/offeng/poa.html.

② United Nations, *United Nations Millennium Declaration*, 2000, http://www.un.org/millennium/declaration/ares552e.htm.

都比男性更为脆弱的问题。对此，约翰·诺德尔（John Knodel）和玛丽·奥夫斯特德（Mary Ofstedal）早就敏感地观察到，关于社会性别与老龄化这两个主题的研究和国际话语，往往主要关切妇女并强调她们在老年期的潜在劣势。这种排他性关切最好的例证莫过于《马德里老龄问题国际行动计划》。他们发现，该文件中有 40 多个句子要么强调老年妇女的特殊脆弱性，要么倡导在改善老年人命运的项目与政策中要特别关注妇女。与此形成鲜明对照的是，几乎没有一句专门承认老年男性可能有特别需求，遑论就任何问题倡导特别关注老年男性的建议了。他们认为，"完全不考虑老年男性也处于劣势的情形似乎是明显失之偏颇的，并且也有悖于社会性别公平之理想"。毋庸置疑，他们的这一敏锐观察和尖锐评述是有事实依据的。事实上，直到近些年，国际政策界才慢慢注意到这个问题。[①]

三 全球化与国际政策转变及其缘由

检视全球大会的演进轨迹我们不难发现，在 20 世纪 70~80 年代，不论是有关妇女抑或老龄问题的国际大会，它们对待老年妇女的政策路数颇为相似。在那一时期，人口老龄化问题在某些发达国家已成为凸显的客观存在，但在多数发展中国家毕竟尚未浮出水面并进入人们眼底。国际组织的决策者主要根据人道主义价值取向，努力满足发达国家老年人尤其是老年妇女的特殊需求，纵然有时隐去了发达国家或工业化国家的表述，聚焦于发达国家老龄妇女福祉的倾向是十分明显的。

20 世纪 90 年代中叶尤其是进入 21 世纪以来，国际社会越来越明确地意识到，人口老龄化并不是一个孤立的问题，而是一个与人权保障、社会融合、社会性别平等、减贫、加强医疗服务和社会保障等密不可分的发展问题。正如金塞拉（Kinsella）等人注意到的，在两届老龄问题世界大会之间的 20 年时间里，决策者关注的焦点已从老龄化的基本人口与经济问题转向将老年人纳入社会各个层面的发展之中。"这是一场拓展老年人角色和推进积极老龄化政策的运动。政策制定者明确认识到老龄化政策必须关注整个社会和各个年龄段的人们，而且全球人口老龄化问题必须被融入更宽泛的发展

---

① John Knodel and Mary Ofstedal, "Gender and Aging in the Developing World: Where Are the Men?" *Population and Development Review*, 2003, Vol. 29, No. 4, pp. 678, 694.

过程。"①

这就不难理解 2002 年出炉的《马德里老龄问题国际行动计划》何以将老龄化与其他发展问题挂起钩来。它在 15 段就明确提到："将老龄化问题纳入国际议程的主流至关重要。这就要求做出一致努力以便对政策一体化采取更宽泛和公平的探究。其任务是将老龄化同促进社会经济发展与人权的其他框架联系起来。"② 正是在这种发展观的引领下，以权利为本、具有性别敏感性并且更宽泛的生命周期策略，逐渐取代了以往强调为老年男女提供福利与照顾的狭隘的福利性探究。

那么，导致国际政策这种转变背后的主要驱动力是什么呢？跨入 20 世纪 90 年代以后，全球化浪潮已势不可挡。在各种互为交织的繁杂影响因素中，全球化无疑是影响国际政策制定者与时俱进做出反应的一个主要推手。我们兴许可以从以下几个方面找到一些答案。

第一，全球化和老龄化齐头并进，全世界社会经济图景因之发生了巨大变化。人口老龄化开始在发展中国家普遍呈现，而且以比发达国家更快的速度在推进。与全球化进程相关的政治与经济剧变，特别是市场化、城市化、工业化及人口大规模流动，致使人口老龄化过程中的诸多社会性别问题接踵而至。个人的衰老经历复杂且多样化，性别与年龄歧视互为交织，通常使边缘化的老年妇女既难以规避全球化带来的风险，也难以获得全球化带来的机会和益处。众所周知，在整个生命周期，妇女在获取就业机会、收入、教育、健康、社会支持及其他发展资源上往往都处于劣势。这些因素的长期累积和叠加也会使老年妇女更易于陷入贫困、健康风险、残疾、孤独、依赖、边缘化及社会排斥等多重劣势处境。③ 人数增长最快并且最脆弱的老年妇女因而成为一块名副其实的发展"短板"，这不能不引起国际决策者的关注。

第二，国际社会在发展政策和实践中开始采取主流化和利益相关者参与等新干预。1995 年召开的第四次世界妇女大会连同平行举行的 '95 非政府组

---

① Kevin Kinsella and David Phillips, "Global Aging: The Challenge of Success," *Population Bulletin*, 2005, Vol. 60, No. 1, p. 5.

② United Nations, *Political Declaration and Madrid International Plan of Action on Aging*, 2002, http://www.un.org/en/events/pastevents/pdfs/Madrid_plan.pdf.

③ Chris Phillipson, "Globalization and the Future of Ageing: Developing a Critical Gerontology," *Sociological Research*, 2003, Vol. 8, No. 4.

织论坛吸引了3万多名参与者。像此前历届世界妇女大会一样，这不只是一次关涉妇女的大会，而且是一次妇女审视世界发展的盛会。到了20世纪90年代，所有发展问题事实上都成了妇女的问题，因此这也是新时代妇女检视全球发展问题的一次聚会。'95非政府组织论坛的主题"通过妇女的眼睛看世界"便最清楚不过地表达了这一理念。这次大会通过的《行动纲领》是一个赋权妇女的全球议程。它依据生命周期探究提出老年妇女问题，其目的是促进和保护各个年龄段妇女人群在整个生命周期充分享有人权和基本自由。这种探究与同期召开的其他国际发展会议的表述如出一辙。

这次大会的另一个跨越性突破是，它不但把社会性别概念引入国际政策议程，而且将"社会性别主流化"确立为全球促进性别平等的一个主要战略。这一政策创意很快得到了联合国系统和其他国际发展机构的积极响应。紧接着，联合国在各个发展领域包括人口老龄化领域推进社会性别主流化。这在第二届老龄问题世界大会的两个成果文件都得到了印证。例如，《政治宣言》第八条载明："我们致力于将老龄化有效纳入社会与经济战略、政策和行动的任务，同时确认具体的政策将因各国条件不同而有所不同。我们确认必须在所有政策和方案落实社会性别主流化，以便考虑到老年妇女和男子的需求和经验。"[1]

第二届老龄问题世界大会通过的《行动计划》也重申了社会性别主流化政策："老年妇女在人数超过了老年男子，并且年岁越高超过的就越多。世界各地老年妇女的境况必须成为政策行动的优先关注目标。认识到老龄化对妇女与男子的不同影响对于确保男女之间的充分平等及制定有效的应对之策是必不可少的。因此，在所有政策、方案和立法中纳入社会性别观点至关重要。"[2] 可见，国际社会审视老龄化问题的政策思路、方法和视角已发生了较大变化。

第三，鉴于人口结构变动所带来的深刻人权影响，人权保障被提到了前所未有的高度。为了重申关注老年人口需求和权利的重要性，1991年12月，联合国大会通过了含18条原则的《联合国老年人原则》。虽未直接提及老年妇女，这个原则确立了有关老年人权利的5项标准:独立、参与、照

---

① United Nations, *Political Declaration and Madrid International Plan of Action on Ageing*, 2002, http://www.un.org/en/events/pastevents/pdfs/Madrid_plan.pdf.

② United Nations, *Political Declaration and Madrid International Plan of Action on Ageing*, 2002, http://www.un.org/en/events/pastevents/pdfs/Madrid_plan.pdf.

顾、自我实现和尊严。它还明确提到："老年人不论其年龄、性别、种族或族裔背景、残疾或其他状况，均应受到公平对待，而且不论其经济贡献大小均应受到尊重。"① 为了鼓励各个成员国将这个政策工具化作具体的政策和方案，联合国大会还把 1999 年定为"国际老人年"，其主题为"不分年龄人人共享的社会"。

这些原则进一步刺激了联合国系统反思老年人的人权问题。联合国 1979 年通过的《消除对妇女一切形式歧视公约》是一个综合性的国际人权框架，但这个人权公约仅在第十一条中一带而过提及老年问题："妇女有权享有社会保障，特别是在退休、失业、患病、残疾、年老和其他丧失工作能力的情况下。"为了迎接全球人口老龄化的空前挑战，联合国消除对妇女歧视委员会 2010 年 10 月专门通过了《关于老年妇女问题和保护其人权》的第二十七号一般性建议。该建议规定："缔约国必须承认老年妇女是社会的重要资源，并有义务采取包括立法在内的一切适当措施消除对老年妇女的歧视"（29 条）；"缔约国有义务确保妇女在其整个生命周期的充分发展与进步"。此外，它还就一些关键性领域分别提出了很多建议，涉及的主题包括：陈腐观念、暴力、参与公共生活、教育、工作与养老金福利、健康、经济赋权、社会福利、农村及其他弱势妇女以及婚姻与家庭等。②

20 世纪 90 年代召开的一系列全球大会也都纷纷确认妇女的权利属于人权。例如，1993 年世界人权大会通过的《维也纳宣言和行动纲领》率先承认"妇女的权利是普遍人权不可剥夺和不可分割的组成部分"。它还把对妇女的暴力界定为人权问题。③ 1995 年召开的第四次世界妇女大会和同年举行的社会发展世界首脑大会也都确认并重申了这一基本原则。前者还承诺"设法促进和保护所有妇女在整个生命周期充分享有所有人权和基本自由"。④

① United Nations, *United Nations Principles for Older Persons*, 1991, http://www.ohchr.org/EN/ProfessionalInterest/Pages/OlderPersons.aspx.
② United Nations, *General Recommendation No. 27 on Older Women and Protection of Their Human Rights*, 2010, http://www2.ohchr.org/english/bodies/cedaw/docs/CEDAW-C-2010-47-GC1.pdf.
③ United Nations, *Vienna Declaration and Programme of Action*, 1993, http://www.un.org/womenwatch/daw/beijing/pdf/BDPfA%20E.pdf.
④ United Nations, *Report of The Fourth World Conference on Women*, 1995, http://www.un.org/womenwatch/daw/beijing/pdf/Beijing%20full%20report%20E.pdf.

第四次世界妇女大会结束后，联合国一些实体机构开始冲向社会性别主流化和促进妇女人权的前沿。世界卫生组织就是其中的一个成就斐然的先行者。继 2002 年制定了《将社会性别纳入世界卫生组织的工作》这一政策之后，它在 2009 年又通过了《将社会性别分析和行动纳入世界卫生组织工作的战略》。它还根据《联合国老年人原则》提出了"积极老龄化"政策框架，要求在健康、参与和保障三个支柱领域采取行动。这个框架采用了生命周期方法并从以需求为本的探究转变为以权利为本的干预。[1] 基于这个架构，世界卫生组织进一步开发了一个"妇女、老龄化和健康"框架。[2] 这表明世界卫生组织同时采用社会性别和老龄化视角关注老年人的健康状况及决定因素。换言之，它突出了积极老龄化 3 个关键性关切领域的社会性别维度。

第四，由于全球化的结果，有关老龄化问题的全球知识体系逐渐被构建起来了。国际、国家和地方性的政策话语开始出现交叉与汇合。由于全球层面和国际一级分年龄和性别统计数据的收集、分析及传播，具有性别敏感性的研究的拓展，全球性学术对话与国际政策辩论的开展以及有关信息与知识的广泛交流等，人口老龄化性别差异的严峻现实与未来态势进入了更多人的视野，并引起了国际决策者和政策制定者的警觉。学者们普遍公认，老龄化问题不再只是一个国内的问题，还是一个影响跨国机构和国际社会的棘手问题。[3]

四　结论

不论全球化抑或全球人口的老龄化，都是当代国际决策者无法回避的世界性难题。这两股势力的同步发展给发达和发展中国家带来的挑战是全方位的。在 20 世纪 70~80 年代，老年人口的女性化图景逐渐在世界各地浮出地表。老年妇女不但是人口中增长最快，也是最为弱势的一个群体。嵌入个体

---

[1] WHO, *Active Aging: A Policy Framework*, Geneva, 2002, http://apps. who. int/iris/bitstream/10665/67215/1/WHO_ NMH_ NPH_ 02. 8. pdf.

[2] WHO, *Women, Ageing and Health: A Framework for Action*, 2007, http: //www. who. int/ageing/publications/Women – ageing – health – lowres. pdf.

[3] Jason Powell and She-ying Chen, eds., *The Global Dynamics of Aging*, New York: Nova Science Publishers, Inc., 2012; Jan Baars, Dale Dannefer, Chris Phillipson and Alan Walker, eds., *Globalization and Inequality: The New Critical Gerontology*, Baywood Publishing Co., Inc., 2006.

衰老和人口老龄化之中的社会性别问题也因全球化的冲击而层出不穷。从国际政策回应的发展脉络来看，始于 1975 年第一次世界妇女大会，历次世界妇女大会和老龄问题世界大会都对老年妇女的处境、需求和观点予以或多或少的关注。然而直到 20 世纪 90 年代，社会性别平等才作为一个交叉性的发展问题被纳入了各种国际政策辩论，妇女整个生命周期的人权问题也才被融入更宽泛的政策议程之中。

行文至此，我们似乎有必要回过头去再检讨一下前文所说的全球化是一把"双刃剑"的观点，因为这在国际政策领域也不例外。自第二次世界大战结束以来，世界银行、国际货币基金组织和世界贸易组织等跨国财政机构，不仅在促进经济全球化而且在倡导以市场为取向的老龄化政策方面，均起了关键性作用。它们提倡削减公共开支，减少对社会保障等公共福利的投入。养老金及其他形式福利的市场化便是这种新自由主义政策影响下的产物。[1] 具有讽刺意味的是，这一政策取向不可避免会使一些向老年人尤其是老年妇女倾斜的国际和国家政策蒙上一层阴影。[2]

概言之，国际老龄化政策迄今所取得的进展可谓喜忧参半。展望未来，全球化与老龄化的双重夹击只能愈来愈严峻。这就呼唤国际一级的政策制定者要携手国家与地方层面行动者与时俱进地做出更积极的创新性回应！

[原载《妇女研究论丛》2015 年第 1 期，第二作者为温煦]

---

① Carroll Estes, Simon Biggs and Chris Phillipson, "The Globalization of Capital: The Welfare State, and Old Age Policy," *International Journal of Health Services*, 2002, Vol. 32, No. 2; Bob Deacon, Michelle Hulse and Paul Stubbs, eds., *Global Social Policy: International Organizations and the Future of Welfare*, Sage, 1997.

② Dhrubodhi Mukherjee, "Globalization without Social Protection: Challenges for Aging Societies across Developing Nations," *The Global Studies Journal*, 2008, Vol. 1, No. 3.

消除对妇女暴力的国际机制

一 引言

近 20 多年来，含联合国在内的国际社会通过各种机制在反对暴力侵害妇女和女童的全球干预中一直走在前列，发挥了领跑者的先锋作用。[①] 在国际社会的推动下，各国纷纷推出了各种干预举措，中国也不例外。联合国消除对妇女歧视委员会在 2006 年审查中国履约报告后撰写了一份《委员会关于消除对妇女歧视的结论性意见》，促请中国政府通过一个禁止对妇女暴力的综合性法律，并确保公私领域一切形式对妇女和女童的暴力构成一种犯罪，应依照刑法来治罪。它呼吁中国根据委员会第十九号一般性建议，立即向遭受暴力侵害的妇女和女童提供补救和保护措施。它还鼓励缔约国提升受害者获得司法和补救的机会。[②]

鉴于对妇女和女孩的暴力在中国大行其道，在举世庆祝第四次世界妇女大会召开 20 周年之际，第十二届全国人民代表大会常务委员会第十六次会议于 2015 年 8 月 24 日初次审议了国务院提交的《中华人民共和国反家庭暴力法（草案）》。紧接着在 8 月 29 日又通过了《中华人民共和国刑法修正案（九）》，废除了嫖宿幼女罪，加大了对性侵女童的违法犯罪行为的惩罚力度。上述两

[①] 始于 20 世纪 90 年代起，国际上更倾向于把对妇女的暴力界定为基于性别的暴力（gender-based violence）。其原因是男人和男孩子虽然也有可能成为性别暴力的受害者，但在世界范围内，不管在家庭内外，暴力受害者多数都是妇女。妇女因其性别而沦为暴力的牺牲品，或者说妇女受害的比例特高（见《消除对妇女一切形式歧视公约》第十九号一般性建议）。基于性别的暴力旨在维系性别不平等和/或强化男女之间传统的性别角色。

[②] UN Committee on the Elimination of Discrimination against Women, *Concluding Comments of the Committee on the Elimination of Discrimination against Women*, 2006, http://www.un.org/womenwatch/daw/cedaw/cedaw36/cc/CHINA_ advance%20unedited. pdf.

项立法措施的同时出台，无疑发出了中国政府兑现国际诺言的强烈信号。毋庸说，这既是中国履行《消除对妇女一切形式歧视公约》《儿童权利公约》等国际框架确立的国际义务所取得的突破性进展，也是第四次世界妇女大会在北京召开以来中国反性别暴力的国际与地方干预互为碰撞的一个可喜结晶。

对妇女和女孩的暴力是一个全球性的普遍现象，在世界各地一直盛行不衰。不管生活在哪个地区或国家，身处何种社会和文化中，也不论收入、社会经济地位、族裔、种族如何，相当高比例的妇女遭受过暴力。世界卫生组织等基于对 80 多个国家现有资料的研究发现，全球 1/3 以上（35%）的妇女经历过亲密伴侣身体的和/或性的暴力或者非伴侣的性暴力。[①] 国际社会已就对妇女与女孩暴力的形式和表现达成了有明确现实指向的基本共识。其主要形式包括但不限于以下方面：亲密伴侣之间实施的暴力行为；早婚和强迫婚姻；强迫怀孕；与名誉有关的犯罪；残割女性生殖器；杀害妇女；非伴侣的性暴力行为；工作场所、其他机构和公共场所性骚扰；贩卖；国家纵容的暴力行为；武装冲突情况下暴力侵害妇女的行为。[②] 这些暴力形式看似孤立，彼此之间事实上是密切关联的。

环顾寰宇，普遍而频发的对女孩和妇女的暴力，不管是公开的抑或隐蔽的乃至赤裸裸的暴力行为，都对妇女构成了巨大的威胁和挑战。性别暴力践踏了妇女的人权，妨碍了妇女享有平等权利并受益于发展。其中，亲密伴侣间的暴力侵害是影响全球各个社会阶层妇女最为盛行的一种形态。有的暴行造成的伤害到了难以想象甚至令人发指的地步。面临多种歧视的一些弱势妇女成为遭受多重暴力侵害的高危人群。[③] 这个跨越国界的痼疾深植于男女之

---

① London School of Hygiene & Tropical Medicine, the World Health Organization and the South African Medical Research Council, *Global and Regional Estimates of Violence against Women*: *Prevalence and Health Effects of Intimate Partner Violence and Non-partner Sexual Violence*, 2013, http://apps. who. int/iris/bitstream/10665/85239/1/9789241564625_ eng. pdf? ua = 1.

② The Secretary – General, *In-depth Study on All Forms of Violence against Women* (A/61/122/（Add. 1）, 2006, http://www. un. org/womenwatch/daw/vaw/violenceagainstwomenstudydoc. pdf.

③ WHO, *Multi-country Study on Women's Health and Domestic Violence against Women*: *Initial Results on Prevalence*, *Health Outcomes and Women's Responses*, 2005, http://www. who. int/gender/violence/who_ multicountry_ study/summary_ report/summary_ report_ English2. pdf; London School of Hygiene & Tropical Medicine, the World Health Organization and the South African Medical Research Council, *Global and Regional Estimates of Violence against Women*: *Prevalence and Health Effects of Intimate Partner Violence and Non-partner Sexual Violence*, 2013, http://apps. who. int/iris/bitstream/10665/85239/1/9789241564625_ eng. pdf? ua = 1.

间权力关系的历史性与结构性不平等。这是在公共和私人领域使用或滥用权力与实施控制的结果，同助长这种暴力长存的性别刻板定型观念是内在相连的。[1] 全球范围内对妇女暴力侵害的循环和肆虐，也足以反衬"人人得享人权"愿景和社会性别平等蓝图的尴尬。

作为一个最具权威性的政府间国际组织，联合国自 20 世纪 70 年代以来，一直引领了国际上制止对妇女施暴的政策和干预。更准确地讲，自成立伊始，联合国将以《世界人权宣言》为基础的国际人权法及后续商定的国际人权条约、宣言和决议等作为依据，逐渐确立了一些凝聚了全球共识的国际人权新标准。后者成为国际社会与世界各国预防和制止对妇女暴力侵害的基石。迈入 21 世纪之后，联合国反性别暴力的努力不再只囿于政策的层面，各种干预不断推出，其运作机制也日臻完善。

基于含联合国在内的国际组织在以往几十年的倡导、推动及不懈努力，进入 21 世纪之后，这场绵延不断的"静悄悄的革命"已在世界各地由国际承诺变成了地方政策实践。到 2014 年，至少有 119 个国家通过了有关家暴的立法，115 个国家通过了禁止性骚扰的立法。[2] 长期以来被当作私人事务的暴力问题，如今普遍被世界各国列入了政策议程。关乎多种人权的对妇女暴力的这个时疫，亦已成为全球发展议程中的一个优先关注目标。

消除基于性别的暴力（Gender-Based Violence，简称 GBV）是一个具有现实与政策意义的国际学术议题。在中国，诸如"性别暴力"和"家庭暴力"等概念是在 1995 年前后伴随第四次世界妇女大会的筹备与举行进入国人视野的。迄今已有一些关于性别暴力的研究成果，但涉及国际动向的仅有零散的叙述。[3] 2015 年恰逢第四世界妇女大会召开 20 周年之际，对国际社会和组织尤其是联合国最近几十年的干预努力及其保障机制加以系统的梳理，对于我们反省、正视对妇女施暴问题并据此进行更多投资，显然不无参考价值和借鉴意义。

---

[1] 联合国妇女地位委员会：《消除和防止一切形式的暴力侵害妇女和女孩行为》，2013，第 3 页，http://www2. unwomen. org/ ~ /media/headquarters/attachments/sections/csw/57/csw57 – agreedconclusions – a4 – zh. pdf? v = 1&d = 20140917T100701。

[2] UN Women, *Progress of the World's Women 2015 – 2016：Transforming Economics，Realizing Rights*, 2015, p. 28, http://progress. unwomen. org/en/2015.

[3] 白桂梅：《论国际法上对妇女暴力行为的责任》，《中外法学》2002 年第 3 期；胡玉坤：《国际社会与对妇女施暴问题》，《国外社会科学》1998 年第 2 期；荣维毅、黄列主编《家庭暴力对策研究与干预——国际视角与实证研究》，中国社会科学出版社，2003。

二 从国际政策议程的边缘走向中心

从长时段的历史发展来看，国际社会对于对妇女施暴问题的关注发轫于联合国成立之初。联合国 1945 年正式成立之前通过的《联合国宪章》在其序言中就重申了"基本人权，人格尊严与价值，以及男女与大小各国平等权利之信念"。[①] 1948 年，联合国通过的《世界人权宣言》在开篇就明确载明："人人生而自由，在尊严和权利上一律平等。"第二条提出："人人有资格享受本宣言所载的一切权利和自由，不分种族、肤色、性别、语言、宗教、政治或其他见解、国籍或社会出身、财产、出生或其他身份等任何区别。"第三条和第五条分别是："人人有权享有生命、自由和人身安全"；"任何人不得加以酷刑，或施以残忍的、不人道的或侮辱性的待遇或刑罚"。[②] 这几项条款无疑都与免除暴力侵害密切相关。

作为第一个国际人权法和联合国的基本法之一，《世界人权宣言》不仅为随后商定的各种国际人权公约定下了基调，也为把对妇女施暴主题纳入国际人权领域奠定了基础。鉴于跨国贩卖人口和性剥削对人格尊严与价值的侮辱，1949 年，联合国通过了《禁止贩卖人口及取缔意图盈利使人卖淫的公约》。[③]不过那时，年轻的联合国对其他形式对妇女的暴力还很不敏感。

植根于《联合国宪章》和《世界人权宣言》的精神，联合国大会 1979 年通过了《消除对妇女一切形式歧视公约》（以下简称《公约》）。这个被誉为"国际妇女人权法案"的人权公约全方位地向造成并维系基于性别的各种歧视发难，并提供了一个应对各种歧视的综合性框架。

尽管 30 条的《公约》覆盖了妇女权利的所有方面，但它起初在对妇女施暴问题上是沉默的，甚至在条文中找不到诸如对妇女和女孩暴力这样的字眼。不过它在第三条明确要求"缔约各国应承担在所有领域，特别是在政治、社会、经济、文化领域，采取一切适当措施，包括制定法律，保证妇女得到允分发展和进步，其目的是为确保她们在与男子平等的基础上，行使和

---

① 联合国：《联合国宪章》，1945，http：//www. un. org/chinese/aboutun/charter/charter. htm。

② 联合国：《世界人权宣言》，1948，http：//www. un. org/zh/documents/udhr/。

③ 联合国：《禁止贩卖人口及取缔意图盈利使人卖淫的公约》，1949，http：//www. un. org/chinese/esa/women/protocol8. htm。

享有人权和基本自由"。第六条也算得上是针对妇女遭受暴力问题设置的条款："缔约各国应采取一切适当措施，包括制定法律，以禁止一切形式贩卖妇女和强迫妇女卖淫对其进行剥削的行为。"此外，《公约》第五条"对男女角色的成见和偏见"和第十六条"婚姻与家庭生活"中有关消除歧视的规定亦与反暴力不无关系。[1]

自 1981 年生效以来，这个具有划时代意义的《公约》在保护、尊重和履行妇女人权上提供具有权威性的指南。截至 2015 年 5 月，多达 189 个国家批准或加入了该条约。[2] 这表明缔约各国有恪守该公约各项规定的意愿。1999 年，联合国大会又通过了该公约的《任择议定书》。

1975～1985 年"联合国妇女十年"期间，对妇女施暴这个敏感议题开始逐渐被纳入国际议程。1975 年在墨西哥城召开的第一次世界妇女大会，是首次专门讨论妇女问题的政府间会议。虽没有暴力方面的考量，不过它间接提到家庭制度"必须确保家庭每个成员的尊严、平等和安全"。这次大会通过的《为实现国际妇女年目标的世界行动计划》在第一百三十一条还专门提出："为了协助解决家庭成员中所发生的冲突，在可能情形下，应设立适当的家庭劝导服务，并应考虑设立家庭法院，由受过法律训练和其他各种有关训练的人员，包括妇女担任工作。"[3] 这次大会将 1976～1985 年定为"联合国妇女十年"，其主题为"平等、发展与和平"。

紧随《消除对妇女一切形式歧视公约》的通过，1980 年在哥本哈根召开了第二次世界妇女大会。这次大会通过的《联合国妇女十年：平等、发展与和平后半期行动纲领》将暴力视为实现联合国妇女十年 3 个目标（即平等、发展与和平）的一个主要障碍。它在保健和教育部分直面对妇女暴力的问题。在保健部分，它提出了"为消除对妇孺的一切形式暴力和为免除各年龄妇女遭受家庭内暴力行为、性强暴、色情剥削及任何其他形式凌辱造成的身心损伤制定政策和方案"的目标（141 段）。保健部分有待采取行动的优先领域被确认为"禁止损害妇女身体和健康的对妇女身体的残害"

① United Nations, *The Convention on the Elimination of All Forms of Discrimination* (A/RES/34/180), 1979, http://www.un.org/womenwatch/daw/cedaw/text/econvention.htm.

② 参见联合国条约集网页，https://treaties.un.org/Pages/ViewDetails.aspx?src = TREATY&mtdsg_no = IV - 8&chapter = 4&lang = en。

③ United Nations, *Report of the World Conference of the International Women's Year*, 1975, http://www.un.org/womenwatch/daw/beijing/mexico.html.

（162 段）；"鼓励进行有关家庭内暴力行为的程度与起因的研究，以期消除家庭内的暴力行为；采取措施制止大众传播工具、文学作品和广告中对妇女受到暴力行为和色情剥削的大肆宣传；为遭受暴力的妇女和儿童提供有效的帮助，如设立治疗和收容中心，向遭受暴力和强奸的受害者提供辅导"（163 段）。

不仅如此，第二次世界妇女大会还通过了一个《受虐妇女和家庭内暴力》的决议。该决议宣称，家庭中对妇女、儿童和老年人的暴力是"对人的尊严不可容忍的侵犯，也是一个严重的身心健康问题"。它因而促请参会国"采取措施，保护家庭暴力（DV）行为的受害者，实施方案以期预防这种暴力，并为受暴力和性侵犯的人设立治疗所、收容所、辅导中心，提供戒酒、戒毒、住房、就业、托儿和保健等其他服务"。[①] 这系联合国大会首次明确关注家庭暴力的问题。不过国际社会那时对这个社会问题的认识仍主要专注于家庭内的暴力，其着力点在于保护妇女不受身体和精神虐待。

到"联合国妇女十年"结束时，联合国 1985 年在内罗毕召开了第三次世界妇女大会。这次大会通过的《到 2000 年提高妇女地位内罗毕前瞻性战略》，迈出了历史性的一大步。家庭暴力不再被看作对妇女暴力的唯一形式，关涉暴力的主题散见于整个文件的不同部分。这份国际文书开始向一切暴力行为宣战并呼吁将反暴力问题作为优先关注事项："各国政府应采取有效措施，其中包括动员社区资源，以查明、防止和消除一切暴力行为，包括家庭中对妇女和儿童所施加的暴力行为"（231 段）；"应把促进和使人人不分性别都能有效享有人权和基本自由的权利，使各国人民都能充分行使自决权，消除新老殖民主义、种族隔离、一切形式的种族主义和种族歧视、压迫和侵略、外国占领以及家庭暴力和对妇女施加暴力行为立即作为优先事项"（245 段）。[②]

该文件拓宽了国际行动关注的暴力类别，开始涉及对妇女的暴力犯罪、强奸、工作场所的性骚扰与性剥削、家庭暴力，对青年妇女的性暴力、性骚

---

① United Nations, "Battered Women and Violence in the Family," *Report of the World Conference of the United Nations Decade for Women: Equality, Development and Peace*, 1980, pp. 67 - 68, http://www.un.org/womenwatch/daw/beijing/copenhagen.html.

② United Nations, *Report of the World Conference to Review and Appraise the Achievements of the United Nations Decade for Women: Equality, Development and Peace*, 1985, http://www.un.org/womenwatch/daw/beijing/nairobi.html.

扰及性剥削、工作中的性骚扰和性剥削、强迫卖淫以及贩卖妇女等多种形态。它还在应特别关注的领域部分把"受凌辱的妇女"和"被贩卖和被迫卖淫的妇女受害者"单独剥离出来做了更为详尽的阐述。

鉴于对妇女的暴行有增无减，它提出了多层面的一揽子应对战略。该文件的主要亮点概括起来包括以下几个方面：①加强宪法和法律方面的保障和保护，通过立法和执法制止暴力犯罪；②通过提供社会服务，向受虐待的妇女和儿童提供住所等直接援助；③提高公共意识，特别是使妇女意识到她们有权利和义务对暴力行为进行斗争，以维护自身的权利；④设立长期性的暴力应对机构，开展活动对受虐待妇女和儿童及其施暴者（往往是男人）进行帮助和指导。

不容忽视的是，该文件特别凸显了国家在预防和制止对妇女施暴及帮助受害者方面的责任。这在对"受凌辱的妇女"的阐述中表现得尤为明显："各国政府应加紧努力，用提供住所、支助、法律服务和其他服务等方式，设立或加强各类形式的援助，以帮助这类暴行的受害者。除了向家庭内和社会上针对妇女的暴行的受害者给予立即援助外，各国政府还应着手提高公众对针对妇女的暴行的认识，将其视为社会问题，制定政策和法律措施来查明其原因并防止和消除这类暴行，特别是应制止社会上对妇女形象的低下描绘和认识，最终推动制定对施暴者进行教育和再教育的措施"（288段）。

1979年通过的《消除对妇女一切形式歧视公约》是一个富有生命力的活的公约。该公约第二十一条赋予了消除对妇女一切形式歧视委员会有权依据对缔约国报告的审查及从缔约国获得的信息，有针对性地提出建议和一般性建议。鉴于《公约》本身的缺失，作为监督缔约国落实公约的一个独立专家机构，消除对妇女一切形式歧视委员会跟进时代潮流和实际需要，到2016年它已提出了30条一般性建议，其中至少有3条直指对妇女暴力的问题。这些一般性建议不但扩充和丰富了这个人权公约的内容本身，也为缔约国贯彻《公约》提供了权威性指导。鉴于对妇女的歧视、基于性别的暴力与对人权和基本自由侵犯之间有密切的关系，下面我们将对几个涉暴的一般性建议略加剖析。

在1989年召开的第八届会议上，消除对妇女歧视委员会通过了《关于对妇女暴力的第十二号一般性建议》。它建议各缔约国向委员会提交的定期报告中应列入以下情况：关于保护妇女在日常生活中免受各种暴力侵害的现行立法；为消除这些暴力而采取的其他措施；为遭受侵害或虐待的妇女所提供的支持性服务；关于各种侵害妇女暴行的发生率及受害妇女的统计资料。①

1990 年，消除对妇女歧视委员会第九届会议通过了《关于女性割礼的第十四号一般性建议》。它建议缔约各国：采取适当而有效的措施消除女性割礼的习俗；在国家健康政策中包括旨在公共卫生保健中消除女性割礼的适当策略；促请联合国系统的相关组织提供援助、信息和建议，以支持和协助进行消除有害传统习俗的努力；向委员会提交的报告中载列为消除女性割礼所采取措施的信息。②

在 1992 年召开的第十一届会议上，这个专家委员会又通过了《关于对妇女暴力的第十九号一般性建议》。它无疑填补了《公约》中的一些关键性空缺。第十九号建议开宗明义提出："基于性别的暴力是严重限制妇女与男性平等享有权利和自由的一种歧视。"它明确指出《公约》第一条界定了对妇女歧视。歧视的定义包括基于性别的暴力，即针对女性而施加的暴力或不成比例地影响女性。基于性别的暴力可能违反了《公约》的一些具体条款，不论这些条款是否明文提到了暴力，这显然毫不含糊地将反对基于性别的暴力纳入了联合国的人权框架。

它阐明，基于性别的暴力有损或抵消了妇女享有一般国际法或一些具体人权公约所载的人权和基本自由，符合《公约》第一条③所指的歧视。这里列举的权利与自由清单主要包括：生命权；不受酷刑、残忍、不人道或有辱人格的对待或惩罚的权利；在国际或国内武装冲突时按人道主义规范享有平等保护的权利；自由和人身安全的权利；基于法律的平等保护权；家庭中的平等权；享受最高标准的身心健康的权利；工作中公平和有利条件的权利。④ 为了有效防止和遏制基于性别的暴力，委员会从宽泛的视角提出了 22

---

① The Committee on the Elimination of Discrimination against Women, *General Recommendation No. 12 Violence against Women*, 1989, http://www.un.org/womenwatch/daw/cedaw/recommendations/recomm.htm.

② The Committee on the Elimination of Discrimination against Women, *General Recommendation No. 14 Female Circumcision*, 1990, http://www.un.org/womenwatch/daw/cedaw/recommendations/recomm.htm.

③ 公约第一条"对妇女的歧视"指基于性别而做的任何区别、排斥或限制，其影响或目的均足以妨碍或否认妇女，不论已婚还是未婚，在男女平等的基础上认识、享有或行使在政治、经济、社会、文化、公民或任何其他方面的人权和基本自由。

④ The Committee on the Elimination of Discrimination against Women, *General Recommendation No. 19 Violence against Women*, 1992, http://www.un.org/womenwatch/daw/cedaw/recommendations/recomm.htm.

条详尽而具体建议。毋庸说，这一切尤其是将歧视与暴力勾连起来，显然为次年出台《消除对妇女暴力宣言》扫除了"拦路虎"。

1993 年 6 月，联合国在维也纳召开的世界人权大会，堪称全球争取妇女人权斗争的一个关键性转折点。尽管这次峰会是一个一般性的人权大会，但它"深切关注妇女在世界上继续面对着多种形式的歧视和暴力"。这次大会的焦点之一是确认妇女的权利是人权。大会通过的《维也纳宣言和行动纲领》明确承认，"妇女和女童的人权是普遍人权中不可剥夺和不可分割的一个组成部分。妇女充分且平等地参与国家、区域和国际各级政治、公民、经济、社会和文化生活，消除基于性别的一切形式的歧视，这是国际社会的优先目标"（第十八条）。①

《行动纲领》指出，基于性别的暴力是一个关键性的人权问题，"基于性别的暴力和一切形式的性骚扰与性剥削，包括源自于文化偏见和国际贩卖的那些暴力，都与人的尊严和价值不相容，必须被铲除"（第十八条）。大会强调"致力于消除公共和私人生活中对妇女施暴，消除一切形式的性骚扰、性剥削和贩卖妇女，消除司法中的性别偏见，消除妇女权利同某些传统或习惯性做法、文化偏见及宗教极端主义的有害影响之间有可能产生的任何冲突"（第三十八条）。这次世界人权会议吁请联合国大会通过《消除对妇女暴力宣言（草案）》，并促请成员国依照其规定同对妇女施暴行为做斗争。它提议妇女地位委员会和消除对妇女一切形式歧视委员会应迅速拟定《消除对妇女一切形式歧视公约》的任择议定书，研究采纳请愿权的可能性。这次世界人权会议还欢迎人权委员会决定在其第五十届会议上考虑任命一名对妇女暴力的特别报告员。在上述历史背景下，国际社会正式通过一个专门的反暴力文件至此已呼之欲出。

1993 年 12 月，联大正式通过的《消除对妇女暴力宣言》，无疑是一个具有里程碑意义的升级版决议。它集此前各种零散的国际标准为一体，为各个国家和国际社会对性别暴力宣战提供了一个进行分析和开展行动的更综合性的框架。② 虽然没有法律约束力，但它首次明确而详尽地阐述了有关对妇女施暴的各种国际准则，从而书写了国际社会反性别暴力的新篇章。

---

① United Nations, *Vienna Declaration and Programme of Action*, the World Conference on Human Rights, Vienna, 25 June 1993, http：//www. ohchr. org/EN/ProfessionalInterest/Pages/Vienna. aspx.

② United Nations, Declaration on the Elimination of Violence against Women（A/RES/48/104），1993, http：//www. un. org/documents/ga/res/48/a48r104. htm.

　　《宣言》共计 6 条，在很多方面是具有开创性的，而且一些细节很值得思考。它在序言中宣称"对妇女的暴力是实现《到 2000 年提高妇女地位内罗毕前瞻性战略》中所确认的平等、发展与和平的障碍，该战略为打击对妇女的暴力提出了一整套措施，同时，对妇女的暴力也是充分实施《消除对妇女一切形式歧视公约》的障碍"。它重申"对妇女的暴力构成了对妇女的人权和基本自由的侵犯，也损害或抵消了她们享有这些人权和自由"。《宣言》将暴力的根源归咎于"男女之间权力关系的历史性不平等的一种表现，这造成了男人对妇女的支配和歧视，并妨碍了妇女的充分发展"。它随后罗列了特别易受暴力侵害的一些妇女脆弱群体，其中包括少数族裔妇女、土著、难民与移民妇女、生活在农村或边远社区的妇女、贫困妇女、拘留中的妇女、女童、残疾妇女、老年妇女及处于武装冲突中的妇女。

　　《宣言》第一条径直厘清了"对妇女的暴力"这个概念，即"对妇女造成或有可能造成身体、性或心理方面伤害或痛苦的任何基于性别的暴力，包括这类行为构成的威胁、强迫或任意剥夺自由，不论其发生在公共还是私人生活之中"。

　　第二条将对妇女的暴力划分为发生在家庭中、发生在社会上及由国家所为或纵容的三大类，每一类包括身体、性和心理的维度。每一类别之下又列举了诸多盛行的暴力类型。例如，家庭中的暴力包括殴打女童和对女童的性虐待、与嫁妆有关的暴力、婚内强奸、女性割礼、对妇女有害的其他传统习俗、非配偶的暴力行为等。社会上的暴力包括强奸、性虐待、（工作场所、教育机构和其他场所的）性骚扰、恫吓、贩卖妇女及强迫卖淫等。

　　第三条强调妇女有权在政治、经济、社会、文化、公民或其他任何领域平等享有所有人权和基本自由，这些人权和自由应受到保护。第四条重点阐明了缔约国对于消除对妇女暴力的义务及具体行动。它指出缔约国应谴责对妇女施暴的行为，不得以习俗、传统或宗教为由逃避其不可推卸的责任。缔约国还应尽快采取一切适当手段实施消除对妇女暴力的政策。

　　《宣言》列出了 17 条与前述《关于妇女暴力的第十九号一般性建议》提出的建议一脉相承的消除暴力的具体行动，其中包括：批准或加入《消除对妇女一切形式歧视公约》；应考虑是否能制订国家行动计划以促进对妇女免受任何形式暴力伤害的保护，或在现有计划中加入这方面的规定；国家不但应避免对妇女施暴，而且应采取肯定措施预防和惩罚公私施暴者的犯罪行径；对相关执法人员和政府官员进行培训，使之对妇女的需求保持敏感；

采取所有适当措施改变有关男女行为的社会与文化模式，消除基于男尊女卑观念和基于男女刻板定型角色的偏见、习惯性做法和其他各种习俗；加强对暴力原因、性质及后果的研究和数据收集等。第五条主要阐明了联合国系统各机构在促进《宣言》所载的权利和原则方面的职责。

这么一个综合性行动框架的出台，意味着一个长期被忽略、被认为可以容忍的私事，已走到了国际舞台的中心，而且变成了一个需要持续关注的优先议题。这也标志着国际社会对性别暴力的认识和干预实践都开始向纵深发展。自那时以来，对妇女暴力问题在国际人权话语和联合国人权体系中开始逐渐凸显出来。

回望过去，基于联合国、国际女权主义运动及各地草根组织数十年的倡导和努力，也鉴于对暴力原因、后果及形态等认识不断深化，到 20 世纪 90 年代中叶，在制止对妇女暴力问题上已形成了许多全球共识：①对妇女和女孩的暴力是系统化的性别歧视与性别不平等；以性别为本的暴力，不光发生在家庭内，还出现在学校和工作场所等公共领域，不但出现在和平时期，更发生在武装冲突和战时情境中；暴力不但是个人施暴，也含国家所为。②暴力是对妇女享有人权和基本自由的严重侵犯和损害。[①] ③这是一个公共卫生问题，有可能对暴力受害者及其子女带来严重的身体、心理、性和生殖健康问题。④这是一个关键性的人道主义问题。在武装冲突之中，强奸常被当作一种战争策略或一种战争武器。⑤这是实现平等的一个障碍。⑥暴力有损于个人和社会的可持续发展。暴力不但对妇女有可能造成直接或长远的身心后果，阻碍了她们全面参与社会，而且对家庭、社区乃至国家都有影响。其中，加强人权保障被视为预防和制止对妇女和女孩暴力的不二法门。

随着时间的推移，国际社会宣战的重点开始从聚焦于家庭内的暴力，逐渐拓展到各种形式对妇女的暴力。国际社会开始向纵容和容忍暴力的社会经济结构与制度发起了挑战。

三 国际干预的常态化机制

《消除对妇女暴力宣言》和《维也纳宣言和行动纲领》通过 20 多年之

---

① 联合国妇女地位委员会：《消除和防止一切形式的暴力侵害妇女和女孩行为》，2013，第 2 页，http://www.unwomen.org/~/media/headquarters/attachments/sections/csw/57/csw57-agreedconclusions-a4-zh.pdf? v=1&d=20140917T100701。

后，尽管全球反性别暴力的努力取得了一些实质性的进展，然而可悲的是，世界各地对妇女的暴力仍极其普遍，而且形式十分多样。如今仍有约 35%的妇女遭受由亲密伴侣或非伴侣施加的身体或性的暴力，① 也就是说，全世界每 3 名妇女中就有 1 人遭受过暴力。鉴于对暴力原因、类型、危害性和严重性认识的不断深化，自 20 世纪 90 年代中叶以来，国际社会多管齐下采取了很多应对措施和手段，并取得了一些标志性成果。

步入 90 年代之后，在促进和保护人权成为国际潮流的时代背景下，全球女权主义人权运动风起云涌，并取得了一些突破性的进展。在一个全球化了的世界里，不但国际女权运动、人权运动及和平运动开始联袂合唱，全球、区域、国家乃至草根层面有时也联合起来行动致力于消除对妇女暴力的共同目标。20 多年来，中国反性别暴力的历程就是一个很能说明问题的例证。② 进入 21 世纪之后，预防和制止性别暴力的全球努力随之进入了一个"快车道"。对妇女暴力的问题不再只是妇女大会和妇女组织关切的问题。为了防范和回应妇女遭遇大面积和普遍化的人权侵犯，对妇女施暴被提升为国际人权领域的一个关键性优先议题，受到国际社会和各种政府前所未有的关注。尤其值得一提的是，人权原则成为设计反暴力政策、监督实施过程及其后果的基石。

尤其是进入 21 世纪之后，为了更有效地加速反暴力的努力，国际社会越来越诉诸一些制度化和持续性的策略和机制。制止对妇女暴力的国际政策与法律框架主要是通过联合国相关公约、决议和国际会议文书来确立与落实的。除此之外，各种干预活动也日益常规化和常态化了。下面我们将从 6 个方面加以考察。

（一）强化一般国际法和一些具体的人权公约及其贯彻执行

除了一般性的国际法，如《世界人权宣言》《国际公民与政治权利公约》《国际社会、经济和文化权利公约》，一些新出台和更新完善的专项人权公约都或多或少会触及对妇女暴力的问题。

例如，1989 年通过、1990 年生效的《儿童权利公约》，在第十九条载

---

① 参见 2014 年 11 月发表在《柳叶刀》上有关对妇女和女童暴力的若干文章，http：//www.thelancet.com/series/violence - against - women - and - girls.
② 参见胡玉坤《中国履行促进性别平等的国际义务》，《战略与管理》2016 年第 1 辑，中国计划出版社，2016。

明："缔约国应采取一切适当的立法、行政、社会和教育措施，保护儿童在受父母、法定监护人或其他任何负责照管儿童者的照料时，不至于受到任何形式的身心摧残、伤害或凌辱，忽视或照料不周，虐待或剥削，包括性侵犯。"第三十四条也指明："缔约国承担保护儿童免遭一切形式的色情剥削和性侵犯之害，为此目的，缔约国尤应采取一切适当的国家、双边和多边措施以防止：1. 引诱或强迫儿童从事任何非法的性生活；2. 利用儿童卖淫或从事其他非法的性行为；3. 利用儿童进行淫秽表演和充当淫秽题材。"第三十五条规定："缔约国应采取一切适当的国家、双边和多边措施，以防止为任何目的或以任何形式诱拐、买卖或贩运儿童。"[①]

再如，2006 年通过的《残疾人权利公约》在第十六条"免于剥削、暴力和凌虐"中就应对残疾妇女暴力问题向缔约国提出了一些具体要求："缔约国应当采取一切适当的立法、行政、社会、教育和其他措施，保护残疾人在家庭内外免遭一切形式的剥削、暴力和凌虐，包括基于性别的剥削、暴力和凌虐"；"确保向残疾人及其家属和照护人提供考虑到性别和年龄的适当协助和支助，包括提供信息和教育，说明如何避免、识别和报告剥削、暴力和凌虐事件。缔约国应当确保保护服务考虑到年龄、性别和残疾因素"；"缔约国应当制定有效的立法和政策，包括以妇女和儿童为重点的立法和政策，确保查明、调查和酌情起诉对残疾人的剥削、暴力和凌虐事件"。[②]

一些具有法律约束力的区域性人权公约也纷纷出台。1994 年通过的《美洲各国间防止、惩罚和消除对妇女暴力公约》，是第一个区域性具有法律约束力的公约。第二个区域性的反暴力公约是 2011 年通过的《欧洲防止和打击对妇女暴力和家庭暴力公约》。此外，像 2002 年通过的《南亚区域合作协会预防和打击妇女及儿童从娼的人口贩卖公约》也是一个具有法律约束力的公约。

这些国际公约都设立了负责监督缔约国履约进展的条约机构，并有各自的报告制度。以《消除对妇女一切形式歧视公约》为例，《公约》第十八条规定，缔约各国有义务就本国实行本《公约》各项规定所采取的立法、司法、行政或其他措施以及所取得的进展，定期向联合国秘书长提交报告并由消除

---

① 联合国：《儿童权利公约》，1989，http：//www.un.org/chinese/children/issue/crc.shtml。

② 联合国：《残疾人权利公约》，2006，http：//www.un.org/chinese/disabilities/convention/convention.htm。

对妇女歧视委员会进行审议,一般是每隔四年要提交一份报告。该委员会每年都举行例会,委员会成员分别同各国政府代表讨论其国别报告,并同后者探讨缔约国具体可进一步采取的行动。委员会还会就消除歧视妇女的问题向缔约各国提出总的建议。既然有了《关于妇女暴力的第十九条一般性建议》,各国采取措施以处理暴力侵害妇女和女孩的问题,已成为其报告的内容之一。

(二)把有关对妇女暴力的专项决议作为国际政策框架的关键元素

早在 1985 年 11 月,根据妇女地位委员会的建议,联合国大会通过了第一个关于"家庭暴力"决议。① 1990 年 12 月,联合国大会又通过了一个"家庭暴力"决议(A/RES/45/114)。联合国大会有关对妇女暴力的决议中最出名、影响力最大的当数 1993 年通过的《消除对妇女暴力宣言》。

进入 21 世纪之后,联合国大会密集通过了很多决议并准备了不少有关对妇女暴力问题的报告。这些决议归纳起来可划分为以下 10 个主题:①加强努力消除各种形式对妇女的暴力(自 2006 年以来每年出台一个);②各种形式对妇女的暴力(2000 年以来几乎每隔一年通过一个);③贩卖妇女和女童(2000 年以来每隔一年做出一个);④对移民女工的暴力侵害(2001年以来每隔一年发出一个);⑤强化全球努力消除女性割礼(2012 年做出过一个决议);⑥强奸和其他形式的性暴力(2007 年有过一个决议);⑦以维护名誉为名危害妇女和女孩的犯罪(2000 年以来也发了若干决议);⑧影响妇女和女童健康的传统或习惯性做法(在 90 年代末就有几个决议);⑨家庭暴力(2003 年做出过一个决议);⑩秘书长关于各种形式对妇女暴力的深度研究(有若干决议②)。

虽然这些决议并没有法律约束力,但它们阐述了国际标准和最佳实践。联合国大会被赋权就国际问题向各国提出没有约束力的建议,然而,它开创的政治、经济、人道主义、社会及立法等方面的行动影响到了全世界千百万人的生活。③

联合国安理会很关注妇女、和平与安全议题尤其是武装冲突中的性暴力问题。1993 年,它特设了针对前南斯拉夫的国际刑事法庭(International

---

① United Nations, *Domestic Violence*, 1985, http://www.un.org/documents/ga/res/40/a40r036.htm.

② 可从下面网页查找,http://www.un.org/womenwatch/daw/vaw/v-work-ga.htm#in。

③ United Nations, *Functions and Powers of the General Assembly*, http://www.un.org/en/ga/about/background.shtml.

Criminal Court）。其职能是起诉和审判自 1991 年以来在前南斯拉夫境内毁灭性冲突中针对平民实施强奸及其他战争罪行的暴力极端主义分子。紧接着在次年又建立了针对卢旺达的国际刑事法庭以起诉严重违反人道主义法的施暴者。这些国际刑事法庭确认强奸等极端性暴力与性别犯罪可构成战争罪、危害人类罪和种族灭绝罪。这对于关注武装冲突情境下对妇女的暴力是一个重大贡献。

1998 年在罗马获得通过并于 2002 年生效的《国际刑事法院罗马规约》（通常被称为《罗马规约》），阐明了战争和武装冲突中的性暴力问题，并首次将这些暴力认定为 "种族灭绝罪" 和 "危害人类罪"。它的第七款规定，在广泛或有系统地针对任何平民进行的攻击中，作为攻击的一部分而实施的 "强奸、性奴役、强迫卖淫、强迫怀孕、强迫绝育或严重程度相当的任何其他形式的性暴力" 属于 "危害人类罪" （crime against humanity）。第八款载明，作为计划或政策的一部分所实施或大规模实施的强奸、性奴役、强迫卖淫、强迫怀孕、强迫绝育或构成严重违反《日内瓦公约》的任何其他形式的性暴力也属于 "战争罪"。[①]

安全理事会 2000 年通过的 1325 号决议，是关注武装冲突情境下对妇女暴力问题的一个具有里程碑意义的文件。它承认有必要在武装冲突期间和之后全面实施保护妇女和女童的法律，并呼吁采取特别措施保护武装冲突中的妇女和女童。它还强调所有国家有义不容辞的责任终止施暴不惩。2000 年以来，安理会定期关注妇女、和平与安全问题，并特别重视冲突情境下对妇女的暴力。2008 年它通过了 1820 号决议，这是关注冲突中和冲突后局势中发生性暴力的第一个决议。2009 年，它通过了 1888 号和 1889 号决议。2010 年的 1960 号决议，2013 年的 2106 号与 2122 号决议，都涉及武装冲突和冲突后的妇女及冲突中的性暴力。[②] 此外，关于儿童与武装冲突的决议也都涉及对女童的性暴力。安理会还专门建立了一个社会性别与儿

---

① 《国家刑事法院罗马规约》，1998，http://baike.baidu.com/link? url = _ DSORyCmC5TDroE ECTG8VRPSfWSzU5f6yPcZDgvKyo7z9 - hrvbJ3VfllJzCCwGTcso7GnGpBbr3glq140wqQ8K。《日内瓦公约》共有 4 部，是 1949 年 8 月在日内瓦重新缔结的 4 部基本的国际人道主义法。它们主要关涉战争受害者、战俘和战时平民的待遇问题，是约束战争和冲突状态下敌对双方行为规则的一份权威法律文件。

② United Nations, *Security Council Resolutions on Women, Peace and Security: Gender-Sensitive Peacemaking, Peacekeeping Peacebuilding*, http://www.endvawnow.org/uploads/browser/files/Matrix% 20on% 20SC% 201888.pdf.

童股以期改善调查并起诉与性别不平等有关的罪行，其中包括强奸和其他形式的性暴力。

作为促进、保护和推动人权的条约机构，人权理事会自 2007 年以来，每年都就消除对妇女暴力等与女性人权相关的问题举行专场讨论会，分享各国的成功经验并出台切实可行的政策建议。它 2008 年就通过了消除对妇女暴力的一个决议。[①] 2010 年通过了《加速努力消除一切形式对妇女的暴力：确保保护工作中克尽职责》的 14/12 号决议。[②] 2012 年，通过了《关于消除对妇女暴力》的 20/6 号决议。[③] 同年，它还通过了《加速努力消除一切形式对妇女的暴力：为遭受暴力侵害的妇女提供补偿》的 20/12 号决议。[④] 此外，它也通过了若干有关贩卖人口尤其是妇女和儿童的决议。

（三）把国际会议文书及其贯彻落实作为反暴力的重要平台

20 世纪 90 年代以来，一些政府间会议通过的国际文书，虽不具有法律约束力，却就制止对妇女暴力问题做出了国际承诺。例如，1994 年召开的国际人口与发展大会承认对妇女暴力同生殖健康与权利之间的关系，并专门论述了女性割礼、因暴力增加的 HIV 风险等问题。

这些世界峰会中最为重要的莫过于 1995 年在北京召开的第四次世界妇女大会。对妇女的暴力是这次全球峰会的焦点议题之一。189 个联合国成员国一致通过的《行动纲领》进一步巩固和补充了《消除对妇女暴力宣言》中取得的成果。整个文书关于对妇女施暴问题的基调与《消除对妇女暴力宣言》是紧密衔接的，又是后者的丰富与推进。它将对妇女的暴力单列出来作为 12 个关切领域中的第四项。此外，第五个关切事项"妇女与武装冲

① Human Rights Council, *Resolution 7/24 Elimination of Violence against Women*, 2008, http：//ap. ohchr. org/documents/E/HRC/resolutions/A_ HRC_ RES_ 7_ 24. pdf.

② Human Rights Council, *Resolution 14/12 Accelerating Efforts to Eliminate all Forms of Violence against Women：Ensuring Due Diligence in Prevention*, 2010, https：//documents – dds – ny. un. org/doc/UNDOC/GEN/G10/147/99/PDF/G1014799. pdf? OpenElement.

③ Human Rights Council, *Resolution 20/6 Elimination of Discrimination against Women*, 2012, http：//www. ohchr. org/Documents/HRBodies/HRCouncil/RegularSession/Session20/A – HRC – 20 – 2_ en. pdf.

④ Human Rights Council, *Resolution 20/12 Accelerating Efforts to Eliminate all Forms of Violence against Women：Remedies for Women Who Have Been Subjected to Violence*, 2012, http：//www. ohchr. org/Documents/HRBodies/HRCouncil/RegularSession/Session20/A – HRC – 20 – 2_ en. pdf.

突"事实上也主要是针对对妇女暴力的。[①] 这两者同第九个关切事项"妇女的人权"也密切相关。这俨然表明制止对妇女的暴力业已成为促进性别平等和赋权妇女的一个关键性元素。

《行动纲领》采纳了《消除对妇女暴力宣言》基于性别暴力的界定。它凸显了后者没有明确提到的其他一些暴力形式,譬如,武装冲突情境下对妇女权利的侵犯,特别是谋杀、系统化的强奸、性奴役、强迫怀孕、绝育和流产,强制使用避孕措施,溺杀女婴、性别选择等。它仍将对妇女的暴力划分为 3 类:家庭中发生的身心和性方面的暴力;一般社区中发生的身心和性方面的暴力;国家所施行或容忍的身心和性方面的暴力行为。

关于对妇女施暴的危害性和根源,《行动纲领》指出,暴力行为或暴力威胁,不论是发生在家里或社区中,还是由国家施行或容忍的,都会给妇女的生活带来恐惧和不安全感,并阻碍平等、发展与和平的实现。对妇女的暴力是迫使妇女处于从属于男子地位的一个重要的社会机制。妇女的社会与经济地位低下既可以是对妇女施暴的原因,也可能是其后果。它是历史上男女权力关系不平等的明证。这种关系导致了男子对妇女的控制和歧视,并妨碍了妇女的充分发展。贯穿于妇女生命周期的暴力源自于社会文化形态,尤其是某些传统习俗或习惯做法的不良影响及各种极端主义行为,这使妇女在家庭、工作场所、社区及社会中长期地位低下。妇女缺乏获得法律信息、援助及保护的机会,缺乏有效制止对妇女暴力的立法,权力机关执法不严,缺乏应对暴力原因与后果的教育及其他手段以及传媒的负面影响等,均会使对妇女的暴力变本加厉。

为此,《行动纲领》勾勒了三大战略目标:采取综合性的措施预防和消除对妇女的暴力;研究对妇女施暴的原因与后果及各种预防措施的效益;消除贩卖妇女的活动并援助卖淫和贩卖活动的受害者。它还针对每一项战略目标,对国际组织、各国政府、非政府组织及有关机构提出了一揽子的整合性对策,以期增强受害妇女本身的权利,并改变致使对妇女的暴力合法化和永久化的社会文化环境。虽然基调未变,但有的应对举措已触及更深层次的一些问题。《行动纲领》无疑为全方位、多维度地解决对妇女施暴问题提供了

---

① United Nations, *Report of the Fourth World Conference on Women*, 1995, http://www.un.org/womenwatch/daw/beijing/pdf/Beijing% 20full% 20report% 20E. pdf.

一个行动指南。①

第四次世界妇女大会的各种后续会议，如"北京 +5""北京 +10""北京 +15"，连同 20 周年审查大会的成果文件，也都重申了对制止对妇女暴力的承诺。像《消除对妇女一切形式歧视公约》一样，《行动纲领》仍是全球促进两性平等和增强妇女权力的全球政策框架，也是联合国系统、各种国际组织、区域性机构、各种政府和民间社会组织的工作指南。联合国妇女地位委员会在负责监督、审查和评估 1995 年《北京宣言》和《行动纲领》的执行上发挥了重要作用。

（四）联合国大会及其下属机构单独或联手采取相关行动

1995 年第四次世界妇女大会后，在推进社会性别主流化的进程中，联合国系统中最为活跃的一些组织包括人权理事会、经济和社会理事会、安理会、妇女地位委员会、世界卫生组织、国际劳动组织等实体单位。联合国系统内部各个机构之间还合作与协调开展了很多开拓性的工作。

例如，国际劳工大会 2010 年通过的 200 号建议书（即《关于艾滋病病毒与艾滋病和工作世界的建议书》）提到，确保采取行动预防和禁止工作场所的暴力和骚扰。2011 年通过的 189 号公约（《关于家庭工作者体面工作的公约》）② 提出，每个成员国应采取措施确保家庭劳动者享有有效防止各种形式的虐待、骚扰和暴力的权利。但它并没有充分关注工作中各种形式基于性别的暴力，包括预防和保护受到影响的工人。

1946 年成立的妇女地位委员会一直走在反暴力斗争的最前沿。它是一个专门致力于促进性别平等和增强妇女权能的政府间决策机构，负责制定确保提高妇女地位的全球政策框架，在促进联合国系统内性别主流化方面发挥了至关重要的作用。除了负责组织了四次世界妇女大会及其后续会议外，它

---

① 1960 年 11 月 25 日，多米尼加共和国政治活动家米拉贝尔三姊妹因政治上的进步主张而惨遭独裁政权暗害。这一悲剧唤醒了人们的社会意识。为了纪念她们，1981 年 7 月，第一届拉丁美洲女权主义大会宣布 11 月 25 日为"反暴力日"。

② International Labour Organization, *Recommendation 200*, *Recommendation concerning HIV and AIDS and the World of Work*, 2010, http：//www. ilo. org/wcmsp5/groups/public/—ed _ norm/—relconf/documents/meetingdocument/wcms_ 142613. pdf.
International Labour Organization, *Convention 189*, *Convention Concerning Decent Work for Domestic Workers*, 2011, http：//www. ilo. org/dyn/normlex/en/f?p = NORMLEXPUB：12100：0：：NO：：P12100_ ILO_ CODE：C189.

还召集每年的年会和一些专家会议。在 1998 年举行的第四十二届会议、2003 年第四十七届会议和 2007 年第五十一届会议，它在商定结论中都已阐述过这一议题。①

2013 年 3 月召开的联合国妇女地位委员会第五十七届会议堪称史上规模最大也是以制止对妇女暴力为主题的全球会议。这次年度盛会将"消除和预防针对妇女和女童一切形式暴力"作为优先审议议题，并审议了秘书长提交的两份报告：《预防对妇女和女童的暴力：秘书长的报告》和《为受暴力侵害妇女和女童提供多部门服务并采取应对措施》。② 第五十七届妇女地位委员会结束时通过的《消除和防止一切形式对妇女和女孩暴力的商定结论》堪称一个综合性的奋斗蓝图。③

（五） 采用任命特别报告员的一种特殊机制

为了使世界范围制止对妇女施暴的制度设计更具有可操作性，联合国人权委员会（CHR）于 1994 年通过了决议，决定任命一名对妇女暴力及其因果问题的特别报告员。报告员的使命是从政府、条约机构、非政府组织、政府间组织等处寻求、接收和调查关于对妇女暴力及其原因与后果的信息，并据此提出在国家、区域和国际层面消除对妇女暴力的措施和办法。报告员一般任期为 3 年，1994~2015 年已有 3 位专家担任此职。任职期间，报告员与联合国系统内外很多机构开展合作，并就暴力问题撰写多份国别访问报告和年度主题报告。此外，2004 年，人权委员会还任命了一名贩卖人口特别是妇女和儿童的特别报告员。2010 年，秘书长任命了一名武装冲突中性暴力的特别代表。

---

① 参见联合国妇女地位委员会的若干报告：*Report on the Forty-second Session* （E/1998/27 – E/CN. 6/ 1998/12），1998，http：//www. un. org/documents/ecosoc/docs/1998/e1998 – 27. htm；*Report on the Forty – seventh Session* （E/2003/27 – E/CN. 6/2003/12），2003，https：//documents – dds – ny. un. org/doc/UNDOC/GEN/N03/332/81/PDF/N0333281. pdf？Open Element；"*Report on the Fifth – first Session*"（E/2007/27 – E/CN. 6/2007/9），2007，https：//documents – dds – ny. un. org/doc/UNDOC/GEN/N07/282/48/PDF/N0728248. pdf？Open Element。

② The Secretary – General，*Prevention of Violence against Women and Girls：Report of the Secretary – General* （E/CN. 6/2013/4），2013，http：//www. un. org/ga/search/view_doc. asp？symbol = E/ CN. 6/2013/4；*Multi-sectoral Services and Responses for Women and Girls Subjected to Violence：Report of the Secretary – General* （E/CN. 6/2013/3），2013，http：//www. un. org/ga/search/view_doc. asp？symbol = E/CN. 6/2013/3。

③ The Commission on the Status of Women，*Agreed Conclusions on the Elimination and Prevention of all Forms of Violence against Women and Girls* （E/2013/27），2013，http：//www. un. org/ womenwatch/daw/csw/csw57/CSW57_Agreed_Conclusions_（CSW_report_excerpt）. pdf。

（六）开展一些连续性固定化的社会动员活动

为了加快步伐，使妇女免于暴力的内在权利化为现实，联合国发起了若干连续性的年度活动，以便进行广泛的社会动员。这些固定的集体行动，成为交流与对话的重要平台，并已在各地实践中逐渐扎下了根。连续性与创新性是各种活动的显著特点。作为以上各种长效机制的补充，它们在实践中起了黏合剂的作用。下面几个定期活动就是干预常态化的例证。

1. 消除对妇女暴力国际日

这个国际活动日最初是由多米尼加共和国提议的，得到了很多国家的积极响应。1999 年 11 月 25 日，联合国大会第五十四届大会正式通过了 134 号决议，将每年的 11 月 25 日确定为"联合国消除对妇女暴力国际日"（United Nations International Day for the Elimination of Violence against Women）。其目的是提高公众对这个问题的意识，并倡导政府有责任消除对妇女各种形式的暴力活动。每年到此日，秘书长都会发布文告以推动反暴力行动。

2. 消除性别暴力 16 日行动

这个国际活动日的前身是罗格斯大学全球妇女领导中心（Center for Women's Global Leadership）1991 年发起的一项活动。其目的是激发行动制止世界各地对妇女和女孩的暴力。其起始日和结束日分别为 11 月 25 日（消除对妇女暴力国际日，International Day for the Elimination of Violence against Women）和 12 月 10 日（国际人权日，Human Rights Day）。其用意显然是为了把对妇女的暴力侵害与人权问题连接起来，并强调对妇女暴力系对人权的侵犯。该运动已成为世界各地个人和组织呼吁消除对妇女各种形式暴力的一种组织策略。联合国自 1999 年起正式加入其中，每年都推出颇具新意的主题活动。联合国系统内的各种基金和机构，连同联合国驻各国办事处等实体单位，都会在这个时段开展形式多样的反性别暴力的活动。

3. 制止对妇女的暴力也成为一些国际节庆日或活动日的核心内容之一

联合国"三八国际妇女节"和"世界人权日"对性别暴力这个主题十分关注。例如，2013 年"三八国际妇女节"的主题被确定为"信守承诺：立即采取行动，消除对妇女的暴力行为"。制止对妇女的暴力常常成为联合国秘书长"三八"致辞的一个焦点问题。

4. 联合起来制止暴力侵害妇女运动

这是联合国秘书长于 2008 年发起的一场运动，旨在世界各地就预防和制止对妇女和女孩各种形式的暴力提高公众意识，增强政治意愿并增加资源。它呼吁政府、公民社会、妇女组织、男人、青年人、私营部门、媒体及整个联合国系统联手行动，致力于以下五大目标：①通过和实施国家法律关注并惩罚对妇女和女孩各种形式的暴力；②通过和落实以预防为主的多部门国家行动计划；③建立各种对妇女和女孩暴力流行情况的数据收集和分析系统；④开展全国性和/或地方性运动，加强社会动员并为受虐者提供支持；⑤关注武装冲突中的性暴力问题。① 该运动增强了联合国系统发起区域和国家层面活动以及对成员国、公民社会组织和社区组织开展相关活动的支持。让男人、青年人、艺术家、名流等介入其中有助于促进无暴力的社会动员。在国际政策的支持下，世界各国都提高了对该运动所关切问题及其解决方案的可见度。

互为关联的上述全球努力已辐射并带动了世界各地碎片化的反性别暴力运动。这主要表现在：越来越多的人认识到必须采取行动结束这些暴力，而且，从地方到国际层面提高了人们对 "暴力是一个人权问题" 的意识；在各个国家引发了形形色色的反暴力行动并建立起地方与国际活动之间的联系；为组织者提供了分享应对策略和经验的论坛；迫使政府正视这个问题并落实自己的承诺。目前，一波波跨越国界的反性别暴力的运动此起彼伏，一些反性别暴力的国际创新模式也层出不穷并不断孕育新的突破。起源于加拿大、已蔓延到世界各地的白丝带运动就是其中一例。这系目前世界上规模最大的以男性为主导和主要对象的旨在消除对妇女暴力的宣传倡导活动。2013年，中国白丝带志愿者网络也宣告诞生。凡此种种皆表明世人对于反性别暴力的意识已空前增强，并得到了越来越多的认同。

四　结束语

回望过往几十年，对妇女暴力这个议题已从国际议程的边缘走到了国际舞台的中心。从发展的脉络来看，反性别暴力领域的国际干预大体

---

① 参见 "联合国秘书长联合起来制止暴力侵害妇女运动" 官网，http：//www. un. org/en/women/endviolence/about. shtml。

上经历了 3 个发展阶段。联合国成立伊始就已触及对妇女的暴行，真正起步却是在 20 世纪 70~80 年代"联合国妇女十年"期间。进入 90 年代后，国际社会很有远见地将它纳入了人权框架并在很多方面取得了一些实质性成效。跨入 21 世纪之后，国际决策者的雄心更大，目标也更加明确了。预防和制止基于性别的暴力成为国际、国家和地方层面促进社会性别平等和赋权妇女的核心目标之一。国际关注的重点也从家暴这个最常见的暴力形式拓展为一切形式对妇女和女孩的暴力侵害。其中家庭暴力、贩卖妇女与女童、武装冲突中的性暴力、生殖权利、艾滋病与对妇女的暴力等成为几个核心焦点。

预防和制止对妇女的暴力业已成为国际发展议程中的一个优先关注事项。在短短二十几年时间有了奇迹般的推进。各种跨越国界的全球动员此起彼伏。含联合国在内的国际社会和组织无疑起了不可替代的引领与示范作用。更值得关注的是，这样一些活动通过联合国系统的制度化努力已经常态化了。国际认可的目标，不再囿于或仅仅专注于各种国际人权公约，基于国际人权法的各种创新性的干预精彩纷呈，在很多领域都开创了反性别暴力的空间。开发政策，通过社会动员增强意识，提供人道主义援助，为受害者提供心理社会服务，进行研究与数据收集以及改变人们的思维模式等方面，都逐渐在地区和国家的层面开花结果。

国际发展正处在一个重要的关口。2015 年 9 月，联合国发展峰会上通过了《2015 年后发展议程》，为未来 15 年世界各国发展和国际发展合作指明了方向。鉴于性别不平等在每个社会中都根深蒂固，该议程继续优先考虑社会性别平等和赋权妇女问题。在 17 个可持续发展目标中，目标 5 设定为"实现社会性别平等，赋权所有妇女和女童"。目标 5 之下 9 个具体目标中有 2 个涉及对妇女暴力的议题。它们分别是：消除公共和私人领域针对所有妇女和女童的一切形式的暴力，包括贩卖、性剥削和其他形式的剥削；消除童婚、早婚、逼婚和女性割礼等一切有害习俗。[①]

消除对妇女暴力被纳入 2015 年后发展议程设置的目标是一个重要的信号。这再次表明了国际社会对这个棘手问题的深切关注和郑重承诺。透过国际社会制止对妇女施暴的嬗变，我们看到这既是国际社会几十年消除对妇女

---

① United Nations, *Transforming our world*: *The 2030 Agenda for Sustainable Development*, 2015, https://sustainabledevelopment.un.org/post2015/transformingourworld.

暴力努力的一个有力注脚，更是对未来的承诺。在应对这个威胁到可持续发展的全球问题上，进步与挑战依然紧密地交织在一起，这兴许是消除性别暴力艰巨性和复杂性的真实写照。不管在全球抑或中国，消除性别暴力的努力尚需时日，而且任重而道远。

[原文题目为《消除对妇女暴力的国际机制探究》，载《战略与管理》2015 年第 6 辑，海南出版社，2016]

社会性别倡导战略的一个实例

一　引言

　　中国是世界上人口最多的发展中国家。在 13 亿总人口中，妇女约占一半。因此，促进男女平等和妇女的全面发展，不仅对中国发展有重大意义，而且对人类进步有特殊影响。尽管中国在保护公民权利尤其是妇女权利的政策法律方面取得了重大进展，但由于贯彻执行不力，政策法律与尊重和保护妇女权利的实践之间仍存在着较大的差距。妇女在某些领域的发展依旧十分缓慢，而且很不平衡。据国务院妇女儿童工作委员会 2007 年 5 月发布的《〈中国妇女发展纲要（2001～2010 年）〉实施情况中期评估报告》，中国近年来在妇女就业、教育、社会保障、参与决策和健康等方面取得了一些进步，但在保护流动妇女权利、预防与治疗艾滋病以及促进地区平衡上仍面临重重障碍。

　　社会性别差异在政治、经济、社会及文化生活各个领域普遍存在。而且，社会性别动态与地区、城乡、贫富、年龄等方面的发展差距互为影响，使某些妇女群体如农村妇女尤其是农村老年妇女，成为弱势人群中的弱势者。农村妇女在获得教育、保健、就业以及拥有和使用土地等各个方面均处于不利地位。例如，农村 70% 的无地者是妇女。妇女在发展中经历的不平等和不公平依然司空见惯，因而常常被视为理所当然的。

　　在人口与发展领域，遏制出生人口性别比持续攀高已成为国内外公认的一项紧迫优先领域。然而只有当男女两性都确信重视并尊重妇女的和谐社会最符合他们的利益时，才有可能转变社会性别角色，并将妇女真正当作中国社会、经济和文化生活中的平等合作伙伴。对妇女的暴力也是中国面临的一个严重的健康问题和社会问题。尽管已有相关政策和立法，但社会各界还缺乏对这个问题的意识和敏感性。这就迫切需要对社会服务工作者、健康服务提供者以及警察等执法人员进行培训，并对青年人、流动者和男性等利益相关群体进行宣传动员。这一切都有赖于促成立法和政策上的变革，而广泛的宣传倡导将是促成其积极转变的一个关键性因素。

男性对于改善妇女生殖健康，促进男女平等，提高妇女地位以及对于构建和谐社会起着关键性的作用。无论是从生殖健康与权利，还是从男女平等的角度来看，男性的全面参与都不可或缺。但只有当男性被说服并相信，妇女实现其全部潜能不仅有利于促进妇女和男性的福祉，而且将惠及整个社会时，消除对妇女的歧视和促进社会性别公平与平等才有可能取得重大进展。这就需要大力动员男性在避孕节育、性生活、生殖行为以及公共和家庭生活等方面负起责任并发挥更积极的作用。

出生性别比严重失衡损害了女童的生存权与发展权；对妇女的暴力则是对人权的侵犯。这两个主题的普遍性和严重性也需要通过倡导和其他干预，激发政策制定者、决策者、一般公众尤其是男性的理解、支持和参与。鉴于上述种种原因，本文描述的这个社会性别倡导战略将主要侧重于遏制出生性别比偏高、反对针对妇女的暴力和促进男性参与这三个倡导主题。探讨这三个国际前沿问题有可能成为中国突破更多社会性别平等与公平问题结构性障碍的重要切入点，对于解决人口和发展领域的其他权利问题与社会性别问题、促进以人为中心的可持续发展必将产生积极的影响。

上面是开发《社会性别倡导战略（2008～2010 年）》（*Gender Advocacy Strategy*）的时代背景。这个战略是中国/联合国人口基金第六周期国别方案社会性别平等项目（2006～2010 年）的一个项目文件。①

二　社会性别倡导的理论与实践

（一）何为倡导？

为了更好地理解何为发展项目中的倡导，我们首先需要澄清什么是倡

---

① 收录在这里的内容删去第五部分"第六周期国别方案社会性别倡导活动中媒体的运用"、第六部分"倡导的能力建设"、第七部分"实施计划"及第八部分"监测与评估"的具体监测与评估表。

导。在中文语境中,"倡导"是指"带头提倡"。① 譬如,我们常提到"大力倡导健康生活方式","倡导尊师重教"以及在国际关系中"倡导五项基本原则"等。然而在国际发展领域,尽管其定义五花八门,而且人们在理解和应用倡导时仍存在种种分歧,但倡导主要是指影响政策制定者/决策者的一种工具。

具体而言,倡导是指一群个人或一些组织为了使政策制定者/决策者支持某项特定政策而联合开展的一系列有组织有计划的行动。它聚焦于政策层面的变化,主要通过影响政治气候、决策、立法、资源分配来实现其目标。为此,它还需要吸引媒体关注,赢得社区支持并提高公众意识,以便创造解决问题的支持性环境(见专栏1)。

专栏1　联合国教科文组织和联合国人口基金对倡导的界定

联合国教科文组织把倡导定义为"运用有说服力的沟通手段去改变政策、计划或立法的一种战略。这需要通过信息的传播来增强意识并创造一种支持性环境"。

对于联合国人口基金来说,倡导即就某个问题加大支持力度并积极影响决策乃至政策的过程。它可能牵涉在各个不同层面可采用的许多方法和手段,譬如能力建设,与社区领导人对话,获得政治承诺以及将成功的干预和政策加以推广等。②

迄今为止,不同学者、实践者和发展组织对倡导的界定不尽相同。就倡导的理论和具体操作而言,目前世界上仍存在不少误区。例如,人们在理解上和实践中常常混淆倡导(Advocacy)、信息-教育-沟通(Information, Education and Communication,简称IEC)和行为改变沟通(Behaviour Change Communication,简称BCC)这三个概念。尽管这三种方法有可能采用一些共同的沟通技巧,但它们在目标、目标人群、实现手段的衡量指标上截然有别(见表1)。联合国人口基金现在更倾向于用行为改变沟通取代信息-教育-

---

① 中国社会科学院语言研究所词典编辑室:《现代汉语词典》,商务印书馆,2005,第125页。

② UNFPA, *Engaging Men and Boys in Gender Equality and Health: A Global Toolkit for Action*, 2010, p.91, http://www.unfpa.org/sites/default/files/pub-pdf/cap-7.pdf.

沟通。联合国教科文组织认为，IEC 是同个人、社区和社团一起努力开发沟通策略以促进与其环境相适应的积极行为的一个过程。除了同个人、社区和社团一起努力开发沟通策略以促进与其环境相适应的积极行为，BCC 还提供激发并维持人们积极行为的支持性环境。所以，IEC 是 BCC 的组成部分，BCC 则是建立在 IEC 之上的。① 所有发展干预其实都需要沟通。在国际健康教育与健康促进中倍受青睐的行为改变沟通，现在已成为越来越多发展项目的交叉性要素，在倡导活动中也得到广泛应用。

表1 倡导与信息 – 教育 – 沟通/行为改变沟通的差异对照

	倡导	信息 – 教育 – 沟通/行为改变沟通
目标	倡导就其本质来说是以公共政策为取向的。它旨在使政策制定者/决策者： 理解并支持倡导问题 增强对倡导问题的意识与敏感性 增加政治意愿/承诺 分配人力财力资源 改变政策及其应用	提高个人和群体对某个问题的意识，并力图改变其行为
目标人群	政策制定者、立法者、决策者、执法者、社区领导人、传媒工作者、受政策影响的人群	服务提供者、服务利用者、男女青少年、父母、教师等
手段	通过建立联盟和网络扩大群众基础，以使政策制定者为了社区成员和更多公众的利益而给予支持	通过提供信息并增强技能，使目标群体为了自身的利益而改变其态度和行为
指标	衡量政策倡导的指标主要包括： 政策制定过程的变化，比如，利益相关者参与政策对话 制定或修改了相关的法律、法规或条例 制定或修改了相关政策或项目 预算分配与支出的变化 人力物力投入的变化 服务及其他项目的变化 决策者言论、态度和承诺的变化 传媒覆盖范围与内容的变化 公众支持的变化等	往往采用过程指标来衡量知识、态度、行为和实践方面的变化： 个人层面的指标可能包括:知识增加；态度变得积极；承认采取新行为的益处；获得了采取新行为的技能；认识到不采取新行为可能带来的风险等。它常用一些量化指标，比如 x% 青年人采了避孕措施或 x% 成人知道如何获得生殖健康服务等 社区层面的指标可能包括:社区领导层对该行为的支持及所促进的行为成为传媒议题或被纳入公共议程等

资料来源：作者汇总。

① http://www.unescobkk.org/education/hivaids/adolescent – reproductive – sexual – health – arsh/information – resources – publications/advocacy – iec – bcc/.

要开展改变个人特别是群体的意识、态度、信念、价值观以及行为的倡导，不进行 IEC 是不可能的，但 IEC/BCC 则未必需要政治性的倡导。像 IEC/BCC 一样，倡导活动也往往采用某些通行的沟通技巧。鉴于提高公众意识有助于给政策制定者施加影响与压力，倡导努力也往往通过群众动员使政策受益群体如青年人和男性也参与进来成为倡导对象。后者的直接深度参与有助于增强其权力，并使之有可能成为有影响力的倡导者本身。倡导活动因而时常与行为改变沟通活动交织在一起。像其他许多地方一样，中国政府部门的宣传工作通常以信息的传递为重点，而不是设法去说服人们应以某种方式改变其行为。

社会性别倡导是指就社会性别问题以社会性别敏感的方式开展的倡导努力。它已成为世界各地促进社会性别公平与平等的一种新战略。众所周知，促进妇女发展的项目和活动往往因为没有政策支持而缺乏成效和可持续性，而且，持续化和根本性的行为转变也只有辅以更宽泛的政策转变，包括诸如消除贫困、促进男女平等和赋权妇女等政策措施，才有可能真正实现。

为了更好地开展社会性别倡导，澄清"社会性别主流化"（gender mainstreaming）这个概念也很有必要。为了使妇女问题从边缘进入发展决策的主流，到 1995 年第四次世界妇女大会前后，国际妇女运动早在 20 世纪 80 年代初就提出的社会性别主流化被推到了前台，并被当作全世界促进妇女发展的核心战略。联合国所有成员国都对第四次世界妇女大会《行动纲领》提出的提高妇女地位和促进男女平等的目标做出了庄严的承诺，并公认社会性别主流化是实现这些目标的主要手段。可见，社会性别主流化理应被纳入社会性别倡导项目设计、实施和评估的各个阶段。

尽管社会性别主流化是世界各地公认的实现社会性别平等和赋权妇女的一个主要战略，但它迄今仍是一个众说纷纭的概念。目前被广泛引用的权威性表述是联合国经济和社会理事会 1997 年 7 月 18 日确定的（见专栏 2）：

专栏 2 联合国经济和社会理事会关于社会性别主流化的界定

"社会性别主流化是个过程，它评估各个领域和各个层面所有有计划的行动包括立法、政策、方案对男女两性造成的影响。作为一种战略，它把妇女和男性的关切事项与经验当作设计、实施、监督和评估所有政治、经济及社会领域政策与方案不可分割的组成部分，从而保证男性和妇女可平等受益，并消除不平等。主流化的最终目标是实现社会性别平等。"①

联合国社会性别和提高妇女地位问题特别顾问办公室对社会性别主流化也有类似的表述，如专栏 3 所示：

专栏 3　联合国社会性别问题和提高妇女地位特别顾问
办公室的社会性别主流化定义

"社会性别主流化是全球公认的促进社会性别平等的一项战略。主流化本身不是目的而是实现社会性别平等目标的一个手段。主流化涉及确保社会性别观点和对社会性别平等目标的关注成为所有活动的中心。这些活动包括政策制定、研究、倡导/对话、立法、资源分配以及方案和项目的规划、实施与监督。"②

国际人口与发展大会将倡导确立为就人口问题争取广泛政治承诺与财政支持并使人口问题纳入发展议程的重要手段。大会通过的《行动纲领》还将倡导和 IEC 确定为实现这次大会目标、提高对人口与生殖健康问题意识以及动员政府和社会支持的重要因素。它还呼吁非政府组织在人口与生殖健康领域包括在倡导方面发挥更大的作用。

倡导项目对于联合国基金国别方案的成败至关重要，因此已发展为它在世界各地实施国别方案的比较优势。人口基金支持的倡导有助于促成 5 个成果领域的改善。这五个成果领域分别是：

✓ 政策（包括政策/立法的制定、修改和实施）；

✓ 跨部门合作（同支持倡导问题的其他个人/群体或组织建立有效的网络和联盟，并推动合作伙伴之间就某个倡导主题联合开展活动，以促进联合

---

① 1997 年经社理事会商定的"社会性别主流化"定义参见 http：//www. unwomen. org/en/how - we - work/un - system - coordination/gender - mainstreaming。

② 联合国秘书长社会性别问题和提高妇女地位特别顾问办公室的定义参见 http：// www. un. org/womenwatch/osagi/gendermainstreaming. htm。

筹划、资源共享和信息交流);

✓ 倡导能力(如增强项目管理者和负责人开发倡导资料与实施倡导活动的能力,以及增强传媒工作者的倡导能力);

✓ 影响社会舆论,就倡导的问题达成一致意见(借助于各种沟通渠道强化信息);

✓ 社区赋权(在进行出生性别比、反对对妇女暴力和男性参与等问题的政策倡导时,尤其需要开展以社区为基础的活动,以便使政策受益人群如青年人、流动人口都参与进来)。①

上述各项活动将互为补充,因而不宜孤立开展。

(二)倡导者与倡导对象

同《战略》的三个倡导主题有关的政策推动活动异常艰难而复杂,并不是单靠一个或几个部门的努力就可完成的。为此,在国家层面,全国妇联将同各合作伙伴和其他一些组织建立一个跨部门的横向倡导网络,以便采取协调一致的跨部门行动。这些合作伙伴和组织将包括国家人口与计划生育委员会、卫生部中国疾病控制中心妇幼保健中心、中国计划生育协会、相关研究机构、大众传媒组织以及中国法学会反对家庭暴力网络、京津社会性别与发展协作组等非政府组织。非政府组织在倡导领域常常能发挥独特的作用。一旦它们倡导的问题得到社会普遍认可,就比较容易推动政府予以采纳。非政策组织的倡导努力还有可能在政府和一些社会边缘群体之间架起沟通的桥梁,以便解决一些棘手的敏感问题。加强与各执行单位的协调与沟通,有助于增强在知识、技能、经验上的互补性。作为一个网络来运作也有助于有效地利用现有资源开展声势更大的活动。

鉴于倡导是以公共政策为取向的,倡导活动还需要针对受政策倡导影响的其他个人和群体,以便扩大支持倡导的群众基础。所以,第六周期国别方案社会性别倡导的目标人群分为两部分。项目的主要倡导对象为国家省县各级政府机构的政策制定者、项目管理者、有关的媒体工作者以及生殖健康服

---

① UNFPA, *Engaging Men and Boys in Gender Equality and Health: A Global Toolkit for Action*, 2010, p. 91, http://www.unfpa.org/sites/default/files/pub - pdf/cap - 7. pdf; UNFPA, *Family Planning Advocacy in 18 Countries: Strengthening Advocacy at UNFPA with the Bill & Melinda Gates Foundation*, 2014, http://web. unfpa. org/webdav/site/global/shared/documents/publications/2014/UNFPA% 20Advocacy% 20with% 20Gates% 20Foundation% 20report_ web. pdf.

务提供者。具体而言,包括人口与卫生保健领域国家省县各级的政策制定者、国家省县级的项目管理者、妇联干部、大众传媒领域的决策者和合作者以及项目县的健康服务提供者。

鉴于青年人、流动人口,尤其是男性对于中国建设与维系一个重视和尊重妇女的和谐社会起了至关重要的作用,本倡导项目也将针对青少年、流动人口和男性等重要目标人群。青年人具有创造更美好更平等世界的潜能,是推动任何积极变化的生力军。到 2007 年中国年龄处于 15~24 岁的青年人超过了 2.4 亿。青少年的性健康与生殖健康问题也日益突出,不容忽视。

中国还有将近 1.5 亿迁移流动人口,占全国总人口的 11.28%。他们绝大多数是从农村流向城市以寻找更好就业机会的务工人员,其中 16~40 岁的青壮年接近 9000 万。① 数以亿计的流动者为中国社会经济发展做出了不可替代的重要贡献。尽管如此,流动人口仍被排除在经济与社会发展主流之外,在就业、教育、保健和居住条件等方面同流入地户籍人口之间存在着显著差距。妇女流动者主要集中在某些私有的工业和服务性行业,不仅收入低、福利差,而且缺乏就业与劳动保护以及社会与医疗保障。流动妇女因缺乏相关的知识、信息和服务面临很多性健康与生殖健康风险。流动妇女尤其是服务部门的从业者,还特别易于遭受性暴力、经济剥削及劳动权益的侵害。所有这一切均表明中国迫切需要加强和完善对流动人口的管理服务体系,以保护其合法权益,从而改善其边缘化地位并降低其脆弱性。

(三)倡导的艺术

倡导是一门艺术,也是一种科学。倡导活动通常是高度聚焦的,有明确的目标和目标人群。倡导过程很少是循序渐进按部就班进行的,它既要按既定计划展开,又要灵活地把握新的机遇并应对新的挑战。

有效的倡导运动是由各种互为关联的行动/步骤构成的。倡导可以是围绕各种问题而开展的持续性活动,如联合国人口基金针对人口与发展问题的倡导;它也可以是针对单一问题的倡导。倡导运动可以是小规模的地方性活动,也可以是在全国、地区和地方层面同时开展的大规模、多场所、多角度的活动。例如,一些倡导组织在全国和社区层面发起提高公众对家庭

---

① 国家统计局人口和就业统计司编《中国人口统计年鉴(2006)》,中国统计出版社,2007,第 290 页。

暴力意识的运动时，往往同时敦促司法部门加大实施现有的反家庭暴力法并对警察进行反家暴的培训，以便争取高层领导、社区领导人、大众传媒及一般大众对这些问题的一致支持。为解决某个全国性或地方性问题，在全国和地方层面同时开展声势浩大的倡导，特别是与政府高层决策者开展对话，有助于营造舆论、赢得更多关注与支持，从而优化解决问题的社会舆论氛围。

有效的倡导还需要倡导者去说服有权势并能促成政策转变的高层决策者，并促使后者利用其权力与独特的职位去影响其他决策者。要使政策制定者/决策者对这些倡导问题感兴趣并愿意给予支持，首先需要帮助他们理解这些问题并了解其重要性和严峻性，而不只是向他们灌输需要这样做的人道主义义务。此外，要研究并确定赢得政策制定者/决策者支持倡导的各种激励机制。

倡导活动一般都利用一些特殊的国家和国际节假日或活动日来开展。一些国际和国家级的节庆日为组织各种主题活动提供了良好契机。一年中应不断利用这些日子开展特别的专项活动。譬如，3 月 8 日的 "三八国际妇女节"、6 月 1 日的 "六一儿童节"、农历七月七日的 "女儿节"（或者称作 "七夕节" 或 "中国情人节"）、11 月 25 日的 "消除对妇女暴力国际日" 等时机，都可以充分利用起来大力宣传扭转出生性别比失衡的迫切性和必要性。

可以利用起来倡导制止对妇女施暴的节庆活动可能包括 "三八国际妇女节"、"消除对妇女暴力国际日"、"消除性别暴力 16 日行动"（16 Days of Activism against Gender Violence）、①"男性健康日"（10 月 28 日）、"国际情人节"（2 月 14 日）、"五四青年节"、"六一儿童节"、"母亲节" 及 "父亲节" 等。动员男性参与的节庆活动则可能包括 "女儿节"、"男性健康日"、国际情人节、世界人口日（7 月 11 日）、"消除对妇女暴力国际日"、"消除性别暴力 16 日行动" 以及 "世界艾滋病日"（12 月 1 日）等。

---

① 消除性别暴力 16 日行动是罗格斯大学全球妇女领导中心（Center for Women's Global Leadership）1991 年发起的一项制止对妇女和女孩暴力的活动。该活动始于每年 11 月 25 日（即消除对妇女暴力国际日），结束于 12 月 10 日（即国际人权日）。其用意显然是为了把对妇女的暴力侵害与人权问题勾连起来，并突出对妇女的暴力侵害是对人权的践踏。联合国自 1999 年起正式加入其中，每年在这个时段都开展形式多样的反性别暴力活动。

（四）倡导信息的传递

向目标群体传递相关信息需要具备沟通技能。倡导信息应利用令人信服的事实和数据以及日常现实生活中具有感召力的人与事，特别是那些能打动人的个人经历或故事。

在全国性倡导活动中，可以考虑利用有影响力的演员、体育明星、歌星、模特等社会与文化名流或政治领导人作为倡导者。知名人士出任"名人大使"和"亲善大使"作为各种问题的代言人，有可能引起更多公众和决策者的关注。其公益活动和人格魅力也有助于将其他一些名人聚集在一起共同关注要解决的问题，从而取得更大的反响。例如，可以考虑启用政界、体育界或娱乐界男女知名人士来大声疾呼制止对妇女暴力并挑战普遍存在的误解。在地方开展社区层面的倡导活动时，也可考虑让受人尊重的当地知名人士参与进来，提出问题并开展对话。

利用多重渠道强化倡导信息有助于增强倡导效应，促使人们态度和行为的转变。向决策者和政策受益群体传递信息的有效舆论阵地和渠道主要包括：

✓ 纸质媒体：宣传资料、海报、标语、公共汽车张贴画、明信片、书信、布告、展览、征文比赛及颁奖、知识竞赛、公益广告、图文并茂的小册子；

✓ 电子媒体：广播、电视、录像、互联网；

✓ 传统媒体：戏剧、舞蹈、诗歌、讲故事、文艺演出、电影节；

✓ 面对面沟通：演讲、专题研讨会、座谈会、辩论会、培训班、新闻发布会、演讲比赛、招收信使、与政府官员直接对话；

✓ 文章报告：政策文件、杂志。

如上所述，社会性别倡导有可能成为刺激政策与社会转变的一种催化剂；而涉及妇女权利的现行国内政策与法律和国际文书与行动，则提供了有利于倡导立法和政策改革的坚实基础。

三　国内外政策框架

（一）国内政策环境

自新中国成立特别是实行改革开放政策以来，女性获得了越来越多与男性享有平等权利与机会的法律保障。尤其是近十年来，中国政府出台了一系列促进男女平等的法律法规、政策和项目。例如，2001年修订的《婚姻法》首次规定禁止家庭暴力和家庭成员之间的虐待和遗弃。2002年通过的《农村土地承包法》规定妇女享有与男子平等的土地承包权，并增加了把土地分配给已婚、离异和丧偶妇女的条款。2004年修订的宪法修正案明确规定"国家保障和尊重人权"。2005年新修订的《妇女权益保障法》在总则中明确提出："实行男女平等是国家的基本国策。国家采取必要的措施，逐步完善保障妇女权益的各项制度，消除对妇女一切形式的歧视。国家保护妇女依法享有的特殊权益。"2006年新修订的《义务教育法》则强调保证女童的平等受教育权。迄今为止，中国已形成了越来越完善的以宪法为基础、以《中华人民共和国妇女权益保障法》为主体，包括各种相关法律法规、地方性法规和政府各部门行政规章在内的一整套保护妇女权益、促进男女平等的法律体系。

中国政府还采取政治、经济、行政及舆论等方面的政策措施，保障妇女在社会和家庭生活的各个领域享受与男性平等的权利，从而推进妇女的全面发展。1995年第四次世界妇女大会前夕中国颁布了《中国妇女发展纲要（1995~2000年）》。在大会开幕式上，时任总书记的江泽民代表中国政府宣布"把男女平等作为促进中国社会发展的一项基本国策"。2001年5月国务院又颁布了《中国妇女发展纲要（2001~2010年）》，将男女平等进一步确立为促进国家社会发展的一项基本国策。

近年来，中国政府还把包括促进男女平等在内的公平与公正，作为落实科学发展观和构建社会主义和谐社会不可分割的重要组成部分。妇女和儿童的发展因此被纳入了国民经济和社会发展总体规划中。例如，《国民经济和社会发展第十个五年计划纲要》和《国民经济和社会发展第十一个五年规划纲要》都体现了《中国妇女发展纲要（2001~2010年）》中提出的主要目标。"十一五"规划还增加了"保障妇女儿童权益"一节。"十一五"规划期间中国的国家发展战略优先关注以人为本、社会与经济的协调发展。这一切都为进一步促进男女平等创造了良好的大环境。

然而，在建设和完善社会主义市场经济体制的过程中，妇女发展和妇女权利的促进与保护还面临许多棘手的新问题和新挑战。尽管有法律保障机制，由于受国家经济和社会发展水平的限制，再加上历史上遗留下来的男女不平等的陈规陋习，妇女的权益在一些部门仍得不到保障。不同地区的城乡男女之间以及不同妇女群体之间的不平等在加剧。这使某些弱势妇女群体不成比例地承担了发展的代价。中国要实现真正意义上的男女平等和妇女发展，依旧任重而道远。

（二）国际政策环境

促进妇女发展的国际理念和话语，连同来自国际社会的推动无疑对中国立法改革和社会政策转变产生了巨大的影响。在面向世界和与国际接轨的过程中，中国政府积极批准并履行联合国涉及妇女权利的各种人权公约。例如，我国 1980 年批准加入了《消除对妇女一切形式歧视公约》，并履行缔约国定期向联合国提交履约报告的义务。[①] 2001 年批准了《经济、社会和文化权利国际公约》，2005 年又批准加入了《反对就业/职业歧视公约》。

中国政府还承诺贯彻执行一系列全球大会上通过的国际文书，其中包括国际人口与发展大会通过的《行动纲领》，第四次世界妇女大会《北京宣言》和《行动纲领》，社会发展世界高峰会议通过的《行动纲领》，联合国大会第二十三届特别会议（即"北京＋5"）成果文件，联合国大会艾滋病问题特别会议通过的《艾滋病问题的承诺宣言》以及联合国千年首脑会议上签署的《联合国千年宣言》与随后承诺的《千年发展目标》。

2006 年 8 月，联合国消除对妇女歧视委员会在第七百四十三次和第七百四十四次会议上，审议了中国执行《消除对妇女一切形式歧视公约》第五次、第六次合并的定期报告，并提出了结论意见。[②] 该委员会肯定了中国在消除对妇女歧视、促进妇女发展和保护妇女权益方面取得的显著成就。委员会还赞赏《中国妇女发展纲要（2001～2010 年）》将男女平等作为促进国家社会进步的一项基本国策。

为确保系统和持续地执行《消除对妇女一切形式歧视公约》，并进一步

[①] 1979 年 12 月 18 日联大通过了常被誉为《国际妇女权利法案》的《消除对妇女一切形式歧视公约》。该公约确定了妇女在政治、经济、文化、社会、家庭生活中的基本权利以及签约国消除这种歧视的国家行动议程。截至 2006 年 11 月，185 个联合国成员国已批准加入了该公约。缔约各国受实施条款的约束，而且必须承诺至少每四年提交一份履行公约情况的国别报告。

[②] 消除对妇女歧视委员会关于中国执行《公约》结论性意见的中文版网址，http://www. un. org/womenwatch/daw/cedaw/cedaw36/cc/CHINA_ advance%20unedited. pdf。

履行缔约国执行公约的义务，消除对妇女歧视委员会促请中国政府关注结论意见提出的改进建议。这对中国进一步促进妇女发展无疑具有重要的指导意义和参考价值。下面是该委员会列举的问题清单和提出的解决方案中与《战略》密切相关的一些主要内容：

✓ 加强妇女教育、就业、参政、健康及对妇女暴力等方面按性别、地区和民族分列的数据的研究、收集和广泛利用。

✓ 采取综合性措施消除有关妇女和男子社会角色的陈旧定型观念。这一方法应包括立法、政策和增强意识方面的举措，包括让公务人员和民间社会（civil society）参与进来，并以全体公民特别是男性和男孩子为目标人群。这包括对广播、电视和印刷品等不同媒体的利用，并包含开展专门性和一般性的项目。委员会还促请中国对2000年以来课程和教科书改革中的社会性别敏感性问题进行评估，以确保其明确关注男女平等的原则。

✓ 加大打击拐卖妇女的法律的执行力度，以确保起诉并惩罚那些拐卖和对妇女与女童进行性剥削的人，并向受害者提供一切必要的援助。

✓ 通过一项综合性法律禁止对妇女的暴力，并确保公共及私人领域一切形式对妇女和女童的暴力按刑法治罪。它还呼吁中国向受暴力侵害的妇女和女童提供直接的补救与保护，并就一切形式针对妇女的暴力加强数据收集系统。

✓ 加强对禁止性别选择流产和溺杀女婴的现行法律执行情况的监测，并通过惩罚越权官员的公平法律程序来加以执行。委员会建议对计划生育工作人员进行强制性的社会性别敏感性培训，并鼓励继续努力以确保所有女孩特别是农村女孩出生时都得到登记。它还建议中国加大力度从根本上解决农村地区依然很强烈的重男轻女问题，并通过完善保险和养老金制度惠及广大居民尤其是农村居民。

（三）中国／联合国人口基金第六周期国别方案（2006~2010年）

中国／联合国人口基金自1979年以来已完成了5个周期的合作方案。根据《联合国发展援助框架》（UNDAF）和《千年发展目标》（MDGs），2006年4月启动的第六周期国别方案（2006~2010年）主要包括两大部分：生殖健康和人口与发展。促进社会性别平等作为一个交叉领域将贯穿于上述两个领域的各项活动。

生殖健康项目的成果是："增强优质的、以服务对象为中心、具有社会性别意识的生殖健康和计划生育服务的利用，并使这一服务符合国际人口与发展大会和《消除对妇女一切形式歧视公约》的原则。"

生殖健康项目旨在增强目标群体生殖健康和计划生育信息与服务的可及性，重点是维护服务对象的权益，提供优质服务并促进社会性别平等。该方案将提升并统一计划生育和卫生部门医疗服务规范，包括咨询和社会性别问题。方案还将培训管理者并增强决策者对国际人口与发展大会原则和服务对象权利的敏感性。其长期目标是以省级立法人员为对象，提升省一级贯彻国际人口与发展大会原则的立法能力。

人口与发展项目的成果是："政府涉及人口政策制定的战略规划，特别是涉及社会性别、迁移和老龄化相关问题的，要建立在加强对优质分性别的数据、研究及评估结论的利用之上。"

该方案侧重于为老龄化社会做准备。它将以现有研究为基础在社区一级开展活动。方案将关注老年人在社会中的作用，并推进"积极老龄化"这一概念。它还将增强项目合作伙伴对社会性别问题的意识，并提高其利用社会性别数据与研究的能力。

由全国妇联负责执行的社会性别平等项目的成果是："通过加强国家监测和实施我国法律、政策及国际公约的能力，有效地保护妇女权利，促进社会性别平等。"

该国别方案将从社会性别平等的角度，审议第六周期合作伙伴的产出和成果，包括信息、教育与沟通材料、培训课程等；以社会性别研讨培训为主要手段，增强决策者、项目管理者和服务提供者的社会性别意识及能力；支持分性别数据的使用和分析能力；增强合作伙伴应对出生人口性别比失衡、对妇女的暴力和促进男性参与的能力。

从1998年启动第四周期国别方案起，联合国人口基金就开始同全国妇联合作共同致力于促进中国的社会性别平等。通过与政府有关部委的横向合作，第四周期生殖健康倡导项目（1998~2003年）和第五周期社会性别平等项目（2003~2005年）增进了各级决策者、项目管理者、媒体工作者和生殖健康服务提供者的社会性别敏感性，并唤起了人们对社会性别平等与公平的关注，从而为第四、第五周期国别方案的实施创造了支持性环境。全国妇联项目组成员经验的积累和能力的增强，也为进一步开展第六周期的社会性别倡导工作奠定了坚实的基础。

四 《社会性别倡导战略（2008～2010 年）》的核心内容

中国已有较完善的促进社会性别平等与公平的立法和政策保障，但在现实生活中，家庭内外社会与经济领域中的社会性别歧视依旧存在。关于女性和男性在社会与经济生活中角色与责任的传统定型观念也根深蒂固。有效的社会性别倡导必须通过沟通引导并说服人们，男女两性都能为中国可持续发展做出同等价值的不同贡献，从而推动他/她们共同致力于促进妇女发展。这将成为中国构建、保护和维系和谐社会必不可少的重要因素。《社会性别倡导战略（2008～2010 年）》的目的正是通过宣传倡导增强意识并提高能力，从而在中国进一步推进社会性别公平和平等。

（一）倡导活动覆盖的地理范围

在《社会性别倡导战略（2008～2010 年）》实施过程中，与出生人口性别比和男性参与有关的倡导活动，主要以第六周期国别方案的 30 个项目县为重点。与对妇女暴力相关的倡导活动则主要在 2 个或 3 个项目县进行试点。与倡导平行的活动还包括在 2 个或 3 个项目试点县开展为受暴力侵害的妇女提供健康服务并加强男性参与的试点工作。此外，还要就这三个重点领域在国家层面开展一些倡导活动。各项活动的落实有赖于来自联合国人口基金、各执行机构及其他方面的资金，以及合作伙伴单位开展这些活动的能力。

（二）社会性别倡导的预期成果与产出

《战略》包含 1 项倡导成果、3 项倡导产出和 1 项能力建设产出。各项产出之间是互为关联、相辅相成的。所有各项具体的倡导活动都应对实现这一成果做出直接而显著的贡献。应根据中国现时政策环境和社会性别公平与平等突出问题优先顺序的变化，重新评估《战略》的成果是否依旧适用或者需要进行修改。假如所有产出都能成功实现，那么，《战略》的下述总体成果应该可以达到。

第六周期国别方案社会性别倡导战略的预期成果是：利用来自项目县的经验开展以事实为基础具有社会性别敏感性的倡导工作，以提高各级政策制定者、项目管理者及一些政策受益人群对 3 个倡导主题的意识，提高分性别数据收集与利用的能力以及处理对妇女暴力等社会性别问题的能力，从而有效地保护妇女权益并促进社会性别公平与平等。

预期产出之一：通过倡导和培训，增强政府决策者、健康服务提供者等对出生性别比失衡和对妇女暴力严重后果以及男性参与重要性的意识，并增强进一步贯彻并监督相关政策的能力。

预期产出之二：增强有关出生人口性别比、对妇女的暴力及男性参与等人口与发展问题按性别分解统计数据的认识，并提高分性别数据收集、分析及利用的能力。分性别统计不仅有助于更好地理解妇女的生活与发展，增加妇女的能见度，而且能为提高妇女地位并改善其处境提供决策依据。

预期产出之三：将社会性别视角纳入第六周期国别方案项目县的地方政策与实践中，提高当地应对并解决针对妇女暴力和遏止性别比失衡的能力，并推动男性在家庭和公共生活领域（包括在性和生殖生活中）促进社会性别公平与平等方面发挥更积极的作用。

（三）社会性别倡导的 3 个主题

围绕 3 个倡导主题开展的各项活动应确保有助于直接或间接改变有关政策和计划。鉴于中国已有保障妇女权利的政策与制度，倡导的重点应放在如何全面贯彻执行并在执行中强化社会性别敏感性上。为了更有效地开展倡导，倡导者必须认真思考并回答一系列问题，其中包括什么样的政策变化有助于实现产出？应向决策者、服务提供者、青年人和流动者传递什么信息？影响他们的最佳传媒渠道是什么？

下文将分 3 个倡导主题依次阐述每个主题的重要性、可以考虑采用的各种方法与核心倡导信息，以及围绕每个倡导主题如何对主要目标群体进行宣传倡导。

首先是有关出生人口性别比的倡导。

1. 遏制出生人口性别比偏高的重要性

自 20 世纪 80 年代中期以来，中国出生婴儿性别比伴随计划生育政策的严格执行而一路攀升，愈演愈烈，已成为中国人口与发展面临的最严峻挑战之一。如表 2 所示，我国出生人口性别比从 1982 年的 108.5 上升到 1990 年的 111.3，再到 2000 年的 116.9。2005 年全国 1%人口抽样调查显示，出生性别比已高达 118.6，其中农村为 121.2。^① 而且第一胎之后，胎次越高，性别比也就越不正常。2000 年第二胎的出生性别比为 152，第三胎达到了 160。^②

表2　1982～2005 年历次人口普查和全国 1% 人口抽样调查显示的出生人口性别比

年份	1982	1987	1990	1995	2000	2005
性别比	108.5	110.9	111.3	115.6	116.9	118.6

资料来源：国家统计局社会和科技统计司，《中国社会中的女人和男人——事实和数据（2007）》，2007，第 17 页。

　　再从地域分布来看，人口出生性别比失衡的重灾区遍及南北各省，不只限于农村地区。根据第五次人口普查，全国 31 个省、自治区、市中只有两个省份（西藏和新疆）的出生人口性别比处于正常值范围。失衡严重的省份包括陕西（125.15）、河南（130.3）、安徽（130.76）、湖北（128.08）、湖南（126.92）、江西（138.01）、广西（128.8）、广东（137.76）、海南（135.04）。一些省份和直辖市在第一胎次中就出现了严重失衡，远远偏离国际上认可的 107 的警戒线。它们分别是北京（112.5）、上海（111.44）、江苏（112.2）、江西（115.5）、湖北（110.46）、广东（117.34）和海南（111.61）。^③

　　强烈的男孩偏好还表现在对女孩的漠视和虐待方面。食物、营养和医疗保健等方面的不公平待遇以及溺弃女婴等极端行为，导致女孩死亡率偏高。第五次人口普查数据显示，"城市" 0 岁男婴的死亡率为 8.61‰，0 岁女婴的死亡率为 10.69‰；"镇" 的 0 岁男婴的死亡率为 13.98‰，0 岁女婴的死亡率为 20.1‰；"乡村" 0 岁男婴的死亡率为 28.28‰，而 0 岁女婴的死亡率为 41.16‰。^④

---

① 国家统计局人口和就业统计司编《中国人口统计年鉴（2006）》，中国统计出版社，2007，第 74、83 页。

② 联合国人口基金驻华代表处：《性别比：事实与数据（2007）》，2007，http://www.unfpa.cn/zh/publication/性别比——事实与数据 2007。

③ 张翼：《我国人口出生性别比的失衡及即将造成的十大问题》，http://www.aisixiang.com/data/4656.html。

④ 张翼：《我国人口出生性别比的失衡及即将造成的十大问题》，http://www.aisixiang.com/data/4656.html。

导致出生前后"女孩失踪"的原因是多方面的，其根本原因普遍被认为在于根深蒂固的重男轻女传统观念。"传宗接代"的生育文化、较为严格的计划生育政策、女婴的低报漏报以及 B 超等性别鉴定技术的滥用等，也都加剧了这一现象。由于农村家庭生产生活的需要，再加上乡村社会保障机制不健全，"养儿防老"对一些农村居民来说仍是一个现实的考虑。

引流、残害及遗弃女婴等违法犯罪活动，不仅践踏了女婴的生存权与发展权，而且损害了生女孩的母亲的身心健康尤其是生殖健康。中国人口性别结构严重失衡还会导致婚姻市场的严重挤压，并由此引发多重性关系、卖淫嫖娼、拐卖妇女、性犯罪、色情业、家庭不稳定等一系列灾难性的社会后果。这些现实与潜在的威胁和挑战还会进一步影响社会稳定、经济发展乃至国家安全。

出生婴儿性别比异常偏高引起了中外学者、中国政府以及国际社会的广泛关注。早在 20 世纪 80 年代中后期，中国政府就开始关注性别比失衡现象。2001 年颁布的《人口与计划生育法》明确提出："禁止歧视、虐待生育女婴的妇女和不育的妇女。禁止歧视、虐待、遗弃女婴"（第二十二条）；"严禁利用超声技术和其他手段进行非医学需要的胎儿性别鉴定；严禁非医学需要的选择性别的人工终止妊娠"（第三十五条）。《妇女权益保障法》第三十八条也规定："妇女的生命健康权不受侵犯。禁止溺、弃、残害女婴；禁止歧视、虐待生育女婴的妇女和不育的妇女；禁止用迷信、暴力等手段残害妇女；禁止虐待、遗弃病、残妇女和老年妇女。"《中国妇女发展纲要（2001～2010 年）》和《中国儿童发展纲要（2001～2010 年）》也都涉及女童的需求和权利，包括提供保健、教育和禁止溺杀女婴等内容。

为了营造有利于女童生存与发展的有利环境，国家人口与计划生育委员会和其他有关部委先后争取了一系列经济、行政及教育方面的措施综合治理性别比偏高问题。从 2003 年开始，国家人口与计划生育委员会在出生人口性别比高于 110 的 24 个省（自治区、直辖市）的 24 个县（市、区）启动了"关爱女孩行动"试点工作。为了扭转农村居民"养儿防老"的生育观念，2004 年起政府开始实施"农村部分计划生育家庭奖励扶持制度"，为 60 岁以上独生子女家庭和两个女孩的老人提供财政支持。从 2005 年起，"关爱女孩行动"被推向全国。通过开展宣传教育，建立有利于女孩及计划生育女儿户的利益导向机制，开展生殖保健优质服务以及打击非医学需要的胎儿性别鉴定和非医学需要的选择性别人工终止妊娠等各种举措，试点地区初步遏止住了出生人口性别比升高的势头。

政府还采取了其他一些旨在标本兼治的举措，其中包括"婚育新风进万家"和"幸福工程"等专项行动。特别值得一提的是，2006 年修订的《义务教育法》强调保护女童平等的受教育权。2005 年，中央和地方财政安排的"两免一补"资金达 70 多亿元，免除了中西部地区农村义务教育阶段约 3400 万名中小学生的学杂费和书本费。截至 2005 年底，小学适龄男女儿童的净入学率分别为 99.16% 和 99.14%，男女孩仅相差 0.02 个百分点。女童小学五年的巩固率约达到了 99%。[1] 从 2006 年开始，政府将全部免除西部地区农村义务教育阶段学生的学杂费，2007 年已扩大到中部和东部地区。这一切都有利于解决女童失学与辍学乃至对女童歧视等问题。

2006 年 12 月中共中央、国务院适时出台了《关于全面加强人口和计划生育工作统筹解决人口问题的决定》。这标志着中国的人口与计划生育工作进入了稳定低生育水平、统筹解决人口问题、促进人的全面发展的新阶段。《决定》明确指出，出生人口性别比过高、持续时间过长，必然影响社会稳定，并关系到广大人民群众的切身利益。它将遏制出生人口性别比偏高确立为优先关注领域之一，并呼吁建立党政负责、部门配合、群众参与的标本兼治工作机制。

中国政府已明确提出到 2015 年实现出生人口性别比自然平衡。综合治理出生人口性别比偏高问题是一个复杂而艰难的系统工程，需要社会各界的动员与配合。这不仅需要从政策立法和执法角度下大力气，还需要对传媒工作者甚至社区民众进行宣传动员。为此，本倡导项目将侧重于贯彻执行上述《决定》的精神。增强对失衡性别比意识的社会性别倡导不仅有利于消除陈旧的社会性别规范和生育文化的影响，也有利于增强综合治理的力度。

2. 可以考虑采用的方法

参照联合国消除对妇女歧视委员会就出生性别比问题提出的改进意见，倡导可以侧重于推动下列活动：

---

① 国务院妇女儿童工作委员会：《〈中国妇女发展纲要（2001～2010 年）〉实施情况中期评估报告》，2007，第 28 页，http://www.wsic.ac.cn/internal womenmovement literature/79904.htm。

✓ 关注 30 个项目县法律、政策与实践之间存在差距或矛盾的案例及地域，要倡导强化旨在恢复性别比平衡的法律的执行力度，并确保选择性别的人工终止妊娠等违法行为不会转入地下，否则这不仅会增加妇女的风险，还会降低法律的有效性。

✓ 增强对出生性别比严重社会后果与危害的意识。

✓ 宣传出生性别比失衡对人权与社会性别的影响，同婚姻、社会与国家的安全和稳定有关的主题可以成为这个方面有用的倡导内容。

✓ 宣传妇女能为中国社会与经济发展做出同等贡献，承认妇女是中国正努力开创、维持和保护的和谐社会的共同缔造者。

✓ 促进研究和分性别数据的收集，以便为确定社会性别问题、社会性别发展趋势及最佳实践提供依据。

✓ 评估政府迄今所开展的工作，包括"关爱女孩行动"等，以确保在全国范围内广泛总结和传播经验教训；应推广有价值的经验并重新评估和改进不太有效的那些倡导活动与信息；要对项目实行有效监测，以确保信息针对正确的人群并取得理想的成效。

✓ 以"婚育新风进万家"和"关爱女孩行动"为载体，促进妇女对项目活动的参与并使她们从中受益。

✓ 加强努力确保所有女孩特别是农村女孩出生时都得到登记。

✓ 努力解决导致重男轻女现象的经济、社会及文化因素。

✓ 尤其是在农村地区，要建立和完善养老保险和养老金制度。基于政府对解决这些问题已做出了承诺，倡导的重点应放在强调立即强化执行上面。

✓ 应强调出生性别比持续失衡对和谐社会与可持续发展构成的威胁，鉴于人们更关切男性寻偶的困难，社会性别倡导应强调男女两性在社会经济和家庭生活中具有同等价值，并拥有共同的权利与责任。

✓ 加强同男孩偏好强烈的其他国家（如印度和越南）社会性别倡导组织的联系，以汲取和借鉴别国治理出生人口性别比偏高的有效战略与方法。

3. 可以考虑的核心信息

✓ 非医学需要的胎儿性别鉴定和非医学需要选择性别人工终止妊娠行为严重侵害了女孩的生存权和发展权；

✓ 中国致力于恢复性别比平衡的活跃程度，将成为评判中国尊重和保护人权的重要标准；

　　✓ 重男轻女导致的性别比严重失衡，将威胁到中国建设和谐社会的能力；

　　✓ 关爱女孩就是关注国家与民族的未来；

　　✓ 男女孩对于中国和谐社会的发展具有同等的价值，因而在获得保健、教育及家人关照上应得到公平待遇；

　　✓ 对男女两性具有同等价值的承认，对于女性和男性以及整个社会的可持续发展都有益处；

　　✓ 亟待完善社会保险、土地继承和养老等制度，以使生女孩不被认为是一种经济负担，而像生男孩一样是值得喜庆的；

　　✓ 应明确加以关注并予以反对的一条信息是，社会经济发展本身会缓解出生性别比失衡的问题；来自印度的证据表明，在教育（包括女孩教育）与经济发展水平高于国家平均水平的一些省份，性别比失衡同样极为严重。

4. 主要目标群体

（1）决策者

　　扭转出生人口性别比失衡已成为中国一个优先关注领域。多数国家级决策者或许已认识到法律和政策对于解决该问题的重要性，但他们对于这个问题的社会性别方面未必就那么清楚。此外，为了确保地方各级有效地执行法律和政策，还需要增强省县各级有关决策者对出生性别比持续攀高威胁和谐社会的意识。针对政策制定者/决策者的社会性别倡导工作应明确声明，男性求偶问题不应成为主要关切点；重要的是要提高妇女继续实现"妇女能顶半边天"的能力。假如妇女被迫只能担任家庭角色而未融入社会生活中为国家建设做出全面贡献，那么整个社会都将蒙受重大损失。就同工同酬、保护农村妇女劳动权以及为农村妇女提供充足的养老与社会保障等问题对政府决策者开展倡导也十分重要，对丈夫等家庭决策者进行宣传倡导也很有必要。

（2）青少年

　　倡导材料应特别针对青少年尤其是青少年男性，他们将成为家庭许多事情的未来决策者。应通过各种媒体影响青少年男女，包括利用电视、广播、印刷品、短信、互联网等宣传载体。向他们传递的信息要强调男女两性作为父母和作为孩子具有同等的价值，并突出两性之间的友谊、同志情谊和关怀。应开发强调值得当女儿的父亲的倡导信息，并树立这个方面的表率。在这方面，中国已有少数成功的例子，其中动员大学生参与"关爱女孩行动"就是其中之一（见例1）。

例1　中国关爱女孩青年志愿者行动

在第十七个世界人口日前夕，国家人口与计划生育委员会等多个部门于2006年7月10日在清华大学联合启动了以"关爱女孩，行动起来"为主题的关爱女孩青年志愿者行动。国家与北京市有关领导、首都高校学生、各界群众代表、新闻媒体记者共1000多人参加了启动会。来自北京大学、清华大学等20多所高校的200多名大学生积极响应，亲笔签名并庄严承诺：作为青年志愿者，将积极宣传"生男生女一样好"等科学文明进步的婚育观念并破除"重男轻女"的传统思想。青年志愿者利用暑假回到各自家乡，重点对农村妇女权益和女孩生存状况开展了调研活动。他们的足迹遍及30个省区市，共完成了160多篇、100万字的调查报告。2006年12月进行了"关爱女孩青年志愿者行动表彰暨研讨会"。2007年的关爱女孩青年志愿者行动又招募了200名青年志愿者。这场使大学生成为关爱女孩行动倡导者、实践者和研究者的倡导活动，产生了良好的社会反响。

（3）流动人口

应通过流动人口能利用的各种媒体并用她/他们自己的语言或方言对其施加影响。反映社会性别公平与平等重要性的信息最好由她/他们自己的代表来传递。全国妇联应同其他主要合作伙伴密切合作开展针对流动人口的倡导工作，并合作设计有可能同流动者社区的关切问题与价值观引起强烈共鸣的倡导活动及倡导信息，以便获得更大的成功。

其次是有关制止对妇女暴力的倡导。

1. 制止对妇女暴力的重要性

对妇女的暴力尤其是家庭暴力是一个很普遍的全球性社会问题（有关暴力的定义如专栏4所示）。这种暴力没有地域、文化、贫富和受教育程度的界限，在所有社会经济群体中都不同程度普遍存在着。正如表3所示，妇女在整个生命周期都面临遭受暴力的风险。

像其他许多国家一样，针对妇女的暴力对中国成千上万妇女的生活、健康及发展造成了较大的负面影响。① 根据 2000 年进行的第二次妇女地位调查，24.2% 的妇女遭受过配偶的身体暴力，比男性高 8.6 个百分点。农村挨过配偶打的妇女占 25.7%，比男性高 9.2 个百分点。② 仅 2005 年一年遭受刑事犯罪侵害的女性就达 90.5 万人。③ 一些小型经验研究也显示了中国城乡较高的暴力发生率。④

专栏 4　关于暴力的一些重要定义

基于性别的暴力（gender-based violence）被确认为国际人权议程中的一个主要问题。这种暴力涵盖了对妇女人权的各种侵犯，包括贩卖妇女和女孩、强奸、虐待妻子、对儿童的性虐待以及损害女孩和妇女生殖与性健康的有害文化习俗与传统。基于社会性别的暴力包括对身体的暴力，如殴打、损伤、烧伤、用武器施暴；情感或心理上的暴力，如羞辱、剥削、威吓、心理上贬低、言语侵犯、剥夺自由或权利；经济方面的暴力，包括经济勒索、控制妇女的收入等。

对妇女的暴力（violence against women）指"对妇女造成或可能造成身心或性方面伤害或痛苦的任何基于社会性别的暴力行为，包括威胁进行这类行为、强迫或任意剥夺自由，无论其发生在公共生活还是私人生活中。它包括身体、心理和性方面的暴力，如在家庭内或一般社区中发生的家庭暴力、性虐待及性暴力"。

家庭暴力（domestic violence）指个人受到其伴侣或前伴侣或者家里其他成员的身体、心理或经济上的虐待。家庭暴力会妨碍个人参与促进经济增长、建设民主、保护环境、教育儿童及决定家庭规模。

---

① United Nations Development Fund for Women. Bangkok Regional Office, "PR China Country Profile," *A Life Free of Violence: It's Our Right!: A Resource Kit on Action to Eliminate Violence against Women*, 2003.

② 国家统计局人口和社会科技统计司：《中国社会中的女人和男人——事实与数据（2004）》，中国统计出版社，2004，第 97 页。

③ 国务院妇女儿童工作委员会：《〈中国妇女发展纲要（2001~2010 年）〉实施情况中期评估报告》，2007，第 11 页，http://www.wsic.ac.cn/internalwomenmovementliterature/79904.htm。

④ 参见张李玺和刘梦主编《中国家庭暴力研究》，中国社会科学出版社，2004；王天夫《城市夫妻间的婚内暴力冲突及其对健康的影响》，《社会》2006 年第 1 期。

> 联合国对妇女暴力特别报告员将家庭暴力界定为"私人生活领域一般在有血缘、亲密或法律关系的个人之间发生的暴力"。

表3 对妇女的暴力——一种生命周期的方法

生命周期不同阶段	暴力类型
胎儿期	胎儿性别选择、妊娠期间挨打、强迫怀孕(包括战时强奸)
婴儿期	溺杀女婴、情感和身体上的虐待、获得食物和医疗保健上的差别对待
儿童期	生殖器切割、乱伦与性虐待、获得食物、医疗保健及教育上的差别对待、儿童卖淫
青少年期	约会与求爱上施暴、缘于经济原因的强迫性关系、工作场所的性虐待、强奸、性骚扰、强迫卖淫
生殖期	亲密伴侣对妇女的虐待、婚内强奸、虐待和谋杀、伴侣凶杀、心理虐待、工作场所的性虐待、性骚扰、强奸、对残疾妇女的虐待
老年期	对寡妇的虐待,虐待老人(这主要影响到妇女)

资料来源:Lori L. Heise, "Violence against Women: The Hidden Health Burden," *World Bank Discussion Papers*, No. 255, Washington, D. C.: The World Bank, 1994。

对妇女的暴力不仅有损妇女健康、福祉和全面发展,而且妨碍了社区和整个国家的社会与经济发展。暴力的致命性后果可能包括惨遭杀害、自杀身亡、感染艾滋病等悲剧。非致命性的身心摧残则可能包括受伤、致残、发生意外妊娠、罹患性病,以及引发吸毒、酗酒、抑郁、焦虑、缺乏自信心与自尊心等精神健康问题。对妇女的暴力因而会加剧妇女在政治、经济和社会生活中的边缘化。这与和谐社会的建构显然是背道而驰的。

对妇女的暴力植根于政治、经济及社会等各个领域男女不平等的权力关系。在中国,对妇女的暴力尤其是家庭暴力还同妻子和女儿被当作丈夫和父亲私有财产的父权制文化有关系。尽管妇女在许多方面已获得了独立,但"男尊女卑""男主女从"的男权中心观念依然盛行。妇女和男性家庭与社会地位的不平等、普遍的性别歧视、失业、经济压力、贫困、法律保障机制不完善及缺乏可操作性等,都助长了暴力的滋生和延续。

从政策层面来看,自第四次世界妇女大会在北京召开以来,中国政府和民间社会对于对妇女施暴的危害与负面影响有了更深刻的认识，并逐渐加大了这个方面干预的力度。2001 年修订的《婚姻法》首次明文规定禁止家庭暴力及对家庭成员的虐待和遗弃。2005 年修订的《妇女权益保障法》《刑法》《未成年人保护法》《老年人权益保障法》《治安管理处罚法》等法律法规，也都有涉及禁止家庭暴力和为受害者提供救助的原则性规定。到 2007 年为止，全国已有 20 多个省（区、市）出台了反对家庭暴力的地方性法规和政策文件。多数省（区、市）都建立了"110"反家暴报警中心、妇女庇护所、救助站、法律援助机构。一些地方还成立了省、市、县、乡四级家暴伤残鉴定机构。

尽管如此，政策和法律的有力执行仍面临巨大的挑战。以家庭暴力为例，人们在很大程度上主要把它当作一个家庭的私人事件而不是一个社会问题，更少有人把它看作一个侵犯妇女权利和尊严的人权问题，或者非触犯刑法的违法行为。许多受害者对于遭受暴力已习以为常，她们迫于种种压力不愿甚至有意隐瞒真实情形。各级政府机构对暴力的回应和干预总的来说也比较被动。例如，执法者不能有效处理对妇女暴力的案件，这也妨碍了受害者获得适当的法律援助，而且，当沉默被打破之后，暴力受害者仍缺乏来自卫生部门、社会保障系统、妇联、非政府组织、社区组织乃至家庭的救助，以便及时摆脱暴力的进一步侵害。

2. 可以考虑采用的方法

参照消除对妇女一切形式歧视委员会就对妇女暴力问题提出的改进意见，主要活动应包括：

√ 就各种形式对妇女的暴力倡导加强全国性数据收集系统的建设；加强对包括法官、律师和检察官在内的司法人员进行培训，以提高他们以社会性别敏感方式处理对妇女暴力的能力；加强对执法人员特别是警察的培训，以确保妇女的诉求得到适当的调查。

√ 反对针对妇女的施暴必须在社会多个层面和多个部门同时展开（见例 2），就特定情境下如何促进妇女权利应听取当地人的意见和建议。

√ 大力宣传能揭示对妇女施暴发生情况及其负面后果的现有国家与地区研究的成果；所有这种宣传应强调生命周期的方法以及这种暴力对中国建设和谐社会构成的威胁；此外还应突出暴力对妇女为中国社会与经济发展做贡献所造成的负面影响。

√ 就转介（或转诊 referral）制、公共信息以及如何保护处于脆弱境况中的妇女，收集并宣传国内外最佳实践的例子。①

✓宣传现有的为暴力受害者提供服务的保护机制，包括庇护所、救助中心、医疗服务、法律援助以及针对受害者和施暴者的电话热线与咨询服务。

✓倡导努力应强调创造一种向对妇女的暴力说"不"的文化。

✓同一些相关的专业人员组织建立合作伙伴关系，这有助于增强医护人员以及警察、法官及其他执法人员对于对妇女暴力的意识。

✓医疗卫生部门是关注受虐待妇女需求的一个特殊机会窗口，应同医务工作者一起开发服务规程，以帮助服务提供者更好地应对针对妇女的暴力；医务工作者可能是妇女见到的唯一专业人员，促使妇女同他们谈论暴力问题将有助于"打破沉默"。②

✓大力倡导组建制止对妇女暴力的男性小组及其他自愿小组，以挑战各种形式美化暴力的大男子主义，促进有助于男性放弃暴虐行为的支持与治疗服务，并培养有助于男青年和男孩子未来养育本领的技能。

例2 中国法学会反对家庭暴力网络的反家暴行动

中国法学会反对家庭暴力网络是2000年正式成立的一个非政府组织。它初创于北京，随后逐渐在全国各地建起由100多个反对家庭暴力单位构成的网络，其中包括妇联组织、公安部门、社区民警、医疗机构、高校研究机构及科研机构等。此外，它还拥有许多个人志愿者等网络成员。它依托多机构合作的模式积极吸纳各方专长、经验和资源，开展了许多有声有色的活动，取得了较大的社会反响。例如，为了就推动家庭暴力条例修改问题向政府决策者进行倡导，它曾向全国人大议案委员会提交了《家庭暴力防治法》建议稿。该网络还成立了对外开放的"反对对妇女暴力资料中心"，开设了反家暴网站，开展了一些相关调查、研究、培训及增强意识的干预活动等。它还在一些城市、乡村和医疗场所建立了反对家庭暴力综合干预试验区。这

① 这方面有若干成功的例子。国际计划生育联合会西半球地区办公室首创了一种克服服务提供者不情愿情绪的方法，并成功地将基于社会性别的暴力整合到性和生殖健康服务当中。IPPF/WHR, *Improving the Health Sector Response to Gender Based Violence, A Resource Manual for Health Care Professionals in Developing Countries*, 2010, https://www.ippfwhr.org/sites/default/files/GBV_ cdbookletANDmanual_ FA_ FINAL. pdf.

② 关于这一首创活动的更多信息可从下面的网址：http://www.ippfwhr.org/publications/download/serial_ issues/basta2000summer_e. pdf.

一切已取得了良好的效果，引起了国内外的广泛关注。

3. 可以考虑的核心信息

✓ 享受无暴力的生活是每个人的权利；

✓ 针对妇女的暴力是普遍存在的性别歧视和男女不平等的结果，是构建和谐社会的一个直接威胁；

✓ 事实上没有妇女遭受暴力侵害是咎由自取"活该"或"自找"的；

✓ 鉴于对妇女施暴的部分原因源于男性的行为，使男性介入促成行为转变并改善伴侣之间的沟通，可成为解决暴力问题的一个重要途径；

✓ 对妇女施暴是对人权的侵犯，因而是决不能容忍或保持沉默的；

✓ 预防和消除对妇女的暴力是全社会的共同责任，更是各级政府义不容辞的职责。

4. 主要目标群体

（1）决策者

举办关键性政策制定者参加的较高级别的研讨会将大有益处。这有利于表明国家的主要决策者认识到了这个问题的重要性，也有利于争取他们对核心倡导信息与倡导目标的认可。对政治领导人进行综合性的增强意识的培训也很重要，以提高他们对暴力严重危害的意识，并增强他们制止对妇女暴力的责任感和使命感。

（2）公检法司执法人员、社会与保健服务提供者

在确定健康服务提供者、警察、法官、政策制定者阅读的专业文献时，应包括有关对妇女的暴力以及暴力对其各自专业领域重要性的文章。社会性别倡导组成员应能为各种报刊撰写短文，以影响更多专业人员。

医护人员将能从增强他们对针对妇女施暴意识的研讨会和医疗服务规程中受益。当怀疑求医妇女可能遭到暴力侵害时，医护人员及时向服务对象提出这个问题也很重要。① 在项目试点县，应通过建立有效的倡导网络和联盟，提高社会服务提供者，其中包括医护人员、计划生育工作者、社区与民政部门的工作人员等应对针对妇女施暴的能力。制止对妇女暴力的努力应特别注意影响男性。大众传媒应宣传男性大声疾呼反对暴力的楷模（见例3）。

---

① 国际计划生育联合会西半球地区的项目包含涉及该问题的一些宝贵资料。

例3 牙买加使男性参与进来

牙买加有个男性参与的好例子。这里制作的一段广播短讯，在鲍勃·马利的经典舞曲《没有女人没有哭泣》中加入了一个男性和一个妇女的声音。这个男子问：如果你母亲、姐妹或女儿挨打的话，你的感受如何——你是否受到了伤害？当那男的说"想想她的感受"时，可以听到暴力的声音。那女的接着说，强奸、虐待和暴力总在发生，而妇女总是羞于报告。即使她们报告了，也经常得不到严肃处理。那男子说"男性需要去证明暴力能够而且必须被制止"，并喊出了"结束沉默，停止暴力"口号。[①]

（3）青少年

应使青少年自幼就从各种媒体获得关于对妇女暴力零容忍的信息。影响男青年和男孩的信息应强调并赞美男性分担养育孩子的家庭责任及其他家庭角色。联合国人口基金推动的项目表明，利用国际与国家级体育、电影、电视及其他各界名人传递促进社会性别公平与平等的信息（见例4），在青少年中有可能产生较大的反响。中国法学会反对家庭暴力网络就曾启用著名青年男演员王学兵和女演员王彤出任反家庭暴力的"形象大使"。应采用年轻人喜闻乐见有针对性和个性化的教育方式影响他们。互联网博客、流行歌曲、歌咏比赛等寓教于乐的传媒渠道有可能在青少年中取得较好的效果。利用现有的广播节目，如北京电台周五晚上播出的《今夜私语时·青春版》也是可以考虑的。此外，利用校园网络、青年网络等鼓励青少年开展各种自主活动也很重要。

例4 土耳其向针对妇女的暴力亮红牌

一次性公众活动因其良好的宣传效果也有可能产生意义重大的影响力。土耳其足球赛中有关制止对妇女暴力的宣传就是这么一个好例子。2004年2月在土耳其举行的一场足球比赛中，双方队员穿的T恤衫后背上都印着"停止对妇女暴力"的标识语和"向对妇女施暴亮红牌"的口号。

（4）流动人口

针对流动人口尤其是女性流动者的倡导，重点应放在向她们提供各

---

① 这个广播节目的网址为 http://emedia. amnesty. org/Jamaica‐1. mp3。

种有用的信息上面，其中应包括什么是针对妇女的暴力？什么是家庭暴力？面对暴力应如何应对？如果遭受暴力可以得到哪些？应该在她们能接触到的印刷品、电台和电视节目中宣传这类服务。流动者社区的男性也应得到关于对妇女暴力的信息。流动人口中的性工作者是需要特别予以关注的特殊群体。同代表流动人口的组织建立战略伙伴关系并促进在其工作中纳入社会性别视角，对于推动社会性别平等与公平将具有重要意义。

再次是有关促进男性参与的倡导。

1. 促进男性参与的重要性

男性作为性伙伴、户内外主要决策者、社区领导人以及生殖健康服务利用者，在促进男女平等尤其是在反对针对妇女的暴力、生殖权利、计划生育以及性与生殖健康等领域，可以发挥不可或缺的关键性作用。

自20世纪90年代中叶以来，国际上在政策与实践领域越来越认可男性参与促进社会性别平等特别是促进性和生殖健康实践活动的重要意义。男性的更大参与也被列入了国际发展议程。例如，国际人口与发展大会的《行动纲领》明确指出："改变男子和妇女的知识、态度和行为，是实现男女和谐伙伴关系的必要条件。男子在实现两性平等方面发挥关键作用，因为在大多数社会中，男子在生活的几乎所有方面，从个人决定子女多少到决定政府各级的政策和方案，都具有极大的权力。尤为重要的是应改进男女之间在性生活和生殖健康方面的沟通，增进对共同责任的理解，使男子和妇女在公共生活和私人生活中成为平等的伙伴。"[1]《行动纲领》还就男性参与的内容做了详尽阐述，其主要内容见专栏5。

专栏5　《国际人口与发展大会行动纲领》中关于男性参与内容的阐述

"应做出特别努力，强调男子应分担职责，促使他们积极参与到负责任的生育、性和生殖行为中，包括计划生育；产前和妇幼保健；防止性传染疾病，含HIV；防止意外妊娠和高危妊娠；共同管理家庭收入，共同为家庭创收、共同致力于子女的教育、保健和营养；确认并促进男女童

---

[1]　UNFPA, *ICPD Programme of Action*, 1994, https://www.unfpa.org/sites/default/files/event-pdf/PoA_ en. pdf.

的平等价值。教育儿童时必须从幼年开始教育在家庭生活中男性应负的责任。应特别强调防止对妇女和儿童的暴力行为。"

——《国际人口与发展大会行动纲领》第四章第二十七段

在中国，大男子主义观念依然根深蒂固。男孩子自幼就开始接受男性掌权并使男性处于支配地位的社会性别角色的社会化。一些人长大后自然而然认为，对女孩和妇女的支配是一个男人的本分。在日常现实生活中，男性在家庭和社会生活的各个领域包括在性与生殖健康方面，均处于支配地位甚至拥有特权。例如，性关系的数量与类别、性活动的时间与频率以及避孕节育措施的使用等，往往都是由男性决定的，有时甚至通过强迫或暴力的方式。

在计划生育和生殖健康领域，尤其是从采用避孕节育措施、预防意外妊娠以及保护母亲健康来看，中国长期以来主要以妇女为"目标人群"。妇女一直过多过重地承担了避孕节育的主要责任。根据 2004 年全国计划生育统计，中国各种避孕措施所占的百分比由高到低分别为：宫内节育器（49.79%）、女性绝育（34.62%）、男性绝育（7.39%）、避孕套（5.72%）、口服及注射避孕药（1.69%）、皮下埋植（0.36%）、外用药（0.26%）及其他（0.17%）。[①] 可见，女性避孕方法尤其是宫内节育器和女性绝育这两种长效避孕措施仍占主导地位。

非意愿妊娠、人工流产、生殖道感染、性传播疾病包括艾滋病，对妇女尤其是对男女青少年、流动妇女、农村留守妇女等弱势人群，构成了越来越严重的威胁和挑战。其中很多风险都与男性有直接的关系。同世界上其他地方一样，中国大多数妇女主要是从她们唯一性伴侣的男人那里感染性传播疾病的。局部地区的调查结果显示，农村妇女生殖道感染和性传播疾病的患病率在 40%～65%，明显高于城市，成为影响妇女健康的常见妇科疾病。[②] 另外，中国艾滋病病毒感染者中女性的比例已从 1998 年的 15.3% 上升到 2004

---

① 国家统计局人口和就业统计司编《中国人口统计年鉴（2005）》，中国统计出版社，2005，第 292 页。
② 国务院妇女儿童工作委员会：《〈中国妇女发展纲要（2001～2010 年）〉实施情况中期评估报告》，2007，第 19 页，http://www.wsic.ac.cn/internalwomenmovementliterature/79904.htm。

年 9 月底的 41%。① 然而中国现有的生殖保健服务却无法满足一些弱势妇女人群的需求，而且大多数男性也未意识到他们在其中的角色和责任。

可见，进一步倡导男性参与的理念并将男性参与列为生殖健康（含计划生育）领域的优先关注目标将具有重要的意义。这有利于促进男女两性在性生活和生殖健康方面的沟通，增进对共同责任的理解。这也有利于鼓励男性重视妇女权利，保护妇女健康，并分担家务与养育子女的责任，从而使妇女和男性在家内外的私人和公共生活（包括性与生殖方面）中成为平等的合作伙伴。

2. 可以考虑采用的方法

正如斯坦·伯恩斯坦（Stan Bernstein）等在联合国千年发展目标项目报告中指出的，男性作为服务对象、合作伙伴和社会变革的行动者参与性和生殖健康，对于促进妇女和女孩更健康地生活、男女平等以及男性健康都至关重要。② 在倡导项目中，国际上提出的把男性作为服务对象、合作伙伴和社会变革行动者的这三种方法很值得我们借鉴和参考。

突出男性作为服务对象的方法强调，必须为男性提供生殖健康服务，以使男性也可以用同样方式分享妇女获得的益处。这意味着要确保在男性聚集的地方比如在工作场所向男性提供性和生殖健康服务，包括在部队制订发放避孕套的计划。在现有的性和生殖健康服务只针对女性而男性有可能羞于去寻求服务的地方，这个方法往往易于取得成功。

男性作为合作伙伴的方法反映了这样一种观念，即男性对女性采取避孕节育措施从而获得生殖健康能够起促进或妨碍的作用。这一方法鼓励男女两性就避孕节育措施、自愿艾滋病咨询与检测以及性和生殖健康与权利的其他问题共同做出决定。成功采用这种方法的项目主要利用了以下策略：

✓ 增进男性对其伴侣生殖健康选择的意识与支持（见例 5）；

✓ 增加男性对综合性生殖保健服务的利用；

---

① 国务院防治艾滋病工作委员会办公室和联合国艾滋病中国专题组：《2004 年中国艾滋病防治联合评估报告》，2005，http://www.nhfpc.gov.cn/zhuzhan/zcjd/201304/0dd18627d03f46e8baaa1ffa8426c361.shtml。

② UN Millennium Project, *Public Choices, Private Decisions: Sexual and Reproductive Health and the Millennium Development Goals*, 2006, http://www.unmillenniumproject.org/documents/MP_Sexual_Health_screen-final.pdf.

✓ 动员男性在促进社会性别公平和反对针对妇女的暴力方面采取积极的立场;[①]

✓ 鼓励在男人们中间相互探究大男子主义的经历,并且使他们变得愿意这么去做。

例 5 尼泊尔男性参与产前照料

为了解决尼泊尔孕产妇死亡率较高的问题,某项目对一些男性进行培训以使他们教育其同伴如何去识别妊娠并发症,从而使受项目影响的男性在必要时可以协助妇女获得产科急诊服务。干预结果表明,在实施项目的社区里,人们的避孕率提高了,陪同妻子前来就诊的男性人数也增加了。此外,男性对其怀孕妻子的健康需求有了更多了解,态度也有了转变。[②]

突出男性作为积极变革行动者的方法体现了国际人口与发展大会的精神。它承认男性在支持妇女生殖健康和转变制约生殖健康与权利的社会角色方面所发挥的关键性作用。例 6 和例 7 是应用这一方法的两个例子:

例 6 秘鲁反省男性气概

秘鲁由莫维米恩托·曼努埃拉·拉莫斯实施的一个生殖健康项目,举办了由男性教育者参加的研讨会。主办者调动与会者反省他们自己的大男子主义,以使他们能够帮助更多男人批判性地思考性和生殖健康的问题。这种研讨会取得了较大的成功。这主要体现在与会的男性珍惜这一机会来讨论暴力、酒精中毒、性行为以及父亲身份等问题并以不同的方式重新思考生活。[③]

例 7 墨西哥促使男性变得更为敏感

墨西哥的 Sensi Saludy Genero 增强了男性对社会化的大男子主义特别是

---

① 关于男性作为合作伙伴项目,可从 Engender Health 的网页中查找,网址为 http://www.engenderhealth.org/ia/wwm/index.html。

② 关于尼泊尔男性作为合作伙伴的情况参见 https://www.engenderhealth.org/files/pubs/gender/map/map_genderequal.pdf。

③ Debbie Rogow, *Alone You Are Nobody*, *Together We Float*: *The Manuela Ramos Movement*, *Quality/Calidad/Qualite*, 2000, No.10, Population Council, http://files.eric.ed.gov/fulltext/ED447265.pdf.

暴力危害及其对男女两性影响的敏感性。该组织强调，冒险行为以及不能理解并表达情感，可能会导致令人不满的生活结局，包括无法同性伴侣和子女建立其亲密的关系，漠视自身的精神、身体和生殖健康。该组织利用清一色的男性小组或者男女混合小组，主要以面临社会经济问题困扰的男性为对象开展工作。①

应鼓励考虑到上述方法并致力于为促进其发展而创造空间、团体和项目的倡导努力。例如，应倡导建立男性性健康诊所，以便使男性较容易获取关于性健康、性传播感染（包括艾滋病）、避孕套使用以及性传播感染保密诊断与治疗等方面的各种信息。重要的是在一些公共场所，包括工作单位和市场，努力创造一种男性参与的新文化，以挑战陈旧的社会性别定型观念，并树立、总结和推广男性正面角色的典范。

3. 可以考虑的核心信息

✓ 男性对女性的生殖健康负有不可推卸的责任；

✓ 身体强壮而负责任的丈夫会主动使用避孕套并考虑采用男性结扎术；

✓ 在性行为、预防性传播感染以及防止意外妊娠方面负责任的男性，说明他们既关心自己的健康，也尊重并支持其伴侣的健康；

✓ 多数男性都希望关心他们他们自己及其性伴侣的健康，鉴于大多数妇女都是从她们唯一性伴侣的男性那里感染性传播疾病的，这就说明男性对自己的性健康负责，也对促进妇女的健康至关重要；

✓ 伴侣之间的沟通是和谐社会的基石；

✓ 只有当男女两性都相信唯有重视和尊重妇女的和谐社会才最符合他/她们的利益时，才有可能改变社会上的社会性别角色并使妇女真正被当作中国社会、经济和文化生活中的平等合作伙伴。

4. 主要目标群体

（1）决策者和医务工作者

倡导男性参与的一个重点应放在确保政策制定者/决策者做出承诺，向青少年提供基于教育的生活技能以及性与生殖健康服务。青少年尤其是青少

---

① Interagency Gender Working Group, *Three Case Studies: Involving Men to Address Gender Inequities*, Washington, D. C.: Population Reference Bureau, 2003, http://www.prb.org/pdf/involvmentoaddressgendr.pdf.

年男性迫切需要获得与性和生殖健康有关的信息、教育和服务。这包括与性传播感染（含艾滋病病毒/艾滋病）相关的信息与服务、获得避孕套与其他避孕服务等。就青少年友好服务的问题对医护人员进行倡导也很重要。国际计划生育联合会曾召集一群青年人起草了一个《国际计划生育联合会青年宣言》。[①] 该宣言将专栏 6 中的内容确立为青年友好型服务的重要因素。全国妇联或许应联合一群青年人起草一份类似的宣言，以推动中国的服务对青少年更具有吸引力。

专栏 6　针对青少年的性与生殖健康服务的关键性因素

✓ 保密；

✓ 可及性；

✓ 不加评判并提供完整的一系列服务；

✓ 性和生殖健康教育务求准确、可靠，并能满足所有年龄段和采取各种性生活方式的青年人的生理及情感需求；

✓ 服务提供者必须确保满足所有青年人的不同需求，包括已婚和未婚的，也不论其年龄、社会性别、能力、信仰或性生活方式如何；

✓ 服务提供者必须确保满足感染了艾滋病病毒/罹患艾滋病的青年人、性虐待受害者及年轻性冒犯者的额外需求；

✓ 所有青年人必须能够选择各种避孕方法，包括最新推出的避孕药具；

✓ 必须鼓励青年人利用为他们而设计的性和生殖健康服务；

✓ 必须敦促政府和政策制定者履行其针对青年人的性和生殖健康教育与服务做出的承诺。

（2）男性

应努力将赞同正面社会性别角色的男性权威人士树为楷模，以引导并鼓励夫妇共同做出决策，并在增强男性对自己性行为负责任的意识方面发挥示范作用。与此同时，应开展针对艾滋病病毒/艾滋病的倡导活动，以宣传倡

---

① Youth Committee of the International Planned Parenthood Federation, *Youth Manifesto*, 1998, http://www.youth-policy.com/Policies/IPPF%20Youth%20Manifesto.pdf.

导男性想要保护其妻子就必须保护他们自己。名人对于避孕套使用的认可也很重要。全国妇联的倡导活动假如能同社会营销活动联系起来，或许会取得更大的成效，比如同一群男性合作为一种避孕套设想一个使男性觉得吸引力的名字。

（3）青少年

利用体育运动和体育明星向男青年传递有关对妇女施暴、强奸、负责地使用避孕工具以及性和生殖健康其他方面的信息，或许是影响青少年的一种重要方法。例如，拉丁美洲开展了一个对足球教练进行培训的项目，以便使后者将关于社会性别公平、青少年权利与责任以及健康生活方式的课程纳入对 8～12 岁男孩的足球训练。[①]

（4）流动人口

流动人口需要获得性和生殖健康服务，以保护他们自己的健康并在回家后保护其伴侣的健康。应利用流动人口能接触到并信得过的适当媒体进行倡导。要确保这种服务的可得性并使之在流动者社区广为人知。倡导者应主动去征求流动人口对现有服务的意见，并在改进这类服务的管理与实施时将她/他们的看法考虑进去。成功的项目还应包括特殊的专业人员组织在男性聚集的地方包括工作场所提供外展服务。

五 监测与评估

监测和评估是改进倡导项目的工具，应贯穿于整个倡导过程。监测是指持续地评估按项目计划开展了什么活动。它主要包括投入监测、活动监测和结果监测。其目的是将取得的经验反馈到正在进行的工作中以改进项目管理，进而影响未来的项目活动。评估是指项目取得了什么成果或产生了什么影响，它主要是对项目过程、成果和影响进行评估。对于社会性别倡导项目来讲，不仅应根据所计划的活动是否如期开展，还应根据这些活动是否有助于实现预期成果来评估每一项产出。监测和评估这两者互为补充，分别提供了不同类型的信息。

[①] UNFPA, State of the World Population, *The Promise of Equality: Gender Equity, Reproductive Health and the Millennium Development Goals*, 2005, https://www.unfpa.org/sites/default/files/pub - pdf/swp05_ eng.pdf.

　　指标是监测和评估项目的工具，可以用来衡量、评估并显示项目干预所带来的变化。倡导过程中应采用同每个产出和每项活动相对应的量化（quantitative）与质性（qualitative）指标，尤其是用质性指标来支持每一步行动。量化指标能告诉人们有多少人参与了项目，但很少能提供参与的程度、性质及其影响的信息。质性指标有助于揭示人们的行为、观念及动机。这两类指标都很重要，可以起到互补的作用。

　　在整个项目过程中，鉴于改变政策或立法的干预是很难衡量和评估的，因此，倡导者应始终坚持观察并记录主要目标群体语言与行为的转变以及传媒报道与大众舆论的变化。社会性别倡导项目尤其需要注意采用社会性别敏感指标来衡量与社会性别相关的变化，因而非常重要的是要努力去收集各种分性别的数据。

　　[此《战略》的原文题目为《社会性别倡导战略（2008～2010年）》（联合国人口基金和全国妇联，2007）。这是中国/联合国人口基金第六周期国别方案社会性别项目（2006～2010年）的项目工作文件。英文初稿由玛丽斯特普国际组织（MSI）顾问凯伦·纽曼（Ms. Karen Newman）女士起草。在2007年9和10月为修改战略专门举行的两次研讨会上，以全国妇联项目组谭琳教授、肖扬研究员、蔡一平、马炎等友人为主的各项目合作伙伴的代表，就笔者完成的中译本的文本结构、逻辑与层次、语言表述、引文数据及产出内容等提出了一些中肯的修改意见与建议。笔者依据这些反馈，对文本做了大量本土化的增补、修改和完善，并最终完成了中英文两个版本的项目文件。从上述意义上讲，《战略》也是该项目合作伙伴的代表集体参与和集体智慧的一个结晶。这里收录时删去了原文件中"媒体的运用"、"倡导的能力建设"、"实施计划"及"倡导活动的监测与评估表"等内容]

国际发展议程中的青年议题

一 引言

生活在全球化浪潮裹挟之下的当代青年，既获得了前所未有的发展机遇，也面临着史无前例的威胁和挑战。[①] 由于势不可挡的全球化的冲击，世界政治、经济及社会文化领域都随之发生了许多惊人的巨变。与全球经济重构伴生的工业化、城市化、大规模人口流动以及家庭结构的变化等互为关联的各种现象，也无不对年轻一代构成了比以往任何时代都更为严峻、更为复杂的挑战。[②] 信息与通信技术的突飞猛进和艾滋病的横行肆虐，可以说是当下全球化进程影响年轻人生活的两个典型例证。[③] 不论是发达国家抑或发展中国家，也不论是作为个体还是群体，世界各地青年的选择和自由大为增长的同时，都几无例外遭逢了各种纷繁复杂的社会风险和危机。

跨入 21 世纪之后，人类迎接青年问题的挑战也异常严峻和紧迫。由于人口年龄结构的转变，全世界 15～24 岁青年人口比人类历史上任何时候都庞大。联合国经济和社会事务部人口司的世界人口展望数据显示，2010 年全球 15～24 岁青年约 12.1 亿，占全球总人口的 17.6%。预计到 2030 年，15～24 岁人口将接近 12.5 亿人，约占全球总人口的 15%。到 2010 年，全

---

① Jennifer Cole and Deborah Durham, eds. , *Figuring the Future: Globalization and the Temporalities of Children and Youth*, Santa Fe, N. M. : School for Advanced Research Press, 2008.

② Vappu Tyyskä, "Conceptualizing and Theorizing Youth: Global Perspectives," Helena Helve and Gunilla Holm, eds. , *Contemporary Youth Research: Local Expressions and Global Connections*, London, U. K. : Haworth Publications, 2005.

③ Maria Bakardjieva, *Internet Society: The Internet in Everyday Life*, London: Sage Publications, 2005.

球 25 岁以下人口共计 30.6 亿人，约占世界人口的 44%。[①] 换言之，全球几乎一半人口在 25 岁以下，而且绝大多数青年生活在发展中国家。在这样的巨变时代里，青年人在教育、就业、健康等各个领域的发展问题接踵而至，并且错综复杂地交织在一起。这对青年人参与发展进程并发挥其潜力所构成的威胁就变得更难应对了。[②]

作为一个变动中的社会范畴，就像"儿童"和"青少年"这两个概念一样，"青年"的定义并不是不言自明的。在世界各地，不管是政府政策还是日常用语中，不同文化不同情境下的界定迄今仍五花八门且变动不居，但在国际发展界，早在 1985 年第一个"国际青年年"筹备期间，联合国就将年龄在 15～24 岁（含 15 岁和 24 岁）的人口界定为青年。自那时以来，国际社会就开始据此围绕当代青年面临的诸多发展问题在全球、区域和国家各级开展对话。这种明确基于年龄的概念化之后被证明对于推进新近几十年联合国的青年工作具有重要的政策含义。

伴随对青年人潜力与脆弱性并存之认识的逐步深化，投资于青年并与青年结成伙伴关系作为可持续发展的一个关键所在，已逐渐成为一个国际共识。鉴于联合国 1989 年通过的专门针对 0～17 岁儿童的《儿童权利公约》无法包括 15～24 岁的青年，国际社会随后相继出台了很多专门针对或涉及青年发展的以行动为取向的政策和方案，其中最主要的国际青年发展战略当推 1995 年推出的《世界青年行动纲领》。进入 20 世纪 90 年代以来，"青年"一步步从国际发展议程的边缘走向中心。到 2000 年联合国千年发展目标通过时，青年发展问题显然已被推到了国际发展领域的前沿。

在以往数十年，这些国际承诺和行动计划不但为世界各国的青年发展提供了重要参照和依据，而且已在越来越多地方逐渐化为成功的干预实践。由于青年这个群体本身及其面临问题的重要性，加之对青年人潜力与脆弱性理解的深化，投资于青年已然成为国际发展议程的优先关注目标之一。鉴于国内学术界对这些问题研究和认识的匮缺，本文意欲对"青年"的定义及与之交叠的几个集合概念，以及国际青年政策中的多元议题与优先关注目标的演进做一个较系统的梳理。

---

① Department of Economic and Social Affairs of United Nations, *World Population Prospects: The 2010 Revision*, 2011, http://esa. un. org/unpd/wpp/index. htm.

② Nicola Ansell, *Children, Youth, and Development*, Routledge, 2005.

二 "青年"及与之交叠的若干概念

自 20 世纪 80 年代中叶以来，国际社会倾向于对其政策的目标人群，其中包括"儿童"（child）、"青少年"（adolescent）、"青年"（youth）及"年轻人"（young people）这四个彼此交叠的范畴做出明确的年龄限定。儿童最初一般指年龄不足 14 岁的人口，但 1989 年 11 月第四十四届联合国大会通过的《儿童权利公约》在第一部分第一条便开宗明义载明："为本公约之目的，儿童系指 18 岁以下的任何人，除非对其适用之法律规定成年年龄低于18 岁。"换言之，"儿童"系 0～17 岁的人口。青少年指处于人生第二个阶段的 10～19 岁的人口。青少年期系从"儿童"到"成年人"的一个过渡时期，被公认是潜藏风险和危机的人生岁月。年轻人则是指年龄边界在 10～24 岁的人口。

1981 年，联合国秘书长在提交给联合国大会的有关"国际青年年"的报告中首次提到，为了统计的目的将 15～24 岁年龄组的人口界定为青年。联合国于 1995 年制定的《到 2000 年及其后世界青年行动纲领》重申了该定义，即青年系 15～24 岁年龄组的人口。但该文件同时提到，"青年"一词的意义在世界各地因社会而异，青年的定义会随着政治、经济和社会文化情况的变动而不断有所改变。联合国厘定含青年在内的几个社会范畴的年龄边界，而今已获得国际学界和决策界的广泛认可。

15～24 岁"青年"这个集体名词，显然既包含儿童也包括青少年和年轻人。"青年"这个人口群体有时进一步被分解为"少年"（15～19 岁）和"年轻的成年人"（20～24 岁）两个亚群体。正如笔者等在其他文章中业已指出的，上述四个有明确年龄边界的概念都是伴随年龄增高而不断变化的连续谱系。其中，儿童的年龄跨度最大（长达 17 年），其次为年轻人（15年），青少年和青年分别跨越了 10 年。从成年与否的角度来看，"儿童"这个概念所指的完全是未成年人，"青少年"亦以未成年人为主体，"年轻人"的 15 年中有一半以上涉及未成年人，唯独"青年"这个范畴涵盖的主要是18 岁以上的成年人。①

---

① 胡玉坤、郑晓瑛、陈功等：《厘清"青少年"和"青年"概念的分野——国际政策举措与中国实证依据》，《青年研究》2011 年第 4 期。

因全球化进程的推波助澜，基于社会性别、阶级、种族、族裔、地区、国家及文化等方面差异而塑就的各种社会不平等，正在不断扩大并且日益复杂化。青年、青少年和儿童这几个集体名词所指代的人群也随之变得越来越多样化和异质化。[1] 联合国系统对此显然是颇为敏感的。例如，1998 年第一次世界青年事务部长级会议通过的《关于青年政策和方案的里斯本宣言》就特别强调关注一些边缘化的弱势青年，其中包括"涉及失业、吸毒与滥用药物、暴力包括基于社会性别的暴力、被忽视、受性虐待与色情剥削等行为并受这些行为影响的青年人，涉及武装冲突的青年人，沦为难民和其他背井离乡的青年人，流离失所和无父母的青年人，残疾青年，土著青年，民族和文化方面属于少数派的青年，犯罪青年，怀孕少女及其他处境不利和处于社会边缘的青年人"。[2]

为了监测并反映世界儿童、青少年和青年的发展状况，联合国系统出版和发布的凡涉及上述人群的统计数据和报告，不管是人口、教育、就业领域，还是健康与保健等方面的都依据前述的年龄界线。联合国相关部门每年推出的各种旗舰报告，如联合国儿童基金会的《世界儿童状况》、人口基金的《世界人口状况》、经济和社会事务部的《世界青年报告》、世界卫生组织的《世界卫生统计年鉴》以及《联合国千年发展目标报告》等，也都概莫能外。依据具体年龄厘定政策的目标群体，不仅有助于更明准确地理解该范畴映射的社会现实，而且有助于现实干预和政策实施的有效性和针对性。

反观中国则不然。像其他几个范畴一样，"青年"是一个年龄上下限弹性很大并且很混乱的称谓。在相关政策文件、学术研究成果及日常用语中，该概念的使用都带有很大的随意性。就学术研究而论，年龄界限的混乱势必造成国内外的青年研究无从比照；从政策制定和项目实施来说，则有可能造成无的放矢，导致无从判断甚至低估乃至漠视真正的脆弱人群。无论是出于与国际社会接轨的原因，抑或考虑到中国当下的各种社会现实，在相关的青年研究、政策及实践中应使用国际通用的年龄划分标准并在本土化努力中赋予这些静态范畴以更符合真实世界的动态内涵，已变得十分迫切而且必要。[3]

① Craig Jeffrey and Linda McDowell, "Youth in a Comparative Perspective: Global Change, Local Lives," *Youth & Society*, 2004, Vol. 36, No. 2, pp. 131 - 142.

② 联合国：《关于青年政策和方案的里斯本宣言》，1998，http://www.un.org/chinese/esa/social/youth/lisbon.htm。

③ 胡玉坤、郑晓瑛、陈功等：《厘清"青少年"和"青年"概念的分野——国际政策举措与中国实证依据》，《青年研究》2011 年第 4 期。

因此，上文所述的国际年龄标准和政策实践对于中国而言应是具有启发和借鉴意义的。

三 国际政策中日渐多元化的青年议题与优先关注目标

联合国虽然在成立伊始就致力于建立并促进与世界各地青年的伙伴关系，但在 20 世纪 80 年代中叶以前，主要只限于在其通过的一些公约和宣言中提及青年人的权利和保护问题。联合国成员国 1965 年通过的《在青年中促进各国人民之间和平、相互尊重和了解之理想的宣言》，是专门关涉青年人的第一个决议。这是联合国首次在一个政策文件中把青年作为一个特殊的人口群体单独剥离出来了，并承认其对社会的重要性。

在 20 世纪 60 ~ 70 年代，联合国在青年领域的工作主要着眼于三大主题：参与、发展与和平。1979 年联合国大会将 1985 年定为"国际青年年"时，其主题仍是这三者。国际社会将这三个主题并置显然是冷战时代第一、第二和第三世界之间达成的一个共识，带着鲜明的时代烙印。检视 20 世纪 80 年代中叶以前有关青年问题的政策的发展轨迹，我们不难发现，青年事务在国际发展图景中基本上是被漠视和边缘化的。

1985 年可以说是国际发展界关注青年事务的一个分水岭。为了增进世界青年的福祉并促进其参与发展，联合国发起了主题为"参与、发展与和平"的第一个"国际青年年"。以此为契机在联合国总部接着召开了"国际青年年"世界会议，并通过了《联合国关于青年领域进一步规划和后续行动的指导方针》。这个政策文件不再将青年视为铁板一块的单一群体，而是看到了青年中的许多亚群体。《方针》为此后各项青年政策的制定奠定了基础。20 世纪 80 年代中叶以来，联合国青年政策的开发及对青年人的投资获得了突破性的进展。时间翻过 1/4 以上世纪之后，联合国大会于 2009 年 12 月通过决议宣布 2010 年 8 月 12 日至 2011 年 8 月 12 日为第二个"国际青年年"，其主题为"对话与相互理解"。

联合国一贯强调国际和国家青年政策对于促进青年发展的核心作用，并为此通过了大量专门或涉及青年人的人权公约、联合国大会决议、国际会议文书及秘书长的报告等。下文将联合国系统涉及青年议题的政策归为四类——予以阐述。它们分别是：人权公约、专门针对儿童和青年的国际会议文书、涉及青年问题的国际会议文书以及联合国有关职能部门的青年政策。这些国际政策框架为联合国各成员国制定并实施本土有关青年的公共政策提供了不可或缺的参照和干预指南。

（一） 具有法律约束力的人权公约

尽管世界上没有一个专门针对青年的权利公约，但联合国通过的很多国际人权公约都涉及青年。这些人权公约主要包括《世界人权宣言》（1948年）、《公民权利与政治权利国际公约》（1966年）、《经济、社会及文化权利国际公约》（1966年）、《消除对妇女一切形式歧视公约》（1979年）及《儿童权利公约》（1989年）等。

《儿童权利公约》全面阐述了儿童享有的各项权利。鉴于它适用于15～17岁的低龄青年，我们在此略加阐述。《公约》是世界上第一部保障儿童权利的具有法律约束力的人权文件，于1989年11月获得联合国大会通过，1990年9月正式生效。到2012年3月已有140个国家签署，193个国家批准了该公约，[①] 从而成为史上获得最多国家批准的一个人权条约。这昭示了其原则达成了普遍共识和条款获得广泛认可。《儿童权利公约》共有54项条款，其中实质性条款有41条，所涉及的权种多达数十种。不过概括起来，儿童的基本权利大体可归纳为4类，即生存权、受保护权、发展权和参与权。《公约》还阐述了保障儿童权利的4项原则：无歧视（条款2）、儿童利益最大化（条款3）、生存和发展权（条款6）和尊重儿童的观点（条款12）。为了进一步保护儿童免受武装冲突、卖淫及色情的侵害，2000年5月，联合国大会在《公约》框架的基础上进一步通过了《儿童权利公约关于儿童卷入武装冲突问题的任择议定书》和《关于贩卖儿童、儿童卖淫和儿童色情的儿童权利公约任择议定书》。[②]

这两份里程碑般的人权文件特别强调，作为权利拥有者的儿童有权参与影响到其生活的决策。这一点被很多学者公认为是该人权文件最激进的贡献之一，表明了全球一级在思考儿童和青年问题上出现了范式转变（paradigm shift）。[③]《儿童权利公约》作为一项人权，对各国政府和非政府组织的影

---

① 联合国公约网站，http：//treaties. un. org/Pages/ViewDetails. aspx? src = TREATY&mtdsg_ no = IV – 11&chapter = 4&lang = en。

② 联合国：《儿童权利公约》，1989，http：//www. un. org/chinese/children/issue/crc. shtml。

③ Tracey Skelton, " Children, Young People, UNICEF and Participation," Stuart Aitken, ed., *Global Childhoods: Globalization, Development and Young People*, London: Routledge, 2008.

响远超过任何国际青年政策，青年受到关注的程度因而也不及儿童那么凸显。

（二）专门针对儿童和青年的国际会议文书

1990 年 9 月《儿童权利公约》生效之际，71 位国家和政府首脑及其他领导人出席了在联合国总部召开的世界儿童问题首脑会议。这个第一次专门讨论儿童问题的全球会议通过了《儿童生存、保护和发展的世界宣言》和《执行九十年代儿童生存、保护和发展世界宣言行动计划》。它们是国际社会落实保护儿童权利的具体方案。作为这次首脑会议的一项后续行动，联合国 2002 年召集了联合国大会儿童问题特别会议。这次联合国大会的成果文件是题为《适合儿童生长的世界》的行动计划。该计划主要聚焦于 4 个主题：促进健康的生活；提供优质教育；保护儿童免受虐待、剥削和暴力；抗击艾滋病病毒/艾滋病。

鉴于 1985 年以来全球在政治、经济和社会文化等领域的巨大变革，也为了给促进青年发展的国家行动和国际支持提供一个政策框架和切实可行的指导方针，1995 年"国际青年年"十周年之际，联合国参照了此前各种发展会议通过的国际文书，制定了《到 2000 年及其后世界青年行动纲领》。1996 年 3 月联合国大会第五十届会议在 50/81 号决议通过了该纲领。这项决议明确指出："世界各国的青年不仅是促进发展的主要人力资源，也是社会变革、经济发展和技术创新的关键性动力。""铭记用政策处理青年人难题和潜力的方式问题将影响到当前的社会和经济状况以及后代的福祉和生活。"① 《到 2000 年及其后世界青年行动纲领》确定了促进世界青年发展的十大优先领域。它们分别是：教育、就业、饥饿与贫困、健康、环境、药物滥用、少年犯罪、闲暇活动、女童与女青年以及青年充分有效地参与社会生活和决策。

2005 年纪念《到 2000 年及其后世界青年行动纲领》十周年之际，联合国秘书长向联合国大会第六十届会议提交的《世界青年报告》明确阐明了世界青年面临的 5 种新挑战：全球化；信息和通信技术的日益广泛使用对青年产生的不成比例的影响；艾滋病病毒/艾滋病的散播；青年作为受害者和

---

① 联合国第五十届会议决议，http://www.un.org/zh/documents/view_doc.asp? symbol = A/RES/50/81。

犯罪者参与的武装冲突日益增多；在逐渐老龄化的社会中日益严重的代沟问题。该报告还将青年人面临的问题归纳为 3 类：全球性经济中的青年人，包括贫穷、教育和就业、全球化和信息与通信技术；民间社会里的青年，含与环境、闲暇和参与各世代之间的关系等有关的问题；处于危险中的青年，包括健康、吸毒、少年犯罪、冲突、对女孩和年轻妇女的歧视。这份报告认为这五个新挑战以不同的方式影响这三类问题。[①]

为此，联合国大会于 2007 年的决议进一步通过了《到 2000 年及其后世界青年行动纲领》的《补编》，从而将全球化、信息与通信技术、HIV/AIDS、武装冲突及代际关系这五个问题添列其中。《到 2000 年及其后世界青年行动纲领》及其《补编》此后被统称为《世界青年行动纲领》。新版的《世界青年行动纲领》（2010 年版）详尽阐述了 15 个优先领域的主要问题、具体目标，以及国家、区域和国际三级应采取的行动。[②] 这十五个优先关注领域及目标与行动之间都是互为关联、相辅相成的。

专门涉及青年议题的专门国际会议、论坛及其他干预活动也层出不穷。例如，1998 年在葡萄牙里斯本召开了第一次世界青年事务部长级会议，通过了《关于青年政策和方案的里斯本宣言》。这份宣言就《世界青年行动纲领》做出了更有针对性的阐述和补充，标志着国际青年政策的进一步完善。此外，作为青年组织与联合国各机构之间沟通桥梁的世界青年论坛建立后，已召开了多次会议。例如，1998 年在葡萄牙布拉加举行的第三次会议通过了《布拉加青年行动计划》；2001 年在塞内加尔达喀尔举行的第四次会议通过了《加强青年行动能力的达喀尔战略》。

（三）涉及青年的各种国际会议文书

进入 20 世纪 90 年代之后相继召开的一系列全球发展大会通过的国际文书，也都从不同角度确立了在国际上获得普遍认可的、与青年相关的一些发展目标。这些国际会议文件主要包括 1992 年在巴西召开的联合国环境与发展大会通过的《关于环境与发展的里约宣言及 21 世纪议程》、1993 年在维也纳召开的世界人权会议通过的《维也纳宣言和行动纲领》、1994 年在开罗

① United Nations, *World Youth Report 2005: Young People Today, and In 2015*, 2005, http://www.youthpolicy.org/wp-content/uploads/library/2005_World_Youth_Report_Eng.pdf.
② Department of Economic and Social Affairs, United Nations, *World Programme of Action for Youth*, 2010, http://www.un.org/esa/socdev/unyin/documents/wpay2010.pdf.

召开的国际人口与发展大会通过的《行动纲领》、1995 年在哥本哈根举行的社会发展世界首脑会议通过的《哥本哈根社会发展宣言》和《行动纲领》及 1995 年在北京召开的第四次世界妇女大会通过的《行动纲领》等。这些国际发展大会本身也在国际层面为世界各地青年提供了探讨问题、交流思想、分享经验及影响国际发展决策的平台，从而给国际青年运动注入了前所未有的生机和活力。

最值得一提的是，2000 年 9 月 189 个国家的元首和政府首脑参加的联合国千年首脑会议通过的《联合国千年宣言》，重申了"对世界所有人民，特别易受伤害的人尤其是拥有未来的全球儿童负有责任"。基于该宣言，联合国将此前得到国际认可的各种关键性发展目标整合在一起，一年后正式提出了 2015 年之前实现的含 8 个可衡量目标的千年发展目标。它成为当下所有国家和国际发展机构普遍认可的一个全球发展蓝图。[①] 千年发展目标的多数目标与具体目标显然都同青年有关。2005 年世界首脑会议后修订的千年发展目标新框架于 2007 年在第六十二届联合国大会上被通过。该框架中明确涉及青年的有 3 个具体目标和 5 个监测指标（见表 1）。[②] 这无疑昭示着与青年相关的问题已从边缘赫然进入了国际发展决策的前沿。2000 年以来在世界各地如火如荼开展的千年发展目标运动，也使青年事务进一步进入各国公共政策之中。

表 1 千年发展目标框架中明确提及青年（含儿童与青少年）的具体目标和监测指标

千年发展目标	具体目标	监测指标
目标 1:消除极端贫穷与饥饿	目标 1 B:实现充分和有效就业，使所有人包括妇女和年轻人享有体面的工作	—
目标 2:到 2015 年前普及小学教育	目标 2 A:到 2015 年前确保各地儿童能完成全部初等教育课程	目标 2 监测指标 3:15～24 岁男女青年的识字率

---

① 刘爽、胡玉坤、张本波:《2009 年中国人口与发展报告: 从 ICPD 到 MDG——中国十五年回顾与展望》，联合国人口基金和国家统计局社会和科技统计司，2010。

② United Nations, *Report of the Secretary - General on the Work of the Organization*, General Assembly Official Records (A/62/1), 2007, http://www.un.org/millenniumgoals/sgreport2007.pdf?OpenElement.

续表

千年发展目标	具体目标	监测指标
目标 3：促进社会性别平等和赋权妇女	目标 3 A：争取到 2005 年在小学教育和中学教育中消除两性差距，最迟于 2015 年在各级教育中消除这种差距	目标 3 监测指标 1：初等、中等和高等教育中女生与男生的比例
目标 4：降低儿童死亡率	—	—
目标 5：改善孕产妇健康	目标 5 B：到 2015 年实现普及生殖保健	目标 5 监测指标 4：青少年生育率
目标 6：与艾滋病毒/艾滋病、疟疾和其他疾病做斗争	目标 6 A：到 2015 年遏止并开始扭转艾滋病毒/艾滋病的蔓延	目标 6 监测指标 1：15～24 岁人口感染艾滋病病毒的普遍程度 目标 6 监测指标 3：全面正确了解艾滋病病毒/艾滋病的15～24 岁人口的比例
目标 7：确保环境的可持续性	—	—
目标 8：建立全球发展伙伴关系	—	—

资料来源：联合国千年发展目标网，http：//www.un.org/millenniumgoals/bkgd.shtml。

（四）联合国系统有关发展机构的政策措施

联合国系统关注 25 岁以下人口发展的发展机构分为两个平行的部分：其一主要是针对作为未成年人的儿童的；其二是针对既有未成年人又有成年人的青年的。联合国儿童基金会专门关注 10～17 岁的未成年人。为了应对世界范围内各种青年发展问题的挑战，2001 年，联合国在其秘书处经济和社会事务部下面的社会政策和发展司专设了一个负责青年事务的协调机构——"联合国青年方案"（The UN Programme on Youth）。其前身是"联合国青年股"。为了加强合作与交流，联合国总部致力于青年问题的有关实体期间还成立了一个联合国青年发展机构间网络（The United Nations Inter - Agency Network on Youth Development，简称 IANYD）。

联合国系统内有 20 多个机构和组织都涉足与儿童、青少年和青年相关的事务。它们主要包括：社会政策和发展司、联合国儿童基金会、联合国教科文组织、联合国开发计划署、联合国艾滋病规划署、联合国妇女署、联合国人口基金、国际劳动组织以及世界银行等。联合国大家庭内部涉及儿童、青少年及青年人发展的跨部门政策措施和干预也层出不穷。各个发展机构主要从自己的比较优势出发对青年发展做出承诺,并纷纷推出了各种与青年有关的政策、项目、方案。

以联合国人口基金为例,该机构的政策和实践涉及青少年、青年和年轻人口的发展,尤其这几个人口群体的性与生殖健康问题。这在它于 2007 年发布的促进全球青少年和青年全面发展的多部门战略就表现得很明显。这个题为《青少年和青年行动框架——向年轻人敞开大门的 4 个关键性方面》阐述了 4 个方面的主要战略:创造支持性的政策环境;促进具有社会性别敏感性的、以生活技能为基础的性与生殖健康教育;促进性与生殖健康的一揽子核心服务;鼓励年轻人的参与权和领导权。该框架也特别呼吁维护年轻人特别是一些边缘化人群的权利。

对新近二三十年国际发展议程中青年问题的考察表明,联合国青年政策的目标、议题和优先关注领域在不断拓展。这不但体现在新版《世界青年行动纲领》中,也反映在历年国际青年日的主题中(见表 2)。1999 年 12 月,联合国大会在 54/120 号决议中赞同 1998 年在葡萄牙里斯本举行的世界青年事务部长级会议提出的建议,将 8 月 12 日定为国际青年日。2000 年以来国际青年日的主题在不断变化,所关注的都是处于国际前沿的又与青年密切相关的内容。国际发展议程中青年问题的多元政策取向也促使世界各国制定跨部门的青年政策并建立跨部门的协调机构。

表 2 国际青年日主题

年份	历年主题
2000	庆祝首届国际青年日
2001	关注健康与失业问题
2002	现在与未来:青年促进可持续发展的行动
2003	为各地年轻人寻找体面和生产性的工作
2004	代际社会中的青年
2005	《世界青年行动纲领》十周年:做出承诺很重要
2006	共同对付贫困问题
2007	见其人,闻其声:青年参与促进发展
2008	青年与气候变化:采取行动的时候到了
2009	可持续性:我们的挑战,我们的未来
2010	对话与相互理解
2011	改变我们的世界

资料来源: http://www.un.org/en/events/youthday/pastobs.shtml。

从政策思路来看，就像对待儿童一样，对青年的探索也出现了从以问题为中心的需求探究转向以权利为本的探究（rights-based approach）。虽然联合国大会早在 1968 年通过《教育青年尊重人权及基本自由》的决议时，就强调以人权为依据促进青年发展，但直到进入 20 世纪 90 年代之后，尊重和保障青年人的权利才得到大力张扬。此外，增强儿童和青年人的参与（含经济、政治、社会和文化四个维度）也日益成为联合国系统各种相关政策议程中一以贯之的一条红线。

尤其值得关注的是，国际社会不但强调青年政策的核心作用，而且倾向于将青年人的权利、发展需求和福祉纳入其他各种发展政策当中。联合国各个发展机构都致力于采取整合性方式促成有助于青年发展和权利保障的制度性和结构性转变，并已在某些领域已取得了令人瞩目的突破性进展。

四　小结

通过对以往数十年与青年相关的国际发展政策的考察，我们可以看到，青年发展已在国际主流决策界逐渐由边缘走向中心，如今已占据了重要的一席之地。作为在国际发展领域执牛耳的政府间国际组织，联合国在倡导和推动促进青年发展的国际战略、目标和举措上发挥了举足轻重的作用。国际社会的推动也激活了世界各国青年政策的制定和实施。

基于年龄厘清青年及与之相关的几个社会范畴的分野，并澄清这些政策目标人群的界限，不单使涉及该人群的政策措施与现实干预更有针对性，而且使现实干预更有成效。国际社会的这些年龄划分标准和实践对中国应是很有启发和借鉴意义的。自 20 世纪 80 年代中叶以来，联合国青年政策的目标、议题和优先关注领域在不断拓展。这既折射出青年问题的多样化，也反映了国际社会对这些问题认识和理解的日益深化。

环顾全球，在当今全球化背景下，促进青年发展并保障其人权的事业仍任重而道远。联合国秘书长潘基文在 2011 年国际青年日的致辞中不无感慨地指出："国际社会必须继续共同努力扩展这些青年男女的各种机会空间，回应他们对尊严、发展和体面工作的合法需求。不对青年进行投资将是失败的经济。投资于青年将带来丰厚的回报，从而为所有人创造一个更美好的未来。"① 可以料想的是，联合国会在国际发展议程中继续关注青年发展的议题，并一如既往倾力于对世界青年的投资。

［本文原题为《进入国际发展议程前沿的"青年"——概念、多元政策议题与优先关注目标》，载《当代青年研究》2012 年第 6 期，该文第二作者为刘文利］

---

① 潘基文：《国际青年日致辞》，2011，http://www.un.org/chinese/sg/2011/youth.shtml。

厘清"青少年"和"青年"概念的分野

——国际政策举措与中国实证依据

一 问题的提出

自 20 世纪 90 年代以来,国际社会尤其是国际健康界愈来愈倾向于对"儿童"、"青少年"、"青年"及"年轻人"这几个彼此关联的概念做出明确的年龄限定。联合国系统特别是世界卫生组织、联合国人口基金、联合国儿童基金会等发展机构通常将 10 ~ 19 岁(或周岁)人口界定为青少年(adolescent),15 ~ 24 岁人口定义为青年(youth),10 ~ 24 岁人口称为年轻人(young people)。[①] 这三个年龄范畴在不同程度上都涵盖了联合国《儿童权利公约》第一条规定的"儿童"概念,即不满 18 岁的人口(见图 1)。除了联合国系统以外,其他各种国际发展组织和英文世界的许多学者也都广泛采用了基于上述年龄限定的术语。

上述 4 个有明确年龄界线的概念都是伴随年龄增高而不断发生变化的连续谱系,而且相互之间存在部分交错重叠。其中儿童的年龄跨度最大(长达 17 年),其次为年轻人(15 年),青少年和青年分别跨越了 10 年。从成年与否的角度来看,"儿童"这个概念所指涉的完全是未成年人,"青少年"亦以未成年人为主体,"年轻人"的 15 年中有一半以上涉及未成年人,唯独"青年"这个范畴涵盖的主要是 18 岁以上的成年人。明确划定

---

① See WHO/UNFPA/UNICEF, *The Reproductive Health of Adolescents: A Strategy for Action*, 1989, http://apps.who.int/iris/bitstream/10665/39306/1/9241561254_ eng.pdf; WHO and UNICEF, *A Picture of Health: A Review and Annotated Bibliography of the Health of Young People in Developing Countries*, 1995, http://www.who.int/iris/handle/10665/62500UNFPA; State of the World Population, *Making 1 Billion Count: Investing in Adolescents'Health and Rights*, 2003, https://www.unfpa.org/sites/default/files/pub - pdf/swp03_ eng.pdf.

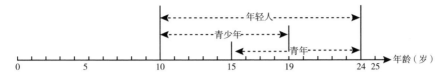

图1 联合国系统的年龄界定标准

年龄分界线的这些称谓不仅在现实干预中更具有可操作性，而且具有深刻的政策含义。

青少年期（adolescence，与英文中的另一个词 teenage 在年龄上完全重合）系人生的第二个十年，顾名思义是从儿童到成年人的一个过渡期，也是个体身心发育过程中的一个关键性阶段。尤其是跨入青春期（puberty）之后，少男少女性生理渐趋成熟，性心理及情感随之发生巨变，世界观和人生观也在逐步形成。尽管青春期少年身体变化上的变化可能相同或相似，不同地方青春期的起始、终结及持续时间的长短则因人而异。不同的文化背景的人们对青少年概念的理解和期望也截然有别。①

青少年人群的这种多样性和复杂性已引起了国际学界和政策界的高度关注。早在20世纪30年代，基于对北美和南太平洋萨摩亚青少年性行为的研究，美国人类学家玛格丽特·米德（Margaret Mead）就率先对青少年经历的普遍化观点发难，指出青春期的骚动现象是缘于文化而非生物上的原因。② 按照维基百科全书的解释，青少年期的终结和成年期的开始在不同国家不尽相同。一个人长大成人的里程碑事件可能包括：开始合法性关系、获得驾照、服兵役、购买与饮用酒类、参加投票、完成某种程度的教育以及结婚等。③ 随着年龄的推移，跨入成年期特别是步入人生第三个十年之后，年轻的成年人在身心成熟度、人生阅历及社会经验等方面显然有别于生命中的第二个十年。

受政治、经济及社会文化等诸多因素的影响，世界各国对"儿童"、"青少年"及"青年"的理解、界定和操作化定义迥然有别，中国也不例

---

① Karl L. Dehne & Gabriele Riedner, "Adolescence: A Dynamic Concept," *Reproductive Health Matters*, 2001, Vol. 9, No. 17, pp. 11–15.

② 〔美〕玛格丽特·米德：《萨摩亚人的成年——为西方文明所作的原始人类的青年心理研究》，周晓虹译，商务印书馆，2008。

③ 参见维基百科全书网址，http://en.wikipedia.org/wiki/Adolescence。

外。中国学术界、决策界和媒体在使用这些概念时往往带有很大的随意性，年龄上下限的弹性也很大。以"青年"为例（见图2），《现代汉语词典》将"青年"界定为15岁或16岁到30岁左右的阶段。《中国共产主义青年团团章》第一条规定："十四周岁以上，二十八周岁以下的中国青年，承认团的章程，愿意参加团的一个组织并在其中积极工作、执行团的决议和按期交纳团费的，可以申请加入中国共产主义青年团。"1990年以来由中华全国青年联合会策划、多家新闻单位共同主办的"中国十大杰出青年"评选活动，则规定了18～39岁的年龄条件。在上述三种界定中，《中国共产主义青年团团章》青年团员的年龄范围更贴近国际上界定的"青年"年龄范围。

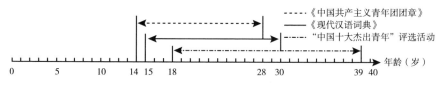

图2 中国关于"青年"的若干年龄界定

有意无意地随意伸缩"青少年"和"青年"的年龄边界，或将这两个看不见、摸不着的抽象集合名词混为一谈的现象已变得习以为常。无论按字面意思抑或从常识性理解来判断，"青少年"本该属于未成年人，然而青少年儿童（adolescent children）也罢，成年的青年人（young adult）也罢，它们常常被一概笼统地称为"青少年"。为了凸显青少年人群的脆弱性从而引起社会的更大关注，有的人刻意将20岁以上业已成年的人群归入"青少年"之列。英语中的youth常常硬被译为"青少年"就是最好的一个例证。于是乎英语语境中截然不同的两个词汇adolescent和youth在中文中都成了"青少年"。与此同时，将45岁上下的人称为"青年"亦屡见不鲜。

"青少年"和"青年"年龄分界线的游移不定在学术文献中比比皆是。例如，中国青少年研究中心与中国青少年发展基金会1998年联合开展的"当代中国城市青年状况"和1999年进行的"当代中国农村青年状况"调查，就选取14～28岁的人口作为调查对象。中国青少年研究中心2007年推出的"专题研究报告"——《"十五"期间中国青年发展状况与"十一五"期间中国青年发展趋势研究报告》，则将青年界定为14～29岁和14～35岁的两类。该中心出版的青年蓝皮书——《当代中国青年人口与健康发展状况研究报告》也采用前述的两种年龄统计口径。①

　　检索国内冠以"青少年"和"青年"之名的理论或实证研究便可发现更多这样的例子。更令人困惑不解的是，许多相关研究压根不触及研究对象的年龄界限。迄今为止，以国际上界定的"青少年"和"青年"年龄界限进行的统计或开展的研究少之又少，以至于相关选题的研究根本无从进行对照。而且，明知"youth"一词翻译有误，一些研究不得不继续无奈地"将错就错"。②

　　学理上的混乱势必反映在政策文本之中。例如，卫生部、国家计委、科技部及财政部 1998 年联合制定的《中国预防与控制艾滋病中长期规划（1998～2010 年）》明确提到，青年、妇女以及易受艾滋病病毒感染的高危人群应成为防治工作的重点人群。国务院办公厅 2001 年印发的由卫生部等 30 个部门和单位共同制定的《中国遏制与防治艾滋病行动计划（2001～2005 年）》则把青少年当作防治重点人群。它明确提到：

　　　　要特别注重在青少年中开展青春期和性健康知识、艾滋病性病知识和无偿献血知识、禁毒知识的普及教育，高等院校、中等职业学校、高级中学要对入学新生发放预防艾滋病性病健康教育处方、宣传材料（品），开设专题讲座；普通初级中学要将上述有关知识纳入健康教育课程。

　　在政府有关部门的国际合作项目中，概念使用上的混乱和漂移也不胜枚举。例如，联合国人口基金驻华办事处同卫生部和人口与计划生育委员会合作开展的第六周期生殖健康/计划生育国别方案（2006～2010 年），共确定了 8 个行动领域，其中之一便是 15～24 岁人口的性与生殖健康。该领域的目标之一是"减少流动人口、青少年和其他易感人群中与艾滋病相关的危险行为"。其目的在于"减少流动人口、青年人和其他易感人群与艾滋病相关的风险性行为，增强其防御能力"。这个国别方案的实施方案有 17 处提到了"青少年"，有 3 处用了"青年人"一词。③ 人口基金支持开发的两份项目文件——《中国青少年生殖健康政策与法规分析》和《中国青少年性

---

① 郗杰英主编《当代中国青年人口与健康发展状况研究报告》，中国青年出版社，2008。
② 王晖等：《青少年流动人口生殖健康状况》，中国人口出版社，2010。
③ 国家人口和计划生育委员会：《中国/联合国人口基金第六周期生殖健康/计划生育项目实施方案》，2006，http://laws.66law.cn/law-104914.aspx。

与生殖健康研究现状——文献综述与项目回顾（2003～2007 年）》尽管也是针对 15～24 岁人口的，却都以"青少年"为题名。[①] 令人非常不解的是，早在第五周期生殖健康/计划生育国别方案（2003～2005 年）实施期间，由联合国人口基金支持建立的 China Youth Network 则一贯被称为"中国青年网络"。

政府相关部门的统计实践同样如此。国家统计局出版的《中国统计年鉴》没有专门涉及青年的任何统计。在青少年名下出现的唯一统计是有关犯罪的。[②] 青少年作案人员按 14～25 岁来划定，并分为不满 18 岁和 18～25 岁两个年龄组。这事实上反映了公安部门的统计实践和我国追究刑事责任的不同年龄界限。在法言法语里，青少年犯罪一般是指 14～25 岁年龄组的人实施的依法应受刑事处罚的行为。这里的青少年常指年满 14 岁至年满 25 岁的人，未成年人指年满 14 岁不满 18 岁的人，青年则指年满 18 岁至年满 25 岁的人。将未成年人犯罪、青少年犯罪和青年犯罪等法律概念混为一谈，不加区别地统称为"青少年犯罪"也是司空见惯的现象。

针对这种混乱，中国青少年研究中心编写的《"十五"期间中国青年发展状况与"十一五"期间中国青年发展趋势研究报告》就曾指出：

> 通过实证研究，我们发现，未成年人犯罪与青年犯罪的规律是不同的，仅以犯罪率为例，未成年人中构成犯罪的人数占人口基数的比例相当于全国整体人口的犯罪率，而青年群体的犯罪率是前者的二倍还要多。事实上，未成年人和青年处于不同的人生阶段，面临的问题不尽相同，主体差异也是很大的。因此，完全将其混为一谈是不恰当的。这种态度导致的结果是我们的工作缺少针对性，继而也就限制了其实效性。[③]

---

① 钱序等：《中国青少年性与生殖健康研究现状——文献综述与项目回顾（2003～2007 年）》，中国/联合国人口基金第六周期青年人生殖健康/计划生育项目文件，2007；许洁霜：《中国青少年生殖健康政策与法规分析》，中国/联合国人口基金第六周期青年人生殖健康/计划生育项目文件，2007。

② 所幸的是，不管是参照了国际惯例，还是出于自身创新，中国统计部门在统计实践中常常采用 5 岁一个年龄段来进行统计，将人口划分 0～4 岁、5～9 岁、10～14 岁、15～19 岁、20～24 岁等。这无疑有利于从中抽取 10～19 岁青少年和 15～24 岁青年的数据。

③ 中国青少年研究中心课题组：《"十五"期间中国青年发展状况与"十一五"期间中国青年发展趋势研究报告》，http://www.docin.com/p－1303580128.html。

这样的担忧显然不无道理。无论在日常用语还是现实生活中，将已迈入青春期的 15~16 岁的青少年叫作"小青年"或"低龄青年"恐怕不会引起多少疑义，而将 20 岁出头甚至年龄更大的已步入合法婚龄的成年男女仍叫作"青少年"则名不副实。诚然，在一些场景下抽离特定语境笼统地论及青少年和青年并无大碍，有时也的确大可不必在两者之间划分得那么泾渭分明。然而在另一些场景下，按年龄划分人群则是十分必要的。

名不副实的称谓特别是概念的混淆，不可避免导致相关政策和实践的缺失。殊不知，在政策制定或现实干预中，倘若将未成年的青年与成年的青年"捆绑"在一起，就有可能造成重心游移，导致无从判断甚至低估乃至漠视真正的脆弱人群，从而使干预无的放矢。更堪忧虑的是，概念上的混淆还易于忽视青少年未成年人的权利和成人青年人的成年人权利。[1]

综上所述，概念的混淆和年龄边界的漂移已成为青少年和青年研究和实践中一个"盲点"。尽管少数有识之士已就青少年犯罪问题上的混乱现象提出过质疑，但迄今尚未引起足够的关注，亦未见任何专文探究。鉴于此，本文将主要以中国青少年和青年的性与生殖健康问题为例，首先勾画联合国系统在厘定年龄界限和出台相关政策措施方面的既有经验，随后利用北京大学人口研究所 2009 年和 2010 年进行的全国首次青年性与生殖健康调查的定量数据和定性资料，描述未成年和成年的青年人在性与生殖健康风险和脆弱性方面的异同，最后阐明厘清青少年和青年概念的现实和政策意义。

明确界定边界明晰的目标人群无疑是理解并解决该人群发展问题的一个必要前提。基于年龄准确地厘清青少年和青年概念之间的分野，不仅有助于看到这些范畴背后映射的社会现实，而且有助于实践干预和政策实施的有效性。为了与国际社会接轨，也念及中国国情，笔者力主在青少年和青年研究中应用国际通用的年龄划分标准，并在有关儿童、青少年和青年的研究、政策和实践干预中对年龄界线保持敏感性。

二 联合国系统的政策举措

从绝对数字来看，当前全世界青少年和青年人口之庞大是史无前例的。

---

[1] 中国青少年研究中心课题组：《"十五"期间中国青年发展状况与"十一五"期间中国青年发展趋势研究报告》，2007，http://www.docin.com/p-1303580128.html。

据联合国经济和社会事务部人口司汇编的世界人口展望数据库数据，2010年全球 10～19 岁青少年共有 12.1 亿人，占世界总人口的 17.6%；15～24岁青年约 12.2 亿人，占 17.6%。25 岁以下人口共计 30.8 亿人，占 44.6%。预计到 2050 年，10～19 岁和 15～24 岁人口仍将超过 12 亿，分别约占世界总人口的 13.2%。①

身处激变的全球化时代，当下青少年和青年人面临的健康风险和挑战有别于其父母一代，然而在各国现行的政策措施和实际干预中，这两个人群的性与生殖健康问题往往被掩盖或忽视。世界各国的青少年和青年因而几无例外都面临越来越严峻的健康与发展挑战，特别是性与生殖健康危机。无保护性行为、非意愿妊娠、人工流产、性传播疾病、艾滋病、性暴力及贫困等多重危机症候和不良健康问题正在不断涌现。在非洲一些国家，艾滋病已演变为年轻人的时疫。

在国际社会迄今确立和认可的人权框架中，涉及青少年和青年性与生殖健康的权利主要包括社会性别平等、教育权和健康权尤其是获得同其年龄、能力和环境相适应的性与生殖健康信息、教育及服务的权利等。联合国1979 年通过的《消除对妇女一切形式歧视公约》和 1989 年通过的《儿童权利公约》在推进并保障上述权利方面起了关键性作用。这些具有法律约束力的人权公约及其确立的原则成为各种国际机构、国家和非政府组织的实践指南。进入 20 世纪 90 年代之后，满足青少年和青年的性与生殖健康需求并保障其权利，逐渐成为国际发展政策的优先关注领域之一。

联合国系统关注 25 岁以下人口发展问题的专门机构分为平行的两个部分：其一主要是针对未成年的儿童的；其二是针对既有未成年人又有成年人的青年的。联合国儿童基金会是专门关注儿童问题的，本文所讨论的儿童与青少年交集的部分，即 10～17 岁的未成年人正是该机构关注的一个焦点。早在筹备1985 年"国际青年年"时，联合国就将 15～24 岁人口归为"青年"。隶属于联合国秘书处经济和社会事务部下面社会政策和发展司的"联合国青年方案"（The UN Programme on Youth）便是专门关注青年问题的一个协调机构。

虽然联合国系统许多机构都涉足过儿童、青少年和青年发展问题，但就健康促进与保护而言，联合国儿童基金会、世界卫生组织和联合国人口基金

---

① 胡玉坤、刘爽：《风雨兼程的艰难探索——促进中国青年性与生殖健康的干预》，《清华大学学报》（哲学社会科学版）2011 年第 1 期。

付出了更多努力，只不过它们各自的侧重点有所不同。儿童基金会主要聚焦于青少年和青年中未成年人健康的特殊保护。世界卫生组织专设了儿童和青少年卫生与发展司，以促进从出生到 19 岁儿童和青少年的生存、健康与发展。而联合国人口基金的政策和实践则根据具体情形综合性地关注青少年、青年和年轻人口的发展，尤其这些人群的性与生殖健康问题。

为了更好地监测和反映儿童、青少年和青年的发展状况，联合国系统出版和发布的涉及这几个人群的统计数据和报告，不管是人口、教育、就业，还是健康与保健等方面都依据前述的年龄界线。① 联合国一些机构每年定期出版的各种旗舰报告，包括儿童基金会的《世界儿童状况》、人口基金会的《世界人口状况》、经济和社会事务部的《世界青年报告》、世界卫生组织的《世界卫生统计年鉴》以及《联合国千年发展目标报告》等都概莫能外。这些旗舰报告也不时将优先关注重点指向青少年和青年人的性与生殖健康问题。

鉴于儿童、青少年和青年都不是铁板一块的同质性群体，他/她们的性与生殖健康状况会因地区、城乡居住、年龄、性别、在校与否、受教育程度及文化等因素而大为不同，联合国相关机构往往根据具体情境在概念层面进一步细分这几个集合名词。例如，联合国儿童基金会常将复杂而多样化的 0～17 岁儿童划分为儿童早期、小学期和青少年期三个阶段。青少年期又被分为青少年早期（early adolescence，10～14 岁）和青少年晚期（late adolescence，15～19 岁）。青年人口主要分成 15～19 岁和 20～24 岁两个阶段。

年龄介于 10～19 岁的青少年长期以来总被误以为是一个相对健康的、不需要特别加以关注的群体，其实不然。这个人群尤其是边缘化的弱势少女，在长大成人的过程中面临越来越多性与生殖健康问题甚至是"疾病负担"。下面便是几个触目惊心的全球数字：全世界每年约有 1600 万名少女生孩子；每年有 500 万例不安全流产发生在女孩身上；妊娠、流产和分娩引起的并发症成为全球 15～19 岁少女的一个主要死因。少女妊娠和生育会导致较高的孕产妇死亡和发病风险，这不但对其本人目前和日后的成人生活有不

---

① United Nations, Department of Economic and Social Affairs, Population Division, *World Population Prospects：The 2008 Revision*, 2008, http：//www. un. org/esa/population/publications/wpp2008/wpp2008_ highlights. pdf.

良影响，而且存在负面的代际效应。正因为如此，一些国际发展机构常常将儿童和青年中的青少年人口单独抽离出来予以特别关注。

在促进儿童和青少年健康与发展方面，联合国 1990 年召集的世界儿童问题首脑会议是值得特别关注的。这系联合国首次召开有关儿童和青少年问题的全球会议。与会的国家和政府首脑通过了《儿童生存、保护和发展世界宣言》和一个有时限和明确目标的《行动计划》。该计划的大部分目标都涉及健康问题：改善儿童的生活条件和生存机会；降低可预防疾病的传播；创造更多的教育机会；提供更好的卫生条件和更多的食品；保护面临危险的儿童等。

作为 1990 年世界首脑会议的一项后续行动，联合国 2002 年又召集了联合国大会儿童问题特别会议。这次联合国大会的成果文件——《适合儿童成长的世界》，将促进健康的生活，提供优质教育，保护儿童不受虐待、剥削和暴力侵害以及防治艾滋病作为最重要的优先关注事项，并据此制定了未来十年（2000 ~ 2010 年）的行动计划和目标。联合国 2010 年通过的《促进妇女儿童健康全球战略》也将儿童中的青少年尤其是青少年女性当作最脆弱的重点关注人群之一。

在促进青少年和青年健康与发展方面，早在 1985 年，联合国就发起了第一个"国际青年年：参与、发展与和平"。25 年后，联合国大会又宣布 2010 年 8 月至 2011 年 8 月为第二个"国际青年年：对话与相互理解"。在 1995 年"国际青年年"十周年纪念之际，联合国大会通过了《2000 年及其后世界青年行动计划》的决议。该文件确定了联合国促进青年发展的十大优先领域。它们分别是：教育、就业、饥饿与贫困、健康、环境、滥用毒品、少年犯罪、休闲活动、女童与女青年以及青年人充分有效地参与社会生活和决策。联合国大会 2007 年的决议又添加了 5 个主题：全球化、信息与通信技术、HIV/AIDS、武装冲突和代际问题。涵括 15 个优先领域的《世界青年行动纲领》（2010 年版）系统阐述了每个领域的具体行动建议。这个国际战略文件为指导国际和国家层面的干预提供了行动框架及指南。

《世界青年行动纲领》在健康部分反复提到青少年、青年和年轻人。该文件特别关切青少年人群的风险和脆弱性，指出"青少年的生殖健康需求在很大程度上被忽视了。许多国家都没有为青少年提供的信息和服务以帮助他们理解其性包括性与生殖健康并保护他们免于非意愿妊娠和性传播疾病包括艾滋病病毒/艾滋病"。① 鉴于青年人已成为艾滋病的重灾区，该文件也强调：

> 艾滋病病毒/艾滋病日益成为青年人的一个问题，特别是在一些发展中国家。一些政府已关切地注意到下述事实：艾滋病病毒感染的新病例集中出现在青年人之中，而且缺乏面向青年人提供的信息以帮助他们理解性包括性与生殖健康，并增强保护自己免受 HIV 感染和性传播疾病的侵扰及预防意外妊娠的能力。②

20 世纪 90 年代以来联合国召集的一系列全球发展大会，都在不同程度上涉及儿童、青少年和青年问题。就促进性与生殖健康而言，1994 年召开的国际人口与发展大会和 2000 年举行的联合国千年首脑会议无疑是最具里程碑意义的。国际人口与发展大会就一系列全球人口与发展问题达成了共识。青少年和青年的生殖健康与权利在这次大会上史无前例被确认为一个关键性的发展议题。这两个人群有获得同年龄相符的性与生殖健康信息、教育和服务的权利及特殊需求在大会通过的《行动纲领》中得到了明确承认：

> 青少年作为群体的生殖健康需求迄今一向为现行的生殖保健所忽视。社会针对青少年生殖健康需求的行动应是提供信息，帮助他们成长并且能做出负责任的决定。特别应向青少年提供能够协助他们了解自身性特征的信息和服务，保护他们不发生非意愿的怀孕、感染性传播疾病以致不育（7.41 段）。为此，各国应酌情消除妨碍向青少年提供生殖健康信息和照顾的法律、管理及社会障碍（7.45 段）。③

根据 2000 年联合国千年首脑会议通过的《联合国千年宣言》所确立的千年发展目标（MDGs），有若干专门涉及年轻人健康与发展的具体目标。例如，2005 年世界首脑会议后修订的千年发展目标框架中直接提及青少年

---

① United Nations, Department of Economic and Social Affairs, *World Programme of Action for Youth*, 2010, p. 23, http：//www. un. org/esa/socdev/unyin/documents/wpay2010. pdf.

② United Nations, Department of Economic and Social Affairs, *World Programme of Action for Youth*, 2010, p. 50, http：//www. un. org/esa/socdev/unyin/documents/wpay2010. pdf.

③ United Nations, *Report of the International Conference on Population and Development*, 1994, http：//www. un. org/popin/icpd/conference/offeng/poa. html.

和15～24岁人口性与生殖健康问题的监测指标至少包括：指标5.4"青少年生育率"；指标6.1"15～24岁人口的艾滋病病毒感染率"；指标6.3"全面正确了解艾滋病病毒/艾滋病的15～24岁人口的比例"。^① 在2005年的世界首脑会议上，各国领导人还对实现4个新的具体目标做出了承诺，其中包括"2015年之前普及生殖保健"这个具体目标。

在联合国系统诸多发展机构中，为青少年和青年性与生殖健康问题倾注了最多努力的当推世界卫生组织和联合国人口基金。世界卫生组织2002年发布的《青少年友好的健康服务：变革的议程》，大力呼吁采取一致行动改善针对青少年的健康服务的质量，特别是服务的友好性。它主要着眼于面向青少年的医疗保健服务，并强调青少年自身对促进其健康和福祉的关键性作用。2004年召开的第五十七届世界卫生大会通过的《生殖健康战略》，也对青少年人群暴露的风险倍加关注。为增强卫生部门应对青少年健康与发展的能力，世界卫生组织2009年发布了《加强卫生部门应对青少年健康与发展问题的反应》的文件，提出了就青少年健康问题采取一致行动的4S框架。这四个要素分别是：战略性信息（strategic information）；服务与产品（services and commodities）；支持性的以证据为本的政策（supportive evidence-informed policies）；加强其他部门的工作（strengthening other sectors）。

相比之下，联合国人口基金更倾向于从全观性视角理解并应对青少年和青年人性与生殖健康问题。这在它2007年发布的促进全球青少年和青年综合性发展的多部门战略就表现得非常明显。这个题为《青少年和青年行动框架——向年轻人敞开大门的4个关键性方面》包含了四大支柱：创造支持性的政策环境；促进具有社会性别敏感性的、以生活技能为基础的性与生殖健康教育；促进性与生殖健康的一揽子核心服务；鼓励年轻人的参与权和领导权。该框架也特别呼吁维护年轻人特别是一些边缘化人群的权利。

联合国系统涉及年轻人健康与发展的跨部门政策举措和战略也层出不穷。早在1989年，世界卫生组织、联合国人口基金和联合国儿童基金会就联合发布了《青少年生殖健康：行动战略》的联合声明。为了加强并拓展各国的活动以更系统全面地促进青少年健康，这三个机构的联合研究小组在

① United Nations, *Report of the Secretary - General on the Work of the Organization*, General Assembly Official Records (A/62/1), 2007, http://www.un.org/millenniumgoals/sgreport2007.pdf?OpenElement.

1997 年又共同推出了一个技术框架——《青少年健康行动的共同议程》。该议程列举了青少年健康成长和发展所必须具备的条件及其相应的行动方案。

透过新近一二十年联合国系统相关政策和实践的发展轨迹，我们可以很清楚地看到国际社会在促进青少年和青年健康，尤其是其性与生殖健康方面取得的进步和进展。概念的澄清使政策和举措为之改观，这对于促成社会现实转变所起的作用或许是难以低估的。换言之，联合国从概念界定到实际干预，再到政策层面的务实举措都见证了技术操纵层面变革改变现实的巨大潜力。这些国际标准和实践对中国应是很有启发和借鉴意义的。

三 中国的社会现实与经验证据

按照国际上划定的年龄界线，中国拥有世界上最庞大的青少年和青年人口。截至 2009 年底，10～19 岁青少年约有 1.8 亿人，占全国总人口的 13.5%，15～24 岁青年 1.96 亿人，占 14.7%，10～24 岁的年轻人共计 2.8 亿人，占中国人口的 21%。[①] 而且，不断进入和不时退出这两个队列的人口处于不断变动之中。总的来看，青少年和青年人的人数仍在不断增加，不过这两个人群在总人口中所占的比重却呈下降之势。2000 年人口普查和 2005 年 1% 人口抽样调查数据显示，这两个人群所占的比例分别由 2000 年的 15.9% 和 18.4% 下降为 2005 年的 16.5% 和 14.6%（见表 1）。这种动态化的流变显然增加了研究和干预的复杂性。

表 1 0～17 岁、10～19 岁、15～24 岁和 10～24 岁的人口数及在总人口中所占的比重

年龄（岁）	2000 年		2005 年	
	人口数（人）	百分比（%）	人口数（人）	百分比（%）
0～17	345335397	27.8	4260935	25.1
10～19	197604339	15.9	2796747	16.5
15～24	228427798	18.4	2480207	14.6
10～24	323000972	26.0	3833470	22.6
总人口	1242612226	100.0	16985766	100.0

资料来源：2000 年第五次人口普查数据；2005 年全国 1% 人口抽样调查样本数据。

---

① 国家统计局：《中国统计年鉴（2010）》，中国统计出版社，2010。

青少年和青年不只是一种符号或标签，他们都是有血有肉的鲜活实体。当我们将目光从"青少年"和"青年"这两个漂移的抽象名词移向现实世界时，我们就会发现，由于制度、政治、经济及社会文化等因素的影响，未成年的青少年和业已成年的青年人在社会角色、责任、义务、机会及能力方面不尽相同，在某些方面还迥然有别。社会上对未成年人和成年人的社会期望也大不一样。从这个意义上讲，像世界上任何地方一样，与年龄挂钩的"青少年"与"青年"概念，连同未成年人与成年人概念事实上都是社会文化建构的产物。下面让我们对深嵌在社会角色、权利、责任背后的年龄划分略做一番考察。

（一）公民与政治权利

《未成年人保护法》第二条规定："本法所称的未成年人是指未满十八周岁的公民。"第三条载明："未成年人享有生存权、发展权、受保护权、参与权等权利，国家根据未成年人身心发展特点给予特殊、优先保护，保障未成年人的合法权益不受侵犯。"未成年人虽然得到了特殊的保护和待遇，但由于他们还不是法律意义上的成年人，因而不能依法享有成年人应有的公民和政治地位，同时也无须承担成年人应负的法律责任。例如，对于未成年人和成年人犯罪所承担的刑事责任和法律后果，《刑法》的规定是有显著差别的。

年满 18 周岁是一个公民第一次拥有政治权利的合法年龄。《宪法》第三十四条规定："中华人民共和国年满十八周岁的公民，不分民族、种族、性别、职业、家庭出身、宗教信仰、教育程度、财产状况、居住期限，都有选举权和被选举权。"第四十六条规定："中华人民共和国公民有受教育的权利和义务。国家培养青年、少年、儿童在品德、智力、体质等方面全面发展。"《宪法》虽然将青年、少年和儿童加以区分，但具体的年龄界线却未加以说明。《民法通则》第十一条规定："十八周岁以上的公民是成年人。"可见，18 周岁是法定成年年龄，因而是人生的一个重要分水岭。年满 18 周岁意味着从此爬上了成人的阶梯，也告别了未成年人的称号。跨过这个门槛之后，距离青少年期的结束也就剩下两年时间了。

（二）受教育情况

非成年人和成年人之间的一个重要分野莫过于是否在学校接受某种程度

的教育。从学龄的角度看，假定 6 岁开始入学，6～11 岁应处于小学阶段，12～14 岁为初中阶段，15～17 岁高中阶段，18～22 岁年龄组应处于大学本科阶段。由此看来，18 周岁左右应完成了中学教育，换言之，绝大多数大学生都应是成年人。《义务教育法》第一条规定："为了保障适龄儿童、少年接受义务教育的权利，保证义务教育的实施，提高全民族素质，根据宪法和教育法，制定本法。"这里所谓的适龄者，按学龄推算应主要指 15 岁以下的人口。在这部法律的法条中，儿童和少年几乎都是同时并列出现的，儿童出现了 36 次，少年 35 次，条文中不曾出现过"青少年"一词。很显然，把正在接受义务教育的 15 岁以下的初中生称为少年是恰如其分的，应比笼统地称为"青少年"更为贴切。

（三）就业

《劳动法》第十五条规定："禁止用人单位招用未满十六周岁的未成年人。文艺、体育和特种工艺单位招用未满十六周岁的未成年人，必须依照国家有关规定，履行审批手续，并保障其接受义务教育的权利。"第五十八条规定："国家对女职工和未成年工实行特殊劳动保护。未成年工是指年满十六周岁未满十八周岁的劳动者。"第九十四条还载明："用人单位非法招用未满十六周岁的未成年人的，由劳动行政部门责令改正，处以罚款；情节严重的，由工商行政管理部门吊销营业执照。"可见，16 周岁是合法的就业年龄，满 16 周岁但未满 18 周岁的劳动者是受特殊劳动保护的。

（四）法定结婚年龄和合法性生活

从历史上看，男女孩的青春期都比较短暂，男孩子往往很早就参与养家活口的劳作，而女孩子常常尚未告别儿童期就已完婚并生了，从而早早承担起了成年人的责任。按照《婚姻法》，男女性的法定婚龄分别为 22 周岁和 20 周岁，尽管一些农村至今还残留着早婚早育的习俗，但总的来说，无论是城市还是农村地区，青年男女的平均初婚年龄都明显高于法定的最低年龄。人口普查数据显示，1990 年育龄妇女的平均初婚年龄为 23.6 岁，到 2000 年上升为 24.5 岁。[①] 2005 年全国 1% 人口抽样调查资料显示，男女的

---

① 国家统计局社会和科技统计司编《2008 年社会的进步（全国篇）》，国家统计局，2008，第 21 页。

平均初婚年龄为 24.6 岁，其中女性 23.5 岁，男性 25.9 岁。[①] 与此密切关联的是，年轻人的平均初育年龄也推迟了。育龄妇女的平均初育年龄从 1990 年的 23.6 岁上升为 2000 年的 24.5 岁，到 2006 年达到 25.7 岁。[②]

随着营养、生活水平及其他条件的改善，与大多数发展中国家类似，少女月经初潮的年龄呈下降之势，平均约为 12～13 岁。[③] 据 2005 年进行的一项全国性调查，汉族女生初潮的平均年龄接近 13 岁，其中城市为 12.6 岁，乡村 12.7 岁，男生首次遗精为 14 岁刚出头，其中城市 14 岁，乡村 14.2 岁，城乡男女孩之间已几乎没有差距。[④] 上述事实表明，男女青年的"性待业期"都达到了 7～8 年，而实际的平均年数应该更长。这意味着当代年轻人性成熟与合法过性生活之间的时间差越来越大了，这就不可避免引发许多性与生殖健康问题。

（五）对儿童青少年的特殊保护

鉴于儿童作为未成年人的脆弱性和弱势地位，这个人群的健康与发展在世界各地都往往得到特殊的保护，中国也不例外。1992 年中国政府正式签署了《儿童权利公约》，并按照这个全球人权框架下相继制定了《九十年代中国儿童发展纲要》和《中国儿童发展纲要（2001～2010 年）》。20 世纪 90 年代通过的《未成年人保护法》和《预防未成年人犯罪法》也都是根据儿童和青少年的身心发展特点专门制定的。国务院妇女儿童工作委员会、未成年人保护委员会、预防青少年违法犯罪工作领导小组以及中国关心下一代工作委员会等机构的设立和完善，同样是出于保护未成年儿童少年权益并促进其发展的目的。

一言以蔽之，无论按国际标准抑或中国法律框架，公民与政治地位、受教育、就业及最低婚龄等方面的法律权利与义务多半是建立在刚性的年龄之上的。这与其说是精准的年龄划分，毋宁说是社会角色和履行角色的能力的

---

① 国务院全国 1% 人口抽样调查领导小组办公室等编《2005 年全国 1% 人口抽样调查资料》，中国统计出版社，2007。

② 国家统计局社会和科技统计司编《2008 年社会的进步（全国篇）》，国家统计局，2008，第 21 页。

③ Ruth Dixon - Mueller, "How Young is 'Too Young'? Comparative Perspectives on Adolescent Sexual, Marital and Reproductive Transitions," *Studies in Family Planning*, 2008, Vol. 39, No. 4, p. 248.

④ 中国学生体质与健康研究组：《2005 年中国学生体质与健康调研报告》，高等教育出版社，2007，第 232 页。

区分。其背后的逻辑在于区分不同人群尤其是未成年人和成年人之间不同的权利、义务和社会角色。从上述意义上讲,厘清未成年与成年青年之间的分野显然就不是无足轻重的了。

人们在整个生命周期的性与生殖健康需求并不是一成不变的。步入青春期之后,性与生殖健康问题开始在个人生活中渐渐凸显出来。少男少女在生理、心理、情感及社会关系等方面皆处于巨变之中,一些人还会深受"成长烦恼"的困扰。更何况,青少年和青年本身都很多元化。处于青少年期这个连续体两端的人口,即 10 岁和 19 岁的可能大不一样,这就更别提 10 岁和 24 岁这两极之间的差异了。10 岁的少男少女可能尚未进入青春期,他们还同父母生活在一起并处于求学阶段。而跨入成年期的 19 岁青少年有可能已离开家庭或学校独自到外面的世界去闯荡了。他们中有的人或许已开始探索性问题,有的人则有可能已处于性活跃状态。随着年岁增加,人生经验和阅历势必更加丰富,性与生殖健康的知识、态度和行为也会有所不同。然而,不管是 10 多岁还是 20 多岁的,总的来说,未婚青年会都因缺乏必要的性与生殖健康知识、技能和权力而面临较大的风险,其中的未成年人就更加脆弱了。

这一切在由国务院妇女儿童工作委员会和联合国人口基金共同发起、北京大学人口研究所组织实施的"中国青年生殖健康可及性政策开发研究"中得到了进一步印证。该研究将定量与质性资料收集方法结合起来,从供需两个维度探究了中国青年性与生殖健康信息与服务的需求、供给、利用及其障碍。2009 年进行的随机抽样问卷调查涉及全国 30 个省、自治区、直辖市22288 名 15~24 岁的城乡未婚青年;质性调查包括对青年男女本身,也包括对父母、教师、服务提供者与管理者及决策者等不同利益相关者的访谈。这是中国首次就青年人性与生殖健康问题展开大规模的全国性调查。下文所用的定量数据和质性资料均源自这次全国性调查,尤其是北京大学人口研究所等 2010 年 5 月 4 日发布的问卷调查数据报告——《中国青少年生殖健康可及性调查报告》。[1]

按照联合国系统有关青年统计的惯例,也为了凸显未成年和成年青年之间的差异,本文将调查对象分成 15~19 岁和 20~24 岁两个年龄组,前者主

---

[1] 该研究项目的总题目是 "Policy Development on Youth Access to Reproductive Health in China"。问卷调查报告发布时沿用了联合国人口基金的惯例,将 youth(青年)称为"青少年",参见北京大学人口研究所、国务院妇女儿童工作委员会和联合国人口基金,《中国青少年生殖健康可及性调查报告》,2010,http://www.docin.com/p - 258104095.html。

要是未成年的青少年，后者则是年轻的成年人。很凑巧的是，2009 年开展问卷调查时，15~19 岁被调查者正好属于"90 后"，而 20~24 岁的恰好是"80 后"，他们都是在改革开放之后成长起来的"新生代"。尽管这两个年龄段青年在性与生殖健康知识、态度及行为等方面存在许多共同之处，他们之间的差异也异常明显。全球化和市场化进程的不断加快和加深显然在他们身上打下了不同的时代烙印。限于篇幅，下面仅从知识、态度和行为三个方面对 15~19 岁和 20~24 岁两个年龄组青年的生殖健康状况略做考察。

1. 知识

了解非意愿妊娠和感染性传播疾病特别是艾滋病的风险和危害，是加以预防的前提之一。调查问卷设计了 2 道问题来测度未婚男女对性交行为风险和后果的知识。结果显示，被调查者中能正确回答"女性一次性交就有可能怀孕"才刚刚超过半数，占 50.7%；认为"人工流产对女性以后妊娠不会产生影响"却足足有一半人，达 50.3%。对于困扰很多男青年的"手淫是否会导致严重的健康问题"这道问题，回答的正确率仅为 15.6%。令人担忧的是，能正确回答上述 2 道性与生殖健康知识题的被调查者仅仅只占 4.4%，其中青年为 4.8%，女青年为 3.9%。

分两个年龄组的满分率数据显示，20~24 岁青年知识掌握的情况略好于 15~19 岁青少年（$\chi^2 = 23.69$，$p < 0.01$）；按性别分类可发现，20~24 岁青年男性的知识掌握情况比 15~19 岁青少年男性要好（$\chi^2 = 26.88$，$p < 0.01$），但 20~24 岁青年女性与 15~19 岁青少年女性比没有显著差异（$\chi^2 = 1.69$，$p > 0.05$），20~24 岁青年男性知晓情况好于青年女性（$\chi^2 = 13.68$，$p < 0.01$）。其中 15~19 岁青少年女性的相关知识最弱，满分率仅有 3.7%。15~19 岁流动青少年女性的知识状况就更令人担忧了，其比例仅为 3.2%（见表 2）。

表 2　15~19 岁男女青少年和 20~24 岁男女青年生殖健康知识的满分率

单位：%

人群	15~19 岁青少年	20~24 岁青年
男性	3.8	5.9
女性	3.7	4.2
流动男性	4.6	5.8
流动女性	3.2	5.2

资料来源：北京大学人口研究所等，《中国青少年生殖健康可及性调查报告》，2010，http://www.docin.com/p-258104095.html。

了解预防风险的办法对于促进和保护性健康同样不可或缺。从"如果不小心发生了无保护性行为，该如何避免怀孕"这个问题的回答来看，知道正确应对措施即 72 小时内服用紧急避孕药的被调查者，占 48.3%，还不到一半。其中，15～19 岁男女性青少年中知道服用紧急避孕的分别占38.8% 和 37.5%，大大低于 20～24 岁成年青年（男青年为 61.3%，女青年为 60.8%）。可见，在 15～19 岁和 20～24 岁这两个年龄组中，两性之间几乎不存在什么差别，其中知晓率最低的仍是 15～19 岁的青少年女性。由此可推断，两个年龄组男女青年在如何应对无保护性行为方面的知识差距远远大于性别之间的差距。

再从 HIV/AIDS 知识来考察，尽管听说过艾滋病的被调查者占 95.2%，但只有 14.4% 的被调查者能正确回答世界卫生组织确定的衡量艾滋病知晓情况的所有五个问题①。这五个问题的分年龄段数据表明，像其他性与生殖健康知识一样，高龄青年对艾滋病知晓的情况往往好于低龄的，男青年好于女青年。20～24 岁男青年中五道问题都能正确回答的占 18.8%，而知晓率最低的 15～19 岁女青年仅占 10.6%。概言之，几乎所有有关性与生殖健康的知识都随着年龄而成正比增加。

青年人尤其是"90后"低龄青年性与生殖健康知识的惊人匮乏在质性访谈中也得到了印证。农村青年尤其是西部落后地区的青少年，她/他们的避孕知识和意识就更堪忧虑了。一些青年特别是低龄者根本不知道避孕和避孕方法，有的人一种避孕方法也说不出来，一些人没听说过避孕套，更别说见过了。在她/他们眼里，这些是爸爸妈妈的事情，跟自己没有任何关系。一些青少年知道艾滋病，但压根不知艾滋病病毒的传播途径，一些人即便使用避孕套，也常常是出于预防怀孕而不是艾滋病的目的。许多青年人都觉得"艾滋病离自己很远"，"同自己没有关系"，"只要不瞎来就没事"，"不放纵的人不会得这种病"，"不同乱七八糟的人有性关系就不会轻易染上的"。

2. 态度

婚前性行为的不断提前和日益增多同青年人观念的转变和态度的开放息息相关。抽样调查表明（见表3），认为男青年"如果与对方有感情可以

---

① 问卷中设计的五个问题分别是：只与一个没有其他性伴且没有感染艾滋病的人发生性关系可以减少艾滋病感染的风险吗？每次性交都使用避孕套可降低感染艾滋病的风险吗？一个看起来健康的人会携带艾滋病病毒吗？蚊子叮咬会传播艾滋病吗？与艾滋病感染者共餐会感染艾滋病吗？

有"所占的比例最高，达30.5%，其次为"如果准备与对方结婚可以有"，占26.3%，接下来是"应保持贞洁，任何情况下都不应该有"的为24.1%，"有无感情都可以有"占4.0%。与此形成对照的是，认为女青年"应保持贞洁，任何情况下都不应该有"所占的比例最高，达31.5%，其次是"如果准备与对方结婚可以有"，再次为"如果与对方有感情可以有"，认为"有无感情都可以有"的占2.5%。上述事实表明，2/3以上的男女青年都对婚前性行为表示不同程度的认可和接受，而且对男青年婚前性行为的容忍程度高于对女青年的，这说明在对待男女青年婚前性行为方面存在着双重标准。

表3　对男女青年婚前性行为所持的态度

单位：%

问题	对男青年	对女青年
应保持贞洁,任何情况下都不应该有	24.1	31.5
如果与对方有感情可以有	30.5	26.6
如果准备与对方结婚可以有	26.3	27.9
有无感情都可以有	4.0	2.5
不确定	0.3	0.2
其他	15.0	11.3

　　资料来源：北京大学人口研究所等，《中国青少年生殖健康可及性调查报告》，2010，http://www.docin.com/p－258104095.html。

　　两个年龄组的数据显示，15~19岁青少年对男女性"应保持贞洁，任何情况下都不应该有"所占的比例分别占27.0%和35.0%，高于20~24岁年龄组对男女性婚前不应有性行为所占的比例，后者分别为20.4%和27.1%。换言之，15~19岁青少年对婚前性行为的态度比20~24岁的成年青年更保守些。

　　在深度访谈和小组集中访谈中，笔者对"90后"的性观念和性行为就颇有感触。在对北京一组高中女生的访谈中我们发现，普通高中同职业高中女生之间就存在明显不同。前者在讨论时显得很不自在，在有的话题上还略显尴尬，她们反复强调我们是"好孩子"，"适当的时候做适当的事"，等18岁或结婚以后再去了解性的问题。与此形成鲜明对照的是，职业高中的女生很热烈地从一个性话题转到另一个，其中包括同学在校园里哄抢红十字会发放的避孕套、如何处理两性关系、"陈冠希事件"以及涉入潜规则的"'90后'贱女孩"事件等。在访谈结束前的笔答中，好几个人都不约而同地提到，青年人的性问题很难杜绝，"女孩子应该懂得自尊、自重、自爱。别太傻相信现在男生所说的话，应保护好自己。性的问题也应该了解，免得走向社会后吃亏、受骗"。

在整个调查过程中，被访青年不断有人提到，在性观念开放和性行为大胆方面，某些"90后"校外青少年可谓"有过之而无不及"，有人甚至将"80后"和"90后"之间的差异称为"代沟"。同"80后"相比，"90后"青少年显然更易受朋辈的影响，一些人身不由己地陷入其中不能自拔，他们的恋爱和性活动因而具有很大的从众性和盲目性。一个17岁就外出打工的青岛农村女孩谈道：

> 我身边的同乡朋友多数都有男朋友，你要是不找的话都没人同你说话啦，女孩子一个人在外找个男朋友多少还能起保护作用。很多人可能都像我一样不是为了将来结婚，现在一起同居只不过是玩玩而已。我想我最终还是要回农村老家结婚的吧！

高中甚至初中学生早早堕入"爱河"的也不在少数，有的人已处于性活跃状态。由于性关系不稳定，有的人也不断变换男女朋友乃至性伴。[①]

3. 行为

内在的观念和态度往往会转化为实际的行为和行动。那些接受婚前性行为的青年发生性行为的可能性可能会更大。下面让我们审视一下两个年龄组青年在性交行为、性伴侣数目及避孕行为等方面的差异。

（1）性交行为

15～24岁的未婚青年中有过性交经历的占22.4%，接近1/4，其中男青年为25.4%，女青年为19.2%。从分年龄的数据看，20～24年龄组男青年有性交经历的比例达到了42.3%，而15～19岁年龄组仅为10.9%，前者比后者几乎高3倍；20～24岁女性被调查者的比例为34.4%，15～19岁的就低得多，为8%，前者比后者高3倍多。正如表4所示，性交行为的发生伴随年龄的增长而增多。15岁时发生性交行为的比例最低，为3.2%，到了

---

① 孙云晓、张引墨：《藏在书包里的玫瑰——校园性问题访谈实录》，漓江出版社，2009。

24 岁就几乎高达六成（58.4%）。按两个年龄组来统计，15～19 岁年龄组的比例为 9.4%，20～24 岁组为 38.6%。可见，婚前性行为的发生显然是在 20 岁出头之后骤然增加的。

表 4　不同岁数青年有过性交行为的比例

单位：岁，%

15	16	17	18	19	20	21	22	23	24
3.2	4.2	7.8	12.5	16.2	25.6	30.1	40.5	56.6	58.4

资料来源：北京大学人口研究所等，《中国青少年生殖健康可及性调查报告》，2010，http://www.docin.com/p-258104095.html。

正如表 5 所显示的，即使是同一年龄组的青年，他们婚前性行为的状况也会因地区、城乡、流动与否、在校与否而略有不同。一个不容忽视的事实是，15～19 岁与 20～24 岁年龄组之间的差异远远大于上述任何一种范畴之间的不同。首次性交行为的年龄中位数也从另一个角度印证了两个年龄组被调查者之间的差异。调查数据表明，15～19 岁青少年男性首次性行为的年龄均值为 17.1 岁，中位数为 17 岁；女性的相应数字是 17.3 岁和 17 岁。相形之下，20～24 岁男青年首次性交行为的年龄均值为 20.1 岁，中位数为 20 岁，女青年的相应数字为 20.5 岁和 20 岁。可见，不论男女，15～19 岁和 20～24 岁两个年龄组被调查者首次性行为的年龄均值和中位数都足足相差几乎 3 岁。

表 5　15～19 岁和 20～24 岁不同类型被调查者性行为的发生率

单位：%

类　别	15～19 岁		20～24 岁	
	比例(%)	P 值	比例(%)	P 值
城　镇 农　村	10.9 7.9	$\chi^2 = 32.14, p < 0.01$	41.2 36.5	$\chi^2 = 21.20, p < 0.01$
流　动 非流动	12.4 9.2	$\chi^2 = 9.53, p < 0.01$	45.2 36.5	$\chi^2 = 52.72, p < 0.01$
中西部 东　部	9.0 10.1	$\chi^2 = 4.90, p < 0.05$	42.9 34.6	$\chi^2 = 65.13, p < 0.01$
校　外 校　内	12 8	$\chi^2 = 52.18, p < 0.01$	43.6 23.6	$\chi^2 = 327.23, p < 0.01$

资料来源：北京大学人口研究所等，《中国青少年生殖健康可及性调查报告》，2010，http://www.docin.com/p-258104095.html。

（2）多个性伴侣

问卷询问了有过性交行为的男女青年过去 12 个月中性伴侣的个数，结果发现，同 1 个以上人发生过性关系的比例达到了 20.3%，其中男性被访者中超过 1/4（25.3%），大大高出了女性（13.6%）。分年龄组的数据表明，15~19 岁男性青少年有多个性伴侣的比例占 27.4%，高于 20~24 岁的男性（24.6%），15~19 岁青少年女性有多个性伴侣的比例（14.7%），也高过 20~24 岁的女青年（13.3%）。

（3）避孕措施

首次性行为中未避孕的比例高达 51.2%，超过了五成。最近一次性行为中未避孕的比例为 21.4%，超过 1/5。在首次性活动中，15~19 岁青少年的未避孕率为 53.5%，20~24 岁的为 50.8%；在最后一次性行为中，15~19 岁青少年的未避孕率下降为 22.4%，20~24 岁的降为 21%。即使年轻人在首次和最后一次性交中采取了避孕措施，这也未必意味着他们懂得正确使用避孕方法或者每次都能坚持采取避孕措施。

（4）妊娠和流产

就性行为和妊娠的伤害与不良结局来看，有过妊娠经历的女青年占 4.1%，在发生过性交行为的女青年中，有妊娠经历为 21.3%，其中多次怀孕的占 4.9%。分年龄组的数据表明，有性交经历的 15~19 岁青少年女性的怀孕比例为 17%，低于 20~24 岁年龄组（22.6%），但她们中多次妊娠的比例（5.9%）甚至高于 20~24 岁年龄组的（4.6%）。在怀孕的女性中，88.6% 诉诸人工流产，其中多次流产的占 18.8%。与多次妊娠的情况类似，15~19 岁青少年女性多次流产的比例（25.5%）也高于 20~24 岁的成年女性（17.3%）。

质性研究也发现，年轻人中年纪越小的其性活动尤其是首次性活动，越有可能是无准备的、冲动的，因而是不安全的。至少在笔者接触过的几十个男女青年中，首次性交活动中采取现代避孕措施的只有几例，并且这几例全都是采用避孕套的。一个不满 20 岁的打工妹谈道：

> 我周围尽是未婚同居的，好像没有人关心贞操呀什么的。我们都是从农村出来的，在城里生活这么孤单，男女孩很自然就走到一起。第一次上过床，就不会在乎第二次、第三次了，也不会管同更多男朋友发生性关系。有的根本不考虑将来是不是结婚，要是怀孕了就去打胎，也很少有人去考虑什么健康问题。

诚如联合国人口基金在 2003 年世界人口状况专题报告指出的，"性活动
开始得越早，青少年就越不可能采取安全的性行为或者采取避孕措施"。①
下面的访谈片段是很能说明问题的。在西安一家民营妇科医院，笔者曾碰到
一对等候做无痛人流的打工情侣，他们都来自陕西农村，还不到 20 岁但已
同居 1 年多了。他们谈到，像周围的朋友一样，只要不怀孕就行，根本没考
虑过艾滋病或不孕症的问题。每次都是出"问题"才紧张起来，平时也没
有把避孕特别当回事，手头有避孕套时也不是每次都用的。这个女孩子已是
第二次怀孕，她提到第一次知道自己怀孕后都吓蒙了，来医院做流产时她怕
极了，既怕痛，也担心医生会骂她，看都不敢看医生一眼。这次没有那么怕
了，只是觉得很麻烦。当问及"你们害怕被熟人看见吗？"那男孩很不以为
然地反驳道："来这里的人都是为了这个目的过来的，谁怕谁呀？再说了，
未婚同居的太普遍了，谁能保证不犯'错误'呀！"这对年轻人的叙述无疑
为低龄青年更不计后果地追求和表达性做了一个很好的脚注。诸如此类的故
事与该年龄段某些年轻人知识的匮乏、意识的薄弱和行为的开放是吻合的。

综上所述，15～19 岁和 20～24 岁两个年龄组被调查者在性与生殖健康
知识、态度和行为方面尽管有许多相通之处，但他们之间的差异也十分明
显。15～19 岁年龄组的一些青少年已开始涉入性活动，但她/他预防怀孕和
艾滋病的知识较少，风险意识更差，一些人的观念颇为"前卫"，首次性交
行为因此更有可能是非计划和无保护性的。这个人群中男孩多个性伴侣的比
例更高，而女孩中多次反复妊娠和流产的比例更高。这一切毋庸讳言折射了
中国城乡地区性教育的普遍匮缺。相比之下，已到了"男大当婚，女大当
嫁"年龄的 20～24 岁青年，他们对婚前性行为的观念更开放，性行为也更
为普遍，发生意外妊娠和人工流产的比例也势必更多，这个人群因而更需要
友好的性与生殖健康服务。

以上事实和经验数据仅勾勒了中国青少年和青年性与生殖健康状况的部
分图景，不过这一切已足以说明，将不足 20 岁的低龄青年同 20 岁以上的成
年青年相提并论或者在实践中"一视同仁"，将有可能产生一定的偏差。要
使国际上普遍认可的及中国法律框架确认的青少年和青年性与生殖健康权利
变成现实，并使未成年和成年青年人能真正行使其权利，采取与其年龄相适

---

① UNFPA, *Making 1 Billion Count*: *Investing in Adolescents' Health and Rights*, 2003, https：//
www. unfpa. org/sites/default/files/pub－pdf/swp03＿ eng. pdf.

应的干预措施并创造有利的支持性环境是必不可少的。① 从这个意义上说，概念的澄清和年龄上的区别对待显然绝不是无足轻重或无关紧要的。

四 小结

联合国系统促进青少年和青年性与生殖健康的重大进展之一，便是澄清"青少年"、"青年"和"年轻人"的年龄界限，并据此制定相关政策和干预措施。在联合国的发展干预中，15 ~ 24 岁"青年"这个范畴既包含未成年人，也包括成年人。10 ~ 19 岁"青少年"这个概念所承载的含义主要与未成年人相关联，他们大体上相当于中文语境中的少年。这个人群面临的性与生殖健康问题及其享有的权利，承担的义务与角色有别于成年的年轻人。从更深的层面去追究，伴随全球化进程尤其是全球青年文化的风行，世界各地"全球化"的青少年期充溢着机会与挑战并存的各种戏剧性"悖论"。② 正因为如此，相关国际政策和现实干预还常常将这个脆弱人群单独剥离出来。概念的澄清使相关国际政策和干预举措为之改观。

像世界上其他国家一样，中国"80 后"与"90 后"以及成年人与未成年人之间有形和无形的共同性与差异，既受生理年龄的影响，也是社会文化建构的产物。同成年人相比，少男少女涉世未深，在人生事务特别是性事务上更缺乏必要的知识、经验和技能。附加在婚前性关系和性健康问题上的社会污名、道德评判和歧视，也会对未成年的青少年获得必要的性与生殖健康信息、教育和服务构成更大的障碍。心理咨询师邓军和林鹏就观察到，年龄越小的人，其性困惑和性心理问题就越严重。③ 这说明生理上的成熟未必意味着心理上的成熟，性生理与心理的成熟未必就具有做出知情决定的认知与判断能力，也未必具备应对不必要伤害的知识与技能。

更何况，青少年和青年本身都是处于动态变化之中的异质性范畴。这两个人群同性与生殖健康相关的风险和脆弱性除了与年龄相关以外，还同地

---

① 胡玉坤、郑晓瑛等：《中国未婚青年的性与生殖健康亟待列入政策议程》，《国际生殖健康/计划生育杂志》2010 年第 5 期。

② John C. Caldwell, Pat Caldwell & Bruce K. Caldwell, "The Construction of Adolescence in a Changing World: Implication for Sexuality, Reproduction and Marriage," *Studies in Family Planning*, 1998, Vol. 29, No. 2, pp. 137 – 53.

③ 邓军、林鹏：《爱你以性：中国首家少男少女咨询门诊手记》，江苏文艺出版社，2008。

区、城乡、性别、婚姻状况、受教育程度、在校与否、就业状况以及家庭背景等密不可分。因此，只有在具体时空背景下审视多元化的青少年和青年人口，承认其多样性和差异性，并在实践上予以尊重和保护，相关的政策与实践干预才有可能更贴切，也更有针对性。本文力主厘清概念的分野意味着既要明确界定青少年和青年这两个范畴的年龄界限，又不混用这两个交叠的概念。反之，倘若将未成年的青少年同成年与未成年的青年人混同起来，抑或笼而统之地归入"青少年"之列，保护和促进其健康的干预就不可避免因"一刀切"而大打折扣。

未婚青年不安全性行为、非意愿妊娠、人工流产以及性传播疾病包括艾滋病的不断增多等，莫不表明无论是未成年的青少年还是已成人的青年，他/她们都需要获得必要的信息、教育和服务，以便能就其性与生殖健康做出知情的选择，并发展有益于其健康的技能和人际关系。然而迄今为止，针对青少年的性教育在很多地方仍是一个"空白"，面向未婚青年的性与生殖健康服务更是一个"被遗忘的角落"。[1] 有鉴于此，我们没有理由不以国际社会确定的年龄界限和政策举措为参照和借鉴，对作为概念载体的青少年和青年进行更多深入其里的研究。只有当我们赋予这些静态概念更符合真实世界的动态内涵，提供性与生殖信息、教育和服务的本土化努力才有可能取得更大的成效！

[原载《青年研究》2011年第4期，该文的第二、第三和第四作者分别是郑晓瑛、陈功和王曼；中国人民大学书报复印资料《青少年导刊》2011年第11期全文转载]

---

[1] 胡玉坤、刘爽：《风雨兼程的艰难探索——促进中国青年性与生殖健康的干预》，《清华大学学报》（哲学社会科学版）2011年第1期。

促进青年人性与生殖健康的中国历程

一 引言

自 1994 年国际人口与发展大会（ICPD）召开以来，中国青年尤其是青少年的性与生殖健康（sexual and reproductive health）促进行动经历了十五六余年的艰辛探索。[①] 始于 20 世纪 90 年代中叶，与改革开放相伴生并逐渐浮出地表的青年人性与生殖健康问题开始进入公共视野。旨在满足这个人群性与生殖健康信息、教育及服务需求的政策与实践干预从无到有，层出不穷。这既是国际潮流助推的结果，也是中国青年人口性与生殖健康危机催生的产物。

全球青年人口之庞大是史无前例的。到 2008 年 25 岁以下人口几乎占全球人口的一半。根据联合国世界人口展望数据库的数据，2005 年全世界 15～24 岁的青年约有 11.8 亿人，占全球总人口的 18.1%；到 2010 年将达到 12.2 亿人，占 17.6%。[②] 如此庞大的青年人口在人类历史上是史无前例

[①] 本文主要基于应联合国人口基金驻华代表处委托撰写的 2009 年人口与发展报告的第 5 章，参见刘爽、胡玉坤、张本波《2009 年中国人口与发展报告：从 ICPD 到 MDG——中国十五年回顾与展望》，国家统计局社会和科技统计司，2009，http：//esa. un. org/unpd/wpp/ DVD/Files/1_ Indicators%20（Standard）/EXCEL_ FILES/1_ Population/WPP2015_ POP_ F08_ 1_ TOTAL_ POPULATION_ BY_ BROAD_ AGE_ GROUP_ BOTH_ SEXES. XLS。国内学术界和决策界对儿童、青少年和青年的界定五花八门，纷繁杂乱。近十余年来，国际社会愈来愈倾向于把 15～24 岁人口定义为青年（youth），10～19 岁的界定为青少年（adolescent），10～24 岁的则称为年轻人（young people）。当下全球最为雄心勃勃的发展目标——联合国千年发展目标（MDG）框架中就有若干涉及 15～24 岁青年的监测指标。在中国语境里，将 15～16 岁的青少年称作"小青年"或"低龄青年"还不尽如人意；而把 20～24 岁者称作"青少年"则名不副实。

[②] Population Division, United Nations, *World Population Prospects：The 2015 Revision*, 2015, http：//esa. un. org/unpp.

的。处于社会经济急剧变迁的全球化时代，世界各地的青少年和青年几无例外面临着越来越严峻的健康与发展挑战，其中主要包括非意愿妊娠、人工流产、性传播疾病、艾滋病、性暴力、贫困以及缺乏经济机会等。这些性命攸关的全球性挑战已引起了国际社会和各国政府的高度关注。

1994 年，179 个国家的政府首脑聚集开罗出席了联合国召集的国际人口与发展大会，并就一系列全球人口与发展问题达成了共识。这次大会通过的《行动纲领》首次明确承认青年人面临的性与生殖健康挑战不同于成年人，因而强调要在关注青年人总体健康与福祉的前提下满足其性与生殖健康的需求。《行动纲领》指出："青年人作为一个群体的生殖健康需求迄今一向为现行的生殖保健所忽视。社会针对青年人生殖健康需求的行动应是提供信息，帮助他们成长并且能做出负责任的决定。特别应向青年人提供能够协助他们了解自身性特征的信息和服务，保护他们不发生非意愿的怀孕、感染性传播疾病以致导致不育。"为此，"各国应酌情消除妨碍向青年人提供生殖健康信息和照顾的法律、管理及社会障碍"。①

这一里程碑般大会的最大亮点是成功地促使国际人口政策从关注人口数量控制转向以人的需求、福祉和权利为中心。在发展范式发生激进转变的背景之下，生殖健康与权利被确认为人口与发展的两大基石之一。② 国际人口与发展大会的一个主要愿景是在 2015 年之前确保所有人在其整个生命周期普遍享有生殖健康信息与服务。青少年和青年的生殖健康与权利在一个国际发展大会上第一次被确认为一个重要的发展议题，并且承认这个群体有权获得同其年龄相符的性与生殖健康信息、教育和服务，以满足其独特的需求。

自 20 世纪 90 年代中期以来，国际社会越来越清楚地认识到，为青年人提供性与生殖健康信息和服务不只是为了满足其基本需求，而且是青年人享有的一项基本权利。这个群体的健康与发展事关民族前途和国家未来。投资于青年就是投资于未来日益成为一种国际共识。2000 年联合国千年首脑会议通过的《联合国千年宣言》，确定了 2015 年以前应实现

---

① United Nations Population Fund，*Programme of Action of the International Conference on Population and Development*（20th Anniversary Edition），2014，pp. 74，76，http：//www.unfpa.org/sites/default/files/pub－pdf/programme_ of_ action_ Web%20ENGLISH. pdf.

② 另一基石为"社会性别平等、公正与妇女赋权"。联合国目前有 3 个重要的跨领域工作原则和方法，它们分别是性别平等、发挥公民社会的作用以及保障人权。涵盖性健康在内的生殖健康概念的正式提出正是肇始于这次国际发展大会。

的八大发展目标。这一被统称为千年发展目标（MDGs）的目标框架及其指标体系，多半与青年人的健康及发展密切关联。国际人口与发展大会和千年发展目标在关注青年人性与生殖健康问题上是一脉相承且不断完善的。

在其 5 年后的 2005 年，各国首脑再次聚首纽约。这次首脑会议的成果性文件再次强调"采取措施增强成年人和青少年保护自己避免感染HIV"。①各国领导人还承诺致力于实现 4 个新的具体目标，其中包括"2015 年之前普及生殖保健"。②青年人的性与生殖健康被视为事关民族前途和国家未来的重大发展问题而受到了空前的关注和重视。投资于青年人即投资于未来因此日益成为一种国际共识和国际行动的一个优先领域。

前述国际行动成为促发中国开启促进青年人性和生殖健康政策与干预的一个重要契机。为了落实国际人口与发展大会和 1995 年召开的第四次世界妇女大会的《行动纲领》，驻华国际发展机构、中国政府及其有关部委以及各种公民社会组织，纷纷开始引入并接纳有关青年性与生殖健康及权利的国际理念。20 世纪 90 年代中叶因此成为中国促进青年性与生殖健康干预的一个重要分水岭。迈入 21 世纪以来，国家发展观的转变和联合国千年发展目标的落实等，也为进一步促进该人群的性与生殖健康提供了一个较有利的政策和制度环境。

中国青年人口之众居于世界之首。截至 2008 年底，15～24 岁的青年占总人口的 14.73%。③ 由此推算，15～24 岁的中国青年约有 1.96 亿人。在城市化、市场化及全球化齐头并进的社会急剧转型期，"80 后"和"90 后"青年的生存与发展环境及其影响因素，已不能同其父母一代相提并论。中国融入全球体系导致的各种结构性变化，诸如不断扩大的贫富差距、市场改革的渗透与深化、大规模的人口流动以及商业化青年文化的崛起等，常常错综复杂、盘根错节地交织在一起，深刻影响着涉世未深的青年人的日

---

① United Nations，*World Summit Outcome*，*United Nations General Assembly Resolution*，2005，http://www.un.org/womenwatch/ods/A - RES - 60 - 1 - E.pdf.

② 2006 年，联合国秘书长在第六十一届联合国大会上建议把包括"2015 年之前普及生殖保健"在内的 4 项新具体目标纳入千年发展目标及其监测指标体系。2007 年第六十二届联合国大会采纳了秘书长的建议。修订后的千年发展目标监测框架包括了更多涉及青年人的检测指标。

③ 国家统计局：《中国统计年鉴（2009）》，中国统计出版社，2009。

常生活和经历。

植根于中国历史、文化和制度的性观念和性行为在遭遇全球化冲击之后出现了惊人的蜕变。人们对婚前性行为的观念变得更为开放和宽容了。人口的大规模流动,生活方式选择的多元化,家庭结构的变化,家庭控制的松弛,离婚率的升高,单亲家庭的增多,色情业的屡禁不止,性信息随之可见以及通信与信息技术日新月异等,这一切对青年人性观念和性行为的改变莫不直接或间接起了催化作用。

与此同时,中国青年性成熟年龄日趋提前,而初婚年龄不断推后,加之单身人口数量的日渐增多,青年人发生婚前性行为的可能性大为增加。许多情窦初开的青少年因好奇或一时冲动而偷尝"禁果",并进而因"危险的愉悦"而备尝各种伤害。由于性与生殖健康信息、服务及支持性环境的匮乏,青年在自由和权利扩展的同时,各种性与生殖健康的挑战纷至沓来、接踵而至。未婚先孕、非意愿妊娠、人工流产、不孕症、性传播疾病、艾滋病以及性暴力等,不仅有增无减,而且变得日益纷繁复杂。更堪忧虑的是,如此这般林林总总的问题尚处于难以逆转的上升势头。

性活跃的青年人面临的各种前所未有的叠加风险、威胁及危机已是不容争辩的事实。仅以艾滋病病毒的感染为例,伴随着性接触传播逐渐成为艾滋病传播的主渠道,青年人抵御 HIV 的易感性和脆弱性愈加凸显了。20 ~ 29 岁年龄组艾滋病病毒感染者和患者,无论在当年还是累计报告病例中,均约占三成。[1]尽管中国 15 ~ 24 岁男女青年 HIV 感染的发生率仅为 0.1‰,[2] 然而这个人群艾滋病流行的风险因素却不容置疑广泛存在着。

过去十多年里,中国青年性与生殖健康领域发生的变化可谓喜忧参半。由于国际理念及其实践的引领,这场方兴未艾的干预实践从一开始就建立在较高的起点之上,也正因为没有现成的本土模式可以照搬和借鉴,它在很大程度上可以说是一个"摸着石头过河"的探索。虽未见大起大落,但用步履蹒跚来形容则似乎一点也不为过。假如这一庞大人群的性与生殖健康诉求

---

[1] 国务院防治艾滋病工作委员会办公室和联合国艾滋病中国专题组:《中国艾滋病防治联合评估报告 (2007)》,2007,第 6 页,http://wenku.baidu.com/view/d7a721daad51f01dc281f1c0.html? from = search。

[2] UNICEF, *Statistics of China*, 2010,http://www.unicef.org/infobycountry/china_ statistics.html.

得不到满足，权利得不到保障的话，那么，无论是切实推进 ICPD 和千年发展目标"2015 年普及生殖保健"的愿景，抑或中国实现基本公共服务均等化的目标，都将成为一句美丽的空话。

中国青年性与生殖健康促进何去何从正处在一个关键性的十字路口。值此之际反思过去，无疑有益于立足现实，面向并开拓未来。正是基于上述事实，我们旨在对过往十多年取得的进步和面临的挑战做一系统的梳理。

二　支持性环境的初步确立

最近十余年来，中国对青年人性与生殖健康问题、需求和权利的关注可以说是前所未见的。下文仅从教育、信息和服务提供的角度检视政府、国际发展机构和公民社会组织的回应与行动。

（一）法律、法规和政策上的起步

自 20 世纪 90 年代以来，中国政府陆续签署了一系列相关的国际人权公约和文书。例如，1990 年正式签署了《儿童权利公约》。1994 年中国政府代表出席了 ICPD 并承诺贯彻其《行动纲领》。1995 年中国承办了第四次世界妇女大会，也做出了执行大会《行动纲领》的承诺。2000 年，中国开始贯彻落实联合国千年发展目标。上述承诺及其贯彻执行过程，无疑成为推动中国相关立法和政策不断完善的一个强大动力。

尽管迄今中国尚未出台有关青年人性与生殖健康的专项立法，不过1994 年以来制定或修订的许多法律法规都包括有关青年健康与发展权益的内容。例如，2004 年通过的《宪法修正案》第四十六条规定："中华人民共和国公民有受教育的权利和义务。国家培养青年、少年、儿童在品德、智力、体质等方面全面发展。"此外，《母婴保健法》（1994 年）、《刑法》（1997 年修订）、《预防未成年人犯罪法》（1999 年）、《婚姻法》（2001 年修订）、《人口与计划生育法》（2001 年）、《妇女权益保障法》（2005 年修订）、《未成年人保护法》（2006 年修订）及《义务教育法》（2006 年修订）等，无一不触及青年人的健康与发展。譬如，《未成年人保护法》第十九条规定"学校应当根据未成年学生身心发展的特点，对他们进行社会生活指导、心理健康辅导和青春期教育"。

20 世纪 90 年代以来，国家一些发展计划和规划也开始涉及儿童①和青少年的身心健康。2001 年 5 月，国务院颁布了《中国儿童发展纲要（2001～2010 年）》。这一国家行动计划的若干目标也体现在"十五"和"十一五"规划纲要之中。例如，《"十一五"规划纲要》第三十八章专设有"保障妇女儿童权益"一节，明确提到："坚持儿童优先原则，实施儿童发展纲要，依法保障儿童生存权、发展权、受保护权和参与权。改善儿童成长环境，促进儿童身心健康发展。"2009 年通过的《国家人权行动计划（2009～2010 年）》，也特别阐述了少数民族、妇女、儿童、老年人和残疾人的权利。

关涉青年人性与生殖健康的政策和立法在性健康教育、艾滋病和性侵害防控三个领域的推进尤为明显。

1. 性健康教育

国际人口与发展大会以来，中国在性健康教育的政策和立法方面迈出了一大步。1996 年，国家教委连同其他 12 个部委联合下发了《关于在普通中学进一步开展人口与青春期教育的通知》。2000 年通过的《中共中央、国务院关于加强人口与计划生育工作稳定低生育水平的决定》明确指出："各级党校、行政干部学校、团校等要重视人口与计划生育教育工作，中等以上学校普遍开设人口及青春期、性保健讲座或课程。"2001 年通过的《人口与计划生育法》第十三条规定："学校应当在学生中，以符合受教育者特征的适当方式，有计划地开展生理卫生教育、青春期教育或者性健康教育。"2006 年修订的《未成年人保护法》第十九条规定"学校应当根据未成年学生身心发展的特点，对他们进行社会生活指导、心理健康辅导和青春期教育"。2008 年教育部推出了《中小学健康教育指导纲要》，就健康教育的目的、内容及教学方法做出了一系列新规定。

2. 艾滋病防治

伴随艾滋病的迅速蔓延，中国政府颁布的一些行政法规和政策文件越来越强调青年尤其是青少年预防艾滋病的重要性。国务院先后制定的《中国预防与控制艾滋病中长期规划（1998～2010 年）》、《中国遏制与防治艾滋

---

① 无论在国际还是中国语境下，"儿童"这个概念在多数情况下都指未满 18 周岁的未成年人。例如，具有法律约束力的国际人权公约《儿童权利公约》和中国《未成年人保护法》皆针对 18 周岁以下的低龄青年。

病行动计划（2001~2005年）》和《中国遏制与防治艾滋病行动计划
（2006~2010年）》等政策文件，都密切关注青少年所面临的风险及其健康
脆弱性。例如，《中国预防与控制艾滋病中长期规划（1998~2010年）》明
确指出，青年和妇女以及易受艾滋病病毒感染的高危人群应成为防治工作的
重点人群。《中国遏制与防治艾滋病行动计划（2001~2005年）》特别
强调：

> 要特别注重在青少年中开展青春期和性健康知识、艾滋病性病知识
> 和无偿献血知识、禁毒知识的普及教育，高等院校、中等职业学校、高
> 级中学要对入学新生发放预防艾滋病性病健康教育处方、宣传材料
> （品），开设专题讲座；普通初级中学要将上述有关知识纳入健康教育
> 课程。

3. 性侵害防控

性侵犯问题是近十几年来一个崭新的政策关注点。2006年12月修订的
《未成年人保护法》第四十一条载明："禁止拐卖、绑架、虐待未成年人，
禁止对未成年人实施性侵害。"这系中国首次把禁止对儿童实施性侵害写入
立法条文中。教育部、公安部和司法部于2003年专门发出通告，要求从制
度上杜绝校园性侵害的发生。2006年教育部等11个部门又专门出台《中小
学幼儿园安全管理办法》，要求学校建立安全管理制度，确保未成年人的人
身安全。

政府有关部委的跨部门或多部门合作性努力也越来越多。2006年，
中国启动了为期5年的中国儿童青少年艾滋病预防活动。教育部和卫生
部联合印发了《青少年预防艾滋病基本知识》。2007年6月，国务院防
治艾滋病工作委员会办公室、教育部、卫生部、共青团共同发起主题为
"预防艾滋，共建美好校园"的大学生预防艾滋病宣传教育活动。[1]以20
世纪90年代为分水岭，中国生殖保健从长期狭隘地以计划生育和妇幼卫
生为重心，逐渐拓展到涵盖社会性别平等、妇女赋权、男性参与、制止对

---

① 国务院防治艾滋病工作委员会办公室和联合国艾滋病中国专题组：《中国艾滋病防治联合评
估报告（2007）》，2007，第17页，http://wenku.baidu.com/view/d7a721daad51f01dc281f1c0.html?
from＝search。

妇女的暴力、青少年性与生殖健康、性传播疾病及艾滋病防控等各种重要议题。

（二）国际驻华发展机构的推动

十余年来，各种驻华国际组织与机构在推动中国青年性与生殖健康改善方面发挥了举足轻重的作用。由于国际前沿理念的引入和国际合作的开展，中国青年性与生殖健康的教育和服务项目得以建立在国际前沿视角和较高的起点之上。

联合国人口基金驻华代表处当属联合国系统在该领域最活跃的一个机构。早在第四周期生殖健康/计划生育国别方案实施期间（1997～2002年），人口基金就在北京和上海各一个区资助避孕套社会营销试点活动，使避孕套自动售货机进入一些大学校园和社区。自20世纪90年代末以来，它尝试在项目县将青少年性与生殖健康融入生殖保健服务之中。第五周期国别方案期间（2003～2005年）支持建立了中国青年网络。它支持在一些项目县的初级保健系统提供青年友好型服务并开发了诊所服务指南。进行中的第六周期国别方案（2006～2010年）确立的八大行动领域之一便是青少年性与生殖健康。该行动领域的主要目标是减少流动人口、青少年和其他易感人群的危险行为，并增强其艾滋病防御能力。[1]

其他各种多边、双边和非政府的国际发展机构，包括联合国艾滋病规划署、联合国开发计划署、联合国儿童基金会、联合国妇女基金、欧盟、英国国际发展部、加拿大海外开发署、瑞典海外开发署、福特基金会、全球艾滋基金会、盖茨基金会、英国救助儿童会、香港嘉道理慈善基金会、香港乐施会、亚洲开发银行、澳大利亚红十字会等，均开展并支持过改善中国青年性与生殖健康的探索性项目。这些国际发展机构更倾向于将注意力投向校外青少年、流动打工者及性工作者等弱势或高危的青年人群。

（三）公民社会组织的干预努力

少数非政府组织在提供面向青年人的性与生殖健康信息和服务方面起了

---

[1] 国家人口和计划生育委员会：《中国/联合国人口基金第六周期生殖健康/计划生育项目实施方案》，2006，http://laws.66law.cn/law-104914.aspx。

先导及示范的作用。活跃在青年性与生殖健康领域的公民社会组织大致可分为两类：一类为既存的非政府组织，因国际合作项目的推动转向关注该问题；另一类是脱颖而出专门致力于青少年和青年问题的非政府组织。前者以中国计划生育协会为代表；后者主要包括玛丽斯特普国际组织中国代表处（Marie Stopes International China）和中国青年网络（China Youth Network）。

中国计划生育协会从 20 世纪 90 年代末起，就同联合国人口基金、国际计划生育联合会、盖茨基金会等国际组织联合开展了一些试点项目。其中影响最大的莫过于它与美国适宜卫生科技组织（简称"帕斯"）联合实施的"促进中国青少年生殖健康国际合作项目"（简称"青春健康项目"）。该项目于 2000 年 4 月启动，到 2005 年结束。

青春健康项目覆盖了全国 14 个省、自治区、直辖市。项目的核心活动是走进学校、社区、企业、工地、农村、军营，为校内外青少年提供以生活技能为基础的信息和教育。其内容主要涉及青春期保健、人际交往、远离毒品、预防意外妊娠、性传播疾病与艾滋病、性行为与决定以及计划未来等 9 个方面。项目还致力于对决策者进行倡导和对父母、老师及其他成年人进行宣传培训。它在调动各种社会资源、争取政府支持并力促多部门合作上是卓有成效的。这一大型项目在唤起人们意识，营造支持性社会氛围及争取政府投入等方面也发挥了积极的作用。

对青年友好型服务（youth friendly services）理念与实践的初步探索也是该项目的一个特别之处。项目实施期间一些地方对现有计划生育指导站、基层卫生室、学校心理咨询室或公立和私立医院等进行改建嫁接，先后约有 2000 个机构按"公益性为主、市场化为辅"的原则挂牌为青少年提供咨询、紧急避孕、安全流产等医疗或转介服务。据统计，接受过这些机构服务的青少年达 17 万多人次。项目结束后一些工作仍在各地延续。中国计划生育协会在其《中国计划生育协会 1996～2010 年发展战略》中，继续把青少年与未婚青年生殖健康教育和开展项目列为其一项重要的优先关注领域。

致力于促进青年人性与生殖健康的非政府组织异军突起，其中最活跃的当推 2000 年成立的玛丽斯特普国际组织中国代表处和 2004 年由青年志愿者发起成立的中国青年网络。后者主要在联合国人口基金和中国计划生育协会的支持下，在中国/联合国人口基金第六周期国别方案的 30 个项目县致力于青年人参与、网络建立及同伴教育等。此外，科技部、中宣部、教育部、中国科协及国家人口和计划生育委员会 2003 年联合挂牌成立了计生委领导下的"青苹果之家"。这是一个面向青少年以促进青春期性健康和健康教育为宗旨，集宣传、教育、交流为一体的公益性教育基地。

玛丽斯特普国际组织中国代表处自一成立就颇具远见地以促进青年人性与生殖健康为定位，着力于打造"你我"健康公益品牌。从 2003 年起它先后在青岛、西安、郑州、南京及南宁开设了 6 个你我青少年健康服务中心，主要提供避孕、流产、生殖道感染、性传播疾病、艾滋病自愿咨询与检测以及咨询与转诊等医疗服务项目。各个中心还以诊所为依托，面向大中学生、工厂女工、流动打工人群、娱乐服务场所的青年开展性与生殖健康宣传教育、行为改变、倡导等外展干预。其活动范围覆盖全国 13 个省份、30 多个城市。最值得称道的是，它业已在 60 余所大学里支持成立了 40 多个学生社团、5 个地区性团队。青年志愿者开展的同伴教育达 4000 多场，直接受训的同伴教育者达 10 余万人。①

伴随艾滋病威胁的日益严峻，国人对于为青少年和未婚青年提供性与生殖健康信息及服务的态度正在发生转变。提供优质健康教育和医疗保健服务不仅可以并行不悖，而且可以起到相辅相成的作用，亦成为越来越多有识之士的共识。民间组织的介入明显起到政府力量难以企及的拾遗补阙的作用。下面让我们再具体审视一下十多年来在教育、信息及服务供给方面的干预。

1. 校内外教育干预

（1）通过正规教育途径将性与生殖健康信息融入学校课程

如上所述，2008 年 12 月教育部颁布了《中小学健康教育指导纲要》。为了纠正以往健康教育的缺陷，《纲要》明确提出了 5 条重要原则，即"坚持健康知识传授与健康技能传授并重原则；健康知识和技能传授呈螺旋式递进原则；健康知识传授、健康意识与健康行为形成相统一原则；总体要求与地方实际相结合原则；健康教育理论知识和学生生活实际相结合原则"。

除了将相关知识渗透在生物、体育、思想品德等课程中，自 20 世纪 80 年代末以来，有的地方还开设了名称五花八门的健康教育课程，诸如生理卫生、性教育、青春期教育、健康教育、生命教育、艾滋病预防、心理卫生及生殖健康教育等。有的学校还请聘请校外专家进行专题讲座或开展相关主题的课外活动。东部一些沿海发达省份的创新性实践甚至超前于国家的政策规

---

① 玛丽斯特普国际组织中国代表处：《服务青年，服务中国：玛丽斯特普国际组织中国十年历程》，2009。

定。譬如，中共上海市科技教育工作委员会和上海市教育委员会2005年通过了《上海市中小学生生命教育指导纲要（试行）》。包括青春期性教育的生命教育成为上海中小学校德育教育的重点之一，产生了良好的社会反响。

（2）针对校外青年的教育项目

青年人信息与服务的可及性同样深嵌在地区、城乡、不同社会群体及两性之间制度性和结构性不平等之中。虽然婚前性行为及其连带的风险也普遍存在，但乡村尤其农村落后地区青少年与未婚青年获取教育、信息和服务机会及渠道少于城市同龄人是不言而喻的。[①] 无数农村青年为生计而漂泊到都市，他们一旦脱离了父母的视线、社区的控制约束和传统乡土文化的"紧箍咒"，则会比城市同龄人面临更多、更复杂的性与生殖健康风险。由于获取经济机会和资源上的不平等，一些无收入或低收入的妇女迫不得已沦入商业化性服务之中。男女之间不平等的权力关系又使性工作者难以控制其性活动并保护自己免受非意愿妊娠和性传播疾病的双重侵害。[②] 近年来，针对校外脆弱和高危人群的宣传倡导和外展干预，在缩小校外弱势青年获取信息和服务的不公平性方面起了积极的作用。

（3）针对校内外青年的同伴教育

以高校青年志愿者为主体的同伴教育（peer education）在全国各地方兴未艾。20世纪90年代中叶以来，一些国际组织，连同中国民间组织，其中包括中国计划生育协会、中国红十字会、中国性病艾滋病预防控制协会、中国青年网络、中国少年儿童保健所以及玛丽斯特普国际组织中国代表处在各地建立的中心等，皆致力于在大中学生、工厂工人及娱乐服务行业的流动打工者中开展各种形式的同伴教育活动。

由青年人自己唱主角的同伴教育，不仅紧跟时代潮流，而且彰显青年人的需求。教育的内容一般涉及价值观，爱情观，两性交往，婚前性行为，非意愿妊娠，行为改变，避孕套发放、推广与使用，艾滋病预防以及反对性别歧视等。除了传播知识外，这种平等、开放、互动性及参与式的教育方式很注重行为改变和生活技能培训。由于新鲜血液的不断注入，同伴教育的规模

---

① Bo Wang and Pamela Davidson, "Sex, Lies, and Videos in Rural China: A Qualitative Study of Women's Sexual Debut and Risky Sexual Behavior," *The Journal of Sex Research*, 2006, Vol. 43, No. 3, pp. 227 –235.

② 胡玉坤：《社会性别与艾滋病问题研究——全球化视阈下的中国个案》，《社会科学论坛》（学术评论卷）2007年第5期。

和影响像滚雪球般越来越大。这种充满活力且富有青春气息的教育模式，展露了青年人参与性与生殖健康促进的新气象。

2. 信息的提供

要使青年人在性与生殖健康方面做出知情和负责任的决定，提供足够的准确信息是不可或缺的。获得性与生殖健康信息也是青年人不可剥夺的一项权利。十多年来，中国为青年人提供信息的渠道日益多元化。归纳起来不外乎以下方面：①将信息纳入学校教育之中；②利用大众传媒传递信息，这既包括电视、广播和网络等电子传媒，也包含报纸、杂志、海报等传统媒体；③政府部门和非政府组织开展的宣传教育及倡导活动，特别是针对脆弱和高危人群的；④同伴教育；⑤青年友好型服务机构；⑥青年非政府组织或网络等。从十五六余年的变化轨迹来看，所传递的信息内容和信息传播渠道愈来愈宽广。传播的方式也多种多样，有的项目推出了专门针对青年性与生殖健康问题的街头剧、夏令营、培训班、研讨会、展览会等创新性的传播和沟通方式。一些地方还开设了面向青少年的性与生殖健康免费援助热线。因特网则因其私密性和便捷化而深得年轻人青睐。

3. 医疗服务的供给

国际人口与发展大会以来，缘于国际合作项目的促动，一些城市的人口与计划生育机构或妇幼保健机构开始引入了青年友好型服务的全新理念，并进行了这种"亲青"服务的探索。曾产生过较大社会影响的服务场所主要包括："青苹果少男少女门诊"（北京市第二医院）、"上海市青春健康指导服务中心"（上海市妇女保健所）、"亲青关爱俱乐部"（上海市计划生育技术指导所）、"青少年意外怀孕紧急避孕援助中心"（重庆市计划生育医院）、"青少年生殖服务中心"（深圳市计生中心）、"青少年性健康安全教育基地"（石家庄市桥西区计划生育服务站）、"花季呵护中心"（济南市妇幼保健院）以及玛丽斯特普国际组织中国代表处在若干城市建立的你我青少年健康服务中心等。不过令人抱憾的是，与项目伴生的这类医疗服务干预往往随项目的结束而终止。偌大的中国，目前能坚持提供优质亲青服务的机构已寥寥无几。即使幸存下来，其发展前景也颇堪忧虑。

现有机构中影响最大的恐怕要数青岛你我青少年健康服务中心。这是玛丽斯特普国际组织中国代表处 2003 年 9 月创建的专门面向青年人提供健康教育与医疗服务的公益性民间组织。该中心无疑是为青少年提供优质医疗服务的一个典范。青岛你我青少年健康服务中心不仅在温馨、整洁、私密的空间提供人性化的服务，而且创新性地将匿名、隐私、保密、尊重、不做道德评判及青年人参与等国际理念付诸实践，并逐渐融入其日常咨询与医疗服务之中。它在流产服务中坚持实行全程陪护服务尤其是"心语疏通"，以解除青少年不必要的恐惧与心理负担。它还坚持公益性原则，包括为 24 岁以下青年提供免费的终止妊娠手术。

青岛你我青少年健康服务中心将国际理念和本土经验融于一体，并以青年人的需求为导向将健康教育与医疗服务有效地整合起来。经过多年与青年人面对面的交流互动，该中心在教育与服务的内容和方式上摸索出了许多有益的经验。它的外展活动辐射到工厂、大学及娱乐和服务性行业。将宣传倡导同诊所咨询与治疗服务结合起来，不但有助于增强青年人的权利意识和服务需求意识，而且有助于促进行为转变。植根于当地青年需求的理念与实践也为其可持续发展提供了保证。

避孕套社会营销是服务模式创新的又一体现。避孕套自动售货机进入大学校园或社区，既起了宣传倡导的作用，也使有需求的青年能便捷地获取避孕用具。一些地方如上海闸北区计划生育协会依托药店开展青春健康项目，为前来购买避孕药具的青少年提供咨询和指导。不少学校建立了青春期生理和心理咨询室。

一言以蔽之，中国在满足青少年和未婚青年对正规和非正规性与生殖健康教育、信息及服务需求上已多管齐下做了一些难能可贵的探索性干预，并初步积累了一些本土化经验。相关学术研究也大有起色，队伍也在不断壮大。学术研究不仅对教育和服务起了推动作用，[1] 也为政策倡导提供了依据。较之 20 世纪 90 年代以前，中国促进和保护青少年及未婚青年性与生殖健康的社会支持性环境无疑已大为改观了。

三 未竟之业：提供信息与服务的各种障碍

尽管青少年和未婚青年有遭遇意外妊娠和罹患性传播疾病的极大风险，然而不论决策者抑或一般成年人，对于青年人性与生殖健康风险、脆弱性及

---

[1] 高尔生、楼超华：《中国青少年性与生殖健康发展轨迹》，张开宁主编《中国性与生殖健康 30 年》，社会科学文献出版社，2008。

其所面临挑战的复杂性和严峻性仍缺乏足够的了解、理解和重视。政府官员中的有识之士，也唯恐捅了"马蜂窝"而顾虑重重、举棋不定。虽然有关教育与服务的呐喊声此起彼伏、不绝于耳，但不管是教育、卫生还是人口与计划生育系统，有关青年人性与生殖健康信息、教育及服务供给的刚性政策和制度安排迄今仍告阙如，青年人不断增长的信息与服务需求仍在很大程度上被忽视甚至漠视了。

各种类型的干预项目，不管是否带着国际理念，往往都是非常规化或非制度化的，往往随着项目的结束而终止，可持续性问题较为突出。一些急功近利的干预活动充其量只带来了表面或暂时的变化，难以持久下去。项目的覆盖范围也极为有限。据统计，中国计生协组织实施的大型青春健康项目所覆盖的人群，也仅占全国青少年人口的1.6%，而且项目活动主要还限于城市。① 再者，各个项目往往"各自为战"，有的雷声大雨点小，最终落得悄无下文。资金和具体操作层面的障碍也常常使项目难以为继。

像其他领域的民间组织一样，致力于促进青年性与生殖健康的非政府组织，不仅数量少，其自身的能力和技术水平也有待提升，而且在政策扶持和资金来源等诸多方面深受限制。② 以青岛你我青少年健康服务中心为例，尽管它不遗余力地奋力拼搏，但在总体政策环境不甚友好的情势下，其7年的历程可谓在多重挤压下破冰而行。其间遭遇的质疑、误解、拒斥甚至人为设置的障碍数不胜数。一位中心项目官员不无感慨地说道："一开始时有人说我们这种地方的存在就会把这些孩子教坏，把孩子们带坏了。好像有了我们这样中心的存在才把孩子教坏了，他们才上你们那去，好让你们挣他们的钱！"青岛中心的发展轨迹或许是专门致力于青年性与生殖健康事业的民间社会组织风雨历程的一个缩影。该中心的主任也深有感触地道出了其中的艰辛：

> 我们走过的路程真是举步维艰，首先我们从资质的获取上就非常难……即使像我们这样注册成功了，我们想接触那些真正的目标人群，越是那种低端的人群，我们这个渠道就越困难，我们需要借助于疾病控

---

① 席小平：《中国青春健康项目总结会暨青少年性与生殖健康论坛闭幕式上的讲话》，2006，http://www.najyw.net/wzyd.asp? NewsID=6121。

② 邓国胜等：《性与生殖健康领域NGO的成长》，张开宁主编《中国性与生殖健康30年》，社会科学文献出版社，2008。

制中心，需要接触公安，你就需要跟人家合作，而我们的影响力有限，又没有决定权，我们只有倡导和影响的可能性。……能一路走下来我都觉得有点挺奇迹的！

尽管流动青年尤其是未婚流动者性与生殖健康知识贫乏、行为开放，得到的信息与服务严重不足，[①] 而且婚前性行为较为普遍，并存在商业性行为、强迫性行为及多性伴等高危现象，[②] 但限于人力和财力资源，连同其他方面的种种掣肘，针对校外、流动或来自农村边远贫困地区高风险青少年和未婚青年的干预仍十分有限。正如《中国人口与发展国家报告》（2004年）承认的："现行生殖健康/计划生育服务尚未有效覆盖青少年、老龄人口、流动人口、贫困人口以及残疾人口等边缘和弱势群体。一个较为突出的例子是未婚人群人工流产率呈上升和低龄化趋势。"[③] 以艾滋病干预来说，针对校外青年尤其是青少年的教育行动是零散分散且碎片化的。低端商业性工作者因其工作的非法性质常被迫转入地下，这就使预防和治疗干预变得更难以落实。

概而言之，迄今为止的各种干预虽有助于解决一时一地的问题，但对于提升全中国青年性与生殖健康的整体水平来说可谓杯水车薪。全球化时代的种种现实呼唤建立健全法制化和制度化的性与生殖健康信息、教育和服务供给机制。然而，当下的社会现实依旧令人沮丧。

（一）学校教育

尽管学校被公认是赋权青少年保护其性与生殖健康的主阵地，但迄今关于学校性教育的内容仍众说纷纭、莫衷一是。认识上的模糊也体现在相关政策上面。这里我们不妨对《中小学健康教育指导纲要》做进一步解读。该纲要详尽阐述了中小学健康教育中5个方面的内容，即健康行为与生活方式、疾病预防、心理健康、生长发育与青春期保健以及安全应急与避险。它还依据儿童、青少年及青年生长发育的不同阶段将健康教育内容依次分成了小学低年级（1~2年级）、小学中年级（3~4年级）、小学高年级（5~6

---

① 王晖等：《青少年流动人口生殖健康状况》，中国人口出版社，2010。
② 楼超华等：《未婚流动人口中性相关行为》，《生殖与避孕》2004年第1期。
③ 国家人口和计划生育委员会：《中国人口与发展国家报告》，2004，http：//www.docin.com/p-42066920.html。

年级）、初中及高中五个级别。涉性健康教育的内容主要放在"生长发育与青春期保健"之下，详尽内容见表 1。

表 1　中小学各级"生长发育与青春期保健"教育内容

年级	主要内容
1～2 年级	生命孕育、成长基本知识，知道"我从哪里来"
3～4 年级	人的生命周期包括诞生、发育、成熟、衰老、死亡；初步了解儿童青少年身体主要器官的功能，学会保护自己
5～6 年级	青春期的生长发育特点；男女少年在青春发育期的差异（男女性第二性征的具体表现）；女生月经初潮及意义（月经形成以及周期计算）；男生首次遗精及意义；变声期的保健知识；青春期的个人卫生知识；体温、脉搏测量方法及其测量的意义
初中	热爱生活，珍爱生命；青春期心理发育的特点和变化规律，正确对待青春期心理变化；痤疮发生的原因、预防方法；月经期间的卫生保健常识，痛经的症状及处理；选择和佩戴适宜的胸罩的知识
高中	生长发育与青春期保健：热爱生活，珍爱生命；青春期常见的发育异常，发现异常要及时就医；婚前性行为严重影响青少年身心健康；避免婚前性行为

资料来源：教育部，《中小学健康教育指导纲要》，2008，http://www.moe.edu.cn/publicfiles/business/htmlfiles/moe/moe_ 2643/201001/xxgk_ 80266. html。

　　较之先前有关中小学健康教育的政策话语，《纲要》在一些重要议题上无疑已有了明显的推进。然而在难以规避的性和避孕问题上，它的表述依旧语焉不详或者说是颇为暧昧。比如，在初中阶段的教育目标中才提到"了解什么是性侵害，掌握预防方法和技能"。疾病预防部分也隐讳提到"判断安全行为与不安全行为，拒绝不安全行为的技巧；学会如何寻求帮助的途径和方法"。但始终没有明确触及威胁很多青少年健康的不安全性行为。高中阶段的教育目标中也同样含糊其辞地谈道："认识婚前性行为对身心健康的危害，树立健康文明的性观念和性道德。"这显然仍狭隘地以道德说教为重心，而且对于何为"健康文明的性观念和性道德"缺乏清晰明确的阐释。

　　这样的健康教育政策显然难以满足遭遇性困扰或渴望得到性指导的年轻学子们的现实需求，也难以切实保护少男少女规避性行为风险。鉴于青少年性成熟日益提前和结婚年龄不断推后的社会现实，尽早提供以生活技能为基础的自我保护的相关信息与知识以应对有可能不期而至的性活动应是至关重要的。在剧烈的社会变动中，大、中学生面临的性与生殖健康风险和挑战自不待言，即使是重点或名牌学校的"好学生"也不例外。① 中学生中因怀孕而自动或被勒令退学的事例时有所闻，学生做人流者也不在少数。因此，为性活跃的青年人提供避孕选择和避孕服务成为愈来愈多专家学者和有识之士的共识。在学生走向社会之前进行安全性活动的启蒙教育，或许有可能起到改写命运的作用，理应成为学校健康教育的主题中应有之义。然而，这依然是一个当前学校健康教育中难以突破的"瓶颈"。

从当下的教育现实来看，健康教育的内容和方式在不同地区城乡之间存在较大的差异。② 大量研究证实，城市在校青少年一般都能获得有关生殖生理的基本知识，但时常缺乏有关两性交往、安全性行为、避孕及其他生活技能方面的系统教育。西部省份的一些地方仍未理会国家关于素质教育的"三令五申"，依旧我行我素围着中考或高考的"指挥棒"转。受应试教育的左右，像健康教育这样的课程被摆在无足轻重的位置上。有的中学连音乐和美术课都予以取消，就更别提性教育课了。胜任的师资和合适的教材也十分匮乏。老师在讲授时通常浮光掠影一带而过，或让学生自己去阅读。教育者本身也缺乏人际交流和咨询的技巧。学校健康教育最关键的问题还在于目前尚缺乏有效的监督和评估机制。近年来，与性问题相关的各种校园事件层出不穷，这难道不值得教育行政部门反思一下现行健康教育是否真正奏效吗？

事实上，健康教育政策与实践的缺失互为表里，皆未能与时俱进地满足青年学子不断变化的多样化需求。国家人口和计划生育委员会 2004 年发布的《中国人口与发展国家报告》也坦诚地承认：有关青少年性与生殖健康教育的政策法规并没有得到很好落实，实际开展工作的范围主要限于城市中学和试点地区；内容侧重于生理解剖知识的介绍，缺乏心理、伦理等方面的辅导和安全性行为与避孕知识的教育；正规的性与生殖健康教育开始得太晚，多数青少年在进入青春期之后才有机会接受性教育。另外，现行性与生殖健康教育大多只区分已婚和未婚对象，未充分重视不同年龄、性别、生长环境的青少年在性与生殖健康方面的不同特点和需求；从事青春期性教育的人员缺乏人际交流和咨询辅导的技巧，青少年参与程度非常有限，宣传形式

---

① 孙云晓、张引墨：《藏在书包里的玫瑰——校园性问题访谈实录》，漓江出版社，2009。
② 高尔生等：《中国未婚青年的生殖健康状况》，高尔生、楼超华、涂晓雯主编《青少年及未婚青年生殖健康现状、展望及策略》，第二军医大学出版社，2002。

和内容难以为青少年所接受。① 上述种种事实皆昭示了中国距离国际上具有社会性别敏感性的综合性性健康教育标准仍相去甚远。

（二）非正规教育

满足青少年信息与教育需求的阻力不只是来自学校。除了各级教育机构以外，性与生殖健康信息和服务还源自政府相关部门、社区、医院、诊所、大众传媒及其他渠道。由于受传统文化价值观的影响，未婚青年避孕问题在很多地方仍是一个"禁区"。父母、教师、医护人员及决策者常常觉得同青少年谈论性问题难以启齿。有人担心提供性与生殖健康信息和服务反而会起"教唆"早恋、偷食禁果或鼓励性乱的作用。故此，成年人多半遮遮掩掩甚至反对同年轻人公开而坦诚地就性问题进行交流。②

学校和社会的性与生殖健康教育通常是割裂的。渴望了解性知识却难以从正规渠道得到满足的青少年，不得不求助于唾手可得的媒体和同伴。一项小型学校调查显示：只有7%的青少年接受过来自父母的性教育；80%的青少年认为学校的性教育远远不能满足自己的需要；6.4%的青少年在需要了解性知识时会向家长咨询；7.3%的青少年需要时会向老师咨询。③ 学校和家庭在青少年性教育上的阙如由此可略见一斑。大众传媒尤其是因特网上的信息难免似是而非，有的甚至充斥着色情淫秽内容，因而靠自行摸索的青少年难免得来不完整、不正确乃至误导性的信息。

性健康教育是一门科学，也是一门艺术。然而现今"80后"或"90后"的父母一代，他们本身不曾接受过正规的性教育，因而多半缺乏对子女进行相关教育的知识和技能。尽管大多数父母对独生子女期望值很高，有的甚至溺爱有加，但能从性健康角度予以关爱的恐怕只在为数不多的开明家庭。像老师一样，家长尤其是农村父母很少也无能力同子女进行性、安全性

---

① 国家人口和计划生育委员会：《中国人口与发展国家报告》，2004，http://www.docin.com/p-42066920.html。
② Liying Zhang, Xiaoming Li and Iqbal H. Shah, "Parent - Adolescent Sex Communication in China," *The European Journal of Contraception and Reproductive Health Care*, 2007, Vol. 12, No. 2, pp. 138 -147; Bo Wang and Pamela Davidson, "Sex, Lies, and Videos in Rural China: A Qualitative Study of Women's Sexual Debut and Risky Sexual Behavior," *The Journal of Sex Research*, 2006, Vol. 43, No. 3, pp. 227 -235.
③ 杨柳青：《婚前性行为低龄化研究》，《法制与社会》2008年第33期。

活动或避孕方面的沟通，有的只是间接或被动地诉诸道德说教。[1] 一旦孩子遭遇问题，父母往往束手无策，以至于草率或粗暴地加以处理。须知，在青年文化与传统文化激烈博弈的全球化时代，这种只适合于禁欲主义时代的教育方式已显得十分苍白无力。

来自域外的大量实践和政策经验皆表明，单靠灌输知识来鼓励婚前禁欲，回避性与避孕问题，特别是限制获得避孕药具或流产服务，其结果有可能会适得其反。因为这类举措使青年人放弃的只是安全而负责任的性行为，而不是性行为本身。相反，年轻人了解得越多，他们的态度和行为就越有可能更负责任。[2] 采取"鸵鸟政策"或对青年人面临的性与生殖健康风险讳莫如深，显然已于事无补。我们没有充足的理由可以理直气壮地说这种情势不适用于中国。

（三）医疗保健服务

国际人口与发展大会《行动纲领》明确提出因为青年人提供保密、负担得起且具有社会性别敏感性的青年友好型服务。[3] 第四次世界妇女大会和2001 年召开的联合国大会艾滋病特别大会也继续重申优质服务的重要性和紧迫性。诚然，倘若从"没有病即健康"的角度去理解，青年人尤其是青少年的发病率和死亡率较之其他人群固然最低。然而不论结婚与否，这个群体在非意愿妊娠、人工流产、性传播疾病，特别是艾滋病病毒感染中所占的份额已变得越来越大。更值得关注的是，性与生殖健康疾病负担给这个人群带来的危害亦更为严重。很显然，为这个人群提供优质的医疗保健服务已是大势所趋。

长期以来中国涉及性与生殖健康的医疗保健服务主要由卫生系统的妇幼卫生部门和人口与计划生育两个系统提供。综合性医院的妇科与皮肤性病

---

① Nian Cui, Mingxiang Li&Ersheng Gao, "Views of Chinese Parents on the Provision of Contraception to Unmarried Youth," *Reproductive Health Matters*, 2001, Vol. 9, No. 17, pp. 137 – 145; Liying Zhang, Xiaoming Li and Iqbal H. Shah, "Parent – Adolescent Sex Communication in China," *The European Journal of Contraception and Reproductive Health Care*, 2007, Vol. 12, No. 2, pp. 138 – 147.

② UNFPA, *Investing in People: National Progress in Implementing the ICPD Progamme of Action 1994 – 2004*, New York, 2004; http://www.unfpa.org/sites/default/files/resource – pdf/ icpd_ global04_ summary_ eng_ 0. pdf.

③ United Nations, *Report of the International Conference on Population and Development*, Cairo, 5 – 13 September, 1994, http://www.un.org/popin/icpd/conference/offeng/poa.html.

科、妇幼保健院/妇科医院、计划生育技术服务站/所、民营医院、私人诊所、药店乃至超市等，都在不同程度上参与避孕、流产及性病诊治等服务的提供。尽管低龄青年（未满 18 周岁者）一般隐含在儿童或未成年人中，但正规生殖保健系统主要是面对已婚育龄夫妇特别是已婚妇女的，男女未婚青年通常未被包括在内。

让我们先从妇幼保健系统来考察，妇幼保健工作始终是中国公共卫生服务的优先领域。早在 20 世纪 50～60 年代，全国范围内就普遍建立了三级妇幼卫生保健机构。至 2008 年全国各种妇幼保健机构多达 3000 余个，妇幼卫生队伍约计 50 万人。这个网络长期以来主要致力于提供产前、围产期和产后保健。正如钱序等提到的，在医疗保健服务中，14 岁以下者被定为儿童，由儿科提供治疗和保健；14 岁以上者被归入成人，到内科或者其他成人科室就诊。[①] 15～24 岁青少年和未婚成年人从未被当作一个脆弱人群得到过优先关注。

尽管有关青年尤其是青少年健康与发展的相关规定散见于不同的政策法规之中，但除了学校健康教育政策，卫生部门不曾就针对青少年或未婚青年的性与生殖健康服务制定过专项政策，或者做出过明确的承诺。国家公共卫生和医疗保健服务方面的主流政策措施很少包含青年元素。即使偶有涉猎，也主要是关于性传播疾病特别是艾滋病防控的。

医疗卫生机构具有为青年人提供信息、咨询和医疗"三位一体"服务的比较优势。然而自改革开放以来，尽管医疗卫生机构提供生殖保健的能力大为提高，但在市场化的冲击下，重治疗而轻预防，特别是过度医疗化等市场失灵十分明显，至今仍未有实质性的改变。人们稍加留意便可发现，在医疗服务敞开竞争的情势下，按市场逻辑运作的各种妇科民营或私立医院，以营利为目的遍撒诱导性的广告，有的甚至在妇科市场布下诸多商业化"陷阱"。上述一切对少女和未婚女青年造成的危害已开始日渐显现。

未婚者虽然未被排除在主流医疗服务体系之外，但服务质量仍是该人群寻医问药的重要障碍。且不说社会上普遍紧张的医患关系，医护人员态度欠友善，医疗费用过高，等待时间较长，特别是缺乏隐私、保密及尊重等都会

---

① 钱序等：《中国青少年性与生殖健康研究现状——文献综述与项目回顾（2003～2007 年）》，中国/联合国人口基金第六周期青年人生殖健康/计划生育项目文件，2007。

妨碍青年人寻求医疗保健服务。① 一线医护人员何尝没有意识到青年人遭遇的各种性与生殖健康危机，但由于她们所受的训练主要是针对成年人的，难免对青少年的特殊需求缺乏敏感的"同情之理解"。医护工作者工作负担过重也使一些人心有余而力不足。总之，医护工作者服务于青少年的知识之缺乏、观念之滞后以及医疗体制的惯性都会成为年轻人求医问药的阻碍因素。

再从人口与计划生育工作来说，尽管该系统的高层领导在将 ICPD 精神和原则融入政策议程方面做出了最为积极的回应，但无论 2000 年颁布的《中共中央、国务院关于加强人口和计划生育工作稳定低生育水平的决定》，还是 2006 年出台的《关于全面加强人口和计划生育工作统筹解决人口问题的决定》，这两个战略性的纲领文件在谈及公民或育龄人群时均只字未提"青少年"或"青年"字样。

同样，虽然人口与计生部门的一些政策话语强调将服务拓展到青少年，然而在现行体制之下，管理和服务的重头仍是已婚育龄人群，特别是20～49 岁的已婚育龄妇女。如同男性、老年人、流动人口等人群，青少年和未婚青年在获取计划生育信息、咨询及技术服务上依然面临诸多障碍。举例来说，《人口与计划生育法》第二十一条载明"实行计划生育的育龄夫妻免费享受国家规定的基本项目的计划生育技术服务"。尽管政策和法律条文强调为公民或育龄人群服务，但在实际执行过程中作为公民或育龄人群的未婚青年往往被排除在外。这就不奇怪，已婚人群可以便利地获得免费的避孕药具与服务，而缺乏经济支付能力的未婚青年却不能合法地享有这项权利。

进而言之，尽管政策和法律条文强调为公民或育龄人群服务，但在实际执行过程中，作为公民或育龄人群的未婚青年，由于不是人口控制的对象而被排除服务之外。计划生育服务拓宽到青年人仍只是一地一时的现象，既未纳入常规工作，也缺乏可持续性。譬如，一些地方和机构针对青少年设立的"悄悄话室"因利用率低下处于闲置状态而沦为摆设。由于体制方面的原因，该系统工作人员仍难以摆脱长期以来形成的人口控制的思维定式和路径

---

① 代国红等：《青少年生殖健康现状及服务利用状况调查》，《中国公共卫生》2005 年第 9 期；余小鸣等：《中国 4 城市青少年生殖健康就诊意愿及影响因素分析》，《中国预防医学杂志》2004 年第 5 期。

依赖。

对于多数生殖保健提供者而言，青年友好型服务依旧是一个陌生的概念。一些研究发现，计划生育工作人员不愿向未婚青年提供避孕服务。[①] 人口与计生系统的服务人员同样未系统接受过为青年人提供信息、咨询、服务的专门训练。服务过程中缺乏对隐私、保密、知情认可等权利的保障也常常使青少年望而却步。[②] 在中西部农村贫困地区，即使不乏生殖保健服务的供给，距离、交通、求医费用、保健人员的态度以及医患之间的不平等关系等，都有可能成为年轻人寻求医疗保健服务的阻碍因素。

中国青年性与生殖健康政策措施的缺失也体现在其他诸多方面。譬如，中国尚缺乏开展青年生殖健康教育与服务的协调和评估机制；政府部门之间以及政府同民间组织的合作很有限；青少年和青年组织的参与有限；多数干预项目着眼于知识与态度的转变，但对行为改变的影响则不甚理想；生殖健康项目也较少关注影响无数少女和女青年的性侵害问题；分性别与年龄数据的匮缺，既不利于对青年人面临的性与生殖健康风险和挑战做出准确判断，也不利于相关政策和项目的制定、实施及宣传倡导。青年人各种性与生殖健康问题此消彼长，不断累积，要走出"怪圈"谈何容易？

概言之，中国青年的性与生殖健康状况至今仍未得到根本性改观，面向这个人群的信息、教育及医疗保健服务亦明显滞后于这个人群的现实需求。这与国际社会普及生殖保健的愿景、高度重视和优先考虑青年尤其是青少年性与生殖健康的理念及实践相比尚有较大的差距。这一阙如同青少年人数之庞大、性与生殖健康问题之严重以及青年人在未来可持续发展中的作用相比显然极不相称。

四　结束语

回望以往十多年的风雨历程，中国在促进青年人性与生殖健康的政策

---

① 涂晓雯等：《中国八省市计划生育工作者对向未婚年轻人提供避孕服务的态度》，《生殖与避孕》2002 年第 3 期。

② Liying Zhang, "Access to Contraceptive Services among Unmarried Young People in the North – East of China," *The European Journal of Contraception and Reproductive Health Care*, 2004, Vol. 9, pp. 147 – 154.

和实践上已迈出了坚实的一步，相关信息、教育及服务的供给上也出现了历史性的跨越。这些年的变化不可谓不大，然而各种探索毕竟尚处于起步阶段，青年人不断增长的现实需求同教育与服务提供之间的断裂并未得到有效弥合。更堪忧虑的是，许多问题有增无减甚至还在不断恶化。20世纪90年代以来的各种变化可谓喜忧参半，其未来发展前景亦喜亦忧。凡此种种也足以表明，青年人性与生殖健康挑战已无可规避地摆到了中国社会的面前。

基于以往十多年的嬗变，比照前瞻性的国际目标，要使青年人真正了解性与生殖健康知识、转变态度并改变行为，还有赖于促成更宽泛的立法政策和体制层面的变革，以便可持续地保障青年人的权利并赋权这个群体。如同发展经济一样，对青年人健康与发展的干预同样需要有国际视野。放眼整个寰宇，以联合国系统为核心的各种发展机构正致力于倡导并提供以生活技能为基础的青少年性与生殖健康教育；提供青年友好型服务；创造支持性环境以及增强青年人的参与权和领导权。① 加速促进青年人性与生殖健康的步伐，也有助于我们汇入人类主流文明和世界进步的大潮之中。

15～24岁的青年是促进社会变革的主要动力，也是人类实现可持续发展的宝贵资源。投资于青年人尤其是青少年的性与生殖健康，不只是出于人权和社会公正的要求，也是减贫和实现社会经济进步的关键性战略。这不但有益于亿万青年人自身的发展，而且关乎家庭、社区乃至整个社会的福祉与和谐。换言之，关注这一极为庞大的潜在发展资源，无疑是使整个社会受益的一个必由之路。这也再次表明，无论是出于应急之需抑或长远之计，不失时机加快为青少年提供适当信息、教育和生活技能的步伐已势在必行，理应尽早列入国家发展的优先领域并摆上政府工作的重要议事日程。

青年人的性与生殖健康状况不仅是性问题和健康问题，更是复杂的社会问题和严峻的发展挑战。承载着历史与现实元素、交织着文化传统与全球化新知的性与生殖健康信息、教育和服务供给，显然不可能一蹴而就或一劳永逸。无论是在政策和制度层面，还是在具体操作过程或项目实践中，各级政

---

① UNFPA, *UNFPA Framework for Action on Adolescents and Youth*, 2007, http://www.unfpa.org/sites/default/files/pub – pdf/framework_ youth.pdf; WHO Western Pacific Region, *Investing in our Future: a Framework for Accelerating Action for the Sexual and Reproductive Health of the Young People*, 2006, http://www.wpro.who.int/publications/docs/investinginourfuture_ framework.pdf.

府、非政府组织乃至家庭等仍有相当大的努力空间。未来探索之路既不会平坦，亦不可能一帆风顺。这一切都呼唤个人、家庭、社区、保健系统及整个社会共同携手努力，因而也更需要国家对青年人的健康与发展问题做出真正整合性的政策回应。现在不加快行动的步伐，又更待何时？

[本文原题为《风雨兼程的艰难探索——促进中国青年性与生殖健康的干预》，《清华大学学报》（哲学社会科学版）2011 年第 1 期，该文第二作者为刘爽]

关于未婚青年性与生殖健康的若干问题

一 投资于青年人性与生殖健康的政策选择

青少年和青年①的性与生殖健康是一个全球性的公共卫生问题和世界性的发展挑战。跨入 21 世纪以来，投资于青年人的性与生殖健康日益成为一种国际共识和国际政策的一个优先关注议题。1994 年召开的国际人口与发展大会就明确提出了 2015 年之前确保所有人在其整个生命周期普遍享有生殖健康的愿景。含中国在内 179 个国家代表通过的具有里程碑意义的《行动纲领》，第一次把青少年和青年的生殖健康与权利当作一个重要的发展问题，并且鲜明地提出获得性与生殖健康信息、教育和服务是该群体享有的一项权利。② 联合国 2005 年召集的世界首脑会议进而将 "2015 年之前普及生殖保健" 确立为联合国千年发展目标的一个具体目标，并相应添加了有关青年的若干监测指标。青年人的性与生殖健康被视为关乎民族前途和国家未来的大事而在全球范围内得到了史无前例的关注和重视。

在社会经济瞬息万变的全球化时代，像其他发达或发展中国家一样，中国青年健康与发展的社会环境及其决定因素，同其在闭关锁国年代成长起来的父母一代相比已不可同日而语。因加入全球体系而导致的各种结构性变

---

① 跨入 21 世纪以来，国际社会越来越倾向于把 15～24 岁者定义为青年（youth），10～19 岁的界定为青少年（adolescent），10～24 岁者称作年轻人（young people）。国内关于儿童、青少年和青年界线的划定较为混乱。在中国语境里，将 15～16 岁青少年叫作 "小青年" 或 "低龄青年" 还差强人意；而把 20～24 岁者叫作 "青少年" 则名不副实。鉴于国际惯例，也念及中国国情，本文将 15～24 岁者称为 "青年"，不过在论及中小学生等低龄青年时则遵从习惯称作 "青少年"。

② United Nations, *Report of the International Conference on Population and Development*, 1994, http://www.un.org/popin/icpd/conference/offeng/poa.html.

化，其中包括经济迅猛发展而贫富分化日益加剧、市场经济的蔓延与渗透、大规模的人口流动以及商业化青年文化的崛起等，凡此种种莫不错综复杂地纠结在一起，深刻影响着男女青年的日常生活和价值观念。植根于中国历史、文化和制度的性观念和性行为在"改革"与"开放"的相互激荡中出现了令人惊愕的裂变。

这一切对涉世未深的青年尤其是青少年的影响尤为显著。中国青年人口之多举世无双。到2008年底，15～24岁青年占总人口的14.73%。① 据此推算，15～24岁青年约有1.96亿人，其中未婚者在1.6亿人以上。尤其值得关注的是，最近几十年中国青年性成熟的年龄日趋提前，而初婚年龄不断推后，无论是就读学子、就业青年还是流动打工青年，这个群体发生婚前性行为的可能性大为增加。

中国社会的急剧转型也为保护青年人的性与生殖健康平添了很多变数。物质生活的日益丰富、生活方式选择的多样化、大规模的人口流动、家庭结构的变动、社会控制的松弛、性信息的"狂轰滥炸"、性观念与性行为的开放以及信息与通信技术的日新月异等，上述各种诸多现象不仅在中国史无前例，而且可谓世所罕见。这一切对青年人尤其是心智尚未成熟的青少年造成了更大的冲击。由于缺乏来自学校、家庭和社会的正规教育与引导，未婚青年性与健康知识的匮乏同其性观念的开放、性行为的普遍化之间形成了鲜明的反差。

于是乎，对于"80后"和"90后"的中国青年而言，他/她们的自由和权利不断扩展的同时，各种性与生殖健康问题也纷至沓来，势不可挡。性活跃的年轻人面临诸多前所未有的健康风险、威胁及危机已是无可争辩的事实。无保护的性行为、非意愿妊娠、人工流产、不孕症、性传播疾病、艾滋病、性暴力、贫困以及缺乏经济机会等，这些生死攸关的发展挑战层出不穷，而且往往叠加在一起。② 凡此种种都是闭关锁国年代长大成人的青年人父母一代不曾遭遇的。

校内外青年中近年来频频发生的一连串"门"事件，诸如"脱裤门""摸奶门""秋千门""破处门""扒衣门"以及未婚青年弃婴犯罪事件等，

---

① 国家统计局：《中国统计年鉴（2009）》，中国统计出版社，2009。

② Liu Shuang, Hu Yukun and Zhang Benbo, *China Population and Development Report 2009—From ICPD to MDG: A Review for China at 15 Years (1994 - 2009)*, Department of Social, Sciences and Technology Statistics, National Bureau of Statistics, 2009, http://www.unfpa.cn/sites/unfpa/files/media/ICPD%2B15%20report%20for%20China%20English.pdf.

莫不昭示了青年人中不断累积的身心困扰。更堪忧虑的是，林林总总的性与生殖健康问题尚处于难以逆转的上升势头。境外大量实践表明，假使提供充足、准确的信息，连同便捷且负担得起的优质医疗保健服务，许多问题甚至悲剧本是可以避免的。

纵观 1994 年国际人口与发展大会以来的变化轨迹，中国旨在满足青年人性与生殖健康信息、教育及服务需求的政策和干预日渐增多。由于国际理念与实践的引领，这场方兴未艾的社会实验从一开始就建立在较高的起点之上。然而鉴于未婚青年性问题的文化敏感性，再加上青年人的发病率和死亡率比较低，不论父母、老师、服务提供者还是决策者，都对该人群性与生殖健康问题的严峻性及紧迫性缺乏足够的了解、理解和重视。迄今为止，性健康教育和医疗保健服务可及性的滞后状况并未得到实质性的改观。2010 年距离国际人口与发展大会《行动纲领》与千年发展目标提出的 "2015 年之前普及生殖保健" 的愿景，充其量只不过短短的 5 年时间。假如不对这一庞大人群的性与生殖需求和权利问题做出积极的回应，不仅中国政府做出的国际承诺将成为泡影，"人人享有公共卫生和基本医疗服务" 的目标也势必无从谈起。可见，中国在促进和保护青年人性与生殖健康方面已别无选择，必须直面现实并积极应对挑战。

中国青年的性和生殖健康促进与保护何去何从正处在一个关键性的十字路口。这一切都呼唤中国政府直面现实，不失时机地将中国青年的性与生殖健康问题列入公共卫生的优先领域并提上公共政策的议事日程之中。毋庸置疑，中国青年的性与生殖危机既非横空出世，也不是在真空中生发的。青年人面临的性与生殖健康问题同其应对健康挑战的现有机制和制度之脱节是不争的事实。无论是信息、教育抑或服务供给的缺失，都可追溯到深层次的文化和制度根源。

诚然，我们不乏应对挑战的知识、技术和能力，中国缺少的正是持续的政治意愿、承诺和投资。更直白地讲，根源正在于政策的缺位和滞后。可见，检视政策现状并思考其未来走向，对于完善现有政策并开发新的政策是十分必要的，也是非常及时的。为了避免走弯路并使代价降到最低程度，中国急需比照并借鉴国际上的佳例，研究并进而提出 "本土化" 的政策思路。

由联合国人口基金和国务院妇女儿童工作委员会联合发起、北京大学人口研究所负责实施的 "中国青年生殖健康可及性政策开发研究"，发布了首次全国性问卷调查的初步数据报告。^① 故此，我们希望借此机会利用论坛这一平台激起新一轮讨论，以期在科学发展观的引领下探寻全球化背景下促进和保护中国青年性与生殖健康的政策选择。

本文发出了呼唤政策行动的强音，并从不同角度提出了持之有据、言之有理而且具体而微分梳人群的一些政策建议。

学校性健康教育不但有利于传授知识，改变态度乃至价值观念，而且有利于赋权青少年。在青少年性与生殖健康领域卓有建树的高尔生教授指出，对于性教育这一艰巨而复杂的社会系统工程，尽管不能单靠教育一举予以解决，但发挥学校教育的主阵地作用则不失为明智之举。^② 然而迄今为止，推进性教育仍步履蹒跚，常常遭遇各种尴尬。学校完全拒斥的有之，蜻蜓点水的有之，形同虚设做表面的文章亦有之。即使付诸实践，性教育也常常因教育行政部门领导观念的滞后、教材与师资队伍的匮乏、内容的狭隘、形式的呆板等而大打折扣。对此，高教授一一提出了令人信服的应对之策。

2000 年成立的玛丽斯特普国际组织中国代表处，自一创建起就颇有远见地以服务青年、促进青年人的性与生殖健康为定位，努力打造"你我"健康公益品牌。从 2003 年起，它先后在青岛、西安、南京、郑州及南宁设立了 5 个你我青少年健康服务中心。中心还以诊所为依托，提供了避孕、流产、生殖道感染、性传播疾病、艾滋病自愿咨询与检测以及转诊等医疗保健服务。更值得称道的是，它们还面向大专院校学生、流动打工人群、工厂女工及娱乐服务场所的性工作者等高危人群，开展宣传教育、行为改变、倡导等外展活动。^③ 作为一线实践者，这个团队在日常活动中触摸并感知青年人的性与生殖需求以及满足其需求的途径和方法。出自这一前沿团队的这篇政策思考分梳年龄、性别，并细分校内外青年，并就性教育与服务有的放矢地提出了一些很到位的政策建议。^④ 正因为如此，这一来自一线实践者的声音才显得如此弥足珍贵。

中国青年是一个社会经济地位高度分化的社会群体。农村落后地区青少

---

① 北京大学人口研究所等：《中国青少年生殖健康可及性调查报告》，2009，http://www.docin.com/p-258104095.html2009。

② 高尔生：《学校应是青少年性与生殖健康教育的主阵地》，《人口与发展》2010 年第 3 期。

③ 玛丽斯特普国际组织中国代表处：《服务青年，服务中国：玛丽斯特普国际组织中国十年历程》，2009。

④ 刘爱青：《关于中国青年性与生殖健康教育和服务的政策建议——基于日常实践经验的呼吁》，《人口与发展》2010 年第 3 期。

年和未婚青年获取性与生殖健康教育、信息和服务机会及渠道原本就少于城市同龄人。这个人群中的许多人为生计漂泊到都市，一旦脱离了父母的视线、乡村社区的社会控制和传统乡土文化的"紧箍咒"，她/他会很快拉开"遮羞布"，从而面临更错综复杂的生殖健康与发展挑战。尤其值得关注的是，因获取经济机会和发展资源上的不平等，一些无收入或低收入的女青年沦入商业化性服务之中。由于男女权力关系的不平等，性工作者往往难以控制其性活动，并难以保护自己免受非意愿妊娠和性传播疾病的双重侵害。可见，忽视青年人的巨大差异和多样性，就有可能使处于边缘地位的弱势人群进一步边缘化。

正是基于中国当下的上述现实，学界不约而同且敏锐地将目光投向了流动打工青年的性与生殖健康关怀。多年致力于艾滋病研究的夏国美研究员和杨秀石教授，专门探究了决策层在流动女青年尤其是娱乐服务性行业从业女青年生殖健康保护中必须直面的重大挑战，即政府角色错位、舆论质疑的压力和民间力量不足的问题。该文进而浓墨重彩地阐述了政府培育和扶植成长中的民间组织的重要性："要在娱乐服务业女性中开展生殖健康关怀，尤其是帮助她们改变不安全的性行为，不仅需要出台相应的法律法规和政策，创造适宜该群体行为改变的环境，更需要一支既有专业知识、同情心与责任感，又有能力与该群体打交道的队伍。"[1] 这项长期而复杂的工作只有依赖民间力量才有可能持续下去。唯其如此，政府应变革不适宜民间力量参与的法规政策，并建立促进和扶持优秀民间组织发展的良性氛围。这一基于长期经验研究的洞见值得决策者深刻反思。

中国人口与发展研究中心的王晖和刘鸿雁研究员则阐述了占流动人口1/3强的15~24岁流动青年的性与生殖健康问题及其解决路径。在透析其调查发现和政策思考的基础上，她们很有见地呼吁：中国亟待政府制定和完善面向流动青年性与生殖健康教育及服务的相关政策和规划，尽快建立起政府主导、多职能部门参与、多社会团体组织加盟的信息与服务供给体系，将流动青年人口性与生殖健康教育与服务纳入政府各有关部门的日常工作，并建立起保证政策落实的监督评估考核机制。[2] 这些建议无疑是中肯且耐人寻味的。

保障中国青年的生殖健康与权利，与时俱进地加快为这个人群提供信

---

① 夏国美、杨秀石：《边缘女青年生殖健康关怀的民间力量开发》，《人口与发展》2010年第3期。

② 王晖、刘鸿雁：《关于青年流动人口性与生殖健康政策的若干思考》，《人口与发展》2010年第3期。

息、教育和服务的步伐已刻不容缓。视而不见的鸵鸟政策或一味消极待变只能将问题延后，其结果则有可能使问题更为恶化。这同实现可持续发展的目标显然是背道而驰的。投资于青年人的性与生殖健康不仅仅出于人权和社会公正的要求，也是不单有益于亿万青年自身的发展，这是关乎家庭、社区和整个社会和谐发展的系统工程。我们有理由期待中国政府不失时机做出整合性的制度安排，并同非政府组织、学校、家庭、社区、医疗保健系统等社会各个方面共同携手行动起来！

二　中国性健康教育须与时代同步

中国的学校性健康教育肇始于 20 世纪 80 年代末。艾滋病的来袭和蔓延无疑起了举足轻重的助推作用。自那时以来，性教育干预不仅在各级校园延伸、拓展并进而遍地开花，而且在城市校外青年尤其是脆弱人群中播下了种子。[①] 历史翻过了 30 多个年头，性教育辩论的聚焦已由提供与否转为提供什么以及如何提供等议题。尽管这些年迈出的步子令人鼓舞，但迄今为止无论政策抑或实践皆不尽如人意，系统化性教育体系的匮乏毋庸置疑导致中国性健康教育远远滞后于中国青年尤其是少男少女多样化的复杂需求。

伴随改革与开放的双重变奏，中国青年的价值取向特别是性价值观念已发生了戏剧性变化。无论是"80 后"还是"90 后"，都对婚前性行为、未婚同居及未婚先孕等现象变得更为开放和宽容。例如，北京大学人口研究所开展的首次全国青少年生殖健康可及性调查揭示，在 2 万多名 15～24 岁的未婚青年中认为男、女青年"应保持贞洁，任何情况下都不应该有性行为"的比例分别仅为 24.1% 和 31.5%，两者都不足 1/3。这就意味着 2/3 以上的青年都对婚前性行为表示了不同程度的容忍和接受。[②]

性态度和性观念无疑是性行为的先导。由于青春发育期提前而结婚年龄推后，与"性待业期"延长相伴生的是未婚青年尤其是一些脆弱人群婚前

① Liu Shuang, Hu Yukun and Zhang Benbo, *China Population and Development Report 2009—From ICPD to MDG: A Review for China at 15 Years (1994 - 2009)*, Department of Social, Sciences and Technology Statistics, National Bureau of Statistics, 2009, http://www.unfpa.cn/sites/unfpa/files/media/ICPD%2B15%20report%20for%20China%20English.pdf.

② 北京大学人口研究所等：《中国青少年生殖健康可及性调查报告》，2009，http://www.docin.com/p - 258104095.html。

性行为的低龄化和普遍化。前述全国性调查还发现，被调查者中有过性经历的占 22.4%（接近 1/4），其中男、女青年分别为 25.4% 和 19.2%。男、女流动青年的比例更高，分别达到了 39.8% 和 33.2%。较之已婚人群，未婚青年的性行为更有可能不安全。譬如，她/他们发生首次性行为时未避孕的比例超过了半数（占 51.2%）；最近一次未避孕超过 1/5（占 21.4%）。①

越来越多研究和证据反复揭示，未婚青年性观念的开放、性行为的普遍化同性无知和性健康知识的匮乏之间形成了鲜明的反差。在信息爆炸的全球化时代，形形色色的性信息无所不在，接吻拥抱等活生生的现实也俯拾即是，甚至不同年龄段的少年儿童都会或多或少或者主动或者被动地获得一些与性相关的知识。尽管如此，由于缺乏来自学校、家庭和社会的正确引导，对"神秘"的性感到好奇或不解的青年，特别是少男少女盲目进行自我探索，由此而获得的信息瑕瑜错陈，亦难免残缺不全。

其结果是，许多人不论是对于妊娠与艾滋病风险的认识，还是预防与保护知识，都一知半解，似懂非懂。这在北京大学人口研究所完成的这项调查中得到了进一步印证。该研究数据显示，被调查者知道假如发生了无保护性行为，72 小时内服用紧急避孕药可避免怀孕的只占 48.3%；能正确回答"女性一次性交就有可能怀孕"的仅为 50.7%；尽管 95.2% 的青年听说过艾滋病，但能全部正确回答有关艾滋病病毒传播途径 5 道问答题的仅占 14.4%。② 随着性接触传播逐渐成为艾滋病传播的主要途径，中国男女青年遭受 HIV 侵袭的可能性和脆弱性也就越来越凸显了。据官方数据，无论是在当年还是在累计报告病例中 20 ~ 29 岁人口艾滋病病毒感染者和艾滋病患者皆约占三成。③

拥有正确的性知识与性信息是做出知情选择并进而保护性与生殖健康的前提条件。然而很多中国青年尤其是青少年却因相关知识的匮乏而对不期而遇的性事务而感到困惑、惶恐，并因此遭遇风险甚至深受危害。近年来，校内外青年中频频发生的形形色色"门"事件，其中包括被炒得沸沸

---

① 北京大学人口研究所等：《中国青少年生殖健康可及性调查报告》，2009，http://www. docin. com/p – 258104095. html。

② 北京大学人口研究所等：《中国青少年生殖健康可及性调查报告》，2009，http://www. docin. com/p – 258104095. html。

③ 国务院防治艾滋病工作委员会办公室和联合国艾滋病中国专题组：《中国艾滋病防治联合评估报告（2007）》，2007，第 6 页，http://wenku. baidu. com/link? url = JwzjFw0_gLp1ccSht2qxL0nvJJf1TQ6UkqmMVtBtle19VuqNz6UT7R74a6bxHcSj3vEpyrjQ2TMiBaPrNC8ibV4 – 3izgBDw36diCwQIsBHq。

扬扬的"摸奶门""秋千门""脱裤门""扒衣门""破处门"以及少女弃婴杀婴等犯罪事件层出不穷,无一不折射了青年人中不断累积且日趋严重的身心困扰。

不管你承认与否,愿意不愿意,令人忧虑的是,无论是就读学子、就业青年,还是流动打工青年,非意愿妊娠、人工流产、性传播疾病以及艾滋病等不安全性行为带来的风险和负面影响不仅日益凸显,而且对该人群构成了愈来愈严重的威胁。中西部落后地区的农村青年,一旦走出校门迈向社会,再从农村来到都市,进而加上城市生活的洗礼和冲击,倘若不得已又落入商业化性服务行业,她/他们便面临更为严峻的性与生殖健康的挑战。迄今所暴露的这些问题恐怕只是"冰山之角"。凡此种种无疑都是中国现行性教育模式普遍匮乏且失败的有力证明。

可以肯定地说,迄今为止生理或身体上显露的问题只不过是"冰山一角"。因青春期发育、恋爱、性关系及人工流产引发的困惑、焦虑、恐惧、自卑乃至抑郁等正在不断累积,轻者或许会造成学业或事业动机不足,成绩或业绩下降乃至终止,重者则有可能导致人际关系冲突、性犯罪、自杀甚至杀人。这些现象无疑是中国难以绕过去的沉重话题。所有这一切很显然是中国现行性教育模式普遍匮缺和失败的重要例证。

虽然学校被公认是赋权青少年保护其性与生殖健康的主阵地,但由于制度和文化上的诸多障碍,不同地区城乡学校性健康教育模式截然不同,数量与质量也存在巨大差异。例如,西部有的地方几乎完全拒斥,有的只限于几堂课,而东部有的地方则已有创新性推进。从内容上看,有的侧重于身体和生理方面,有的加入了以禁欲为特色的道德规范内容。总的来说,都较少触及情感、爱、两性关系处理以及作为青少年性健康保护核心的不安全性行为和避孕等主题。胜任的师资和合适的教材也十分匮乏。最为关键的恐怕还在于缺乏有效的监督和评估机制。学校性健康教育尚且如此,更遑论家庭和社会教育了。

经历了 20 多年的风风雨雨,中国性健康教育干预仍步履蹒跚,举步维艰,很显然还未能与时俱进地满足庞大的青年人群不断变化的多样化需求。鉴于此,本文从不同维度检视并探究中国当下性健康教育的成败得失及应对之策。

自 20 世纪 90 年代中叶以来,伴随艾滋病的迅速蔓延,若干政策法律纷纷就开展性健康教育问题做出了明确规定。例如,1996 年国家教委等下发

了《关于在普通中学进一步开展人口与青春期教育的通知》。2001 年颁布的
《人口与计划生育法》（第十三条）规定："学校应当在学生中，以符合受教
育者特征的适当方式，有计划地开展生理卫生教育、青春期教育或者性健康
教育。"2006 年修订的《未成年人保护法》（第十九条）载明"学校应当根
据未成年学生身心发展的特点，对他们进行社会生活指导、心理健康辅导和
青春期教育"。教育部 2008 年制定的《中小学健康教育指导纲要》，进一步
就健康教育的目的、内容及教学方法等做出了一系列新规定，其中很多内容
涉及性教育主题。

　　然而，政策的贯彻落实却是另一码事情，而且在遏制艾滋病情境下提出
的性健康教育议题，其着眼点比较狭窄也自不待言。在公开谈论性长期都是
"禁忌"甚至"谈性色变"的古老国度，开展性教育毋庸置疑是一个文化上
很敏感且易于引起纷争的话题。改革开放以来，虽说中国社会已变得越来越
开放，但一些传统价值观仍根深蒂固，并具有强劲的生命力。父母、老师、
卫生工作者及决策者等成年人不但不能坦诚地同青少年公开谈论性问题，更
有甚者是"泼洗澡水把婴儿也泼出去了"。这一切不仅使相关政策法律的贯
彻执行难乎其难，也使校内外性健康教育的开展面对重重阻力。

　　中国计划生育宣教中心"青苹果之家"[①] 张晓纪主任依据其同青少年本
身及其父母打交道的切身经历，撰文分析了当下校内外青少年性健康教育的
缺失，并剖析了背后的原因。张文指出，少男少女在成长过程中遭遇的各种
性生理、性心理及人际交往的困惑往往互为叠加，然而她/他们却难以从父
母和老师那里得到求解。父母因本身未受过性教育而在各种迷茫和困扰面前
不知所措；学校性健康教育则因应试教育的羁绊、专业教师的缺少、统一教
材的缺乏以及教学方法的缺失而裹足不前。性健康教育的社会环境同样不尽
如人意。家庭、学校和社会教育的脱节以及相关政策的缺位致使青少年性与
生殖健康教育远远滞后于时代的要求。这些源自实践的观察和反思应引起人
们的警觉。[②]

　　上海社会科学院夏国美研究员等撰写的《性教育与性觉悟：对青少年
性健康教育的探索》一文在剖析性教育缺失的基础上，从学理层面敏感地

---

① "青苹果之家"是科技部、中宣部、教育部、中国科协及国家人口和计划生育委员会 2003
　年联合挂牌成立，集宣传、教育、交流于一体的性与生殖健康教育基地。
② 张晓纪：《滞后于时代要求的青少年性与生殖健康教育》，《人口与发展》2010 年第 4 期。

捕捉到性的神秘与时空分层、性的吸引与情感分层、性的冲突与理性分层等当代性健康教育必须直面的一些基本问题。该文指出："要享受充分的性自由，就需要有充分的性觉悟，即解开性的秘密，掌握性的科学，明了性的心理，预见性的后果。"因此，她们认为，青少年性健康教育的出路之一应是从身体、心理、社会适应层面系统提高青少年的性觉悟，以使其在自由的环境中学会正确的选择和健康的实践。而要适时有针对性地提升这个人群的性觉悟，则需要对性健康教育进行科学的分层研究，并建构多学科配套的教育模型。[①]

首都师范大学教育学院性教育研究中心主任张玫玫教授的文章从如何以生理、心理和社会适应三个维度科学理解性和性健康着眼，明确指出："性健康教育的目的是指导青年人在生物、心理和社会适应三个层面达到健康、自信和快乐。"文章还一一分析了性教育内容的综合性、教育时间的长期性、教育实施的阶段性以及教育观念的继承和发展性等性健康教育的各种特性。基于她多年从事性教育研究的丰富经验，张教授还从性教育理论构建，家庭、学校和社会三位一体性教育体系的衔接及社会环境营造等角度提出了进一步完善性健康教育实施的问题。[②]

自 1994 年中国首次接入国际互联网以来，上网逐渐变成许多青年日常生活不可分割的一部分，因而也是这个人群获取性与生殖健康信息的重要渠道，尽管因特网还因其便捷性和私密性的优势而深得青睐。上海市计划生育科学研究所楼超华研究员和左霞云助理研究员的文章，对于利用网络开展性教育的现实可行性、有效性、教育的方法与形式以及面临的挑战等做了言简意赅的总结和概括。[③] 迄今为止，这个平台的潜力尚未得到充分的开发和利用。与时代同步显然也意味着性与生殖健康信息、教育和服务提供应充分利用像网络这样深得青年人喜爱的沟通手段和工具。

概言之，中国性健康教育同中国做出的国际承诺、域外的成功经验以及国际社会倡导的以权利为本、具有社会性别敏感性的综合性性健康教育相比，显然还相去甚远。上述事实也无可辩驳地证明中国性健康教育不但迫在

---

① 夏国美、杨秀石：《性教育与性觉悟：对青少年性健康教育的探索》，《人口与发展》2010 年第 4 期。

② 张玫玫：《多元视野中的性健康教育》，《人口与发展》2010 年第 4 期。

③ 楼超华、左霞云：《利用网络扩展青少年获取性知识的渠道》，《人口与发展》2010 年第 4 期。

眉睫，而且十分必要。有效、优质的性健康教育是中国对这一代青年所能做的最好的投资之一，无疑也是成年人给未成年人的最好"礼物"之一。

性健康教育本身不排除青年人会有不理智之举，但缺乏这方面知识会使她/他们失去了判断的标准和依据，因而难以从容面对可能突如其来的性问题。国内外各种研究均证明性教育干预有助于延迟性交行为，万一开始了性活动则会进行避孕，它因而成为赋权改善青年人性健康与生殖健康的重要举措。中国青年的性与生殖健康需求在变化，满足其需求的手段和方法也必须与时俱进，与时代同步。中国的性教育努力不容置疑需要来一场"革命性"转变，要不然我们迟早会为其无视青年人的性与生殖健康付出高昂的代价！

三 性与生殖健康的青年友好服务

青年友好服务（youth-friendly services）和青少年友好服务（adolescent friendly services），皆可称为"亲青服务"，是新近十多年国际上逐渐达成共识并付诸实践的一种创新性的医疗保健干预。世界卫生组织、国际计生联盟（IPPF）、国际探路者协会（Pathfinder International）、意真达（Engender Health）及家庭健康国际（FHI）等知名国际健康机构先后都提出过青少年或青年友好服务的框架。

例如，世界卫生组织确认的青少年友好服务特征主要包括以下11个方面内容：友好政策；友好手续；友好的保健人员；友好的其他工作人员；友好的医疗设施；青少年参与；社区参与和对话；以社区为基础的外展和同伴服务；适宜的综合性服务；有效的服务以及高效的服务。[1] 鉴于青少年和青年友好服务在内容上大同小异，而且国际上界定的 10~19 岁青少年概念部分包括在更具有性与生殖健康风险的 15~24 岁青年之中，故此，本文将"亲青"服务也称为青年友好服务。

所有人平等地享有优质的生殖保健是国际公认的一项基本权利，然而青年人的这一权利在世界各地远未成为社会现实。伴随性活动的低龄化和普遍化，庞大的青年人口面临意外妊娠、人工流产、性传播疾病、艾滋病及性侵犯的更大风险、威胁和危害已是不争的事实。2011 年，全世界艾滋病病毒

---

[1] WHO, *Adolescent Friendly Health Services—An Agenda for Change*, 2002, http：//cdrwww. who. int/maternal_ child_ adolescent/documents/fch_ cah_ 02_ 14/en/.

新感染者中约有一半是 25 岁以下的。

　　未婚青年尤其是生理、心理和社会适应方面处于急剧转变期的青少年，在性方面更好奇，更易于冒险，而且更缺乏保护自己免受伤害的知识、技能及权力。这个人群对性行为、避孕、流产、性传播疾病及艾滋病防治的信息与服务需求因而有别于已婚成年人。更堪忧虑的是，性与生殖健康疾病负担给青年人带来的后果更严重，不孕症等不良健康结局甚至会影响其终身的健康与福祉。可见，性健康教育唯有同医疗保健服务齐头并进方可发挥更好的效用。

　　然而越来越多经验事实表明，较之信息与教育的提供，面向未婚青年的医疗保健服务更容易引起争议甚至非难。在许多文化中，未婚者连谈论性或避孕都是一个很敏感的禁忌，更遑论寻求避孕和流产服务或诊治性传播疾病。她/他们常因年龄、性别、婚姻或社会经济状况而被医疗保健体系拒之门外。即便有需求，寻求服务的尴尬、污名及羞辱也会阻碍其去利用服务。

　　主要是基于上述背景，青年和青少年友好服务的理念与实践破土而出。世界卫生组织等一些国际机构纷纷确认了亲青服务的一些关键性特征。时下得到普遍公认的友好健康服务基本元素主要包含以下方面：①政策与管理：支持性的政策；关注性别差异和弱势人群的特殊需求；提供免费或负担得起的服务；青年人参与服务的设计、实施和评估；得到父母和社区的支持。②医护人员：受过服务青年的相关知识和技能的特殊培训；尊重、平等、不加评判；周到且乐意为青年服务；注意隐私和保密；给予足够的互动时间。③服务的提供：不管年龄、性别或婚姻状况皆可获得服务；等候时间短；提供各种避孕方法与服务的选择；提供宣传教育资料供取阅；必要时及时转诊；通过外展和同伴教育增加覆盖面和可及性。④设施：服务点的位置便利，易于到达；门诊时间方便；有单独的空间；环境整洁舒适。概言之，青年和青少年友好服务应是公平、可及、可接受、适宜、综合性且有效的。

　　以往十多年，这一国际理念逐渐被付诸实践。一些各具特色的服务模式被陆续推出，其中包括将针对青年的服务整合到现有的公立或私立医疗机构之中；融入学校或大学诊所；单独设立只针对青年人的诊所或门诊部；在多功能的青年中心建立诊所；创建友好型的药店；通过外展活动提供现场服务等。在世界各地，许多国际组织、政府和民间社会组织都因地制宜进行了一些创新性的探索。每一服务模式的优劣取决于特定的场域，没有任何一种可以说是万全之策。

青年友好服务分为预防性和诊断/治疗性服务两种。对于性活跃青年来说，这两者皆不可或缺。我们不妨先看一组中国的全国性数据。北京大学人口研究所 2009 年开展的"中国青年生殖健康可及性政策开发研究"显示，22.4% 未婚青年有过性经历，首次性行为的中位年龄为 20 岁。有性经历的女青年中，首次和最近一次性行为没有采取避孕措施的比例分别为 53.9% 和 25.4%。采取安全期等传统避孕方法的分别占 14.2% 和 14.8%。换言之，首次和最近一次采取了现代避孕方法的分别仅占 31.9% 和 59.8%。有性经历的女青年中怀过孕的占 21.3%，反复妊娠的占 4.9%，86% 的妊娠最终以人工流产终止。[1] 可见，未婚青年尤其是青少年的性行为更有可能是不安全的甚至是危险的。如此之高未满足的避孕需求和未婚人流比例莫不昭示了避孕信息与服务的缺失和缺位。

较之诊断/治疗性服务，预防性服务面临着更大的挑战。青年人往往既无风险与保护意识，也没有利用预防服务的直接需求和迫切动机。有的人纵然有意愿也通常不付诸行动。惹了"麻烦"或遭遇问题之后，有些人还迟迟不去寻求服务，或拖得不能再拖时才不得已而为之。上述研究发现，未婚青年咨询和医疗服务方面未满足的需求分别占 59% 和 54%。该研究还揭示，"不好意思"、"问题不严重"、"不知道向谁咨询"和"问题不严重"、"害怕被嘲笑"、"不知道到哪里看"是青年人咨询和治疗需求未能实现的主要原因。就选择医疗机构的优先考虑因素来说，排在前三位的分别是："医疗技术水平"、"是否保护隐私"和"服务的价格"。[2] 青年人面临的风险如此之高而需求的现实却如此之低，折射出目前的信息、教育和服务是很成问题的。可见，要提升中国青年对预防和治疗服务的利用谈何容易！

域外大量实践证明，假如将信息与服务的供给有机整合起来，提升青年人对预防和治疗服务的利用率是有可能的。然而，满足青年人的性与生殖健康需求并保障其权利尚未在全社会成为一个普遍共识，而且在医疗保健服务仍备受诟病的中国，亲青服务是否可能？本土化的亲青服务又当如何呢？

跨入新世纪以来，在国际项目的推动下，亲青服务的前沿理念开始在中国被付诸实践。除了一些医院先后开设的知名青春期门诊以外，引起过较大

---

[1]　北京大学人口研究所等：《中国青少年生殖健康可及性调查报告》，2009，http://www.docin.com/p-258104095.html。

[2]　北京大学人口研究所等：《中国青少年生殖健康可及性调查报告》，2009，http://www.docin.com/p-258104095.html。

反响的诊所试验主要包括美国帕斯组织与中国计划生育协会联合实施的"青春健康项目"引领下开设的一些服务机构，人口基金在 30 个项目县的妇幼保健院设立的门诊以及玛丽斯特普中国代表处创建的你我青少年健康服务中心。令人遗憾的是，很多诊所伴随国际项目的结束而终止。迄今影响最大的公益性亲青服务机构恐怕当属玛丽斯特普的诊所。不论成败与否，这些本土化摸索都为这一全新理念的中国实践提供了弥足珍贵的理论资源和经验支持。

长期致力于青少年性与生殖健康研究的北京大学儿童青少年卫生研究所余小鸣教授，不仅曾对青少年本身开展过友好服务需求及其影响因素的评估研究，还以妇幼保健院为依托致力于开发并推动青少年友好服务的模式。基于多年的观察与思考，她敏锐地观察到，服务方面人力资源的匮乏是"制约青少年友好服务发展的最大瓶颈"。余教授进而呼吁加强服务人员的能力建设，并把为青少年提供友好服务确定为国家公共卫生政策的一部分纳入医疗服务体系之中。①

上海市计划生育技术指导所副所长胡晓宇副主任医师亲自参与过上海市计划生育技术指导所 2004 年创办的名为"青春关爱俱乐部"的创建。该门诊系上海市第一家青少年友好服务门诊，还开通一条 24 小时生殖健康咨询热线。像其他一些亲青服务门诊一样，苦心经营 5 年之后终因门庭冷落而在 2009 年初正式关闭。纵然有良好的软硬件，单靠诊所层面改进友好服务来提高服务利用率显然是远远不够的。因为服务友好未必就能增加对青年人的吸引力，而没有利用率的诊所只能是缺乏可持续性的"空壳"。基于第一线的实践经验，她就诊所内外的干预提出了若干切实可行的政策建议。②

玛丽斯特普国际组织中国代表处自 2001 年一成立就以促进青年人的性与生殖健康为定位。从 2003 年起它先后在青岛、南京、西安及郑州创办了5 家你我青少年健康服务中心，提供避孕、流产、生殖道感染、性传播疾病以及艾滋病自愿咨询与检测等医疗保健项目。各个中心还以诊所为依托，开展了大量倡导、宣传教育及行为改变方面的干预。结合其多年摸索和实践经验，玛丽斯特普团队为我们详细勾勒了"本土实践中的亲青服务"的 8 个

---

① 余小鸣：《关于青少年友好服务内涵与发展策略的思考》，《人口与发展》2010 年第 6 期。
② 胡晓宇：《中国青少年友好健康服务何去何从?》，《人口与发展》2010 年第 6 期。

特质。这些融入了国际前沿元素的特质正是其各个中心能在无序而激烈的市场竞争中幸存下来并可持续维持其公益性的立身之本。①

按照世界卫生组织等国际机构倡导的亲青友好服务的参照系来量度，中国要迎头赶上可谓任重而道远。从供方的角度看，目前负责提供性与生殖健康服务主要有卫生和计生两个系统，但未婚青年在这两个系统的边缘化乃至被排斥是不容否认的。现有的友好服务诊所或门诊犹如沙海绿洲，不但举步维艰，而且势单力薄。这一切与中国青年愈来愈复杂且多样化的刚性需求显然是无法对接的。

无论是预防意外妊娠，减少堕胎，还是控制性病和艾滋病，计划生育的作用都是不可替代的，然而计生系统因体制的掣肘未能发挥应有的作用。例如，计生系统仍主要以婚后管理为重心，以 20 ~ 49 岁的已婚育龄妇女为工作对象。青年人即便有需要也不会前来寻求服务。一些针对青少年的干预多半浅尝辄止。一些地方开设的"悄悄话室"也因利用率低下而处于闲置状态。

卫生系统的各级各类公立医疗机构虽然没有将未婚青年排除在外，但该系统在很大程度上着眼于治疗而不是预防疾病和促进健康。服务提供者几乎不知道舶来的"青年友好型服务"为何物，更缺乏相关的服务知识和技能为青年提供服务。一些医护人员非但没有"同情之理解"，相反还横加指责。公立医院的收费、拥挤、长久等待、手续烦琐、隐私得不到保障等各种友好服务重要元素的缺位，致使许多青年人退避三舍。凡此种种与刻意满足青年人需要和偏好的亲青服务显然大相径庭。

在激活了的妇科市场，以经济利益最大化为目的民营和私立医院占据了重要的一席之地。从表面看对青年人比较"友好"，但它们的商业化取向不可避免导致收费较高。无收入或者低收入青少年有的"挨了宰"还得接受过度治疗。所谓"无痛"、"微创"、"可视"或"超导"人流的商业广告和虚假信息铺天盖地，令青少年无所适从。这一切与亲青服务的宗旨无疑也是背道而驰的。毋庸置疑，中国青年性与生殖服务面临的这些挑战是当下医疗保健服务缺失的一个缩影。

亲青服务的创建和推广尚待时日和更好的支持性环境，靠任何一个部门

---

① 郭敏、刘丽青、肖远鸿：《本土实践中的亲青服务——玛丽斯特普国际组织中国代表处的探索和思考》，《人口与发展》2010 年第 6 期。

"单挑"都是无济于事的。作为青年人基本权利和诉求的性与生殖健康信息及服务供给，绝不能寄希望于市场这只"看不见的手"。瑞典等发达国家的成功经验表明，政府的干预和介入必不可少。然而在新一轮医疗体制改革中，整个生命周期链条中的婴幼儿、低龄儿童、孕产妇、老年人及其他一些特殊弱势人群，已在不同程度上被纳入了基本公共卫生的干预。唯独作为一个日益凸显的公共卫生问题的青年人性与生殖健康挑战仍是一个被遗落的"空白地带"。

除了政策引导之外，我们有理由期待政府投资推广亲青服务的理念并因地制宜创建青年友好服务站点，这或许可以成为中国走向更公平的公共卫生服务的突破口之一。时间终将证明，假如青年人依然被边缘化，不仅"基本公共服务均等化"是残缺不全的，这个人群不断累积的性与生殖健康挑战还有可能危及国家和整个社会的可持续发展。

四　理解青年亚文化是有效赋权年轻人的关键

由于时代的不同，"80后"和"90后"中国青年不仅在兴趣爱好、娱乐休闲及生活方式方面与其父母一代迥然有别，新生代青年在观念、价值取向、审美情趣及情感表达等精神层面上亦与后者大异其趣。在全球化时代生成的青年亚文化（youth subculture），在很大程度上不同于甚至有悖于社会的主流文化，这在世界各地具有惊人的相似之处。一个不容争辩的事实是，不管成年人是否接受，青少年和青年人有自己偏好的音乐、电视、电影、时尚。一些人对歌星、影星、球星等偶像的追捧、膜拜甚至到了成年人难以理解的境地。

伴随改革开放的进程，青年性文化也逐渐浮出水面并衍生为青年亚文化景观中最鲜活的成分。随着社会越来越开放，网络、影视及文学作品等大众传媒中的色情资讯唾手可得。人们对婚前性行为的态度和规范变得愈来愈宽松了。这在一定程度上催化了青少年性意识的觉醒和性行为的低龄化。只消稍加留意便不难发现，不论在公园、校园、街头巷尾抑或传媒中，接吻、拥抱等青年人的性活动和性文化图景俯拾皆是。

我们不能不承认，比照在"宁要社会主义草，不要资本主义苗"意识形态禁锢下成长起来的老一代，如今"80后"和"90后"青年能更果敢而直白地表达性并尝试性。无怪乎詹姆斯·法勒（James Farre）在《开放：上海的青年性文化与市场改革》① 一书中指出，中国新的青年性文化是建立在罗曼蒂克、闲暇和自由选择的基础之上的。

　　然而迄今为止，综合性的性教育仍付阙如，尤其在西部农村几乎是一片空白。因性知识和性教育匮乏而衍生的未婚青年性与生殖健康问题因而不断显现，步入青春期后少男少女对性的本能欲望和冲动自在情理之中。在我们进行的焦点团体访谈中，张家口一个未婚男青年在书面填答中直言不讳地写道："电视里一看有那种露的东西，心理就总有那种欲望。当自己寂寞、孤独时，也总想那方面的事。我朋友中也有人有自慰的经历。" 互联网时代到来后，与现实脱节的性教育的弊端就更加凸显了。"海运女" "摸奶门" "千秋门" "吃奶门" "脱裤门" 等现象在因特网上频频爆出，无一不淋漓尽致地映射了青少年和青年人在性方面的身心困扰。

　　大量经验证据表明，"80 后"和"90 后"青年的性规范已发生了革命性的转变。一方面，性资讯泛滥成灾，对于网络技术娴熟的年轻人来说，要浏览和下载色情资讯可谓易如反掌；另一方面，传统的道德价值观并未消解，未婚者的性问题依然是"沉默的文化"。性健康教育从来没有像今天这么迫切的。我们要追问的是，在这样一种社会文化情境下，性教育如何与青年亚文化对接？什么样的性教育才能满足青年人越来越多样化的复杂需求？

　　有道是"解铃还须系铃人"。青年人本身是其性与生殖健康主要利益相关者（stakeholder）的观点也已在全球范围内得到了越来越多认同。假如要客观检视并探究青年人观念和行为背后的深层动因，那么，就必须走进年轻人的世界，倾听青年人的声音。正是基于这种考虑，下面集结了 3 位大学在读或刚毕业的同伴性教育者的心声。这几个"敢为人先"的青年志愿者与读者分享他/她们在致力于同伴教育活动中得来的个人观察和思考。

　　性与生殖健康的同伴教育（peer education）是 20 世纪 90 年代中叶从澳大利亚输入的一种健康教育模式。不像同老师、父母或其他成人打交道，年龄相仿，教育、职业或社会经济地位相近，兴趣爱好相似的朋辈之间易于在平等的基础上建立起信任关系。尤其是在对待婚恋、性行为、避孕及生殖等敏感性问题上，同伴之间更易于突破沟通与对话的障碍，从而在信息与知识

---

① James Farrer, *Opening Up: Youth Sex Culture and Market Reform in Shanghai*, Chicago: University of Chicago Press, 2002.

分享，观念与行为转变及生活技能增强等方面取得良好的"示范效应"。正因为如此，它具有成年人开展性教育不可企及的魅力和优势。

同伴教育干预无论在内容还是在形式上，都进行了一些本土化尝试、探索和创新。视校内外不同青年之需，价值观、爱情观、两性交往、婚前性行为、非意愿妊娠、避孕、避孕套发放与使用、性病与艾滋病预防以及反对性别歧视等元素纷纷被引入其中。其内容的契合性和鲜活性因不断"从青年中来，到青年中去"而愈加凸显。同伴教育中平等、开放、参与及互动等新颖而充满活力的教育模式在中国也得到了发扬。武汉大学在读硕士生韦婷婷在文中描述的论坛戏剧、游戏、角色扮演及集体讨论等，都构成了同伴教育中吸引青少年和青年的别样同伴文化。①

同伴教育社团成为凝聚青年志愿者的一个重要场域。因新成员不断注入，同伴教育活动已如同滚雪球般越来越大。一些"开路先锋"毅然决然投身其中并乐此不疲。他们以青春无敌的激情和精力"照亮了别人"，也提升了自己。青年人在自助和互助的集体活动中确立了自己的参与权和话语权，从而在学校、工作场所及社区等微观层面开展了大量自我赋权的有效干预。

在正义与激情的同伴教育舞台上，青年志愿者找到了归属感并增强了社会责任心。玛丽斯特普青岛你我青少年健康服务中心区域宣传推广员王鑫针对"不怕倒在这条荆棘之路上"的豪迈回答："不是先驱就是先烈，这都无所谓了，我们是青年先锋！我们必须看到发展的趋势！青年为青年，青年影响青年，我们可以的，不需要太多解释！"② 西安某高校同伴教育培训师麦子"作为一个先驱，本人愿以文字和实际行动来为女同的权利和福祉而奋斗"③的宣言，都在字里行间流露出青年志愿者的使命感和奉献精神。在物欲横流、拜金主义大行其道的今天，她/他们的所言所行不能不令人感佩和感慨。

青年性文化的崛起及其流行态势可以说是中国社会巨变的一个缩影。即使放到更广阔的国际场景中去考量，中国也绝非一个特例。一些跨文化研究表明，文化对于性观念和性行为可起到促进和限制的双重作用，④ 青年亚文

---

① 韦婷婷：《戏剧在同伴教育中的运用》，《人口与发展》2011 年第 1 期。
② 王鑫：《大学生性教育与青年人自我赋权》，《人口与发展》2011 年第 1 期。
③ 麦子：《女同性恋现状和女同运动面临的困境——以西安为例》，《人口与发展》2011 年第 1 期。
④ UNFPA, *Investing in People*：*National Progress in Implementing the ICPD Programme of Action 1994 - 2004*, 2004, https：// www. unfpa. org/sites/default/files/resource - pdf/icpd＿globalsurvey 04＿1. pdf.

化也不例外。鉴于此，了解并理解青年人进而充分利用作为一种创造性力量的青年亚文化就变得至关重要。

不管成年人有多不情愿，中国青年在性观念与行为方面已走得如此之远。在一些成年人看来"不堪入目"，甚至被等同于黄色、丑恶、淫秽、无耻及下流的音像制品，却深得青年人的青睐。撇开青年性文化的其他表征不论，单就日本 AV（adult video）片及 AV 女优（日语里指女演员）深得年轻人欢迎来说即是很能说明问题的一例。正如玛丽斯特普国际组织中国代表处"青年先锋培养计划"项目负责人王龙玺在文章中揭示的，成人电影被公认为许多未婚青年性启蒙和性教育的一个重要渠道，甚至"根正苗红"的大学生也将 AV 女优奉为心仪的偶像。① 2010 年 4 月 11 日，日本知名 AV 女优苍井空在推特（Twitter，一个境外微博网站）上开微博的消息传出后，很快就在中国年轻网民中引起了不小的"轰动"。这一切无不印证了年轻人对爱的憧憬及对性信息与知识的渴求。

尽管青少年和未婚者接触性资讯会招来各种非议和诟病，但被认为遭受"毒害"的当事人却依然故我趋之若鹜，甚至欲罢不能。为此，青年作家韩寒曾不无感慨地指出："人有没有被毒害还是要当事人自己说的，当事人认为没有被毒害，那就是没有被毒害。但事实是，当事人永远不可能承认自己被毒害，但你们又怎么能判断当事人被毒害呢？""我希望'毒害''封杀'这类词永远退出中国的文化舞台，这才是文化的进步。"② 这个呼吁显然既非空穴来风，也不是无的放矢的。由此看来，武断的指责和掩耳盗铃式的消极应对是无济于事的。

目前网络世界成为青年文化的主要载体。据中国互联网络信息中心 2010 年发布的青少年上网行为报告，截至 2009 年 12 月底，青少年网民已达 1.95 亿人，互联网普及率为 54.5%。网民娱乐排在前三位的分别是网络音乐（88.1%）、网络游戏（77.2%）和网络视频（67%）。③ 以青年使用者为主体的"博客"和 QQ 的问世，不仅为年轻人之间的交流和互动提供了

---

① 王龙玺：《走进青年世界，认识青年人的性文化》，《人口与发展》2011 年第 1 期。
② 韩寒：《一种重要东西的倒退》，2008，http：//blog. sina. com. cn/s/blog_ 4701280b010090xs. html。
③ 中国互联网络信息中心：《2009 年中国青少年上网行为调查报告》，2010，http：// wenku. baidu. com/link？ url = IrCybGzNJ1KFyKtNh2eM5eGrVzsQxSGbFwbZxCeTrDvGcO4RuKhH Cs8xKoyWNZMR8OPNg1Ysic05U8ZeZRWtvYIhU8ZgFx9IzfxV4wLyHRa。

更大空间，也为在主流话语场处于边缘的青年人找到了"发声"的平台。王龙玺在文中还为我们勾勒了以青年人为主体建构和使用的一些网络语言和手机语言。① 作为青年亚文化的一种表达，它们既彰显并折射了青年网民的生理－心理特征，又反映了其特殊的偏好和诉求。

成年人对网络负面影响的担忧不无道理。谁都清楚"近朱者赤，近墨者黑"的简单道理。更何况，色情资讯既与青年人性与生殖健康权利无涉，亦无保护或促进其健康的积极元素。青年人尤其是情窦初开的青少年模仿和接受新事物的能力强，但辨别能力相对较差。若不积极赋权年轻人降低其性健康的风险与脆弱性，其负面影响自然可想而知。这的确是我们不得不正视的事实。

青年人不是铁板一块的一个整体，青年亚文化同样五花八门。因此，承认、理解并尊重青年人及其文化的多样性同样不可或缺。麦子在文中以自己亲力亲为的经历描述了许多读者未必熟悉的女同性恋者的处境及女同运动面临的困境。很多拉拉因身为同性恋者和身为女性而在社会上处于双重乃至多重的边缘境地。这使我由此联想到，无论是打工妹还是年轻的性工作者，她们的许多权利同样是"悬置"的。② 这些弱势的边缘化人群的性与生殖健康和权利更亟待社会各界的理解和关注。

未婚青年性与生殖健康知识、信息或服务的获取在不同的社会文化情境下都存在一定的社会期望和文化规范。针对成年人的信息与服务未必就能为这个人群所接受。性别角色与规范便是一个十分突出的例子。有关婚前性行为的双重标准不仅有可能影响未婚女子获得关于自己身体的信息和知识，也会限制其获得有关性、避孕及医疗保健的信息与服务。倘若刻意回避文化因素，或仅仅提倡禁欲，或硬用"毒害"加以评判并据此采取行动，那么，其效果恐怕只能适得其反。在当下扑朔迷离的青年亚文化流变和博弈中，可以想象得到，无论是在家庭、学校还是在社会上，以堵为主无视青年文化的传统性教育机制会在现实生活中会遭遇怎样的尴尬。

一言以蔽之，中国青少年和青年人性与生殖健康的促进和保护应顺应势不可挡的时代潮流。深入其里地了解青年人及其亚文化就如同"撬动地球

---

① 王龙玺：《走进青年世界，认识青年人的性文化》，《人口与发展》2011 年第 1 期。

② 麦子：《女同性恋现状和女同运动面临的困境——以西安为例》，《人口与发展》2011 年第 1 期。

的一个支点"，有助于打开与青年人沟通进而采取有效干预的大门。今天的青年是明天社会变革的中坚力量。然而，青年人在社会主流生活中不仅是"失语"的，其参与权和决策权也是"缺位"的，这与国际社会倡导的青少年和青年行动框架仍相去甚远。① 凡此种种皆表明，通过各种途径赋权年轻人并使青年亚文化朝有利于其健康与发展的方向发展时不我待！

青少年和青年是中国未来经济发展的主要劳动力资源和可持续发展的重要支柱。前瞻性地投资于这个人群的性与生殖健康不仅关乎其健康、福祉和发展，也关乎国家与社会的进步。反之，倘若继续漠视或者消极待变的话，那么，中国社会恐怕早晚得为此付出高昂的代价。所以，不失时机将中国青年的性与生殖健康问题列为公共卫生的优先领域并摆上国家公共政策的重要议程，不仅刻不容缓，而且极为必要！②

[本文由作者在《人口与发展》杂志《马寅初论坛》上主持的若干文章构成，其中包括《投资于中国青年的性与生殖健康——全球化时代的政策抉择》（《人口与发展》2010 年第 3 期）、《中国性健康教育须与时代同步》（《人口与发展》2010 年第 4 期）、《性与生殖健康的青年友好服务——国际理念与中国探索》（《人口与发展》2010 年第 6 期）、《理解青年亚文化是有效赋权年轻人的关键——同伴性教育者之声》（《人口与发展》2011 年第 1 期）]

---

① UNFPA, *Framework for Action on Adolescents and Youth——Opening Doors with Young People*: 4 *Keys*, 2007, http：//www.unfpa.org/public/publications/pid/396, http：//www.unfpa.org/sites/default/files/pub - pdf/framework_ youth. pdf.

② 胡玉坤、郑晓瑛、陈功、张蕾：《中国青年的性与生殖健康问题亟待纳入政策议程》，《国际生殖健康/计划生育杂志》2010 年第 6 期。

庞大群体的生殖健康危机

——中国人工流产低龄化问题透视

一　引论

人工流产低龄化早已不是一个"新闻"。早在 20 世纪 80 年代，这个问题就逐渐浮出水面。[①] 按照官方的统计数字，改革之初的 1980 年，中国有 953 万例人工流产手术，1991 年达到最高峰时为 1400 多万例。1995 年以来，唯有 2008 年超过了 900 万例（917 万）。2009～2013 年则在 600 万～700 万例徘徊。[②] 在已婚妇女人工流产数逐渐下降的同时，未婚未育青年因不安全性活动而导致的非意愿妊娠和人工流产却一直攀升，不但居高不下，而且趋于低龄化。[③]

自 20 世纪 80～90 年代以来，有关少女怀孕的各种报道就不时见诸报端，一些研究成果也陆续问世。[④] 李银河认为，1997 年《刑法》取消流氓罪是变化的一个拐点。此前，"从理论来讲，所有婚姻以外的性行为都是犯罪，可以被抓起来。虽然没有很严厉地执行，但那时候婚前性行为就是犯罪。而在 1997 年以后，婚前性行为就大量出现了"。[⑤] 国家卫生计生委科学

---

① 始于 20 世纪 80 年代至 90 年代，以少女怀孕、未婚先孕、青少年意外妊娠或青春期妊娠为主题的研究逐渐增多。

② 参见《中国历年计划生育手术情况统计（1971～2013）》，国家卫生和计划生育委员会编《中国卫生和计划生育统计年鉴（2014）》，中国协和医科大学出版社，2014。

③ 郑依柳等：《上海市 1202 例未婚女青年人工流产情况调查报告》，《生殖与避孕》1992 年第 5 期；吴擢春等：《上海未婚妇女人工流产率及其变化趋势分析》，《中国人口科学》1990 年第 5 期。

④ 笔者在 90 年代就此主题发表过两篇相关论文：Yang Xiao, Yukun Hu et al. , "Determinants of Unwanted Pregnancy and Abortion in Beijing, China," *Reproductive Health Matters*, 1995, No. 5；胡玉坤：《关于未婚避孕的思考》，《人口研究》1996 年第 11 期。

⑤ 吕爽：《希望为未婚青年提供免费避孕工具——专访中国社科院社会学所教授李银河》，《瞭望东方周刊》2015 年第 29 期。

技术研究所 2013 年发布的一组数据显示，中国每年的人工流产人次多达 1300 万，位居世界之首，其中不满 25 岁的受术者约占半数，逾 600 万人，大学生堪称人流的一个高发人群。①

近年来，越来越多研究成果证实了这一触目惊心的社会问题。笔者参与的北京大学人口研究所 2009 年组织开展的全国性抽样调查——"中国青年生殖健康可及性政策开发研究"显示，在 15～24 岁的未婚青年中，22.4% 有过性经历（接近 1/4），其中男青年为 25.4%，女青年 19.2%。首次性行为的中位年龄为 20 岁。在有性经历的女青年中，首次和最近一次性行为没有采取避孕措施的比例分别占 53.9% 和 25.4%。②

与性行为年轻化相伴生的是人工流产的低龄化。从性行为的不良结局来看，在有过性交行为的女青年中，曾受孕的占 21.3%，其中多次怀孕的占 4.9%。分年龄组的数据表明，有性交经历的 15～19 岁青少年女性的怀孕比例为 17%，低于 20～24 岁年龄组（22.6%），但她们中多次妊娠的比例（5.9%）却高于 20～24 岁年龄组（4.6%）。所有妊娠的 86% 最终诉诸人工流产。③ 少数青少年刚跨入青春期就遭遇了意外妊娠。

2015 年初，上述几组数据骤然引发了新一轮关注的热潮。先是《中国青年报》1 月 26 日刊发了《人流低龄化：迷惘青春之痛》的报道。同一天，中央电视台在《新闻 1 + 1》黄金档节目中推出了《人工流产低龄化：谁之"痛"?》的专题报道。一石激起了千层浪，一时间，该主题火速引爆了各大主流媒体。除了《中国青年报》和央视《新闻 1 + 1》，笔者还先后接受了《中国妇女报》和新华社《瞭望东方周刊》等媒体的采访。④ 不出所料，像以往一样，一阵沸沸扬扬的密集报道之后，一切又归于沉寂。

---

① 《中国每年人流 1300 万人次，居世界第一》，http：//world. people. com. cn/n/2015/0126/ c1002 - 26451358. html。1300 万这个数字可能是低估的，因为未婚低龄妇女做人流手术时往往更青睐民营医院、私人诊所、地下黑诊所，有的甚至自己购买流产药物自行堕胎。这些渠道的数字往往未纳入官方记录。

② 北京大学人口研究所、国务院妇女儿童工作委员会和联合国人口基金：《中国青少年生殖健康可及性调查报告》，2010，http：//www. docin. com/p - 258104095. html。

③ 北京大学人口研究所、国务院妇女儿童工作委员会和联合国人口基金：《中国青少年生殖健康可及性调查报告》，2010，http：//www. docin. com/p - 258104095. html。

④ 参见宋利彩《人流低龄化：伤害的不只是身体，不仅是个体》，《中国妇女报》2015 年 3 月 3 日，第 A3 版；吕爽《当人流遭遇"人流"——新生代流动人口生殖健康独家调研》，《瞭望东方周刊》2015 年第 29 期。

放眼海外，在日益全球化的今天，少女妊娠和堕胎是一个世界性的公共卫生挑战。为了回应全球青少年和青年人面临的性与生殖健康危机，世界卫生组织、联合国人口基金、联合国艾滋病规划署、联合国儿童基金会及世界银行等国际组织纷纷独自或联合起来采取了一系列干预举措。例如，世界卫生组织与联合国人口基金 2011 年特意推出了发展中国家预防过早妊娠并改善不良生殖健康结局的指南。① 联合国儿童权利委员会 2013 年专门制定了儿童和青少年有权享有可达到的最高标准健康的各项准则。世界卫生组织一直反复强调并大力呼吁面向青少年的性与生殖健康干预，关键是要提供与其年龄相适应的信息、技能、咨询及对青少年友好的卫生服务。

多数西方发达国家也都积极采取各种策略和方法为青少年提供各种社会支持。例如，丹麦、荷兰、挪威、瑞典、德国、法国和澳大利亚等国均借助于校内外各种性教育项目提供信息和技能，以降低青少年尤其是一些脆弱人群获取信息与服务的不公平性。有的专门瞄准未婚少女妊娠问题开展专项活动。例如，美国开展的"全国防止少女意外怀孕运动"，旨在赋权男女青少年对自己的行为负责，同时也敦促政府采取负责任的政策。它还致力于发挥父母在传递健康信息与技能中的作用，以便父母能坦然面对这个棘手问题。

反观中国，我们不无遗憾地发现，中国听任并容忍这个本可以降低或减少的少女之"殇"持续存在了 20 ~ 30 年。迄今为止，少女妊娠问题仍被有意无意地回避、漠视甚至遮盖，各种相关研究所暴露的仅是冰山一角而已。检视过往几十年的嬗变，对这个人群的创痛缺乏敏感性和观照，或者说得更重一点，我们拒绝投资于年轻人的性与生殖健康，由此可略见一斑。

基于笔者最近一些年进行的调查、访谈和观察，低龄人群未采取保护措施或避孕失败而诉诸人工流产，其直接原因自然可归咎于青少年普遍缺乏保护自己免受伤害的知识、技能和权力。假如做进一步探究，深层次的症结无疑根植于针对校内外青少年和青年人的性与生殖健康教育及服务的缺失和缺

---

① WHO, *Guidelines on Preventing Early Pregnancy and Poor Reproductive Outcomes among Adolescents in Developing Countries*, 2011, http：//www.who.int/immunization/hpv/target/preventing _ early _ pregnancy_ and_ poor_ reproductive_ outcomes_ who_ 2006.pdf.

位，更准确地讲，满足其需求、保障其权利的刚性政策和制度安排仍告阙如。按"六普"数据，2010 年，中国 10～19 岁青少年有 1.75 亿人，约占总人口的 13.1%，15～24 岁的青年占 17%。[①] 若不从制度层面进行反思和干预，青少年与青年人群不断累积的性与生殖健康危机有可能继续恶化，并进而危及国家和整个社会的可持续发展。

二 年轻人面临的性与生殖健康挑战业已常态化

人工流产受术者年轻化意味着有较高比例偷吃"禁果"的少女备尝人工流产手术所带来的身心危害及由此衍生的其他问题。不管你承认与否，无论对于校内就读学子抑或校外青少年和青年，不安全性行为对其本人、家庭和社会带来的负面效应，包括非意愿妊娠、人工流产、性传播疾病、艾滋病及性暴力等，不仅日益凸显，而且渐趋复杂化。可以说，人流低龄化是向成人过渡的青少年和青年人所面临的一连串性与生殖健康危机的一个侧影和折射。

在以往 30 多年，由于缺乏来自学校、家庭和社会的正面引导，青少年和青年人的性与生殖健康风险及危机在不断加深和放大。更堪忧虑的是，几股发展趋势的负面效应往往互为叠加和绑定在一起。

第一，晚婚已成为一股难以逆转的社会潮流，年轻人的性"待业期"因而延长。按照《中华人民共和国婚姻法》，男女性的法定婚龄分别为 22 周岁和 20 周岁。无论是城市还是农村，青年男女的平均初婚年龄都明显高于法定的最低年龄。据"六普"数据，2010 年中国人的平均初婚年龄为 23.6 岁，其中女性为 22.8 岁，男性为 24.6 岁。[②] 中国青年的早婚率比较低，第六次全国人口普查结果显示，2010 年，15～19 岁人口的早婚率，女性为 2.1%，男性为 0.6%，分别比 2000 年提高 0.87 个百分点和 0.32 个百

[①] 国家统计局社会科技和文化产业统计司：《中国社会中的女人和男人——事实和数据（2012）》，2012，第 7 页，http：//wenku. baidu. com/link? url = MntIkh62pAkbw520WCExr1q0B_ Ka7OaufC9ShMSsRwYHMce7h0TVhkwxAYNLwTfvDup9wVm6－tBXC_ KVMk2jC35Ls_ dVxr3kkuGEaaddVlS。

[②] 国家统计局社会科技和文化产业统计司：《中国社会中的女人和男人——事实和数据（2012）》，2012，第 14 页，http：//wenku. baidu. com/link? url = MntIkh62pAkbw520WCExr1q0B_ Ka7OaufC9ShMSsRwYHMce7h0TVhkwxAYNLwTfvDup9wVm6－tBXC_ KVMk2jC35Ls_ dVxr3kkuGEaaddVlS。

分点。①

与此同时，随着营养、生活水平及其他条件的改善，青少年的青春期发育提前，他们变得比父母一代更早慧早熟。据 2005 年进行的一项全国性调查，汉族女生初潮的平均年龄接近 13 岁，其中城市为 12.6 岁，乡村 12.7 岁；男生首次遗精为 14 岁出头，其中城市为 14.02 岁，乡村为 14.24 岁。② 如此算来，男女青年的"性待业期"都有大约 7~8 年，而实际的平均年数应该更长。这意味着当代青年性成熟与合法过性生活之间的时间差越来越大，这就难保很多人在婚前不发生性行为。

第二，伴随中国改革开放的进程，一场急剧而悄然的"性革命"应运而生。中国社会的性行为规范变得越来越宽松，中国青年的性观念也发生了惊人的戏剧性变化。③ 无论是"80 后"还是"90 后"，她/他们呱呱坠地后，中国社会就处于急剧的转型过程中。与其父母辈不同的是，置身其间的青少年对婚前性行为、未婚同居及未婚先孕等现象的态度也都变得更为开放和宽容。"中国青年生殖健康可及性政策开发研究"显示，在 2 万多名 15~24 岁的未婚青年中，认为男女青年"应保持贞洁，任何情况下都不应该有性行为"的比例分别仅占 24.1% 和 31.5%，两者都不足三成。换言之，2/3 以上青年都对婚前性行为表示了不同程度的容忍和接受。④

性态度和性观念的转变是性实践的先导。自 70 年代末 80 年代初国门打开之后，中国融入全球化的进程逐渐加快。人口的大规模流动、城市化、家庭结构变化与家庭控制松弛、离婚率升高、单亲家庭增多、商业化青年文化的崛起以及通信与信息技术日新月异等，无不对青年人性观念和性实践转变起了直接或间接的催化作用。这个人群发生首次性交的时间、性伴的选择、性活动频率、性伴的数量和性活动方式等皆概莫能外。未成年人性行为模式的蜕变之快超乎人们的想象。不论在公园、校园、街头巷尾，抑或传媒中，

---

① 国家统计局社会科技和文化产业统计司：《中国社会中的女人和男人——事实和数据（2012）》，2012，第 19 页，http：//wenku.baidu.com/link? url = MntIkh62pAkbw520WCExr 1q0B_ Ka7OaufC9ShMSsRwYHMce7h0TVhkwxAYNLwTfvDup9wVm6 - tBXC_ KVMk2jC35Ls_ dVxr3kkuGEaaddVlS。

② 中国学生体质与健康研究组：《2005 年中国学生体质与健康调研报告》，高等教育出版社，2007，第 232 页。

③ 潘绥铭、黄盈盈：《性之变——21 世纪中国人的性生活》，中国人民大学出版社，2013；Richard Burger, *Behind the Red Door*: *Sex in China* Earnshaw Books，2012。

④ 北京大学人口研究所、国务院妇女儿童工作委员会和联合国人口基金：《中国青少年生殖健康可及性调查报告》，2010，http：//www.docin.com/p - 258104095.html。

青年人接吻、相拥相抱等性表现场景俯拾皆是。由此可见，性观念与性行为的变化就如同孪生姐妹一般。

第三，未婚青年性观念的开放、性行为的普遍化同性健康知识的匮乏之间形成了鲜明的反差。拥有正确的性知识与性信息是青年人做出知情选择并进而保护其健康的前提。然而，相当高比例未婚青年，不论是预防与保护抑或妊娠与艾滋病风险知识都相当缺乏。在前述全国性调查的问卷中我们设计了 2 个问题来测量未婚男女对性交行为风险和后果的知识的了解程度。结果显示，被调查者中能正确回答"女性一次性交就有可能怀孕"的人刚刚超过半数，占 50.7%；认为"人工流产对女性以后妊娠不会产生影响"足足有一半人，达 50.3%。① 了解预防风险的办法对于规避和降低危害不可或缺。但从"如果不小心发生了无保护性行为，该如何避免怀孕"这个问题的回答来看，知晓正确的应对措施，即 72 小时内服用紧急避孕药的被调查者还不到半数，占 48.3%。未婚青年有关避孕药具和避孕的知识也不容乐观。

笔者在进行质性访谈时也发现，青年人中存在各种认知误区。有的青年人把人工流产当作避孕措施，有的把紧急避孕药当作常规避孕药来化险为夷。有的不能正确使用避孕套，有的仅仅依靠避孕套、安全期或其他更不可靠的避孕措施。西部落后地区农村青年的避孕意识与知识就更堪忧虑了。有的连一种避孕方法也说不出来，在她/他们眼里，避孕是"爸爸妈妈的事情"，跟自己没有关系。甘肃一个接近 24 岁的男青年谈到，农村人都挺封建的，没有媳妇的人去拿避孕套，别人肯定会觉得他要"干坏事"，去"糟蹋哪家女孩子"。许多被访者认为艾滋病离自己很遥远，"只要不瞎搞就没事""不放纵的人不会得这种病""不同乱七八糟的人有性关系就不会轻易染上"。

有正确的性知识是青少年做出知情选择进而保护其性与生殖健康的一个前提条件。然而，这个人群因知识匮乏而对不期而遇的性事务深感困惑、惶恐乃至深受其害。最近一些年，校内外青年中频繁发生形形色色"门"事件便是很能说明问题的例证，其中包括被炒得沸沸扬扬的"摸奶门"、"秋千门"、"脱裤门"、"扒衣门"、"色诱门"、教室"做爱门"、"黄瓜门"及

---

① 北京大学人口研究所、国务院妇女儿童工作委员会和联合国人口基金：《中国青少年生殖健康可及性调查报告》，2010，http://www.docin.com/p-258104095.html。

"破处门"等以及校园"性骚扰"事件、对留守女童和青少年的性骚扰等，也屡屡被推至聚光灯下。不谙世事的未婚少女妈妈产子弃婴杀婴的一桩桩犯罪事件也接连不断曝光。涉罪女性有可能终身也走不出这一悲剧的心理阴影。凡此种种莫不触目惊心，也无一不折射了青年人中不断累积且日趋严重的身心困扰。

第四，除了信息和教育的匮缺，这个人群生殖保健服务的可及性较差也是加剧少女人流问题的一个杀手。计划生育无疑是防止意外妊娠的一个关键性措施。自20世纪90年代中叶以来，人口与计生系统开始强调拓宽服务范围，并在促进青年人性与生殖健康方面进行了一些很有创意的尝试。但从总体上看，该部门管理和服务的"重中之重"依然是20～49岁的已婚育龄人群，而作为育龄人群一部分的未婚青年则被有意无意地排除在计划生育项目的辐射之外。管理和服务上的这种错位，加之体制的弊端和观念的滞后，计划生育服务未能在保护未婚青年避免意外妊娠和预防性传播疾病方面发挥更积极的作用。

即使在避孕药具广泛可得的情况下，附着在婚前性关系上的社会污名、道德评判和歧视也会对未婚青年获得必要的性与生殖健康信息、教育和服务构成严重障碍。前述的全国性问卷调查揭示，"问题不严重"、"害怕被嘲笑"以及"不知道到哪里看"是青年人未能实现治疗需要的3个最重要因素。① 羞耻感、担心和害怕等同社会文化期望密切相关的心理困扰也阻碍了未婚女性尤其是少女利用现有的医疗保健服务。

要是不幸受孕，由于怕父母责备，也怕邂逅熟人，她们往往选择非公立医疗机构堕胎。人工流产毕竟是避孕失败后的一种补救措施。但铺天盖地的"无痛人流"的渲染往往使年轻人不拿堕胎当回事。由于没有切肤之痛，以至于很多青年人不会进行痛定思痛的反思。

第五，低龄青少年因涉世未深而付出了更高的成长代价。青少年期是人生的第二个十年，是从儿童到成年人的一个过渡期，也是个人身心发育过程中的一个关键性阶段。跨入青春期之后，少男少女身体迅速发生变化，性心理和情感也随之变化，人生观和价值观也处于形成的过程中。爱恋在情窦初开的少男少女心中潜滋暗长，有的人懵懵懂懂地堕入了爱河。这个阶

---

① 北京大学人口研究所、国务院妇女儿童工作委员会和联合国人口基金：《中国青少年生殖健康可及性调查报告》，2010，http://www.docin.com/p-258104095.html。

段少男少女的一个特殊之处是好奇而且易于冲动，并且年龄越小，在性事务上越有可能缺乏知识、经验和责任感，无保护的甚至高风险的性行为也就更为普遍。一旦意外怀孕，少女们往往手足无措却又不敢向父母或老师吐露实情。

笔者进行的质性研究也证实，年龄越小，其性活动尤其是首次性活动越有可能是无准备的、冲动的，因而是不安全的。一个不满 20 岁的打工妹坦言：

> 我周围尽是未婚同居的，好像没有人关心贞操呀什么的。我们都是从农村出来的，在城里生活这么孤单，男女孩很自然就走到一起。第一次上过床，就不会在乎第二次、第三次了，也不会管同更多男朋友发生性关系。有的根本不考虑将来是不是结婚，要是怀孕了就去打胎，也很少有人去考虑什么健康问题。

在朋辈同窗压力和从众心理的影响下，罗曼蒂克的情侣们会因一时冲动轻率地偷尝"禁果"，有的将危险置于脑后沉迷于性实验或"性游戏"。由于对人流危害的严重性浑然不知，有的人将避孕和流产视为儿戏。有的"好了伤疤忘了痛"，很快又重蹈覆辙。有了身孕后，有时少女只能自己独吞"苦果"。在各地访谈中，我们总听医护人员叹息稚气未脱的中学生模样的打胎者一直有增无减。小女生因妊娠而自动或被勒令退学的事例也时有所闻。

第六，青年人并不是铁板一块的同质性群体，她/他们的性与生殖健康需求会因地区、城乡居住、年龄、性别、在校与否及受教育程度等因素而大为不同。进城务工的青年农民工、社会闲散青年、职业技校学生及留守儿童等社会底层边缘化人群，会面临更大的性与生殖健康风险。

例如，农村青年尤其是中西部地区的农村青年，往往初中毕业甚至初中辍学后便迈向社会，绝大多数人又会从农村涌向都市。一旦脱离了父母的视线、社区的约束和传统乡土文化的"紧箍咒"，原先固守的性道德规范会荡然无存，其性观念有可能发生 180 度的大转弯。生活在全新的社会环境中，加上灯红酒绿城市生活的冲击，男女打工青年的恋爱和性活动往往具有很大的从众性和盲目性。

此外，男女之间社会经济地位的落差会导致对女性的经济剥削演变为性剥削乃至性暴力。由于获取经济机会和资源上的不平等，一些无收入或低收入的女青年有可能不幸落入商业化性服务的行业。因权力关系失衡，性工作者有可能身不由己沦为更不安全的性剥削的牺牲品。① 暴露在高风险之下的低端商业性工作者，常因其工作的非法性而被迫转入地下，这就使预防和治疗干预变得更难落实。

由于上述几种因素以错综复杂的方式纠缠在一起，年幼无知的低龄人群难免受到更大的伤害。无数事实和证据表明，低龄人群的未避孕率、避孕失败率、重复流产率、大月份堕胎甚至引产的比例往往都相对较高。人工流产，不论安全与否，也不管一次还是多次，都有可能对少女的生理和心理等方面造成短期或长期的负面影响，而且年龄越小，对身心的伤害有可能越大，并且有可能终身相伴。

青少年期是脆弱的，也是危险的。例如，有的堕胎者可能迎头撞上并发症、习惯性流产、不孕症及本可避免的其他惨痛结局。有的伤损是永久性甚或是致命性的，并由此陷入一种恶性循环的怪圈。凡此种种皆表明，"狼"真的来了。与闭关锁国时代的青年人不同，现如今，成长中的青少年和青年人面临各种此消彼长的性与生殖风险已成为一种新常态。

人流低龄化显然不单单是由青少年自己造成，仅从青少年自身去寻求答案显然是远不能解决核心问题的。导致和加剧青少年风险的因素都有难以磨灭的时代烙印，唯有放在更宽宏的时代大框架下予以考察，才有可能得到更好的理解。

三 滞后于时代的性教育事业有待制度化

人工流产年轻化给各个利益相关方都敲响了警钟。学校、家庭和社会"三位一体"的教育体系对于保护年轻人的性与生殖健康缺一不可，但目前这三者不但都不尽如人意，而且均处于离散化的割裂状态。改革开放30多年来，青少年人群的性观念、态度和行为业已发生了急剧变化，性教育政策引领下的性教育实践虽有了一些变化，但总的来说，有的方面步履蹒跚，有的方面仍裹足不前甚至在原地踏步。

一个不争的事实是，青年人尤其是青少年不断变动的多样化需求同家

---

① Yimin Cheng et al. , "Sexual Coercion among Adolescent Women Seeking Abortion in China," *Journal of Adolescent Health*, Vol. 31, No. 6, 2002, pp. 482 – 486；胡玉坤：《社会性别与艾滋病 "问题" 研究——全球化视阈下的中国个案》，《社会科学论坛》（学术评论卷）2007 年第 5 期。

庭、学校乃至整个社会目前面向这个人群所提供的信息、教育及医疗保健服务之间存在着明显断裂。现有的性教育，无论正规与否，既未能跟进青少年和青年人自身的需求，又落后于时代变化的步伐。究其原委，依笔者之见，无论是信息、教育还是服务的缺失皆有深层次的制度根源。我们从学校、家庭和社会性教育等多方缺位中，不难找到一些答案。

（一）学校

学校本是向在校学子传授性知识，改变其态度乃至价值观念的最佳场所，也是赋权青少年保护其性与生殖健康的主阵地。[①] 中国城乡九年义务教育的普及卓有成效，绝大多数青少年的大部分时光都是在学校度过的。青少年时代也是普及性与生殖健康知识的最佳时段。从学龄的角度看，假定按《义务教育法》规定6岁入学，6~11岁应处于小学阶段，12~14岁为初中阶段，15~17岁为高中阶段，18~22岁年龄组应处于大学本科阶段。在就学期间，相关性知识的学习和灌输应持续不断地深化和拓展。

在20世纪80年代初，性教育的议题就被重新提及，事实上，早在1973年，周恩来总理就提出让青少年懂得生理卫生知识很重要。女孩子有月经以前，男孩子遗精、发生手淫以前，就应当有这一方面的知识。[②] 1981年，教育部颁发的《全日制六年制重点中学教学计划（试行草案）》和《全日制五年制中学教学计划（试行草案）的修订意见》都将生理卫生课列为必修课，对这门课的教学目的、教学时间安排等做了明确的规定，并据此编辑出版了教材和教学参考书。1984年，教育部、卫生部和国家计生委联合颁布了《关于改进和加强中学生理卫生知识教育的通知》。1988年，国家教委和国家计生委联合下达了《关于在中学开展青春期教育的通知》。1990年，国家教委和卫生部又联合发布了《学校卫生工作条例》。到了90年代，在艾滋病不断蔓延的催逼下，更多公共政策涉及性教育主题。例如，1996年，国家教委等下发了《关于在普通中学进一步开展人口与青春期教育的通知》。

---

① 高尔生：《学校应是青少年性与生殖健康教育的主阵地》，《人口与发展》2010年第3期；胡玉坤、郑晓瑛、陈功、张蕾：《中国青年的性与生殖健康问题亟待纳入政策议程》，《国际生殖健康/计划生育杂志》2010年第6期。
② 教育部、卫生部和国家计划生育委员会：《关于改进和加强中学生理卫生知识教育的通知》，1984，http://law.148com.com/html/1788/320613.html。

跨入 21 世纪之后，更多有关性教育的政策纷纷出台，并逐渐融入了更多国际元素。例如，2001 年颁布的《人口与计划生育法》（第十三条）规定："学校应当在学生中，以符合受教育者特征的适当方式，有计划地开展生理卫生教育、青春期教育或者性健康教育。"2006 年修订的《未成年人保护法》（第十九条）也载明："学校应当根据未成年学生身心发展的特点，对他们进行社会生活指导、心理健康辅导和青春期教育。"2008 年，教育部专门制定了《中小学健康教育指导纲要》，进一步就健康教育的目的、内容及教学方法等做出了一系列新规定，其中很多内容都涉及性教育的主题。

回顾以往 30 多年的历史，性教育的内容已逐渐融入国家和政府相关部门陆续颁布的大量法律、政策和条例之中。其内容主要涉及健康教育、人口/计划生育和预防艾滋病这三个领域。在上述政策法律的引领下，有的城乡中小学也做出了一些回应。除了生物、体育及思想品德等传统课程，很多地方纷纷开设了一些与性问题或多或少相关的名目繁多的课程，其中包括生理卫生、性教育、青春期教育、健康教育、生命教育、艾滋病预防教育、心理卫生教育、计划生育教育及生殖健康教育等。有的学校还请外来专家做专题讲座或开展相关的课外活动。东部一些发达省份的某些创新性实践甚至超前于国家的政策规定。譬如，上海市科技教育工作委员会和上海市教育委员会 2005 年就通过了《上海市中小学生生命教育指导纲要（试行）》。涵盖青春期性教育的生命教育已成为上海各中小学校德育教育的重点之一，产生了较好的社会反响。

然而，重启性教育已过去了 30 多年，目前学校性教育仍步履蹒跚。究其原因，除了政策本身的种种缺失，在现实生活中，政策的制定和出台是一码事，政策的贯彻落实又是另一码事。在日常教育实践中，由于教育主管部门没有做出硬性规定，总体而言，中小学性教育课程仍被极端边缘化，这在西部的农村学校表现得尤其明显。在当前的教育大环境之下，片面地以升学率作为考量学校社会影响力主要或唯一标准的教育实践在各地仍大行其道。校长和老师都心知肚明，与学校声誉、奖励和教师考核挂钩的主要是教学成绩，尤其是学生的分数，学校和教师都身不由己地围着中考或高考的"指挥棒"转，国家关于素质教育的三令五申自然总被抛之脑后。像性教育这样的非主流科目难有一席之地也就可想而知了。更何况，各级教育行政部门并没有为教育确立有效的监督和评估机制。

有的学校完全予以拒绝，有的蜻蜓点水一带而过，有的则做表面文章，因而性教育课程往往形同虚设。即使付诸实践，性教育也常常因教育行政部门领导观念的滞后、教材与师资队伍的匮乏、内容的狭隘、形式的呆板等而阻力重重。[1] 例如，本次问卷调查发现，学校健康教育中参与率最高的是青春期教育及相关课程，其比例刚刚超过 1/3，其中最低的是避孕节育知识的讲座，参与率仅为 3.4%。此外，学校健康教育的地区和城乡差异也非常明显，西部一些农村地区至今仍几乎是一块空白。

在访谈中，西部一个镇中学的校长对只重分数的应试教育的一番肺腑之言给笔者留下了深刻的印象：

> 农村教育几乎完全是应试教育，一切都是围绕这个，看学生就是看考试成绩，看老师就是看所教课程的分数。现在我们把音乐课、美术课都砍掉了，都不上了。体育因上面有硬性规定，也就每周上两节，多一节也不上。尽管上面也提倡学生自主性学习，教师要帮助激发学生的学习兴趣，但现实是倒过来的。数理化老师布置大量题目，英语老师就是要求学生死记硬背……在这种情况下，性教育根本不被放在眼里。依我看，生理卫生课的课本从 60 年代以来就没有发生多大的变化。

这样的困境显然不是一时一地的孤立现象。西部地区一位一线的中学教师对应试教育的羁绊也有类似的抱怨：

> 在教学上，上级考核我们什么，我们就做什么。上面特别重视，下面就做得好，上面有刚性规定，下面就会落实。你考核我就干，你不考核我就不干。所以，像音乐、美术等即使排上了课表，有的也不上。你语文读好了，我不抽你鞭子。你把美术学得再好，我也要抽你鞭子。学生为了不挨鞭子，只能重点学语文、数学和英语，否则领导要挨批评，学生要受批评，老师要受批评，家长也要骂你，那你还干什么？不按教育系统的评价体制做，我就会受处分。我教学生歌唱得再好，性教育做得再好，也没有任何奖励，没任何作用。社会不认可，国家不认可，家长不认可，我还做什么呢？

---

[1] 北京大学人口研究所、国务院妇女儿童工作委员会和联合国人口基金：《中国青少年生殖健康可及性调查报告》，2010，http://www.docin.com/p-258104095.html。

这番言之凿凿的评价不无道理，也绝非空穴来风。上述两个访谈片段无疑为当下无视性教育的应试教育体制做了意味深长的生动脚注。

在应试教育的教育体制之下，加上缺乏强制性的监督、考核和检查的机制，先天不足的性教育被严重边缘化是必然的。细数各种缺失可谓林林总总，概括起来主要包括以下3个方面：

第一，不能开设专门的课程。这是绝大多数学校的一个"通病"。即使名义上开设了沾点边的课程，关涉性教育的课时往往较少。老师上课时最多讲授一些青春期基本的生理和解剖学知识，缺乏性心理、性伦理、性责任等方面的辅导，也谈不上避孕、安全性行为等自我保护和防范意外妊娠方面的必要的知识和技能。

第二，难有胜任的专门老师。各地普遍由德育、心理、体育、生物甚至医务室老师来兼任。更加糟糕的是，教育者本身往往缺乏讲授敏感的性问题的技能。有的老师蜻蜓点水一带而过，仅仅涉及一些皮毛。有的老师自己还没有"脱敏"，她/他们犹抱琵琶半遮脸，很多内容不好意思挑明。但凡老师站在讲台脸红脖子粗地讲授时，学生也会尴尬地低头不语。有的老师则板起面孔诉诸道德说教；有的干脆"放羊"，让学生自己去看。

第三，没有合适的教科书。有的教材仍以禁欲为取向，有的是以艾滋病教育为目的。总的来说，相关教材依旧较少触及情感、两性关系处理、妊娠、不安全性行为及避孕等主题。

由于制度和文化上的诸多障碍，不同地区城乡中小学的性教育模式截然不同，在数量与质量上也存在巨大差异。在江苏和浙江等东部发达省份，城市中学已做出了一些创新性的大胆尝试。有的中学配备了专门的心理老师和心理咨询室。而在农村，无论是西部还是东部，我们所到之处均发现，中小学的性教育十分薄弱，西部有的学校几乎为空白。

鉴于上述种种漏洞和弊端，中小学性教育收效甚微可想而知。学生得到的性知识难免支离破碎，不管是风险还是保护意识，往往都十分淡薄，因而很难在青少年头脑中真正扎下根来。上述研究发现也可以从其他研究中得到印证。①

性教育显然并不是一劳永逸的。女大学生成为人流"主力军"的事实，反映了大学生较高的知识水平未见得就能转化为较强的自我保护能力。自1996年

---

① 高尔生、涂晓雯、楼超华：《中国未婚青年的生殖健康状况》，《中国人口科学》1999年第6期。

春季起，北京大学开设了被学生亲昵地称为"三宝课"的全校公共选修课——"人类的性、生育与健康"。近20年来，这门课一直受到热捧。迄今累计在册的听课人数已突破万人。仅2014~2015年秋季学期，选课的人数就达近千人，约500人的大教室里总是座无虚席，人满为患。① 这门课供不应求的火爆场面从一个侧面也昭示，即使像北京大学这样名牌大学的学生，也对迟到的性教育课有强烈的需求。这表明性教育即使到了高等教育阶段也有巨大的提升空间。

（二）家庭

家庭性教育同样不尽如人意。家庭的性健康教育与学校的性教育课程本可起到相辅相成的作用，然而，中国父母尤其是农村父母，很少就性、安全性活动或避孕等问题同青春期子女进行沟通。家庭本是提供性教育的第一课堂，而亲子沟通本应是传递性信息的重要法门。然而，"80后"或"90后"的父母一代本身就没有接受过正规性教育，也没有任何机构为他们提供过任何培训。家长多半希望子女成龙成凤，往往对后者读书学习寄予很高的期望值，有的还百般疼爱甚至溺爱有加。然而，身为人父人母的成年人对于青少年子女的性与生殖健康却很少加以关注，或仅仅侧重于女儿的守贞教育。除了少数开明的父母能开诚布公坦然面对外，多数人在理解和尊重孩子情感、性健康及传递性信息与技巧方面很难说尽到了自己的责任。可见，人流低龄化还可归咎于家庭性教育的缺失，可以说为人父母者有着不可推卸的责任。

基于质性研究，我们发现，父母们的回应方式五花八门，其能力颇堪忧虑。多数人往往沿袭讳莫如深的惯常做法：躲躲藏藏，仅蜻蜓点水般敷衍了事的有之；放任自流，听任其自行摸索的有之；对子女管教甚严，重点放在要求女儿守贞上的也有之。有的父母担心提供性与生殖健康信息和服务反而会起"教唆"早恋、偷食禁果或鼓励性乱的作用。有的人发现子女早恋苗头后就一厢情愿地横加干涉，倘若女儿倒霉怀了孕，就只知道粗暴地责骂。由于代际的隔阂，有"成长烦恼"的少男少女不会向父母倾吐心声。处于叛逆阶段的青少年会对父母的"唠叨"嗤之以鼻，不屑一顾。久而久之，关涉性问题的冲突有可能演变为"落伍"的父母辈与超前的儿女之间产生代沟乃至家庭代际关系非正常化的一个重要方面。

---

① 诸葛亚寒、杨雨晨：《低调与火爆　北大性教育20年》，《中国青年报》2015年4月28日，第8版。

（三）社会

来自社会方面的性教育更不那么乐观。在公开谈论性问题长期是一个"禁忌"甚至"谈性色变"的古老国度中，开展性教育毋庸置疑是一个文化上十分敏感并且易于引起纷争的话题。改革开放以来，虽说中国社会已变得越来越开放，但一些传统价值观依然根深蒂固并具有强劲的生命力。关于校内外性教育要教什么、从什么年龄开始教、在何处教、由谁来教以及用何种方式教等问题，迄今仍众说纷纭，莫衷一是。

值得关注的是，同人流最直接相关的避孕教育仍告阙如，成为难以突破的一个"瓶颈"。尽管一些专家学者、有识之士、青少年机构与社会团体的呼声此起彼伏，不绝于耳，避孕教育仍阻力重重。避孕本是性教育的应有之义。尽管艾滋病教育已得到普遍认同，然而在遏制艾滋病的语境下提出的性教育议题，就连避孕套的防妊娠作用有时也被淡化。有人堂而皇之地反对为校内外未婚人群提供避孕知识和避孕用品。

更令人担忧的是，年轻人正处在一个被各种性信息"绑架"的时代。形形色色的性资讯就像一只巨型章鱼的触手无处不在，泛滥成灾。不同年龄段的儿童、少年和青少年，或多或少或主动或被动都会获得一些性信息和性知识。尽管获取的渠道多样化了，但来自旁门左道的知识和信息往往是不靠谱甚至是误导性的。由于来自学校、家庭和社会的性教育不到位，他们应有的风险、预防和保护知识往往支离破碎或残缺不全。感到好奇、不解或渴望了解性问题的青少年也不得不求助于同伴、同学或唾手可得的各种媒体。

其中，因特网因其便捷性而深得青睐。中国自1994年首次接入了国际互联网，目前网民已逾6亿人。上网变成了亿万年轻人日常生活不可分割的重要组成部分，少数少年沉浸于其中而难以自拔。对于上网技术娴熟的年轻人来说，要浏览和下载色情物可谓易如反掌。互联网信息鱼目混珠自不必说，色情淫秽物有时反倒成了青少年性启蒙读物。具有讽刺意味的是，少得可怜的学校和家庭性教育也难免被强势的网络资讯所抵消，其负面影响也远非我们能直接掌控的。

（四）生殖保健服务

像教师和父母一样，卫生计生部门的工作人员也未能坦诚地就性问题同青少年开展公开对话。由于体制方面的羁绊，该系统工作人员依然难以摆脱长期以来形成的人口控制的思维定式和路径依赖。《人口与计划生育法》第二十一条载明："实行计划生育的育龄夫妻免费享受国家规定的基本项目的计划生育技术服务。"已婚人群据此可以便利地获得免费的避孕药具与服务，而缺乏经济支付能力的未婚青年却不能合法地享有这项权利。计划生育服务尤其是避孕服务拓宽到未婚青年，仍只是一地一时的现象，既未纳入常规工作，又缺乏可持续性。譬如，一些地方和机构针对青少年设立的"悄悄话室"因利用率低下而处于闲置状态，事实上沦为一种摆设。

迄今为止，改善医疗服务的各种干预虽有助于解决一时一地的问题，但对于提升中国青年性与生殖健康的整体服务水平而言可谓杯水车薪。例如，国际人口与发展大会以来，缘于国际合作项目的推动，一些城市的人口与计划生育机构或妇幼保健机构开始引入国际上青年/青少年友好型服务的全新理念，有的还按国际标准创建了亲青服务的机构或站点。[①] 不过令人遗憾的是，这类与项目伴生的医疗服务干预往往随项目的结束而终止。一些急功近利的干预活动充其量只带来了表面或暂时的变化。而且，各个项目往往各自为战，其覆盖范围也十分有限。[②]

偌大的一个中国，目前能坚持为年轻人提供优质亲青服务的机构实在是屈指可数而且势单力薄。创新性促进青少年性与生殖健康的典范当推玛丽斯特普国际组织中国代表处。它在 2000 年成立后先后在青岛、西安、郑州、南京及南宁开设了 5 个"你我青少年健康服务中心"。这些中心提供的医疗保健服务项目主要包括避孕、流产、咨询、生殖系统感染、艾滋病自愿咨询与检测以及转诊服务等。它的青岛、西安和南京中心一直坚守至今，十多年一路走来经历了各种艰辛与坎坷。[③] 这个以促进青少年性与生殖健康为使命的公益组织，在 2014 年发起了你我青少年健康青春基金，2015 年正式在中国福利基金会设立了中国首个专项针对青少年性教育的公募基金。

各级各类公立医院因体制的掣肘也未能发挥应有的作用。它们在很大程

---

① 关于亲青服务，参见胡玉坤《性与生殖健康的青年友好服务——国际理念与中国探索》，《人口与发展》2010 年第 6 期；郭敏、刘丽青、肖远鸿《本土实践中的亲青服务——玛丽斯特普国际组织中国代表处的探索和思考》，《人口与发展》2010 年第 6 期。

② 胡玉坤、刘爽：《风雨兼程的艰难探索——促进中国青年性健康与生殖健康的干预》，《清华大学学报》2011 年第 1 期。

③ 郭敏、刘丽青、肖远鸿：《本土实践中的亲青服务——玛丽斯特普国际组织中国代表处的探索和思考》，《人口与发展》2010 年第 6 期。

度上着眼于治疗而不是预防疾病和促进健康。医护人员往往缺乏为青少年和青年人提供亲青服务的知识和技能。寻求避孕或流产服务的尴尬、污名及羞辱也会阻碍其利用服务。公立医院收费高、拥挤、等待时间长、手续烦琐、隐私得不到保障等友好服务重要元素的"缺席"等，也会使许多未婚青年"退避三舍"。

在竞争激烈的市场经济条件下，以经济利益最大化为主要目的的民营与私立医院和诊所几乎占据了妇科市场的"半壁江山"。这类医疗机构从表面看对青年人比较"友好"，但它们毕竟是按市场逻辑运作的。尽管打着保护青年人健康的旗号，其商业化取向不可避免地导致收费较高，由于医患信息不对等，无收入或低收入青少年有的"挨了宰"还得接受过度治疗。此外，所谓"无痛"、"微创"、"可视"或"超导"的诱导性人流广告甚至欺骗性信息铺天盖地，泛滥成灾，使得涉世未深的青少年无所适从甚至信以为真。无痛人流固然避免了人流过程中撕心裂肺的痛苦，但其隐性和显性的后果已日渐凸显。这一切与青年友好型服务的宗旨无疑是背道而驰的。

基于上面的考察我们可以看到，学校、家庭和社会各主要环节有关性的正规与非正规教育都存在种种缺失，而且它们之间常常缺乏衔接。毋庸讳言，当下颇具中国特色的性教育同中国已做出的国际承诺、域外的成功经验、国际社会倡导的以权利为本的综合性性健康教育以及不断变动的青少年需求相比，显然还相去甚远。

国内外无数经验事实表明，不论是主张婚前禁欲，限制谈论性和避孕，还是限制获得避孕药具或流产服务，其结果只能适得其反。这些做法只能使青少年放弃避孕而不是性活动本身。相反，以权利为本的综合性性教育，涵盖身体发育、生殖生理、禁欲、妊娠与避孕、HIV预防、两性关系与性别平等、性价值观、性心理、性伦理及性协商技能等内容，有益于青少年获得做出负责任选择和决定的知识、技能和价值观。[1] 这种干预有助于青少年延迟

[1] Anne Grunseit, Juliet Richters et al., "Sexuality Education and Young People's Sexual Behaviour: a Review of Studies," *Journal of Adolescent Research*, 1997, Vol. 12, No. 4, pp. 421 – 453; Bo Wang, Sara Hertog, Ann Meier, Chaohua Lou and Ersheng Gao, "The Potential of Comprehensive Sex Education in China: Findings from Suburban Shanghai," *International Family Planning Perspectives*, Vol. 31, No. 2, 2005, pp. 63 – 72; Heather Weaver, Gary Smith and Susan Kippax, "School-based Sex Education Policies and Indicators of Sexual Health among Young People: a Comparison of the Netherlands, France, Australia and the United States," *Sex Education*, 2005, Vol. 5, No. 2, pp. 171 – 188.

性交行为，万一遭遇不期而至的性也能想到避孕或从容采取保护自己的其他措施。开展综合性性教育因而成为预防、减少和降低少女妊娠的一项关键性举措。

四　结论与政策启示

上述事实与数据无可辩驳地表明，生活在当下剧烈社会变动中的中国青少年/青年，面临着前所未有的性与生殖健康的风险和挑战。身处激变的全球化时代，社会环境业已发生了沧海桑田般的巨变。青少年在长大成人的过程中变成了一个需要给予保护的脆弱人群。为了降低和减少非意愿妊娠，社会现实呼唤我们向青少年和青年人提供与其年龄相符、有助于她/他们了解自身性特征并做出负责任选择的性与生殖健康信息、教育和服务。其教训也值得我们进一步去检讨和反思。

最近几十年，少女意外妊娠及其衍生物——人工流产一直居高不下。究其原委，显然源于现行制度缺失造成的性教育、信息和服务的匮缺。后者比人们想象的要复杂得多，可以说集合了学校、家庭和社会诸多方面的因素。这是青少年/青年的悲哀，更是我们教育和保健方面等制度缺失的悲哀。促进青少年/青年人安全而健康的性活动，不仅需要增加其知识，改变其行为，而且需要改变社会规范，创造支持性的社会环境。要切实化解人流低龄化的危机，需要从消极预防转变为积极朝标本兼治的方向齐头并进。其根本还在于国家有真正的政治意愿完善性教育制度和生殖保健服务机制并为此进行必要的投资。视而不见的鸵鸟策略或一味消极待变只能使各种问题不断累积，其结果则有可能使少女妊娠问题更为恶化。

青少年妊娠是中国无可规避的一个社会问题。享有性与生殖健康是青少年享有的一项基本人权。联合国《儿童权利公约》明确提出了最大限度地促进所有儿童和青少年健康、福祉和潜力的原则，因为这个人群代表了世界未来的人力资源。中国是《儿童权利公约》和《消除对妇女一切形式歧视公约》的签署国，对于保障青少年的生命健康权已做出了庄严的承诺。中国政府有责任利用法律和政策等途径，与时俱进地履行自己促进和保护青少年性与生殖健康的义务。

北欧等西方发达国家的成功经验也表明，为了降低和减少少女妊娠，制度化的国家干预和介入必不可少。为年轻人的健康成长营造一个良好的支持性环境，除了进一步制定和完善性教育与生殖保健方面的公共政策外，我们有理由期待政府在切实保障这个人群获取性信息、教育和服务方面做出更多制度化的努力。这个清单很长，鉴于上述分析，制度建设的重点应聚焦于以下方面：

第一，与时俱进地加快制定和完善为青年人提供适当信息、教育及服务的政策与立法。性与生殖健康服务是一种公共产品。为青少年和青年人群提供性教育与性健康服务应有相关立法和政策上的保障及配套。特别是，国家应在协调机制、资源投入等方面做出硬性规定。中国政府在这个方面一直在与时俱进地跟进，但总的来说步子迈得还不够大，尤其是针对边缘化的弱势人群。例如，国家人口计生委、中央综治办、财政部及人力资源和社会保障部2010年9月联合下发的《关于创新流动人口服务管理体制推进流动人口计划生育基本公共服务均等化试点工作指导意见》主要是针对流动已婚育龄妇女的，该文件中没有出现青少年或青年的字眼。2014年10月，国家卫生计生委、中央综治办、国务院农民工办等五部委又联合印发了《关于做好流动人口基本公共卫生计生服务的指导意见》。该文件同样没有明确提到流动青少年或青年，诸如"流动人口计划生育技术指导咨询服务覆盖率达到95%"和"流动人口育龄妇女避孕节育免费服务目标人群覆盖率达到100%"等目标的表述依然很不明确。

第二，将综合性性健康教育纳入现有的教育体系，不但迫在眉睫，而且十分必要。青少年性活动提前意味着性教育的年龄也应随之提前。为此，应从小学阶段就开始循序渐进地根据不同年龄段青少年的生理与心理特征，由训练有素的教师提供综合性的性教育课程并编写适当的教材。这种教育干预不单纯是传授性知识和信息，我们需要进行循序渐进地增进青少年和青年生活技能的本土化探索。假如不能持续不断地提供有效的教育、信息和服务，大幅降低青少年意外妊娠的希望微乎其微。

第三，有的放矢地加强对城乡家长的相关培训和教育。譬如，不妨在全国几十万个家长学校中开设相关课程，指导家长如何化解孩子有关性的问题。

第四，将青少年/青年友好服务元素整合到各级各类现有的生殖保健服务机构之中，其中包括城市大医院、初级保健机构、非营利性民营诊所、私人诊所及药店等。在条件成熟的地方，因地制宜地投资于造福年轻人的青年友好生殖健康服务站点。同时，要加大对民营与私立医疗机构、妇科市场及医疗广告的监管力度。

第五，完善互联网管理制度，加大对色情网站和淫秽内容的查处力度。网络、影视、文学作品等大众传媒中的色情资讯唾手可得，这在一定程度上催化了青少年性意识的觉醒和性行为的低龄化。社会大环境发生了如此巨大的变化，老师也好，家长也罢，他们的掌控力还是很薄弱的。设想一下，学校和家庭的性教育做得再好，也有可能被铺天盖地的误导性信息所淹没。

第六，加强对校外闲散青年、流动打工者、新生代务工人员、留守青少年等弱势人群的保护。在一些性活跃的边缘化青年中，婚前性行为不仅呈低龄化之势，而且变得普遍化了。他/她们对避孕信息、咨询和服务有很高未满足的需求。① 确保他/她们得到免费的或负担得起的同其年龄、性别、环境相适应的各种现代避孕方法十分必要。要使这个风险人群远离意外妊娠和人工流产，尚需采取有针对性的专项干预。

第七，改善青少年的性与生殖健康是一项社会系统工程，需要社会方方面面的共同参与。故此，应建立健全政府领导、多部门配合、全社会共同参与的长效工作机制。流产低龄化的一些关键性因素都处于医疗保健系统之外，故此，各个利益相关部门及各种机构横向和纵向的协调与合作是不可或缺的。

一言以蔽之，为青年人提供有助于降低其意外妊娠概率的性信息、教育和服务是一项庞大的系统工程，亟待年轻人自身、学校、家庭、社区、医疗保健系统及整个社会特别是政府相关部门的密切配合和联动。青年人尤其是弱势人群的人权、安全、福祉、边缘化、歧视及赋权等一连串问题，均有待政府相关部门在青少年健康与发展的宽泛背景下通过制度化的安排去化解。回避了制度安排就有可能本末倒置或舍本逐末。要是没有制度的支撑，即使开设了性教育课程，或设立了友好服务站点，也难保其可持续性。事关如此庞大的青少年人群切身利益的人权问题，绝不容小觑。否则，"以人为本，生命健康至上"的原则只能沦为一句空话。

[原载《社会科学论坛》2015年第11期，收入本书时略加扩充]

---

① 王晖等：《青少年流动人口生殖健康状况》，中国人口出版社，2010；Bo Wang et al.，"Sexual Attitudes, Pattern of Communication, and Sexual Behavior among Unmarried Out-of-school Youth in China," *BMC Public Health*, 2007, Vol. 7, pp. 189 – 198。

社会性别化的艾滋病风险、经历与反应

艾滋病病毒/艾滋病（HIV/AIDS）于 20 世纪 80 年代初降临美国，目前已成为一个严重的公共卫生问题和社会问题。在以往 20 年，美国 AIDS 的主要风险人群从"同性恋男性"（gay men）扩及妇女、异性恋者、非洲裔与拉美裔美国人，特别是非洲和西班牙裔的城市贫困妇女。刚跨入 21 世纪时后两者在所有新报道的 AIDS 病例中占 23%，几乎是 10 年前的 3 倍。本文试图从女权主义的视野来审视这场社会性别化的（gendered）传染病，也就是说把社会性别（gender）当作主要变量，来考察它同种族、族裔、阶级、性取向（sexual orientation）以及文化等诸因素的交叉互动，并从纷繁迷离的艾滋病现象和文献中梳理出妇女与 AIDS 关系上的社会性别差异。

一 社会性别、艾滋病与社会建构：一个历史的考察

当代公共卫生问题不仅源于个体的生物或生理特性，它们还是特定的社会历史环境和疾病的社会建构（social construction）的产物，① 这一点已成为不争的事实。在以往 20 年，美国对 HIV/AIDS 的阐释和社会建构因时间、阶级、种族、族裔及文化而变化，并受制于错综复杂的社会变迁。但毋庸置疑，艾滋病在业已成为社会偏见牺牲品的人群中最为流行。在 AIDS 社会建构的历史进程中，妇女作为一个弱势群体无疑受到并继续受到性别角色刻板

---

① Judith Lorber, *Gender and the Social Construction of Illness*, London and New Delhi: Sage Publications, 1997; Theodore Fuller, John Edward and Santhat Sermsri, "Gender and Health: Some Asian Evidence," *Journal of Health and Social Behavior*, 1993, Vol. 34, pp. 252 – 271.

观念、性别歧视、污名、羞辱以及沉默的更深重伤害。①

1981 年，当 AIDS 这个幽灵降临美国时，它被当成"一种同性恋男性的疾病"。当年 6 月，美国疾病控制中心发布的一个周报描述了最初 5 例嗣后被确认为艾滋病的病例。最初的这几个病例都是男性同性恋特别是中上层的白人男性同性恋。实际上就在同一年，纽约市的首例 AIDS 女患者就被上报到了疾病控制中心。AIDS 问世不久就很快被建构为一种耻辱性的疾病，并不断被添加上"存心"违背社会规范的道德判断，比如说是患者纵欲、堕落、沉湎于非法化学品及越规性行为的结果，因而属于咎由自取。这就导致了一种盛行的普遍假设，即遭受 AIDS 侵袭的并非"一般人口"而是"他者"。伴随社会耻辱的扩散，艾滋病不但与个人的"堕落"相勾连，而且同某些边缘化的社会群体联系在一起，其中包括男同性恋者、吸毒者、种族上的少数群体以及妇女。②

这种附加的社会耻辱对于妇女具有不可低估的负面影响，因为人们对她们寄予了更高的期望去维护社会道德和行为准则。AIDS 在群体层面的建构，连同其负面反应、污名以及妇女在 AIDS 危机中"隐而不见"的现实，皆不可避免使妇女背负了更沉重的负担。正如巴顿（Patton）敏锐指出的，处于社会底层的非洲裔和拉美裔女性受害者往往被指责通过传染"无过错"的男性而直接威胁到其他"良家"妇女和儿童。③

在 AIDS 暴发的初始阶段，有关妇女与 AIDS 的主题一直贯穿着两条明显的线索。一方面，感染 HIV 被当作"男人的事"，妇女也面临 AIDS 威胁的事实往往遭到否认和拒斥。这就不足为怪直至 20 世纪 90 年代中叶，对妇女感染和患病过程连同女患者的个人经历人们仍然知之甚少。另一方面，人们主要通过妇女的生育功能来界定她们与 AIDS 的关系，从而使妇女本身的健康变得微不足道了。特雷切勒（Treichler）等就曾一针见血地指出："熟谙妇女健康漫长历史的人们可能已猜到，当 AIDS 女患者出现时，除了她们对他人的威胁外，公众几乎没有表述过对妇女本身的直接关切：假如她们是

① Gena Corea, *The Invisible Epidemic: The Story of Women and AIDS*, New York, 1992; Susan Sontag, *AIDS and Its Metaphors*, New York: Farrar, Straus, and Giroux, 1989.

② Gregory Herek and Eric Glunt, "An Epidemic of Stigma: Public Reactions to AIDS," in Peter Conrad, ed., *The Sociology of Health and Illness: Critical Perspectives*, New York: S. T. Martin's Press, 1997.

③ Cindy Patton, "Women, Write and AIDS," in Nancy Roth and Katie Hogan, eds., *Gendered Epidemic: Representations of Women in the Age of AIDS*, New York and London: Routledge, 1998.

孕妇，就关注她们对无辜婴儿的伤害，假如她们是妓女，则是对'无辜'嫖客的威胁，假如她们不属于上述两者，则是对'一般人口'的威胁。"①

笔者认为，上述社会建构成为排斥妇女公平获取保健服务的思想基础，从而对健康当局、传媒界、一般大众以及妇女自身预防和遏制 AIDS 产生了极大的消极影响。把 AIDS 定位为男性的疾病不仅导致了将妇女排除在健康服务之外，从而妨碍对妇女与 AIDS 的理解，而且直接导致了医学研究与治疗服务对妇女的扭曲性再现。这就不难理解，美国公共卫生最初的干预重点何以放在将妇女视为把 HIV 传播给无辜者的妓女或孕妇上面。直到 AIDS 暴发 11 年之后，疾病控制中心才将其定义扩展到妇女特有的病症。

这种社会建构从一开始无疑就是美国社会性别化、性行为化（sexualized）及种族化（racialized）的等级制度同时运作的产物。AIDS 最初袭击的一群人几乎都是白人男性。这群人受过良好的教育，能言善辩并熟谙如何游说资源。在此，笔者完全赞同巴顿的精辟之见，即借口妇女被无视是因为 AIDS 最早的病患者多为男性的论调其实模糊了"真正的物质差异"，即男女两性之间的社会阶级差异。② 一些女权主义学者也揭示，影响妇女生活和健康的问题事实上从未被放入优先考虑之列。即使在女权主义研究与行动越来越凸显之时，根深蒂固的历史性沉默和偏见仍常常阻碍针对妇女的有效干预。③

二 美国社会性别化的传染病

尽管 HIV 病毒常被看作"机会平等的病毒"，但其传播和感染的社会途径却是深嵌在社会网络及社会性别化的关系之中的。笔者认为，社会性别、种族与族裔背景、社会阶级状况、性取向及文化等因素均影响到妇女感染 HIV 和罹患 AIDS，而后者反过来又折射了美国社会中各种纵横交错的权力等级。

---

① Paula Treichler and Catherine Warren, "Maybe Next Year: Feminist Silence and the AIDS Epidemic," in Nancy Roth and Katie Hogan, eds., *Gendered Epidemic: Representations of Women in the Age of AIDS*, New York and London: Routledge, 1998, p. 113.

② Cindy Patton, "Women, Write and AIDS," in Nancy Roth and Katie Hogan, eds., *Gendered Epidemic: Representations of Women in the Age of AIDS*, New York and London: Routledge, 1998.

③ Nancy Roth and Katie Hogan, eds., *Gendered Epidemic: Representations of Women in the Age of AIDS*, New York and London: Routledge, 1998.

（一）社会性别化传染病的变动图景

尽管同性恋男性仍在这场悲剧中首当其冲，但妇女已成为感染者/患者中增长最快的一个亚群体。1985 年，妇女在所有 AIDS 病例中约占 7%，到 1994 年该比例已上升到 18%。据疾病控制中心报道，1991～1996 年，男性的 AIDS 发生率下降了 11 个百分点，而妇女则增长了 61 个百分点。目前妇女在 HIV 成年感染者中占 32%。[①] 到 1995 年，AIDS 已成为一些育龄妇女（25～44 岁）排名第四的主要死因，仅列于癌症、意外伤亡和心脏病之后。

少数族裔的妇女尤其是非洲裔和拉美裔妇女遭到该致命性疾病的打击最为严重。从 1981 年到 1990 年，72% 的 AIDS 女患者是黑人和西班牙裔美国人。1997 年，黑人和西班牙裔妇女中的 AIDS 发生率分别比白人妇女高 20 倍和 7 倍。[②] 1998 年 7 月到 1999 年 6 月，在美国报道的 AIDS 病例中，成年妇女占 23%，而非洲和西班牙裔妇女则在女性病例中占 80%，尽管她们在女性人口中仅占 22%。

许多女权主义文献已确认了公共卫生中 5 个方面显著的社会性别差异：生物风险、获得性风险、病症与照顾的社会心理方面、健康报告行为及优先保健和照顾者。依据女权主义文献中反复呈现的主题，笔者将比较凸显的社会性别差异归纳为：社会性别化风险（gendered risks）、社会性别化经历（gendered experiences）和社会性别化应对举措（gendered responses）。为分析便利之故，本文将对这三个范畴单独予以讨论，但笔者要强调的是，风险、经历及对妇女与 AIDS 的反应在该瘟疫的发展进程中是互为交织、共同对妇女产生负面影响的。这些差异不仅植根于个体的生物特性之中，而且源于社会文化方面的诸多决定因素。

（二）社会性别化的风险

HIV/AIDS 的社会性别化风险不仅在个人而且在社区和社会层面运作。对 HIV 风险的社会性别分析告诉我们，妇女相互连锁的社会、经济和文化

[①] Centers for Disease Control and Prevention, *HIV Surveillance Report* 1996, Vol. 8, No. 2; *HIV Surveillance Report* 1999, Vol. 11, No. 1.

[②] PM Wortley and PL Fleming, "AIDS in Women in the United States: Recent Trends," *Journal of American Medical Association*, 1997, Vol. 278, No. 11, pp. 911–916.

处境以复杂的方式和过程决定了她们在这场危机中在劫难逃的命运。从本质上讲，妇女的 HIV/AIDS 风险正是深嵌在美国社会的性别歧视、阶级歧视和种族歧视之中的。

1. 社会经济动态

如前所述，女性 HIV 感染者主要是最脆弱的有色人种贫困妇女。一些结构性因素如政治和经济压迫、居住条件差、教育水平低、文化适应力弱、种族歧视、性别歧视等，都直接导致了与 AIDS 有关的风险行为。例如，有限的就业机会、贫乏的资源、低下的工资都有可能驱使一些贫困妇女仰赖高风险的伴侣为生，而另一些人则有可能靠卖身谋求生存。此外，贫困妇女往往更有可能生活在吸毒、暴力、强奸、卖淫及多重伴侣发生频率较高的贫困社区。社会和经济上的边缘地位也降低了她们改变风险行为的动机及坚持要性伴侣使用避孕套的能力。[①]

社会经济方面的弱势地位也影响到妇女有关 HIV/AIDS 的知识、态度和行为。许多研究证实，接受正规教育较少的妇女往往对 HIV 知之甚少，或对 AIDS 预防持消极态度。[②] 再者，贫困妇女通常得不到充足的保健及预防 HIV 的信息。一些调查显示，许多非洲裔和拉美裔妇女对 HIV 传播与预防的知识极度贫乏，甚至被告知风险之后，妇女们亦往往缺乏足够的权力拒绝性交和商讨避孕套的使用。为此，科里亚（Corea）尖锐地指出："对妇女的经济剥削导致了对妇女的性剥削。我们必须从政治上向性存在的所有表现形式包括乱伦、强奸、卖淫、性骚扰及色情发起挑战。"[③]

2. 社会文化情境

女权主义文献也倾向于把妇女与 AIDS 定位在社会文化的语境之下。她们揭示，少数族裔妇女面临更多性别角色期待、适宜性行为、关于性/性存在话题的禁忌以及迁移和文化适应之压力等文化方面的问题。例如，由文化塑造的社会性别角色会阻止她们采用保护性的避孕方法。在拉美文化中，男性通常被建构为强壮、理性、有男子气概及独立的，而妇女则被认为应顺

---

① Marcela Raffaelli et al. , "Reconsidering the HIV/AIDS Prevention Needs of Latino Women in the United States," in Nancy Roth and Linda Fuller, eds. , *Women and AIDS: Negotiating Safer Practices, Care, and Representation*, New York and London: the Haworth Press, 1998.

② Gina Margillo et al. , "Understanding Safer Sex Negotiation in a Group of Low-Income African - American Women," in Nancy Roth and Linda Fuller, eds. , *Women and AIDS: Negotiating Safer Practices, Care and Representation*, New York and London: the Haworth Press, 1998.

③ Gena Corea, *The Invisible Epidemic: The Story of Women and AIDS*, New York, 1992.

从、情感化、保持贞节及有依赖性。所以，男性被社会化为在性方面应主动和活跃，婚外性活动被当作男子的特权。因此嵌入性关系之中的 AIDS 风险同文化规范有着难以分割的联系。有一项研究揭示，妇女未能坚持使用避孕套的几种最普遍原因包括：对方不喜欢使用避孕套、对方感到使用套有被指责之嫌、妇女担心要求用避孕套会遭到伤害或者她们压根不知道如何同对方协商避孕套的问题。许多波多黎各裔男性甚至认为采用保护性措施有损男子气概，既不自然，也不浪漫。[1]

（三）社会性别化的经历

就妇女而言，她们在这场危机中可能要承担起既是病患者和濒临死亡者的照料者，又是病人的多重角色。但她们遭遇 HIV/AIDS 隐而不见的生活和故事、作为病人的体验、作为照顾者的生活经历直到近期才被女权主义者推到了前台。

1. 社会心理经历

与 AIDS 相伴生的耻辱感影响到妇女向家人、朋友及医疗工作者吐露其感染 HIV 的真实情况和诊断结果，因为这有可能招来恐惧、震惊、责备、隔离等反应，并导致丧失自尊、自信乃至遭受骚扰和暴力。对诊断结果保密又会妨碍她们采取有效的应对策略，并陷入难以挣脱的恐惧、悲伤、愤懑、被遗弃及抑郁感。因此，忧郁、无助、焦虑、不确定性及挫折感在女性 HIV 呈阳性者和 AIDS 患者中极为普遍。[2] 感染上 HIV 的母亲还面临角色认同和母亲之责等特殊问题。她们会因自己直接或间接伤害孩子的想法而有负疚感和犯罪感。许多母亲在向孩子吐露真情，担心传染孩子，担心丧失对孩子的监护权甚至为子女规划未来方面表露出深切的忧虑。[3]

2. 生活经历

女性 HIV 感染者和 AIDS 患者常常因其在家中的多重责任和角色而难逃

---

[1] Dooley Worth, "Minority Women and AIDS: Culture, Race and Gender," Douglas Feldman ed., *Culture and AIDS*, Westport, Connecticut: Praeger Publishers, 1990.

[2] Kristin Hackl, Anton Somlai and Jeffrey Kelly, et al., "Women Living with HIV/AIDS: the Dual Challenge of Being a Patient and Caregiver," *Health and Social Work*, 1997, Vol. 22, No. 1, pp. 53 – 62.

[3] Gloria Weissman, Huba Melchior et al., "Women Living with Substance Abuse and HIV Disease: Medical Care Access Issues," *Journal of the American Medical Women's Association*, 1995, Vol. 50, No. 3 – 4, pp. 115 – 120.

悲惨的遭遇。当她们是家中主要的照顾者和挣钱者而同时又缺乏家庭或社会支持时，感染 HIV 的残酷现实无异于雪上加霜。妇女患者不得不采取消极的应对策略继续担负起养育的责任，而这无疑是以损害她们自己的身心健康为代价的。① 美国在就业、住房以及服务等诸多领域对 AIDS 患者的歧视比比皆是。这些情形势必会加剧这些处于边缘境地的妇女在社会经济方面的不利处境。

3. 求医经历

妇女在获取保健服务和坚持治疗上也面临着许多障碍，其中包括无家可归、担心家庭暴力、需要照顾孩子、缺乏工具、担心药物的副作用、对保健系统的不信任或恐惧以及妇女作为照顾者的角色。对于无数非洲和拉美裔妇女来说，男性的大男子主义也使坦诚讨论性、使用避孕用具等问题成为几乎不可能的事情，这就阻碍了她们在感染的早期阶段发现病症并及时寻求医治。但每个群体的关切事项不尽相同，比如，非洲裔妇女传承了不信赖美国医疗界的传统。而对许多拉美裔妇女来讲，最大阻力恐怕来源于宗教。她们通常持宗教宿命论的观点，其结果是，她们通常对预防和治疗持消极态度。

（四）社会性别化的应对之策

1. 医疗保健服务

在 AIDS 危机中，妇女再度成为美国保健系统的边缘人。到 1990 年，死于与 HIV 相关原因的妇女有 65% 不曾接受过正规的医疗诊断。正如许多学者所指出的，AIDS 只是凸显了现有保健系统的弊端：有色人种妇女在 AIDS 降临之前一直缺乏必不可少的保健，如持续的产前保健、改进的保健服务和育儿设施、计划生育和产前诊断的保密咨询，以及提供食品、衣着和住所等基本生存条件。值得注意的是，在 HIV 检测前后得到咨询并在首次 HIV 检测后得到建议去接受医疗服务的妇女要比男性少得多。② 疾病控制中心 1996 年报道，与 AIDS 有关的死亡率自其暴发以来第一次出现了下降，其中男性

---

① Deborah Kaplan, "Women and HIV: Closing the Treatment Gap," *Patient Care*, 1999, Vol. 33, Vol. 6.

② Gloria Weissman, Huba Melchior et al., "Women Living with Substance Abuse and HIV Disease: Medical Care Access Issues," *Journal of the American Medical Women's Association*, 1995, Vol. 50, No. 3 – 4, pp. 115 – 120.

下降了 25 个百分点，妇女中只下降了 10 个百分点，对少数族裔妇女来说则更不明显。尽管妇女与男性的 AIDS 病例在同一年被确诊，但直到 1990 年，即该传染病问世几乎 10 年之后，妇女特有的问题才被纳入常规诊所与研究之中。

2. 法律与公共政策

许多公共政策和研究迄今仍未将妇女的关切事项囊括其中。戈勒伯（Gollub）认为近年来有可能影响到妇女 HIV 风险的"不公正和惩罚性的"法律和社会政策包括：1996 年颁布的福利立法、针对妇女的药物治疗政策及妇女获取医疗研究与技术的政策。在她看来，1996 年的福利政策总的来说降低了妇女的自主性，并增加了她们对男性伴侣的依赖。这不仅有损她们对社会的潜在贡献，而且降低了她们进行安全性活动的能力，从而有可能增加其感染 HIV 的概率。[①] 一些女权主义者也揭示，当风险人群是任何种族和阶级的有色人种或者妇女时，美国政府资助低价治疗与预防项目的动作总是很迟缓的。而同样的问题若被发现影响到中上层的异性恋男性时，他们就会把寻找有效的治疗方案摆在优先位置上。据独立妇女论坛发布的关于联邦政府 AIDS 资助情况的报告称，依据《瑞安·怀特保健法》得到资助的男性占74%，妇女只占 26%。与白人相比，非洲和西班牙裔美国人尤其是妇女总的来说较少能得到针对其疾病的保健。[②]

3. 干预与实践

除了政府和医疗机构的漠视之外，扭曲美国社会的种族歧视、性别歧视、阶级歧视伴随着恐惧、歇斯底里和拒斥继续妨碍着美国人对该瘟疫做出积极的反应和行动。吉南（Guinan）等发现，旨在帮助妇女降低 HIV 感染的不利因素包括：不成比例的资源低投入、吸毒干预项目的不适当性和不可获性、缺乏由妇女控制的防止性传播感染的方法以及限制妇女做出决策的社会与文化因素等。[③] 更为重要的是，美国针对 AIDS 的公共卫生干预总的来说是以改变行为而不是以增强人们权力或改变结构性因素为重点的。它们不

① Eric Gollub, "Human Rights is a US Problem, Too: The Case of Women and HIV," *American Journal of Public Health*, 1999, Vol. 89, No. 10.

② Charles Henderson, "Women's Groups Blasts U. S. Lawmaker for Shortsighted HIV/AIDS Policy," *AIDS Weekly*, April 3, 2000.

③ Mary Guinan and Laura Leviton, "Prevention of HIV Infection in Women: Overcoming Barriers," *Journal of the American Medical Women's Association*, 1995, Vol. 50, No 3 - 4, pp. 74 - 77.

仅未能对妇女预防 HIV/AIDS 的特定需求和关切事项做出适宜的反应，而且消极地影响到整个社区及妇女本身采取行动。为此，戈勒伯认为现在迫切需要向有关机构、法律与政策以及习俗等社会风险因素发难的谐调一致的公共卫生项目。

三 妇女与艾滋病：女权主义的探讨

美国各学科和部门的女权主义者目前已广泛投入到反 AIDS 的斗争中。她们向伴随 AIDS 的污名和歧视发起挑战；敦促各级政府采取行动；倡导针对女患者的社会与健康服务；致力于教育和预防干预以及研究和理论化妇女面临的挑战。[①] 她们提出了许多将有关妇女与 AIDS 的理论视野与实践经验糅合在一起的跨学科和跨部门战略。以女权主义为取向的理论与实践范式也得以发展起来了。

笔者在此并非声称女权主义探讨是铁板一块的。事实上它不但非常多元化，而且内部一直争执不休。许多女权主义者对各种干预的优势和缺失不断进行权衡。有人侧重于反贫困及经济上可行的干预；一些人着眼于促进教育和沟通技能；一些人提议在家庭层面满足妇女的需求，另一些人则倡导在社区层面提供服务；一些人偏向于促进行为转变，另一些人则偏好社会结构的转型；还有一些人则诉诸社会公正和人权。每一种探讨均取决于其具体而特定的情境及其目标群体。一个典型的例子是女权主义者关于改变个人行为和转变社会结构的争辩。既然迄今尚未有有效疫苗和医治方法，一些女权主义者坚持认为阻止 HIV 传播在很大程度上有赖于转变个体的行为，比如禁欲，坚持并且正确地使用避孕套，降低性伴侣的数目等。但对此并不苟同的另一些女权主义者则指出，针对个人的行为干预无法成功地解决妇女在 AIDS 危机中面临的特殊挑战，因为贫困和社会性别不平等之类的因素要比个人的应对技能重要得多。

尽管存在很多分歧，女权主义者秉持的一些共同立场也是显而易见的。其一，她们都从女权主义视野出发，关注社会性别同阶级、种族、族裔、性取向等因素的交叉互动。其二，女权主义者一般倾向于把妇女在 AIDS 危机

---

① Nancy Roth and Katie Hogan, eds., *Gendered Epidemic: Representations of Women in the Age of AIDS*, New York and London: Routledge, 1998.

中面临的问题同她们所处的宏观社会与经济状况联系起来。为此，他们倾向于提出一种整合性和全观性的应对策略，以期消除不公正的社会政策、实践及结构。其三，女权主义者倡导的一个关键性干预是赋权妇女（empowerment of women），以便使后者能够控制影响其生活的诸多因素，如资源、信息、网络及决策等。例如，有的女权主义者力主开发由妇女自己控制的、不必取决于男性伴侣合作的预防方法。有的人则提出了"以妇女为中心"的综合性保健方案。

四　中国可以汲取的经验

反观中国，我们目前正处于控制 AIDS 的紧要关头。据统计，1999 年与 1998 年相比，中国 HIV 的新病例增长了 41.5%，其中妇女在 HIV 感染者中占 15.4%。[①] 艾滋病的蔓延之快不能不引起我们的警惕。虽然 HIV 感染的高发人群以前主要限于共用针头的吸毒者及其伴侣，但卖淫、性传播疾病的剧增，卖血者的存在及急剧的社会变迁，均驱使该传染病向一般人口蔓延。中国面临的最大挑战恐怕来自于高达 8000 万至 1.2 亿的庞大流动者。他/她们背井离乡来到城市，绝大多数正处于 20～30 岁的性活跃期。对于一个有 13 亿人口的大国来讲，这种发展态势是极为严峻的。中国政府虽已出台了不少干预举措，但与该瘟疫的巨大挑战性和严峻性相比仍是不够的。

那么，中国能从美国的经验中汲取些什么呢？笔者认为美国这一社会性别化的传染病至少对中国的公共政策能提供 3 个方面的借鉴。

其一，在美国 HIV/AIDS 的发展进程中，妇女经受过从被排斥、被他者化到逐渐凸显的过程。在此进程的大部分时间里，妇女的 HIV 经历和医疗保健几乎都是被漠视的。而这些使美国妇女遭拒斥和无视的因素时下在中国同样存在。比如，除了从计划生育和母婴保健的角度关注妇女之外，妇女自身的健康很少成为被关注的焦点。提高对这一传染病及与其相伴的社会耻辱和性别歧视的意识与理解，无疑有助于决策者、医疗保健人员、一般大众以及妇女自身有效地应对这一灾难性瘟疫。

其二，美国这一社会性别化的传染病是由社会性别、阶级、种族、族裔

---

① Charles Henderson, "Women's Groups Blasts U. S. Lawmaker for Shortsighted HIV/AIDS Policy," *AIDS Weekly*, April 3, 2000.

及文化等多维向度决定的。在 AIDS 降临美国之前就因各种等级结构而被边缘化、遭羞辱及被歧视的群体转而成为感染 HIV 最有风险的人群。这一现象不独限于美国，它事实上遍及全球各地，并使所有性活跃者处于风险之中。正如科里亚（Corea）指出的，摈弃 AIDS 只同"某些妇女""其他妇女""那些妇女"而不是与每个人休戚相关的观念是至关重要的。"所有妇女，不管我们的种族和经济状况如何均处于风险之中，我们的命运是连在一起的。"① 很显然，保护妇女免于 HIV 感染的最佳途径是要帮助最有风险从而最有可能感染和传播 HIV 的妇女。但同时，我们必须使所有妇女对 AIDS 保持警觉。可是，这种观念在中国几乎没有引起足够的关注。

其三，我们必须承认我们面临的风险以便打破讨论和预防 HIV/AIDS 的障碍。AIDS 已成为当代美国人反思疾病与医疗，反省性行为与灾难的一个转折点。而在中国，像性、性存在、避孕、同性恋、多重性伴侣等话题对于某些地区和人群来说仍是禁忌。据世界卫生组织的估计，全世界 HIV 感染者的 75% 是通过不安全的性接触感染的。国际上的数据为我们展示了妇女承受 AIDS 沉重负担的严峻现实。为此，我们必须对男女两性加强有关 HIV/AIDS 威胁的教育，以便使她/他们对自己的性与生育健康做出知情而明智的选择。

[原文题为《社会性别化的风险、经历与反应——对美国妇女与艾滋病的探讨》，《人口与经济》2001 年第 4 期；人大报刊复印资料《妇女研究》2001 年第 6 期全文转载]

---

① Gena Corea, *The Invisible Epidemic: the Story of Women and AIDS*, New York, 1992; Susan Sontag, *AIDS and Its Metaphors*, New York: Farrar, Straus, and Giroux, 1989.

中国履行促进性别平等的国际义务[*]

——最近 20 年来的进展与挑战

一　引言

跨入 20 世纪 90 年代以来，国际社会对于促进性别平等的事业倍加关注。联合国召集的一系列全球发展大会及其后续审查会议，都几无例外将社会性别平等与赋权妇女①列为一个核心议题。例如，1992 年 6 月在巴西召开的联合国环境与发展大会通过了一个名为《21 世纪议程》的可持续发展蓝图。它承认环境可持续性、减贫与社会性别公平之间的关联性，并确认了妇女在实现可持续发展中的重要作用。《议程》共计 40 章中有 33 章都提到了妇女与可持续发展的关系。1993 年 6 月举行的世界人权大会通过的《行动纲领》有一章专门阐述了妇女的人权问题。它承认妇女的权利是普遍人权不可剥夺和不可分割的组成部分，并把对妇女的暴力界定为

---

*　此文主要基于联合国人口基金驻华代表处组织、本人负责撰写的 2009 年人口与发展报告的第三章"社会性别平等、公平和赋权妇女"（参见刘爽、胡玉坤、张木波《从 ICPD 到 MDG——中国十五年回顾与展望》，国家统计局社会和科技统计司，2009）。2010 年，本人受国务院妇女儿童工作委员会和全国妇联委托负责起草撰写过《中华人民共和国执行〈消除对妇女一切形式歧视公约〉第七、第八次合并报告》（该报告定稿 2011 年提交给了联合国秘书长，其中文版见国务院妇女儿童工作委员会网 http://www.nwccw.gov.cn/html/53/n - 160853.html）。2015 年恰逢第四次世界妇女大会在北京召开 20 周年，也是联合国千年发展目标的收官之年，故此，本文依据一些最新数据做了大量更新和补充。

①　以行动为取向的赋权（empowerment）已成为发展尤其是妇女发展话语中的一个核心概念。赋权妇女主要是指以自上而下方式通过提高个体或群体对妇女从属地位的意识并增强其挑战从属地位的能力，来改变社会性别权力关系的过程。其主要活动包括增强弱势妇女获取知识、资源、网络及决策的机会，以便使她们能控制自己的生活。参见 Jane L. Parpart, Shirin M. Rai and Kathleen Staudt, eds., *Rethinking Empowerment: Gender and Development in Global/Local World*, London: Routledge, 2002。

人权问题。

1994 年举行的国际人口与发展大会，也是具有里程碑意义的一次全球大会。这次大会通过的《行动纲领》对生殖健康与生殖权利、社会性别平等与赋权妇女以及人口与发展的其他目标做出了史无前例的承诺。这一国际文书的原则 4 载明："社会性别平等与公平以及赋权妇女，消除对妇女一切形式的歧视，是同人口与发展相关的各种方案的基石。"《行动纲领》首次在人口与发展领域的国际文件中单列了"社会性别平等、公平与赋权妇女"一章（即第四章）。这一章涉及妇女的教育、就业、参政及消除对妇女歧视与暴力等方面，重点阐述了社会性别与发展的关系，明确提出了 3 个目标指向：赋权妇女与妇女地位、女童、男性的责任与参与。除了第四章以外，有关妇女独特需求和作用的陈述也散见于《行动纲领》的其他章节。[①]《行动纲领》提供了一个促进社会性别平等和赋权妇女的综合性行动计划。

次年召开的第四次世界妇女大会又上了一个大台阶。这次大会的主题是"以行动谋求平等、发展与和平"。大会通过的《北京宣言》重申了 1993 年在维也纳举行的世界人权大会的承诺，明确指出"妇女的权利就是人权"，并承诺"确保妇女和女童充分享有一切人权和基本自由，并且采取有效行动，防止这些权利和自由受到侵犯"。北京大会一致通过的《行动纲要》确定了全球促进社会性别平等与妇女赋权的 12 个关切领域。它们分别是：妇女与贫困、妇女的教育与培训、妇女与保健、对妇女的暴力、妇女与武装冲突、妇女与经济、妇女参与权力与决策、提高妇女地位的机制、妇女的人权、妇女与媒体、妇女与环境及女童。5 年后的 2000 年，联合国召开了主题为"妇女 2000：21 世纪的平等、发展与和平"的第二十三届联合国大会特别会议，通过了《政治宣言》和《执行〈北京宣言〉和〈行动纲领〉进一步行动》的成果文件，并进一步强调继续践行北京大会承诺的政治意愿。[②] 北京大会之后每隔五年在全球和区域层面都有一次后续行动的审查会议。

时值国际人口与发展大会 5 周年之际，1999 年联合国召开了全面审查和评价国际人口与发展会议《行动纲领》执行情况的联合国大会特别

---

① United Nations, *Report of the International Conference on Population and Development*, 1994, http://www. un. org/popin/icpd/conference/offeng/poa. html.

② http://www. unwomen. org/ ~/media/headquarters/attachments/sections/csw/pfa_ e_ final_ web. pdf.

会议，通过了《进一步贯彻人口与发展大会行动纲领的关键性行动》。该文件增加了教育与扫盲、生殖保健、孕产妇死亡及艾滋病方面的若干新基准指标。其中涉及社会性别平等的指标包括：以 1990 年为基数，到 2005 年使妇女和女童的文盲率下降一半；2010 年男女童净入学率至少应达到 90%；到 2005 年，全球 80% 的生育由熟练助产人员接生；到 2010 年，人口识字率和熟练助产人员接生的比例应分别达到 50% 和 85%，到 2015 年分别达到 60% 和 90%。①

各种全球性大会的累积性影响在 2000 年 9 月召开的千年首脑会议上达到了高潮。189 个国家的国家元首与政府首脑和主要发展机构的领导人在这次峰会上一致通过了《联合国千年宣言》，共同描绘了一个雄心勃勃的 15 年发展蓝图。他们还决心"促进性别平等和赋权妇女，以此作为战胜贫穷、饥饿和疾病及刺激真正可持续发展的有效途径"。② 次年，联合国据此提出了 2015 年前实现的含八大目标的"千年发展目标"（Millennium Development Goals，简称 MDGs）。这一目标体系其时涵盖了 18 个具体目标和 48 个进展监测指标。其中的目标 3"促进社会性别平等和赋权妇女"与消除贫困、普及教育、促进卫生保健等多个目标都密切相关，是一个交叉性和跨领域的目标。目标 3 的具体目标主要包括：最好到 2005 年消除小学和中学教育中的两性差距，最迟于 2015 年在各级教育中消除这种差距。为目标 3 设立的 4 个进展监测指标分别是：初等、中等和高等教育中男女生的比例；15～24 岁男女青年识字率之比；妇女在非农业部门挣工资者中所占的份额；妇女占国会席位的比例。③

2005 年，全球领袖们再次聚首纽约，评估了《联合国千年宣言》5 年来所取得的进步。这次首脑会议的结果文件再次强调妇女在接受各级教育、获取生殖保健服务、继承和拥有财产、获取生产性资源、参加生产劳动及参与政府决策等方面的平等权利。全球领袖们在首脑会议上也对补充提出的 4 个新的具体目标做出了承诺。联合国秘书长 2006 年在第六十一届联合国大

---

① United Nations, *Key Actions for the Further Implementation of the Programme of Action of the International Conference on Population and Development*, Twenty-first special session of the General Assembly, 1999, http://www.unfpa.org/sites/default/files/resource - pdf/key_ actions.pdf.

② United Nations：*United Nations Millennium Declaration*, 2000, http://www.un.org/millennium/ declaration/ares552e.htm.

③ United Nations：*Millennium Development Goals*, http://www.un.org/millenniumgoals/.

会《秘书长关于联合国工作的报告》中建议增列这四项新的具体目标（A/61/1 24 段）。2007 年第六十二届联合国大会通过了秘书长的建议和修订后的千年发展目标监测框架（见表1）。①

表 1　千年发展目标框架中明确提到妇女/性别的具体目标和监测指标

千年发展目标	具体目标	监测指标
目标1:消除极端贫穷与饥饿	目标1B:实现充分和有效就业,使所有人包括妇女和年轻人享有体面的工作	—
目标2:到2015年前普及小学教育	目标2A:2015年前确保各地儿童,不论男女都能完成全部初等教育课程	目标2监测指标3:15~24岁男女青年的识字率
目标3:促进社会性别平等和赋权妇女	目标3A:争取到2005年在小学教育和中学教育中消除两性差距,最迟于2015年在各级教育中消除这种差距	目标3监测指标1:初等、中等和高等教育中女生与男生的比例 目标3监测指标2:非农部门从事有酬职业的妇女所占的份额 目标3监测指标3:妇女在国家议会席位中所占的比例
目标4:降低儿童死亡率		
目标5:改善孕产妇健康	目标5A:到2015年使孕产妇死亡率降低3/4	目标5监测指标1:产妇死亡率
目标6:与艾滋病病毒/艾滋病、疟疾和其他疾病做斗争	—	目标6监测指标1:15~24岁孕妇感染艾滋病病毒的普遍程度
目标7:确保环境的可持续性	—	
目标8:建立全球发展伙伴关系	—	

资料来源:联合国千年发展目标网, http://www.un.org/millenniumgoals/bkgd.shtml。

很显然，这些国际大会确定的目标是一脉相承而且相辅相成。值得注意的是，国际人口与发展大会和第四次世界妇女大会通过的《行动纲领》，连同《联合国千年宣言》都将社会性别平等确认为一项基本人权并明确阐明

---

① 2007 年联合国大会修订后的千年发展目标新框架增加了 4 个新的具体目标，其中涉及妇女问题是具体目标 1:"实现充分和有效就业，使所有人包括妇女和年轻人享有体面的工作"。一些检测指标也做了相应增补或挪动了位置。例如，原先的监测指标 3.2 "15~24 岁男女青年识字率之比"改成 2.3 "15~24 岁男女青年的识字率"。United Nations, *Report of the Secretary - General on the Work of the Organization* (A/62/1), 2007, http://www.un.org/millenniumgoals/sgreport2007.pdf? OpenElement.

要解决当今世界最紧迫的诸多发展挑战，都离不开妇女的充分参与和赋权。可见，在国际发展的语境下，性别平等不仅本身被当作一个关键性的发展目标，而且被当作可持续发展的重要基石。在过去的 20 年时间里，世界各地推进社会性别平等和赋权妇女的努力为之取得了令人瞩目的进展，这在中国也不例外。

2015 年是继往开来的关键性一年，既是联合国第四次世界妇女大会在北京召开 20 周年，男女平等基本国策提出并实施 20 周年，也是千年发展目标的收官之年。经过长达 3 年的磋商，193 个联合国成员国领导人在 2015 年 9 月召开的联合国可持续发展峰会上又雄心勃勃地通过了题为"变革我们的世界"的《2030 年可持续发展议程》。这个升级版的 2015 年后发展议程包含 17 个可持续发展目标（Sustainable Development Goals，SDGs）和 169 个具体目标。它无疑秉承了"千年发展目标"以人为本的理念，促进性别平等作为可持续发展的应有之义再次被确定为一个单独目标，即该议程的第五个目标。

作为第四次世界妇女大会的东道国，中国加强了促进性别平等的顶层设计。在大会召开前夕，国务院推出了《中国妇女发展纲要（1995～2000 年）》。在大会开幕式致辞中，时任国家主席的江泽民宣布："把男女平等作为促进我国社会发展的一项基本国策。"自那时以来，"将社会性别纳入决策主流"和"赋权妇女"等核心概念开始进入了国人视野。在国际发展潮流的推动之下，一些国际发展目标逐渐被整合到相关立法、政策和发展规划之中。在一些方面，国际和国家两级呈现了"高度吻合"的态势。中国的社会性别主流化努力在某些领域亦取得了斐然成果。

国际与国家层面的联动效应也正在显现。作为国际公约的缔约国和国际会议文书的批准者，自 20 世纪 90 年代以来，中国顺应国际潮流，加强了对全球事务和全球治理的参与，并相应做了大量履约努力。2004 年的《宪法》修正案明确将"国家尊重和保障人权"写入了宪法，国家连同其各个职能机构从此在保障人权方面负有维护宪法尊严、保证宪法实施的职责和义务。中国政府主要通过立法和政策来落实公约的相关规定，同时也加强政府各部门以及政府与非政府之间的协调合作。它还致力于鼓励并促进社会力量的参与。

2015 年 9 月，中国和联合国妇女署在联合国总部合作举办了主题为"促进男女平等和妇女赋权：从承诺到行动"的全球妇女峰会。国家主席习近平出席了开幕式并发表了题为《促进妇女全面发展，共建共享美好世界》

的讲话。他提出了 4 点主张：第一，推动妇女和经济社会同步发展；第二，积极保障妇女权益；第三，努力构建和谐包容的社会文化；第四，创造有利于妇女发展的国际环境。① 习近平这番讲话无疑发出了中国将继续履行一个大国职责的强烈信号。在这样一个承前启后的时间节点上，盘点和梳理以往 20 年中国促进性别平等的行程无疑具有别样的意义。

二 支持性的社会环境

自 20 世纪 90 年代以来，中国积极签署并批准了一系列国际公约和国际会议文书，积极履行相应的公约义务和国际承诺。中国分别在 1997 年、2004 年和 2012 年向联合国提交了执行《消除对妇女一切形式歧视公约》的第三与第四次、第五与第六次和第七与第八次履约的合并报告。② 人权、社会公正、赋权、参与及可持续发展等国际理念与价值观，日益为中国所接纳并逐渐被付诸实践。2002 年，中国共产党十六大提出了全面建设小康社会的奋斗目标。翌年，中国共产党的十六届三中全会又提出贯彻以人为本、全面、协调、可持续的科学发展观。2004 年，全国人大通过的《中华人民共和国宪法修正案》明确载明"国家尊重和保障人权"。正是在可持续发展、尊重和保障人权、和谐社会及"以人为本"科学发展观的主旋律之下，包括促进男女平等在内的社会公平与公正，成为落实国家发展战略的重要组成部分。

从宏观和微观两个角度来审视，自国际人口与发展大会以来的 20 年中，中国的社会性别平等事业迎来了前所未有的历史机遇，妇女赋权也取得了可喜的进步。与中国强劲的经济增长相伴随的是贫困人口的大幅度下降，义务教育、医疗卫生及社会保障等民生事业越来越受到重视，基本公共服务正在朝着均等

---

① 习近平：《促进妇女全面发展，共建共享美好世界》，2015，http://news. xinhuanet. com/politics/2015 - 09/28/c_ 128272780. htm。

② 联合国大会 1979 年 12 月 18 日通过了《消除对妇女一切形式歧视公约》。1981 年 9 月在第二十个国家批准该公约后开始生效。中国政府于 1980 年 7 月 17 日签署该公约，同年 11 月 4 日交存批准书，12 月 4 日对中国生效。1983 年，中国向联合国提交了第一份履约报告。1989 年提交了第二份定期报告。1997 年、2004 年和 2012 年分别提交了第三与第四次、第五与第六次和第七与第八次定期合并报告，并接受了消除对妇女一切形式歧视委员会对中国履约情况的 5 次审查。关于提交报告的时间等可参见国务院妇女儿童工作委员会办公室、国家统计局、联合国儿童基金会编的《中国儿童发展指标图集》，2014，第 105 ~ 106 页，http://www. unicef. cn/cn/uploadfile/2015/0323/20150323031107419. pdf。

化的方向迈进。① 城乡妇女分享了中国社会经济进步与发展的一些成果和益处。

然而，城乡一体化发展进程仍长路漫漫。由于城乡二元结构的制度藩篱，促进社会性别平等的进步与发展仍很不平衡。伴随中国"入世"后进一步融入全球体系，中国区域、城乡、不同社会群体及两性之间在收入、生活水平及享有公共服务等方面的差距也在不断扩大。促进经济与社会的协调发展面临着史无前例的严峻挑战。在市场化和全球化负面影响的多重挤压之下，人们在机会、财富和权力上的差异变得悬殊。因贫困、社会不平等、性别偏见与歧视而不成比例地承担了发展代价的一些弱势妇女人群，反而更加被边缘化了。同 20 世纪 90 年代中叶相比，妇女状况的改善在某些领域，显得微乎其微，侵害妇女权益的一些现象未能得到有效遏制。部分贫弱妇女的生活和生计仍面临多重风险乃至危机。

（一）日臻完善的立法框架

在面向世界和与国际接轨的进程中，中国政府积极批准并履行联合国涉及男女平等的各种人权公约和国际文书。早在 1980 年中国就签署了《消除对妇女一切形式歧视公约》，翌年全国人大予以批准。1990 年加入了《联合国儿童权利公约》，做出了儿童享有特殊照顾和保护的承诺。2008 年批准了《残疾人权利公约》，又做出了消除阻碍残疾人充分参与社会的承诺。2001年批准了《经济、社会和文化权利国际公约》。2005 年批准加入了《反对就业/职业歧视公约》。中国政府努力履行缔约国义务，定期向相关条约机构提交履约报告，并根据国情考虑及采纳条约机构提出的建议与意见。例如，2006 年 8 月，联合国消除对妇女歧视委员会审议了中国政府执行《消除对妇女一切形式歧视公约》的第五与第六次合并报告，并提出了具有指导意义的"结论性意见"。② 到 2012 年提交第七与八次履约合并报告时，中国对

---

① 中国（海南）改革发展研究院：《中国人类发展报告 2007/08——惠及 13 亿人的基本公共服务》，中国对外翻译出版公司，2008；中华人民共和国卫生部：《中国妇幼卫生事业发展报告（2011）》，2011，http://www.gov.cn/gzdt/att/att/site1/20110921/001e3741a4740fe3bdab01.pdf；中华人民共和国外交部和联合国驻华系统：《中国实施千年发展目标报告（2000～2015 年）》，2015，http://www.cn.undp.org/content/china/zh/home/library/mdg/mdgs-report-2015-.html。

② Committee on the Elimination of Discrimination against Women, *Concluding Comments of the Committee on the Elimination of Discrimination against Women: China*, 2006, http://tbinternet.ohchr.org/_layouts/treatybodyexternal/Download.aspx?symbolno = CEDAW% 2fC% 2fCHN% 2fCO% 2f6 & Lang = en.

"结论性意见"提出的问题做出了相应的回应。

为了与国际接轨，特别是为了贯彻执行国际人口与发展大会和第四次世界妇女大会通过的《行动纲领》，中国政府相继制定或修订的许多法律法规都涉及妇女与社会性别平等问题。这些法律包括：《母婴保健法》（1994年）、《劳动法》（1994年）、《婚姻法》（2001年修订）、《人口与计划生育法》（2001年）、《农村土地承包法》（2003年）、《宪法修正案》（2004年）、《妇女权益保障法》（2005年修订）、《义务教育法》（2006年修订）、《就业促进法》（2007年）及《劳动合同法》（2007年）等。其中《妇女权益保障法修正案》专门提出："实行男女平等是国家的基本国策。国家采取必要措施，逐步完善保障妇女权益的各项制度，消除对妇女一切形式的歧视"。它明确将男女平等视为基本国策并将消除对妇女一切形式的歧视写入法律条文之中。这些里程碑般的立法为保障中国妇女在各个领域的权利提供了重要的制度保障。

加强农村妇女土地权利的立法保障便是其中一例。2003年开始实施的《农村土地承包法》第六条明文规定："农村土地承包，妇女与男子享有平等的权利。承包中应当保护妇女的合法权益，任何组织和个人不得剥夺、侵害妇女应当享有的土地承包经营权。"[①] 这是中国首次通过专门法律条款明确了结婚、离婚及丧偶妇女的土地权利。2005年8月修订后的《妇女权益保障法》第三十二条和第三十三条也都规定农村妇女享有土地承包和宅基地使用方面的平等权利。这些规定为保障农村妇女和女童的基本权利提供了法律与政策依据。

制止对妇女暴力问题的立法方面也取得了不菲的成就。2001年修订的《婚姻法》首开国家反家暴立法的先河。继此之后，《妇女权益保障法》、《未成年人保护法》、《残疾人保障法》和《老年人权益保障法》等法律相继出台或修改，都增添了针对家庭暴力的规定。此外，《刑法》《民法通则》《治安管理处罚法》等也均有保障家庭成员人身权利的有关规定（见专栏1）。

专栏1 反对针对妇女暴力的立法进展

2000年3月，湖南人大常委会通过的《关于预防和制止家庭暴力行

---

① 全国人民代表大会：《中华人民共和国农村土地承包法》，2002，http://www.gov.cn/gongbao/content/2002/content_ 61729. htm。

为的决议》，系首部反对家庭暴力的地方性法规。到 2015 年，29 个省（自治区、直辖市）人大都出台了预防和制止家庭暴力或者反对性骚扰的地方法规或政策。

2001 年修订的《婚姻法》首次将禁止家庭暴力写入了法律条款。它在第三条中明确提到："禁止家庭暴力。禁止家庭成员间的虐待和遗弃。"它还规定对家庭暴力受害人的救助措施。这表明国家层面的反家暴立法取得了一个历史性的突破性。

2005 年修订的《妇女权益保障法》在反对针对妇女的暴力方面取得了突破性进展。例如它的第二条规定："国家保护妇女依法享有的特殊权益。禁止歧视、虐待、遗弃、残害妇女。"第三十九条载明："禁止拐卖、绑架妇女；禁止收买被拐卖、绑架的妇女；禁止阻碍解救被拐卖、绑架的妇女。"在反家暴方面，第四十六条明确规定："禁止对妇女实施家庭暴力。国家采取措施，预防和制止家庭暴力。公安、民政、司法行政等部门以及城乡基层群众性自治组织、社会团体，应当在各自的职责范围内预防和制止家庭暴力，依法为受害妇女提供救助。"

《妇女权益保障法修正案》还第一次将禁止对妇女实施性骚扰写入了法律。它的第四十条规定："禁止对妇女实施性骚扰。受害妇女有权向单位和有关机关投诉。"第五十八条载明："违反本法规定，对妇女实施性骚扰或者家庭暴力，构成违反治安管理行为的，受害人可以提请公安机关对违法行为人依法给予行政处罚，也可以依法向人民法院提起民事诉讼。"①

2006 年修订的《未成年人保护法》增加了"禁止对未成年人实施家庭暴力"的规定。此外，《民法通则》《婚姻法》《刑事诉讼法》《治安管理处罚法》等都对预防和制止暴力侵害妇女的行为做出了一些规定。

2012 年国务院修订通过的《女职工劳动保护特别规定》第十一条载明："在劳动场所，用人单位应当预防和制止对女职工的性骚扰"，从而填补了国家性骚扰立法上的一项空白。

2015 年 8 月，第十二届全国人民代表大会常务委员会第十六次会议初审了《中华人民共和国反家庭暴力法（草案）》，反家暴法正式进入立

---

① 全国人民代表大会：《中华人民共和国妇女权益保障法》，2005，http://www.gov.cn/flfg/2005-08/29/content_27174.htm。

法程序。8月还表决通过了《中华人民共和国刑法修正案（九）》，取消备受争议的嫖宿幼女罪，加大了对性侵幼女的违法犯罪行为的惩罚力度。①

（二）国家的相关公共政策和发展规划纳入了妇女/性别主题

自 20 世纪 90 年代以来，中国政府代表出席了各种全球发展大会，并承诺贯彻执行这些大会通过的国际纲领性文件。国际人口与发展大会、第四次世界妇女大会及社会发展世界首脑会议通过的《行动纲领》、联合国大会第二十三届特别会议成果文件、联合国大会艾滋病问题特别会议通过的《艾滋病问题的承诺宣言》、千年首脑会议上签署的《联合国千年宣言》及其千年发展目标等，都把促进社会性别平等作为解决当今世界最具威胁性的一些社会、经济与政治危机的关键之一，有的还鲜明地提出妇女的权利是人权。中国是联合国千年发展目标的积极践行者。外交部和联合国驻华系统在 2003 年、2005 年、2008 年、2010 年、2013 年和 2015 年先后合作编制了 6 份中国实施千年发展目标的进展报告，每本都阐述了落实促进社会性别平等和妇女赋权的进展状况。

为了加强相关法律的实施，继国务院 1995 年颁布了第一个《中国妇女发展纲要（1995~2000 年）》之后，我国分别在 2001 年和 2011 年又相继推出了两个专门的妇女发展规划：《中国妇女发展纲要（2001~2010 年）》和《中国妇女发展纲要（2011~2020 年）》。政府还采取各种配套措施推动纲要的实施。

政府还将妇女发展纳入国民经济和社会发展规划之中，有时还上升为一个国家战略。《国民经济和社会发展第十个五年计划纲要》（2001~2005 年）、《国民经济和社会发展第十一个五年规划纲要》（2006~2010 年）及《国民经济和社会发展第十二个五年规划纲要》（2010~2015 年）等，也都对此做出了明确规定。我们不妨在这里引述一下《国民经济和社会发展第十二个五年规划纲要》第三十六章第二节"促进妇女全面发展"的内容。

① 为了更有针对性地保护幼女，1997 年《刑法》修订时特意新增了"嫖宿幼女罪"的罪名。但自那时起，存废之争几乎从未停止。在司法实践中，此罪一直受到诸多质疑。在民众的观念中，强奸是重罪，嫖娼则是轻罪。以往十多年的司法实践也证明，嫖宿罪会导致受害方的污名化，从而有可能造成二次伤害。嫖宿幼女罪的取消意味着对于奸淫幼女的犯罪将以强奸罪从重处罚。

它明确提出："落实男女平等基本国策，实施妇女发展纲要，全面开发妇女人力资源，切实保障妇女合法权益，促进妇女就业创业，提高妇女参与经济发展和社会管理能力。加强妇女劳动保护、社会福利、卫生保健、扶贫减贫及法律援助等工作，完善性别统计制度，改善妇女发展环境。严厉打击暴力侵害妇女、拐卖妇女等违法犯罪行为。"① 2012 年，在十八大报告即执政党的施政纲领中，也重申了"坚持男女平等基本国策，保障妇女儿童合法权益"的主张。

再如，像国务院 2009 年通过的《国家人权行动计划（2009～2010 年）》一样，2012 年通过的《国家人权行动计划（2012～2015 年）》，也专门就妇女权利保障问题做出了明确的规定。它重申要"实施妇女权益保障法，促进男女平等，保障妇女合法权益"。它还对以下各个方面做了详尽规定，其中包括：促进妇女平等参与管理国家和社会事务；消除就业性别歧视；保障妇女平等获得经济资源和参与经济发展的权利；提高妇女生殖健康服务水平；完善城乡生育保障制度，生育保险覆盖所有用人单位；预防和制止针对妇女的家庭暴力；打击拐卖妇女犯罪行为；加强性别统计工作。②

中国在促进性别平等与公正的一些具体政策领域也取得了令人瞩目的进展。进入 21 世纪之后，政府开始有计划地针对一些弱势人群采取行动。中共中央、国务院 2012 年印发的《中国农村扶贫开发纲要（2011～2020 年）》，将少数民族、妇女儿童和残疾人当作扶贫的重点人群："把对少数民族、妇女儿童和残疾人的扶贫开发纳入规划，统一组织，同步实施，同等条件下优先安排，加大支持力度。继续开展兴边富民行动，帮助人口较少民族脱贫致富。推动贫困家庭妇女积极参与全国妇女'双学双比'活动，关注留守妇女和儿童的贫困问题。制定实施农村残疾人扶贫开发纲要（2011～2020 年），提高农村残疾人生存和发展能力。"③

自 20 世纪 90 年代以来，中国的扶贫努力卓有成效。按照世界银行每天 2 美元的标准测算，中国贫困人口从 1990 年的 6.89 亿下降到 2011 年的 2.5

① 全国人民代表大会：《国民经济和社会发展第十二个五年规划纲要》（2010～2015 年），2011，http://www.gov.cn/2011lh/content_1825838.htm。
② 国务院：《国家人权行动计划（2012～2015 年）》，2012，http://baike.baidu.com/view/14408790.htm。
③ 中共中央、国务院：《中国农村扶贫开发纲要（2011～2020 年）》，2012，http://www.gov.cn/jrzg/2011-12/01/content_2008462.htm。

亿，减少了 4.39 亿人。① 妇女减贫工作也取得重大进展。据国务院新闻办公室 2015 年 9 月发布的《中国性别平等与妇女发展》（白皮书），在 592 个国家扶贫开发工作重点县中，女性人口的贫困发生率从 2005 年的 20.3% 下降为 2010 年的 9.8%。②

中国初步建立了新型的社会保护体系，并加大了对经济拮据的贫困妇女的保障力度。城乡居民最低生活保障（即低保）的覆盖面不断扩大，标准也逐渐提高。按民政部的统计，2013 年享有城镇居民最低生活保障的人数为 2064 万，其中女性为 867 万人，女性和男性分别占 42% 和 58%。享有农村居民最低生活保障人数为 5388 万人，其中女性 1867 万，女性和男性分别占 34.7% 和 65.3%。③

为了推动更多基层妇女创业就业，2009 年，财政部、人力资源社会保障部、中国人民银行及全国妇联联合发出了《关于完善小额担保贷款财政贴息政策推动妇女创业就业工作的通知》。该政策在贷款覆盖面、额度及申请程序等方面都实现了一些突破。当年发放给妇女个人的最高贷款额度高达 8 万元。紧随其后，多数省份也都出台了小额担保贷款财政贴息政策的实施细则，进一步增强了该政策的针对性和可操作性。截至 2014 年底，累计发放妇女小额担保贷款 2172.75 亿元，中央及地方落实财政贴息资金共计 186.81 亿元，为 459.15 万人次妇女提供了创业启动资金，辐射带动千万妇女创业就业。④ 诸如此类的政策措施有助于缓解城乡妇女自谋职业和自主创业遭遇的资金"瓶颈"。

在教育方面，政府实行公共教育资源向中西部农村、贫困、边疆及民族地区倾斜的政策，加大了对农民工随迁子女和农村留守儿童等弱势人群初等教育的投入。全国人大常委会 2006 年修订的《义务教育法》规定："适龄儿童、少年，不分性别、民族、种族、家庭财产状况、宗教信仰等，依法享

---

① 中华人民共和国外交部和联合国驻华系统：《中国实施千年发展目标报告（2000~2015 年）》，2015，第 11 页，http://www.cn.undp.org/content/china/zh/home/library/mdg/mdgs - report - 2015 -.html。

② 国务院新闻办公室：《中国性别平等与妇女发展》（白皮书），2015，http://www.gov.cn/xinwen/2015 - 09/22/content_ 2936716.htm。

③ 国家统计局社会科技和文化统计司编《2014 中国妇女儿童状况统计资料》，中国统计出版社，2014，第 50 页。

④ 中华人民共和国外交部和联合国驻华系统：《中国实施千年发展目标报告（2000~2015 年）》，2015，第 29 页，http://www.cn.undp.org/content/china/zh/home/library/mdg/mdgs - report - 2015 -.html。

有平等接受义务教育的权利。"这系首次把义务教育免费原则纳入法律,中国由此迈入了全面普及免费义务教育的新阶段。

全国城乡免费义务教育已基本实现。2006 年,国家开始在农村地区全面推行义务教育阶段免除学生学杂费和教科书费并为贫困住宿生补助生活费的"两免一补"政策。这一助学政策大大减轻了贫困家庭的教育负担,有助于保障农村贫困男女童接受义务教育的平等权利。从 2008 年起,国家又免除了城市义务教育阶段学生的学杂费。这些普惠性政策措施的落实有利于改变区域、城乡、两性之间的教育不公平现象,对女童成长与发展的连锁性影响是不可低估的。

近年来,妇幼卫生被列为深化医药卫生体制改革的重点领域之一。妇女生殖保健不再仅仅囿于孕产妇保健。中国政府在"十二五"规划中提出了重点推进基本公共服务均等化的目标。始于 2009 年,中国开始普遍开展基本公共卫生服务项目和重大公共卫生专项项目。改善农村妇女健康被当作促进均等化的一个重要环节。其中,为所有孕产妇免费提供至少 5 次孕期保健服务和 2 次产后访视被纳入了基本公共卫生服务项目之中。农村妇女宫颈癌和乳腺癌的"两癌"筛查项目、农村妇女孕前和孕早期增补叶酸项目以及农村孕产妇住院分娩补助项目则被列入重大公共卫生项目。这些惠及亿万农村妇女的项目为农村贫困妇女享有最基本的生殖保健服务提供了保障。

为了实现降低孕产妇死亡率的《中国妇女发展纲要 (1995~2000 年)》和《中国儿童发展纲要 (1995~2000 年)》及联合国千年发展目标,政府加大了对中西部农村孕产妇健康与保健的投资。国务院妇女儿童工作委员会、财政部和卫生部于 2000 年启动了"降低孕产妇死亡率和消除新生儿破伤风"项目 (简称"降消"项目)。它由中央财政提供项目资金,地方政府落实相应的配套资金。这个项目最初只限于西部 12 个省 (自治区、直辖市) 378 个国家级和省级贫困县,到 2008 年已扩展到中西部 22 个省 (自治区、直辖市) 的 1200 个县,覆盖人口达到 4.6 亿人。2009~2013 年,"降消"项目财政累计投入达 25.2 亿元,覆盖 2297 个县、8.3 亿人。① 这成为中华人民共和国成立以来在妇幼卫生领域单项投入最大、涉及地域最广也是

---

① 中华人民共和国外交部和联合国驻华系统:《中国实施千年发展目标报告 (2000~2015 年)》,2015,第 37 页,http://www.cn.undp.org/content/china/zh/home/library/mdg/mdgs - report - 2015 - . html。

惠及人口最多的一个项目。

此外，卫生部于 2008 年还实施"中西部地区孕产妇住院分娩补助项目"，旨在为西部 2297 个县市住院分娩的孕产妇实行定额补偿。到 2009 年，该项目已覆盖到整个农村地区。全国孕产妇住院分娩率由 2000 年的 72.9%提高到 2014 年的 99.6%，其中农村孕产妇住院分娩率由 2000 年的 65.2%提高到 2014 年的 99.4%。2009 年还启动实施农村妇女"两癌"免费检查项目，到 2015 年累计为 4287 万和 613 万农村妇女分别进行了宫颈癌和乳腺癌免费检查，并救助贫困患病妇女 31077 人。①

政府开始重视制止对妇女暴力问题并将它摆上了重要的议事日程。尤其是进入 21 世纪以来，政府密集推出了一些具有突破性意义的政策措施（见专栏 2）。

专栏 2　制止对妇女暴力的政策干预

1995 年颁布实施的《中国妇女发展纲要（1995~2000 年）》，设置了11 个具体目标，其中目标 7 为："有效遏制对妇女的暴力侵害及拐骗、买卖妇女的犯罪行为和卖淫嫖娼违法活动。"

2001 年颁布实施的《中国妇女发展纲要（2001~2010 年）》，明确提到"保护妇女的人身权利，禁止针对妇女一切形式的暴力"，包括"有效预防、严厉打击各种侵害妇女人身权利的违法犯罪行为，降低强奸、拐卖等侵害妇女人身权利的刑事案件的发案率，提高结案率。预防和制止针对妇女的家庭暴力。严厉打击嫖娼卖淫活动"。

2007 年 12 月，国务院通过了《中国反对拐卖妇女儿童行动计划（2008~2012 年）》。这是中国第一个国家级反对拐卖妇女儿童的指导性文件，明确提出了要建立集预防、打击、救助和康复为一体的反拐工作长效机制。这标志着中国加大了打击拐卖妇女儿童犯罪的工作力度，也意味着全方位开展预防、打击、解救、康复及被害人回归社会等工作。

2008 年 7 月，全国妇联联合中宣部、最高人民检察院、公安部、民政部、司法部、卫生部制定了《关于预防和制止家庭暴力的若干意见》。

---

① 国务院新闻办公室：《中国性别平等与妇女发展》（白皮书），2015，http://www.gov.cn/xinwen/2015-09/22/content_2936716.htm。

该意见凸显了政府责任，并规定了政府相关部门反对家庭暴力的职责、分工和协作等。

2009 年通过的《国家人权行动计划（2009～2010 年）》，明确将预防和制止家庭暴力列为人权保护的重要内容，提出"禁止针对妇女的一切形式的家庭暴力，探索建立预防、制止、救助一体化的反对家庭暴力的工作机制"。

2010 年 3 月，最高人民法院、最高人民检察院、公安部、司法部四部委联合下发了《关于依法惩治拐卖妇女儿童犯罪的意见》。

2011 年颁布实施的《中国妇女发展纲要（2011～2020 年）》继续重申"预防和制止针对妇女的家庭暴力"和"有效预防和制止针对妇女的性骚扰"。

2012 年，国务院颁布实施的《女职工劳动保护特别规定》在第十一条规定："在劳动场所，用人单位应当预防和制止对女职工的性骚扰。"

2013 年，国务院颁发了第二个中国反拐计划——《中国反对拐卖人口行动计划（2013～2020 年）》。

2015 年 3 月，最高人民法院、最高人民检察院、公安部、司法部联合印发《关于依法办理家庭暴力犯罪案件的意见》。

中国政府十分重视妇女参政和社会参与问题并为此采取了一系列积极的政策措施。2007 年 3 月，十届全国人大五次会议正式通过了《关于第十一届全国人大代表名额和选举问题的决定》，明确要求第十一届全国人大代表中女性代表的比例不低于 22%。这是中国首次对全国人大女代表问题做出明确的规定。就基层妇女参政而言，除了 2010 年 10 月修订的《村民委员会组织法》，其他一些新政策也对农村妇女实行倾斜。为促进更多农村妇女参与公共事务，2008 年，民政部和全国妇联有针对性地联合下发了《关于充分发挥妇联组织在基层群众自治制度建设中积极作用的若干意见》和《关于进一步加强新形势下妇女参加村民委员会工作的意见》，就提高农村妇女当选村委会成员和村民代表比例等问题做了明确规定。2009 年，中共中央办公厅、国务院办公厅印发了《关于加强和改进村民委员会选举工作的通知》，提到"把更多女性村民特别是村妇代会主任提名为村民委员会成员候选人"。2013 年 5 月民政部印发的《村民委员会选举规程》的通知要求："候选人中应当有适当的妇女名额，没有产生妇女候选人的，以得票最多的妇女为候选人。"

（三）组织机构不断完善和项目活动日渐增多

各种致力于促进男女平等的政府和非政府组织纷纷成立，并不断壮大。例如，1990 年成立的国务院妇女儿童工作协调委员会，在 1993 年 8 月更名为国务院妇女儿童工作委员会，这是国务院负责妇女儿童工作的协调议事机构。它主要致力于指导、协调和推动政府有关部门执行有关妇女儿童的各项法律法规和政策措施。该委员会的成员单位从 1990 年成立时的 19 个增加到 2015 年的 35 个。全国县以上政府也都相应成立了妇女儿童工作协调机构。

在致力于完善提高妇女地位机制的同时，政府有关部委和非政府组织陆续推出了各种针对贫困妇女和女童的助学助困项目，其中一些公益/慈善行动已发展为知名的品牌项目（见专栏 3）。这些活动主要以项目为依托，致力于促进妇女和女童的赋权，尤其是改善贫困人群的生存与发展状况，为在中国推进各项国际发展目标发挥了积极的示范作用。

专栏 3　知名的社会公益/慈善项目

"春蕾计划"——中国儿童少年基金会 1989 年发起并组织实施的一项救助贫困地区失学女童重返校园的大型社会公益项目。

"希望工程"——由团中央和中国青少年发展基金会 1989 年牵头发起、旨在救助贫困地区失学少年儿童的一项公益事业。

"幸福工程——救助贫困母亲行动"——1995 年由中国人口福利基金会、中国计划生育协会、中国人口报社三家共同发起的一项以救助贫困母亲为使命的社会公益活动。

"大地之爱·母亲水窖"项目——中国妇女发展基金会 2001 年开始实施的一项集中供水工程，重点是帮助西部地区妇女摆脱因严重缺水带来的贫困和落后。

"母亲健康快车"——2003 年发起，由全国妇联、国务院妇儿工委办共同主办、中国妇女发展基金会承办的一项公益项目。

"母婴平安 120 行动"项目——中国扶贫基金会 2000 年设立的救助贫困母婴的公益项目。

在过去的 20 多年中，中国政府和民间组织对于针对妇女暴力的危害和负面影响有了更深刻的认识，并逐渐加大了反家暴干预的力度。少数妇女非政府组织对此进行了一些积极的探索，中国法学会反对家庭暴力网络（见专栏 4）就是其中最为活跃的一个组织。公安部门、法院、检察院、民政部门、卫生部门及妇联系统等逐步落实其防治责任，并先后推出了各类专项活动，其中包括反对家庭暴力、校园性骚扰、工作场所性骚扰、网络淫秽色情问题等，同时加大了打击拐卖妇女儿童行动的力度。

专栏 4　中国法学会反对家庭暴力网络

2000 年在北京创立的中国法学会反对家庭暴力网络，系专门致力于反对家庭暴力的宣传、倡导及研究培训工作的一个妇女非政府组织联盟。原名为"中国法学会反对针对妇女的家庭暴力对策研究与干预"项目，2003 年改为此名，并逐渐在全国各地组建起一个由 100 多个反对家庭暴力组织构成的网络，其中包括妇联组织、公安部门、社区民警、医疗机构、高校及科研机构等。它还拥有众多个人志愿者等网络成员。该网络依托多机构合作的模式，积极吸纳各方经验和资源。其重点活动之一是开展立法倡导，推动我国反家暴的立法。它曾组织专家组起草和修改家庭暴力防治法建议稿，并通过人大代表先后在 2003 年和 2009 年向第十届全国人大第一次会议和第十一届全国人大第一次会议提交过关于制定家庭暴力防治法的议案，获得了社会广泛关注和全国人大的积极回应。该网络还成立了对外开放的"反对针对妇女暴力资料中心"，开设反家暴网站，开展相关调查、理论与实证研究、培训及增强意识的干预活动等。它还在一些城市、乡村和医疗场所建立了反对家庭暴力综合干预试验区。上述各类活动在社会上引起了较大的反响。

各种国际合作项目也推陈出新。早在 20 世纪 90 年代中期第四次世界妇女大会筹备期间，许多双边、多边及非政府的国际机构就从自身使命出发赞助了各种妇女项目，嗣后继续支持第四次世界妇女大会《行动纲领》在中国的贯彻执行。各种妇女发展项目随之大增，域外的许多妇女发展实践和经验亦随之在全国各地落地生根。以联合国人口基金驻华办事处为

例，从1979年起，中国同联合国人口基金合作已完成了五个周期的国别方案。在这些方案的制定和实施过程中，促进社会性别平等都被当作一个重要主题，不仅强调各类项目活动要具有社会性别敏感性，而且专门设计了直接促进社会性别平等的专项活动（见专栏5）。诸如此类的多边及双边国际合作对于中国在各个领域促进妇女发展和赋权妇女起了不可或缺的重要作用。这不仅体现在资金和物质的支持上，而且反映在先进理念与制度建设的引领上。

专栏5　联合国人口基金驻华办事处推进社会性别平等的努力

从1998年启动第四周期国别方案起，联合国人口基金驻华办事处就同全国妇联合作，致力于促进社会性别平等。通过与政府有关部委的横向合作，第四周期生殖健康倡导项目和第五周期社会性别平等项目增进了各级决策者、项目管理者、媒体工作者和服务提供者的社会性别敏感性，并唤起了对社会性别平等与公平的关注。第六周期国别方案（2006~2010年）主要包含生殖健康和人口与发展两个部分。促进社会性别平等作为一个交叉性领域贯穿于这两个领域的各项活动之中。由全国妇联负责执行的社会性别平等项目的预期成果是："通过加强国家监测和实施中国法律、政策及国际公约的能力，有效地保护妇女权利，促进社会性别平等"。[①]

概言之，上述立法、政策和项目活动对于改善妇女的福祉并赋权妇女具有别样的意义。

三　进展与差距

上述政策和立法从制度设计上保证了男女平等事业的推进。伴随政策环境的不断改观，在女童接受义务教育、妇女就业、享有医疗卫生服务和医疗保健、基本社会保障、参与决策以及制止对妇女的暴力等方面催生了一些积极的变化。但同时在改革开放的宏观政治经济背景下，中国的社会性别平等

---

① 联合国人口基金驻华办事处和全国妇联：《社会性别倡导战略（2008~2010年）》，中国/联合国人口基金第六周期国别方案社会性别平等项目文件，2007。

事业仍面临重重挑战。

无论是从政府各项公共政策，还是从职能部门的行政规章来看，中国在社会性别主流化方面的步伐仍滞后于国际政策和目标。既有的政策规定在地方层面也常常得不到落实或者往往执行不到位。在现实生活中，城乡妇女仍面临形形色色的性别歧视和发展障碍。缩短事实与法律上性别平等的干预仍不容乐观。在全球化和市场化驱动的发展实践中，许多政治承诺越来越难以物化为现实。

（一）就业方面

就业是个体和家庭生存之道及摆脱贫困的重要载体。通过就业赢得经济独立也是提高妇女地位的前提条件之一。妇女经济赋权因此被国际社会确认为促进妇女发展的关键所在。千年发展目标体系中的目标 1 包含的具体目标 2 即专门强调实现充分和有效就业，使所有人包括妇女和年轻人享有体面的工作；目标 3 之下的监测指标 2 则突出了"非农部门从事有酬职业的妇女所占的份额"。

1. 高就业率

在劳动就业方面，中国女性人口一直有比较高的就业率。自 20 世纪 50 年代末以来，绝大多数中国成年女性都投身于社会生产劳动，劳动适龄妇女的就业率因此一直高于世界平均水平。始于 20 世纪 80 年代，伴随社会进步和受教育机会大增，如图 1 和图 2 所示，男女两性适龄劳动人口的就业率都有所下降。全国就业率从 1990 年的 87.15% 下降为 2000 年的 81.63%。同期，全国女性就业率由 83.82% 降为 76.88%；全国男性就业率由 90.07% 降为 85.96%，妇女的下降幅度要大于男性。[①]

尽管中国女性的就业率在世界上处于较高水平，但总体水平始终低于男性。这是中国人口就业的一个基本模式。自 20 世纪最后 10 年以来，两性的就业率差距在不断拉大。1990 年女性比男性大约低 6.25 个百分点，2000 年低 9 个以上（9.08）百分点。到了 2005 年，这方面的差距扩大到了 14 个百分点。2010 年进行的中国妇女社会地位调查揭示，中国 18~64 岁女性在业率为 71.1%，男性为 87.2%，女性比男性低 16.1 个百分点，农村女性与农

---

① 段成荣等：《中国的社会性别差异：事实与数据》，世界银行、亚洲开发银行、英国国际发展部编著《中国社会性别差异与扶贫研究报告》，2006，第 99 页。

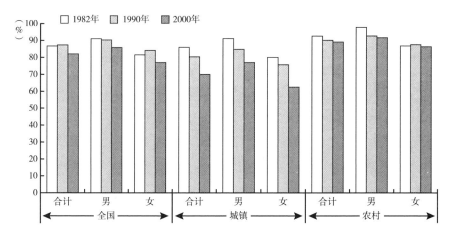

图 1 三次全国人口普查分城乡和性别的就业率

资料来源：1982 年、1990 年和2000 年人口普查数据引自段成荣等著《中国的社会性别差异：事实与数据》，世界银行、亚洲开发银行、英国国际发展部编著《中国社会性别差异与扶贫研究报告》，2006，第 99 页。

村男性比也低 11 个以上（11.6）百分点。值得关注的是，65 岁及以上的农村妇女仍从事农业劳动的占 23.1%。[①]

中国女性不仅就业比例较高，而且多年来这种高比例一直处于相对稳定的状态。2000～2015 年，16～54 岁女性就业人员在全国就业总人口中所占的比重一直在 45% 左右徘徊。到 2014 年年末，全国就业人员有 7.73 亿人，[②] 按此推算，妇女就业人数大约有 3.48 亿人。由于受教育机会上的劣势和就业方式等方面的不同，农村女性进入就业市场的年龄比城镇女性更低，就业率也一直高于城镇女性。改革开放以来，相当一部分大龄妇女以下岗和提前退休等形式退出了劳动力市场。2010 年在业率最低的要数城镇女性，仅有 60.8%，农村妇女为 82.0%。后者比前者高 21.2 个百分点。[③]

[①] 第三期中国妇女社会地位调查课题组：《第三期中国妇女社会地位调查主要数据报告》，《妇女研究论丛》2011 年第 6 期。

[②] 中华人民共和国国家统计局：《2014 年国民经济和社会发展统计公报》，2015，http://www. stats. gov. cn/tjsj/zxfb/201502/t20150226_ 685799. html。

[③] 国家统计局社会科技和文化产业统计司：《中国社会中的女人和男人——事实和数据（2012）》，2012，第 39 页，http：//wenku. baidu. com/link? url = IgpwkxIM_ xGMtb_ ahTkv ShmXMev0Myti40QKTn8 – b2Me61lYRX5R8Dm71trwdMgzcWC1VK3LVlC2gZOQcBFLYtb6X8Kj Poxnxp – P22YoE0u。

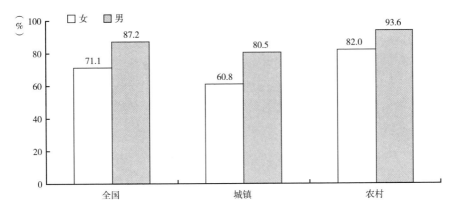

图2 2010年18~64岁人口分城乡和性别的在业率

资料来源：国家统计局社会科技和文化产业统计司，《中国社会中的女人和男人——事实和数据（2012）》，2012，第39页。

2. 非农就业机会扩展与女性就业的非正规化

从在业女性的产业分布来看，随着城镇化和工业化进程的不断推进，大量农村男性和女性源源不断地从农业中转移出来进入非农部门或城市就业，三次产业中女性就业人员的比重由2000年的68.9：14.1：17.0转变为2010年的53.2：19.3：27.5；男性则由60.7：19.0：20.3转变为44.4：28.1：27.5。[①] 与2000年相比，第一产业男女劳动者的比例都出现了大幅下降。从全国职业构成来看，女性农、林、牧、渔、水利业生产人员所占的比例从2000年的69%下降为2010年的53.2%，男性则从60.7%下降为44.4%。[②] 也就是说，滞留在第一产业的妇女比男性多，而转移到第二、第三产业的女性则比男性少（见图3）。上述数据也表明，尽管城镇化已成为不可逆转的趋势，但农业依然是女性就业的最大容纳器。

---

① 国家统计局社会科技和文化产业统计司：《中国社会中的女人和男人——事实和数据（2012）》，2012，第34页，http：//wenku.baidu.com/link？url＝IgpwkxIM_ xGMtb_ ahTkv ShmXMev0Myti40QKTn8－b2Me611YRX5R8Dm71trwdMgzcWC1VK3LVlC2gZOQcBFLYtb6 X8Kj Poxnxp－P22YoE0u。

② 国家统计局社会科技和文化产业统计司：《中国社会中的女人和男人——事实和数据（2012）》，2012，第40页，http：//wenku.baidu.com/link？url＝IgpwkxIM_ xGMtb_ ahTkv ShmXMev0Myti40QKTn8－b2Me611YRX5R8Dm71trwdMgzcWC1VK3LVlC2gZOQcBFLYtb6 X8Kj Poxnxp－P22YoE0u。

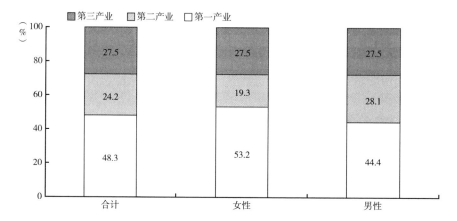

图 3 2010 年男女就业人员在三产中的构成

资料来源：国家统计局社会科技和文化产业统计司，《中国社会中的女人和男人——事实和数据（2012）》，2012，第 38 页。

劳动力的职业结构也反映了妇女的弱势地位。尽管越来越多女性开始进入计算机、软件、通信、金融、保险等高新技术行业，但总的就业模式依旧是男性更多集中于党政机关和企事业单位负责人、生产和运输工人中，而女性则集中在农林牧渔业，或商业和服务性行业等所谓"适合女性"的工作中。1990 年，从业女性中有 75% 从事农林牧渔业生产，而男性只占 67%，女性比男性高 8 个百分点；到 2005 年，女性农林牧渔从业人员的比例下降为 63%，而男性只占 53%，两者之差进一步扩大为 10 个百分点。① 这表明更多农村男性实现了非农转移。另据第三期中国妇女社会地位调查，2010 年，农村就业人员中从事非农就业的女性和男性的比重分别占 24.9% 和 36.8%，比 2000 年提高了 14.7 个和 17.9 个百分点，但女性与男性相差约 12 个百分点（见图 4）。上述数据都表明女性在职业转换和就业层次的提升方面均滞后于男性，而且，女性非农就业机会的增加同就业质量的提升十分不相称。

已实现非农转移的女性也主要从事低报酬、无保护的低端工作。伴随市场经济体制改革的深化，在城乡劳动力市场，妇女非正规就业化的现象，或者说非正规就业的女性化趋势变得越来越明显。撇开极其庞大的从事非正规就业的农村妇女，女性在城市非正规就业人员中所占的比例也远高于其在城镇单位就

① 国家统计局人口和社会科技统计司：《中国社会中的女人和男人——事实和数据（1999）》，中国统计出版社，1999，第 44 页；国家统计局社会和科技统计司：《中国社会中的女人和男人——事实和数据（2007）》，2007，第 48 页。

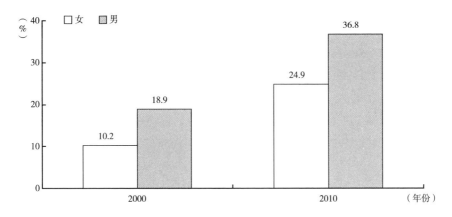

图 4　农村男女就业人员的非农就业率

资料来源：国家统计局社会科技和文化产业统计司，《中国社会中的女人和男人——事实和数据（2012）》，2012，第 34 页。

业人员中的比例。这些低端的非正规就业者，既没有职业和社会保障，也不受《劳动法》的保护。其职业层次、劳动稳定性、劳动报酬、医疗保障、组织化程度，不仅同正规就业女性存在差距，而且与非正规就业的男性有明显不同。非正规就业的扩增无疑扩大了两性之间的收入差距。① 女性集中在非正规经济部门的脆弱就业（vulnerable employment），不仅与国际社会提倡的"体面工作"相去甚远，而且会对实现"体面就业"构成了巨大的挑战。

3. "农业的女性化"

"农业的女性化"现象在全球化时代呈现出崭新的面孔。自 20 世纪 80 年代以来，无论是作为家庭资源配置理性选择的结果，还是农村男性资源和技能的相对优势使然，男性比女性无疑拥有更多机会摆脱农业劳动进入非农生产领域。伴随着越来越多男性从农业中游离出去，中国种植业主劳力的"女性化"和"老龄化"趋势变得越来越凸显。第二次农业普查数据显示，2006 年末，全国女性劳动力占 53.2%，东中西部分别占 55.1%、54.3% 和51.4%，东北地区为 50.3%。② 这表明农业主劳力的女性化趋势早已是一个

① 蒋永萍：《中国妇女就业状况》，谭琳主编《1995～2005 年：中国性别平等与妇女发展报告》，社会科学文献出版社，2006。

② 国务院第二次全国农业普查领导小组办公室和中华人民共和国国家统计局：《第二次全国农业普查主要数据公报（第二号）》，2008，http://www.stats.gov.cn/tjsj/tjgb/nypcgb/qgnypcgb/200802/t20080222_30462.html。

全国性的普遍现象。伴随着更多青壮年劳动源源不断从农村转移出来，"农业的女性化"趋势还会持续存在并有可能更加凸显。据国务院新闻办2015年9月发表的《中国性别平等与妇女发展》（白皮书），农村妇女在农业劳动力中约占七成。[①] 鉴于农村妇女的基数较大，充当主劳力的妇女是一个相当庞大的群体。

有的学者则将这种现象概括为"男工女耕"的劳动分工格局。在越来越多的地方，妇女在大田劳动中独当一面或挑起了大梁，担负起更多的责任。主要由女性维系的农业对许多农户来说成为其生活和就业的"安全阀"。滞留在种植业中的妇女，为留守的家人提供不可或缺的温饱和基本生计，也为外出打工者守住家园和农地。然而，从择业机会、工作性质、收入来源、就业的时空模式、农业资源占有、自主权及决策权等各种指标来看，女性在农业中的边缘化地位依然是显而易见的。例如，教育培训、信贷、技术、推广、销售服务以及农村组织等农业支持系统对妇女的支持极其有限。农村各种组织机构通常是很社会性别化的，常常将妇女尤其是弱势妇女排斥在外。

"农业的女性化"现象可以说是全球化时代传统农业和乡村社会日渐式微的产物。在中国，农业原本就是回报最低的产业和相对缺乏社会福利及社会保障的部门。妇女在种植业中的比例越来越高，并不等于妇女在获取和控制农业资源上取得了优势，更不意味着她们在农业管理和决策中占据了主导地位。更准确地讲，与其说是农业"女性化"了，毋宁说一些脆弱妇女在乡村社会经济生活中进一步边缘化了。[②] 农村以"老弱病残"为主的人口结构更加剧了留守妇女的困境，很多人面临多重排斥和剥夺。

农村妇女土地权益尚未得到切实的保障。农地的分配和使用或许是妇女在农业资源拥有和控制方面处于弱势地位的主要表现之一。尽管国家的一些政策法律强调妇女与男子享有平等的土地承包经营权，然而在一些地方，诸如"增人不增地，减人不减地"等似乎性别中立、实则歧视性的条款普遍见诸地方政策和村规民约之中。由于从夫居婚姻模式的盛行，土地无法随妇女结婚而流动，无地者中妇女占70%。出嫁女及其子女、农嫁非妇女、离婚丧偶妇女土地承包权利遭受侵犯事件不时见诸报端。

---

① 国务院新闻办公室：《中国性别平等与妇女发展》（白皮书），2015，http://www.gov.cn/xinwen/2015-09/22/content_2936716.htm。

② 胡玉坤：《转型期中国的"三农"危机与社会性别问题——基于全球化视角的探究》，《清华大学学报》（哲学社会科学版）2009年第6期。

2010 年进行的第三期中国妇女社会地位调查揭示，在城市化、现代化进程和承包地分配与流转的过程中，农村妇女因婚姻流动等原因而丧失土地及土地收益权等财产权受侵害的问题比较突出。2010 年，没有土地的农村女性占 21.0%，比男性高 9.1 个百分点，比 2000 年增加了 11.8 个百分点。其中，因婚姻变动而失去土地的占 27.7%，男性仅为 3.7%。[①] 对多数乡村居民而言，土地仍具有生产资源、家庭财产和基本生活保障三重功能。丧失了土地的妇女则意味着被剥夺了基本的生产和生活来源。资产占有上的性别不平等和不公正削弱了妇女改善其社会资本方面的基本保障。这也构成为限制农村妇女发展潜力和提高其农业生产率的物质基础。[②]

对此，最近两三年的"中央一号文件"，开始关注妇女土地承包权益及留守儿童、妇女和老人问题。例如，2013 发布的《关于加快发展现代农业进一步增强农村发展活力的若干意见》呼吁："各级党委、政府和社会各界要高度重视农村留守儿童、留守妇女、留守老人问题，加强生产扶持、社会救助、人文关怀，切实保障他们的基本权益和人身安全。"[③] 2014 年发布的《关于全面深化农村改革加快推进农业现代化的若干意见》第十七条规定："切实维护妇女的土地承包权益"；第三十三条提出："加强对农村留守儿童、留守妇女、留守老年人的关爱和服务"。[④] 2015 年发布的《关于加大改革创新力度加快农业现代化建设的若干意见》第二十四条规定："继续加大小额担保财政贴息贷款等对农村妇女的支持力度。"第二十八条还再次强调："保障好农村妇女的土地承包权益。"[⑤]

4. 两性收入差距

在城乡，鉴于妇女的职业层次较低，其收入也比男性低。女性在业者的

---

① 国家统计局社会科技和文化产业统计司：《中国社会中的女人和男人——事实和数据（2012）》，2012，第 63 页，http://wenku.baidu.com/link? url = MntIkh62pAkbw520WCExrl q 0B_ Ka7OaufC9ShMSsRwYHMce7h0TVhkwxAYNLwTfvDup9wVm6 - tBXC_ KVMk2jC35Ls_ dVxr3kkuGEaaddVlS。

② Bina Agarwal, *A Field of One's Own*: *Gender and Land Rights in South Asia*, Cambridge: Cambridge University Press, 1994.

③ 中共中央、国务院：《关于加快发展现代农业进一步增强农村发展活力的若干意见》，2013，http://theory.people.com.cn/n/2013/0201/c40531 - 20398374.html。

④ 中共中央、国务院：《关于全面深化农村改革加快推进农业现代化的若干意见》，2014，http://www.gov.cn/jrzg/2014 - 01/19/content_ 2570454.htm。

⑤ 中共中央、国务院：《关于加大改革创新力度加快农业现代化建设的若干意见》，2015，http://www.gov.cn/zhengce/2015 - 02/01/content_ 2813034.htm。

劳动收入多集中在低收入组和中低收入组。2010年，在城乡低收入组中，女性分别占59.8%和65.7%，比男性高19.6个和31.4个百分点；相反，在城乡的高收入组中，女性却仅占30.9%和24.4%，很明显低于男性（见图5、图6）。

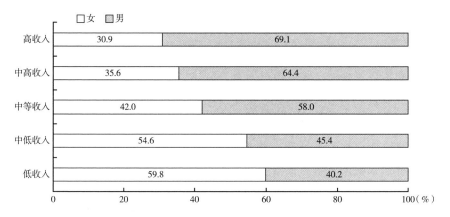

图5　2010年城镇男女年平均收入分布

资料来源：国家统计局社会科技和文化产业统计司，《中国社会中的女人和男人——事实和数据（2012）》，2012，第54页。

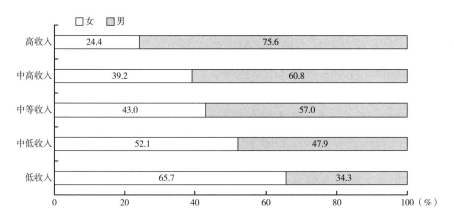

图6　2010年农村男女年平均收入分布

资料来源：国家统计局社会科技和文化产业统计司，《中国社会中的女人和男人——事实和数据（2012）》，2012，第54页。

第一期和第二期中国妇女社会地位调查数据还揭示，1990~2000年，尽管在业女性的经济收入有了较大幅度的增长，但与男性收入的差距却明显拉大了。1990 年城镇在业女性的收入只有男性的 77.5%，到 1999 年，城镇在业女性含各种收入在内的年均收入为 7409.7 元，仅占男性收入的 70.1%，两性之间的收入差距事实上比 1990 年扩大了 7.4 个百分点。1990 年，从事农林牧渔业的女性的收入占男性收入的 78.9%，1999 年，其年均收入为 2368.7 元，仅占男性收入的 59.6%，两性之间的差距比 1990 年扩大了 19.3 个百分点。① 收入不平等是更宽泛的全球化过程最显著的维度之一，会导致机会和权力上的诸多不平等。

5. 社会保障

最近十多年，中国政府不断完善以养老、失业、医疗、工伤和生育保险为主要内容的社会保险制度。伴随整体社会保障水平的逐渐提高，城乡女性参保的人数出现了水涨船高般的提升，然而女性所占的比例仍落后于男性。以参加"五险"的城镇职工为例，女性大体上只占四成。2013 年，参加城镇职工基本养老保险的女性占 45.4%，男性为 54.6%。参加城镇职工基本医疗保险的女性占 46.1%，男性占 53.9%。参加失业保险的女性占 41.8%，男性为 58.2%。参加工伤保险的女性占 37.8%，男性为 62.2%。参加生育保险女性占 43.4%，男性为 56.6%（见图 7）。

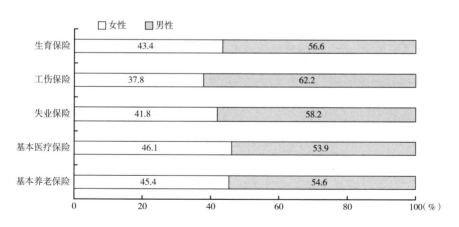

图 7　2013 年各种社会保险参保者的性别构成

资料来源：根据国家统计局社会科技和文化统计司《2014 中国妇女儿童状况统计资料》（中国统计出版社，2014）第 45 页的数据换算。

---

① 第二期中国妇女社会地位调查课题组：《第二期中国妇女社会地位抽样调查主要数据报告》，《妇女研究论丛》2001 年第 5 期，第 10 页。

到 2015 年，已建立起基本的全民医疗保障网。职工基本医疗保险、城镇居民基本医疗保险和新型农村合作医疗（简称"新农合"）几乎覆盖了13 亿人。以农村来说，建立了以最低生活保障和医疗保障为基本内容的社会救助制度。截至 2014 年底，全国参加新型农村合作医疗人口数已达 7.36亿，参合率达到了 98.9%，[①] 惠及绝大多数的农村男女。尽管如此，城乡居民在享有保障性待遇的人数和金额上仍相差悬殊。据第三期中国妇女社会地位调查，城乡两性之间享有养老保障和医疗保障的性别差距相差无几。因新型农村社会养老试点的推行，她/他们享有社会养老保障的比例均在 32% 左右，而非农业户口女性与男性享有养老保障的比例分别为 73.3% 和 75.9%，均是农村的 2 倍多。[②] 这与统筹城乡发展的大趋势显然是不吻合的。

6. 困扰妇女的其他就业问题

改革开放以来，由于市场竞争的日益加剧，城乡劳动力市场的社会性别公平问题日益显性化。例如，城镇劳动力市场上的各种潜在性别歧视依旧根深蒂固；女大学生相对于男性就业难度更大；大龄下岗女职工比男性人数多，但重返正规劳力市场的概率却比后者更少；在非公有制企业中，女职工享有特殊劳动保护的权利常常得不到保障以及女性比男性早退休 5 年的政策等，都是其重要表现。城乡女性劳动力的受教育程度整体低于男性，造成她们在职场特别是高层次职业上的竞争力不及男性。教育方面的劣势限制了妇女经济参与上的公平机会与回报。

（二）教育方面

千年发展目标涉及妇女教育的监测指标包括：15～24 岁男性和女性的识字率；初等、中等和高等教育中女生与男生的比例。2006 年以来在城乡落实免费义务教育不仅提升了农村两性儿童少年接受教育的机会，而且对缩短地区、城乡及两性之间义务教育的差距发挥了积极作用。

1. 各级教育的入学和在学状况

自 20 世纪 90 年代以来，伴随着总体教育环境的不断改善，义务教育

---

① 中华人民共和国国家卫生和计划生育委员会：《2014 年我国卫生和计划生育事业发展统计公报》，2015，http://www.nhfpc.gov.cn/guihuaxxs/s10742/201511/191ab1d8c5f240e8b2f5c81524e80f19.shtml。

② 国家统计局社会科技和文化产业统计司：《中国社会中的女人和男人——事实和数据（2012）》，2012，第 57 页，http://wenku.baidu.com/link? url = MntIkh62pAkbw520WCExr1q0B_ Ka7OaufC9ShMSsRwYHMce7h0TVhkwxAYNLwTfvDup9wVm6 - tBXC_ KVMk2jC35Ls_dVxr3kkuGEaaddVlS。

阶段男女孩的入学率均有了较大幅度的提高，两性之间的差距也明显缩短。1990 年，中国 7 岁男童的入学率为 77.82%，女童为 73.66%；到 2000 年分别上升为 96.86%和96.03%。① 截至 2005 年底，小学适龄女童的净入学率高达99.14%，其与男童的差距从 2000 年的 0.07%下降为 2005 年的 0.02%。女童小学五年的巩固率约为99%，小学辍学率为 0.47%。②

自 2005 年以来，男女学龄儿童的净入学率一直稳定维持在 99%以上。2008 年，小学学龄儿童净入学率达到了 99.54%，其中男女童净入学率分别为 99.50%和 99.58%，女童还略高于男童。初中阶段毛入学率总体达到98.5%，初中毕业生的升学率也占 83.4%。③ 到 2014 年，小学学龄儿童净入学率达到99.81%，提前实现联合国千年发展目标。其中，男女童净入学率分别为 99.80%和 99.83%，女童高于男童 0.03 个百分点。④ 女性接受初中及以上，特别是高等教育的机会显著增加。2014 年，初中和高中在校生中的女生的比例分别为 46.7%和 50.0%；普通高等学校本专科和硕士研究生在校生中的女生比例分别为 52.1%和 51.6%；博士研究生在校生中的女生比例增至 36.9%。⑤ 上述事实与数据都表明，中国全面普及基础教育的政策措施卓有成效，在促进教育公平方面也取得了巨大进展。

同 20 世纪最后 10 年相比，初等教育资源分配不公的状况得到了明显改善。在过去几年当中，由于政府加大了投入，老少边穷地区女童入学和完成义务教育的机会大为增加。然而，区域和城乡之间义务教育的不平衡现象依旧十分凸显。在许多地方，乡村办学条件、教学设备、教学点的分布、师资队伍、基层教育理念、学生求学条件、家长与社区的观念以及教学内容及质量等，依然成为妨碍农村儿童尤其是女童享有平等受教育权利的障碍。一些深层次的问题不是单靠对教育系统本身的关注就可迎刃而解的。

特别值得关注的是，义务教育阶段适龄流动女童的异地就学与留守女童

---

① 段成荣等：《中国的社会性别差异：事实与数据》，世界银行、亚洲开发银行、英国国际发展部编著《中国社会性别差异与扶贫研究报告》，2006，第 93 页。

② 国务院妇女儿童工作委员会：《〈中国妇女发展纲要（2001~2010 年）〉实施情况中期评估报告》，2007，第 8 页，http://www.wsic.ac.cn/internalwomenmovementliterature/79904.htm。

③ 教育部：《2008 年全国教育事业发展统计公报》，2009，http://www.moe.edu.cn/publicfiles/business/htmlfiles/moe/moe_2430/200907/49785.html。

④ 教育部：《2014 年全国教育事业发展统计公报》，2015，http://www.moe.edu.cn/srcsite/A03/s180/moe_633/201508/t20150811_199589.html。

⑤ 国务院新闻办公室：《中国性别平等与妇女发展》（白皮书），2015，http://www.gov.cn/xinwen/2015-09/22/content_2936716.htm。

平等受教育等问题尤其突出。据教育部的官方数据，全国义务教育阶段在校生中进城务工人员随迁子女共1294.73万人。其中，在小学就读的有955.59万人，在初中就读的有339.14万人。义务教育阶段在校生中农村留守儿童共2075.42万人。其中，在小学就读的有1409.53万人，初中就读的有665.89万人。[①]

跨入21世纪之后，女性在高等教育机构中的求学机会也有了很大改善。伴随接受高等教育的妇女所占的比例不断上升，在校生的性别结构趋于平衡，女大学生人数甚至占到了在校生的多数。2011年，在校女研究生的比重为48.5%，普通本专科生中女性占51.1%，成人本专科生中女性比重为53.9%。[②] 然而不容忽视的是，高等教育中的性别隔离现象依然根深蒂固。高等教育方面的性别不公平也体现在女毕业生就业难等诸多方面。

2. 受教育程度构成及整体水平

从改革开放以来，中国女性和男性受教育程度的整体水平有了较大幅度的提高。如表2所示，扫除女文盲的干预取得了显著成效。随着时间的推移，文盲人口的比例急剧下降，而且女文盲的降幅要快于男性。与此同时，接受初中及以上教育的女性所占的比例有了显著增长。从性别构成来看，15岁及以上的女文盲所占的比例一直在70%上下徘徊。这意味着每四个文盲中差不多有三人是女性。尽管接受初中以上教育的女性人数大为增加，但所占的比例仍低于男性。

表2 历次人口普查女性和男性的受教育程度构成和性别构成

单位：%

项目	1982年		1990年		2000年		2010年	
	女性	男性	女性	男性	女性	男性	女性	男性
受教育程度构成								
文盲	49.0	21.0	31.9	13.0	13.9	4.9	7.3	2.8
小学	25.0	36.0	33.8	35.3	33.6	28.4	31.0	26.6
初中	18.0	30.0	24.3	36.0	36.0	44.6	39.3	44.1

---

① 教育部：《2014年全国教育事业发展统计公报》，2015，http://www.moe.edu.cn/jyb_xwfb/gzdt_gzdt/s5987/201507/t20150730_196698.html。

② 国家统计局社会科技和文化产业统计司：《中国社会中的女人和男人——事实和数据(2012)》，2012，第65页，http://wenku.baidu.com/link?url=MntIkh62pAkbw520WCExr1q0B_Ka7OaufC9ShMSsRwYHMce7h0TVhkwxAYNLwTfvDup9wVm6-tBXC_KVMk2jC35Ls_dVxr3kkuGEaaddVlS。

续表

项目	1982 年		1990 年		2000 年		2010 年	
	女性	男性	女性	男性	女性	男性	女性	男性
受教育程度构成								
高中、中专	8.0	12.0	8.8	13.1	12.8	16.4	13.6	16.4
大专、大学	—	1.0	1.2	2.6	3.7	5.6	8.8	10.2
合计	100.0	100.0	100.0	100.0	100.0	100.0	100.0	100.0
性别构成								
文盲	69.0	31.0	70.1	29.9	72.7	27.3	71.8	28.2
小学	40.0	60.0	47.7	52.3	52.7	47.3	52.9	47.1
初中	36.0	64.0	39.0	61.0	43.2	56.8	46.2	53.8
高中、中专	38.0	62.0	39.1	60.9	42.4	57.6	44.3	55.7
大专、大学	26.0	74.0	30.3	69.7	38.3	61.7	45.6	54.4
合计	48.8	51.2	48.8	51.2	49.0	51.0	49.0	51.0

注：1982 年、1990 年和 2000 年是 15 岁及以上人口的受教育程度构成和性别构成。而 2010 年统计的是 6 岁及以上人口的相应数字，而且 2010 年统计的是"未上过学"的情形而不是文盲的数字。

资料来源：国家统计局人口和社会科技统计司，《中国社会中的女人和男人——事实和数据（2004）》，中国统计出版社，2004，第 65 页；2010 年统计数字见国家统计局社会科技和文化产业统计司编《中国社会中的女人和男人——事实和数据（2012）》，2012，第 69 页。

1990 年以来，女性和男性的平均受教育年限均有所提升，性别差距进一步缩小。1990 年，全国女性的平均受教育年限仅有 5.5 年，比男性少 1.9 年；2005 年男性和女性的平均受教育年限分别上升为 8.4 年和 7.3 年。由于女性提升幅度快于男性，其差距缩小为 1.1 年（见图 8）。特别是在低年龄组，两性之间受教育平均年限的差距已非常微小，其中 6～19 岁年龄组的差距几乎为零。[①] 2010 年，中国 6 岁及以上人口的平均受教育年限达到了 8.8 年，其中女性和男性分别为 8.4 年和 9.2 年。与 1990 年相比，女性和男性分别增加了 2.9 年和 1.8 年，女性的增幅大于男性。但从分城乡的数据来看，城乡女性相差 2.6 年，城乡男性相差 2.3 年（见图 9）。

3. 文盲率

改革开放以来，中国的扫盲工作取得了斐然成就。随着文盲比例较高的高龄人口陆续退出和受教育机会的迅速增多，男女性的文盲率从 1990 年的

[①] 国家统计局社会和科技统计司：《中国社会中的女人和男人——事实和数据（2007）》，2007，第 78 页。

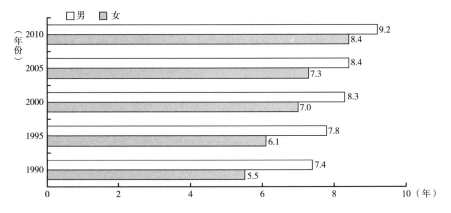

图8　6 岁及以上人口的平均受教育年限

资料来源：国家统计局社会科技和文化产业统计司，《中国社会中的女人和男人——事实和数据（2012）》，2012，第 66 页。

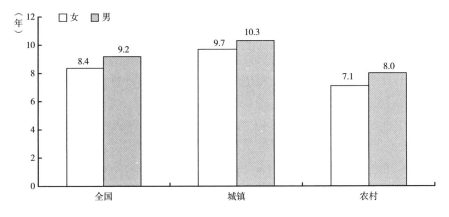

图9　2010 年分城乡 6 岁及以上人口的平均受教育年限

资料来源：国家统计局社会科技和文化产业统计司，《中国社会中的女人和男人——事实和数据（2012）》，2012，第 66 页。

15.88%，下降为 2006 年的 7.88%，降幅为 8 个百分点；其中，青壮年人口的文盲率由 10.38% 下降为 2.02%，下降了 8.36 个百分点，这期间共计扫除了 1.2 亿多文盲。[①] 伴随"两基"（基本普及义务教育和基本扫除青壮年文盲）成果的巩固与提高，15 岁及以上人口的文盲率从 2000 年的 6.72% 下

---

① 国家统计局社会和科技统计司：《2008 年社会的进步（全国篇）》，国家统计局，2008，第 26 页。

降为 2010 年的 4.08%，下降了 2.64 个百分点。①

从分性别的数据看，文盲率方面的性别差距在不断缩小，但依旧比较明显。1982 年 15 岁及以上的女性中几乎半数为文盲（占 49%），男性为 21%。到 1990 年女性文盲率下降为 31.9%，男性为 13%。到 2000 年，女文盲所占的比例进一步下降为 13.9%，男性为 4.9%。② 到 2010 年，15 岁及以上人口的女性与男性的文盲率分别为 7.29% 和 2.52%。③

两性文盲率的城乡差异十分突出。在第四次世界妇女大会召开的 1995 年，中国 15 ~ 40 岁的文盲有 2400 万人，女性达 1700 万人，文盲的主体是农村妇女，其中还有为数可观的中年壮年妇女。15 岁及以上农村女性的文盲率高达 31%，比农村男性的文盲率高接近 2 倍，比城镇男性文盲率高 5 倍。④ 到 2010 年，城乡女文盲仍超过文盲总人口的 70%（见图 10）。城乡妇女的文盲率分别为 4.13% 和 10.66%，两者仍相差 6.53 个百分点（见图 11）。

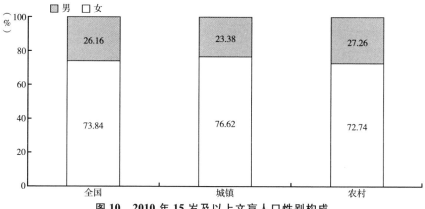

图 10　2010 年 15 岁及以上文盲人口性别构成

资料来源：国家统计局社会科技和文化产业统计司，《中国社会中的女人和男人——事实和数据（2012）》，2012，第 67 页。

---

① 国家统计局：《2010 年第六次全国人口普查主要数据公报（第 1 号）》，2011，http://www.stats.gov.cn/tjsj/tjgb/rkpcgb/qgrkpcgb/201104/t20110428_30327.html。
② 国家统计局人口和社会科技统计司：《中国社会中的女人和男人——事实和数据（2004）》，中国统计出版社，2004，第 65 页。
③ 国家统计局社会科技和文化产业统计司：《中国社会中的女人和男人——事实和数据（2012）》，2012，第 65 页，http://wenku.baidu.com/link? url = MntIkh62pAkbw520WCExr1q0B_ Ka7OaufC9ShMSsRwYHMce7h0TVhkwxAYNLwTfvDup9wVm6 - tBXC_ KVMk2jC35Ls_ dVxr3kkuGEaaddVlS。
④ 国家统计局人口和社会科技统计司：《中国社会中的女人和男人——事实和数据（1999）》，中国统计出版社，1999，第 56 页。

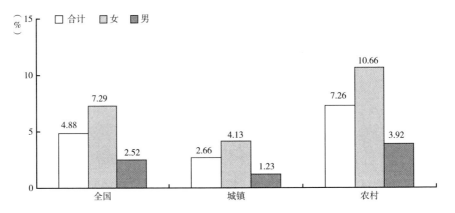

图 11　2010 年 15 岁及以上人口的一般文盲率

资料来源：国家统计局社会科技和文化产业统计司，《中国社会中的女人和男人——事实和数据（2012）》，2012，第 67 页。

15 岁及以上人口文盲率的省际差距悬殊。例如，2010 年文盲率最低的 5 个省份依次为：北京（1.70%）、吉林（1.92%）、辽宁（1.93%）、广东（1.96%）和黑龙江（2.06%）。最高的 5 个省份依次为西藏（24.42%）、宁夏（10.23%）、贵州（8.74%）、甘肃（8.69%）和安徽（8.34%）。最低的北京市同最高的西藏自治区相比，差值达 13 倍多。[①] 总体而言，经济发达省份的女性文盲率明显低于经济落后地区。拿文盲率最低和最高的北京市和西藏自治区来说，北京市女性文盲占 3%，男性占 0.8%；而西藏女性和男性则分别占 40.9% 和 24.2%，女性和男性分别相差 37.9 个和 23.4 个百分点。[②]

两性之间的识字差异一方面受女性预期寿命较长、中老年文盲存量较大并且退出相对缓慢等诸多因素的影响。不同地区两性文盲率的高低差异无疑是以往数十年区域与省际社会经济发展鸿沟的一个反映。识字方面的性别、地区和省际差异毋庸置疑是导致私人和公共生活各个领域社会性别落差的关键性因素。

[①]　国务院第六次全国人口普查办公室、国家统计局人口和就业统计司编《2010 年第六次全国人口普查主要数据》，中国统计出版社，2011，第 23 页。

[②]　国务院第六次全国人口普查办公室、国家统计局人口和就业统计司编《2010 年第六次全国人口普查主要数据》，中国统计出版社，2011，第 138～139 页。

（三）健康与保健

自 20 世纪 90 年代中叶以来，妇女整个生命周期不同阶段的健康需求逐渐得到了越来越多的关注，女性整体健康水平已有了显著提高。尤其是迈入 21 世纪以来，政府不断加大对基层妇女保健设施的投入，强化妇女保健事业的管理与服务，并致力于妇女保健服务提供者的能力建设。妇女健康与保健的议题也在不断拓展。而且，干预努力细分了人群，针对流动和边远落后地区弱势女性健康问题，有的放矢地开展了一些项目。特别是在最近几年，在政府切实改善民生的支持性环境下，包括女性在内的全人群医疗卫生事业得到了长足发展，政府政策倾斜和投入的力度也随之得到空前提升。

然而不容忽视的是，在过去几年，政府卫生投入占卫生总费用的比重增长相对较慢，而且卫生资源过度集中在大城市和大医院；遍布城乡的三级医疗卫生服务体系资源相对不足、人才短缺、服务能力不强；再加上医疗卫生部门的逐渐市场化、商业化和私有化，部分公立医疗机构的服务可及性与保健服务质量有所下降；在广大农村，妇女健康需求与服务供给不足的矛盾依然突出。伴随着集体经济的解体，过去的合作医疗失去了赖以生存的经济基础。1993 年、1998 年和 2003 年三次国家卫生服务总调查显示，1993 年农村合作医疗制度的覆盖率仅为 9.8%，1998 年为 6.6%，2003 年也仅上升到 9.5%。[①] 这一切致使区域、城乡、人群及两性在健康状况和获取保健服务上的差距明显拉大。近年来，在推动基本公共服务均等化的进程中，伴随新型农村合作医疗的实施，这种现象才得到部分扭转。

1. 女性的主要死因与患病率

与男性一样，中国城乡妇女面临着慢性退行性疾病和传染性疾病的双重困扰。从城乡妇女主要疾病死因的构成来看，1990 年城市女性排在前五位的依次是脑血管病、恶性肿瘤、心脏病、呼吸系统疾病及损伤和中毒；农村女性前五位致死疾病的排序依次为呼吸系统疾病、脑血管病、恶性肿瘤、心脏病及损伤和中毒。20 多年前，呼吸系统疾病是农

---

① 王虎峰：《卫生医疗体制改革 30 年的进程》，邹东涛主编《中国经济发展和体制改革报告 No. 1：中国改革开放 30 年（1978～2008）》，社会科学文献出版社，2008。

村妇女和男性的"头号杀手"，这同生活环境及卫生条件有密切关系。到 2012 年，城市妇女排在前五位的依次是：心脏病、恶性肿瘤、脑血管病、呼吸系统疾病及其他疾病；而农村妇女的死因排序为：脑血管病、心脏病、恶性肿瘤、呼吸系统疾病及损伤和中毒等外部原因。以往 20 多年疾病谱和死因谱的变化表明，城乡女性中的一些慢性退行性疾病，如心脑血管疾病和恶性肿瘤等，其死亡率和构成比例在不断增加，而慢性呼吸道疾病和消化系统疾病所占的比例在下降。① 从城乡妇女的前五位死因看，在 1990 年存在着较大不同，而到了 2012 年时已基本一致。

妇女整个生命周期的很多卫生保健需求尚未得到有效满足。在过去很长时间里，公共卫生系统主要从母婴保健和计划生育的角度关注育龄妇女的生殖保健健康。乳腺癌、宫颈癌、高剖宫产率、不孕不育、意外妊娠以及心理健康问题等，仍对妇女尤其是育龄妇女构成了很大的威胁，但它们很少成为政策关切的重点。不仅如此，对妇女生殖健康/计划生育需求的过分强调，也不可避免导致了对育龄人群之外青春期和更年期女性健康问题的拒斥。② 贫穷、性别不平等及社会边缘化，致使一些妇女脆弱人群难以获得基本的预防和治疗服务。

就全国而言，女性的整体健康状况不如男性。自 1993 年开始，卫生部每隔五年就开展一次国家卫生服务调查。2013 年进行的 5 次调查揭示，不论是就反映疾病频率的主观自评指标如两周患病率、慢性病患病概率而言，还是从两周就诊率和住院率之类的客观指标来考察，调查地区城乡女性的比例都高于城乡男性（见表 3、表 4）。两周患病率和慢性病患病率是被访者自评的健康状况，反映了他/她们自己的主观感受。这两个主观指标极有可能反映了客观存在的事实，即女性的实际患病人数比男性要多。这点事实上也从两周就诊率和住院率这两个客观指标中得到了印证。从表 3 和表 4 中我们亦可以看到，无论城乡，女性的两周患病率和住院率一直高于男性。女性消费的医疗服务较多可能缘于男女之间不同的健康问题与保健需求。

---

① 国家卫生和计划生育委员会编《中国卫生和计划生育统计年鉴（2014）》，中国协和医科大学出版社，2014。
② 胡玉坤：《疾病负担、结构性挑战与政策抉择——全球化图景下中国农村妇女的健康问题》，《人口与发展》2008 年第 2 期。

表3　调查地区居民分性别的两周患病率和慢性病患病率

年份	地区	两周患病率(%)		慢性病患病率(‰)	
		女性	男性	女性	男性
1993	城市	19.2	15.8	316.2	254.4
	农村	13.8	11.9	142.9	119.0
1998	城市	20.4	17.1	294.9	251.1
	农村	15.0	12.5	131.1	106.3
2003	城市	17.0	13.6	262.7	215.4
	农村	15.1	12.9	135.3	106.4
2008	城市	24.0	20.3	298.6	266.2
	农村	19.4	15.9	194.4	147.0
2013	城市	29.6	26.8	377.4	355.2
	农村	22.2	18.3	322.7	266.2

资料来源：中华人民共和国卫生部编《中国卫生统计年鉴（2008）》，中国协和医科大学出版社，2008，第209~216页；国家卫生和计划生育委员会编《中国卫生和计划生育统计年鉴（2013）》，中国协和医科大学出版社，2014，第234、238页。

表4　调查地区居民分性别的两周就诊率和住院率

年份	地区	两周就诊率(%)		住院率(%)	
		女性	男性	女性	男性
1993	城市	21.8	17.9	5.5	4.6
	农村	17.4	14.6	3.3	2.9
1998	城市	17.5	14.9	4.9	4.7
	农村	18.1	15.0	3.4	2.8
2003	城市	13.3	10.3	4.4	4.1
	农村	15.1	12.8	3.9	2.9
2008	城市	14.0	11.3	7.6	6.6
	农村	16.7	13.8	7.7	5.9
2013	城市	14.3	12.2	9.9	8.2
	农村	13.9	11.7	10.2	7.8

资料来源：中华人民共和国卫生部编《中国卫生统计年鉴（2008）》，中国协和医科大学出版社，2008，第166~168、171~173页；国家卫生和计划生育委员会编《中国卫生和计划生育统计年鉴（2013）》，中国协和医科大学出版社，2014，第164、168页。

从城乡女性的比照中可知，2008年之前，城市女性的住院率高于农村女性。这可能说明受医疗保障较多的城市女性更有可能获得更多更好的医疗服务，而农村女性卫生服务的可及性相对较差。这或许也反映了城乡女性对自身健康的认知和关注度不一样。由于新型合作医疗制度的推行，到了2008年和2013年，农村女性的住院率反而略高于城市女性。对农村女性来说，只要还能劳动和维持日常生活，她们往往不认为自己有什么病或需要就医。即使附近存在医疗保健服务，距离、交通、看病的机会成本、缺乏女性保健人员、医患之间的等级关系及服务质量等，都会成为女性寻求医疗保健的"绊脚石"。尤其是自掏腰包支付医疗费用时，真正需要医疗服务的农村贫困女性更有可能"小病扛着，大病拖着"。农村女性的就诊率高于农村男性，有时甚或高于城市女性，可能反映了农村女性的确遭遇到了较严重的健康问题。[①]

2. 平均预期寿命

女性在预期寿命上处于比男性更有利的地位。20世纪90年代以来，中国女性平均预期寿命的提升速度一直快于男性，两性之间的差距因而不断拉大。2005年，中国男性和女性的平均预期寿命分别达到了70.83岁和75.25岁，两性平均预期寿命差距比值由1990年的3.63岁扩大为2005年的4.42岁。2010年，中国人的平均预期寿命达到74.83岁，比2000年的71.40岁提高3.43岁。从分性别数据看，2010年，男性为72.38岁，比2000年提高2.75岁；女性为77.37岁，比2000年提高4.04岁。与10年前相比，男女平均预期寿命之差由3.70岁扩大为4.99岁（见图12）。

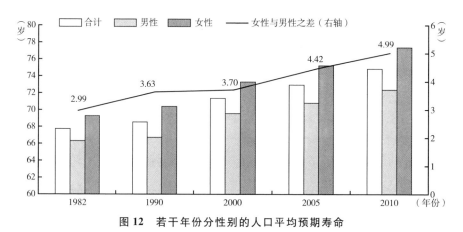

图12　若干年份分性别的人口平均预期寿命

资料来源：国家统计局社会科技和文化统计司，《2014中国妇女儿童状况统计资料》，中国统计出版社，2014，第10页。

---

① 胡玉坤：《全球化时代的农村妇女健康》，《社会性别与生态文明》，社会科学文献出版社，2013，第316页。

上述数据表明在人口平均预期寿命逐渐提高的过程中，女性提高的幅度大于男性的，并且两者之差也进一步扩大。到 2010 年两者之差已达到了 4.99 岁。这与世界其他国家平均预期寿命的动态变化呈现出一致的趋势。[①] 男女两性平均预期寿命差距不断拉大是全球性的一种规律性现象。从世界各国的经验数据看，欠发达国家两性的平均预期寿命的差距往往较小甚至没有差别，而发达国家则一般差距较大。这既是社会经济发展水平及医疗卫生服务水平提高的表现，又反映了妇女地位和健康水平的提高及其寿命上的优势。

尽管妇女和男性的预期寿命都在不断提高，然而由于城乡经济发展水平、生活环境、医疗保健状况及生活方式等方面的落差，城乡两性之间在预期寿命上的差距依然十分明显。1990 年，中国城市妇女比农村妇女的平均预期寿命要长 4.1 岁；到 2000 年，这一差距进一步扩大为约 6 岁。[②]

省际的预期寿命水平也参差不齐。1990 年预期寿命最高省份上海为 74.9 岁，最低的西藏仅 59.6 岁，两者之间的差距比值为 15.3 岁。到 2000 年，最高和最低的省份仍然未变，上海已高达 78.1 岁，西藏仅有 64.4 岁，相差几乎 14 岁。这种地区差异仍主要体现在性别差异上。到 2010 年，上海女性的预期寿命为 82.4 岁，男性为 78.2 岁，西藏的女性和男性的相应数字分别为 70.1 岁和 66.3 岁。[③]

3. 孕产妇死亡率

自 20 世纪 90 年代以来，针对农村孕产妇死亡率较高这一薄弱环节，政府开展了一些有针对性的专项行动。住院分娩这一公共产品的可及性大为改善。据中国妇幼卫生监测数据，全国孕产妇住院分娩率由 2000 年的 72.9% 快速提高到 2014 年的 99.6%，其中农村孕产妇住院分娩率由 2000 年的 65.2% 提高到 2014 年的 99.4%。[④] 此外，产前检查等孕产妇保健也大为改

---

① 国务院人口普查办公室、国家统计局人口和社会科技统计司：《中国 2000 年人口普查资料》，中国统计出版社，2002；国务院人口普查办公室和国家统计局人口和就业统计司：《中国 2010 年人口普查资料》，中国统计出版社，2012。

② 国家统计局社会和科技统计司编《2008 中国妇女儿童状况统计资料》，2008，第 6 页。

③ 国家统计局社会科技和文化产业统计司：《中国社会中的女人和男人——事实和数据（2012）》，2012，第 127 页，http://wenku.baidu.com/link? url = MntIkh62pAkbw520WCExr1q0B_ Ka7OaufC9ShMSsRwYHMce7h0TVhkwxAYNLwTfvDup9wVm6 - tBXC_ KVMk2jC35Ls_ dVxr3kkuGEaaddVlS。

④ 国家统计局社会科技和文化：《2014 中国妇女儿童状况统计资料》，中国统计出版社，2014；2014 年的数字见中华人民共和国国家卫生和计划生育委员会《2014 年我国卫生和计划生育事业发展统计公报》，2015，http://www.nhfpc.gov.cn/guihuaxxs/s10742/201511/191ab1d8c5f240e8b2f5c81524e80f19.shtml。

观。2014 年，孕产妇产前检查率达到了 96.2%，产后访视率为 93.9%。[①]
提升专业化助产水平的多种举措为保障孕产期安全和促使孕产妇死亡率大幅
降低发挥了举足轻重的作用。

在促进母婴安全行动方面，干预的成效十分显著。从图 13 可见，全国
孕产妇死亡率从 1990 年的每 100000 活产约 89 例死亡下降为 2013 年的每
100000 活产约 23 例死亡。2014 年进一步降至平均每 100000 名孕产妇中约
有 22 例会遭遇不幸。这是中国妇幼卫生服务公平性和可及性明显改善最有
说服力的例证之一。

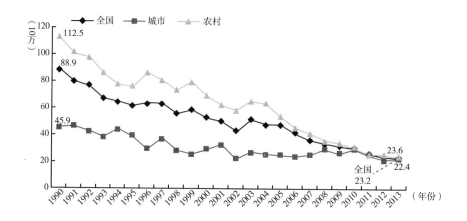

图 13　1990～2013 年孕产妇死亡率（1/100000）

资料来源：国务院妇女儿童工作委员会办公室、国家统计局和联合国儿童基金会，
《中国儿童发展指标图集》，2014，第 47 页，http：//www. unicef. cn/cn/uploadfile/2015/
0323/20150323031107419. pdf。

近年来，由于农村孕产妇死亡率迅速降低，加上流动人口大量涌入城
市和东部沿海工业地区，城乡和地区之间孕产妇死亡率的差距也显著缩
小。2000 年西部地区孕产妇死亡率是东部地区的 5.4 倍，到 2014 年缩小
为 2.6 倍（见表 5）。中国因而被世界卫生组织列为妇幼健康高绩效的 10
个国家之一。[②] 这个堪称城乡差距最大的领域变成了进步最大的一个领域，

①　中华人民共和国国家卫生和计划生育委员会：《2014 年我国卫生和计划生育事业发展统计公报》，
2015，http：//www. nhfpc. gov. cn/guihuaxxs/s10742/201511/191ab1d8c5f240e8b2f5c81524e80f19. shtml。

②　国务院新闻办公室：《中国性别平等与妇女发展》（白皮书），2015，http：//www. gov. cn/
xinwen/2015－09/22/content_ 2936716. htm。

无不折射了中国城乡医疗卫生服务可及性的增强和基本公共卫生服务公平性的改善。政府的政治承诺和政治意愿无疑是改善孕产妇健康的一个关键性因素。这为促进全球千年发展目标的实现做出了重要贡献，也履行了中国对国际社会的庄严承诺。

2000 年城市和农村的孕产妇死亡率分别为 29.3/100000 和 69.6/100000，城乡之差约为 1.4 倍，近年来，城乡之间的数字几乎持平。这主要可归因为农村孕产妇死亡率的降低。①

表 5 监测地区孕产妇死亡率

单位：1/100000

年份	全国	城市	农村	东部	中部	西部
2000	53.0	29.3	69.6	21.2	52.1	114.9
2005	47.7	25.0	53.8	21.2	50.9	87.3
2010	30.0	29.7	30.1	17.8	29.1	45.1
2011	26.1	25.2	26.5	18.6	22.5	39.6
2012	24.5	22.2	25.6	14.4	25.2	34.4
2013	23.2	22.4	23.6	14.8	23.2	33.5
2014	21.7	20.5	22.2	—	—	—

资料来源：国家统计局社会科技和文化统计司，《中国妇女儿童状况统计资料（2014）》，中国统计出版社，2014，第 18 页；2014 年的数字见中华人民共和国国家卫生和计划生育委员会，《2014年我国卫生和计划生育事业发展统计公报》，2015，http://www.nhfpc.gov.cn/fys/s7901/201503/ce86faa05e7e4d6f86bb0cc8451afac3.shtml。

孕产妇死亡率的省际和地区差异仍很大。从沿海省份的不到 10/100000，到中部省份约 15/100000，在有些西部省份甚至超过了 30/100000。② 尽管进步巨大，上述数据也表明，孕产妇死亡的绝对数量仍较大，孕产妇死亡率仍有进一步下降的空间。③

---

① 国家统计局社会科技和文化统计司：《2014 中国妇女儿童状况统计资料》，中国统计出版社，2014。

② 国务院妇女儿童工作委员会办公室、国家统计局、联合国儿童基金会：《中国儿童发展指标图集》，2014，第 47 页，http://www.unicef.cn/cn/uploadfile/2015/0323/20150323031107419.pdf。

③ 中国同发达国家相比依然存在较大的差距。例如，2013 年法国的孕产妇死亡率为 9/100000，英国为 8/100000，日本是 6/100000。参见中华人民共和国卫生和计划生育委员会《我国孕产妇死亡率提前实现联合国千年发展目标》，http://www.nhfpc.gov.cn/fys/s7901/201503/ce86faa05e7e4d6f86bb0cc8451afac3.shtml。

4. 老年妇女健康

中国早在 2000 年就进入了老龄化社会。最近十几年，人口老龄化的程度在不断加深。60 岁和 65 岁及以上的人口所占的比重分别从 2000 年的 10.33% 和 6.96% 上升为 2010 年的 13.26% 和 8.87%。[1] 到 2013 年，60 岁及以上的人口占 14.9%，已超过了 2 亿人，65 岁及以上的占 9.4%，达到了 1.32 亿人。[2] 如图 14 所示，女性的平均预期寿命高于男性，虽说老年人口总体上的性别差异不是很大，但随着年龄增大，性别差异也就越来越大。

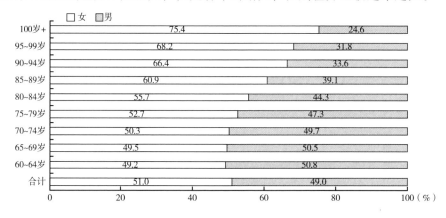

图 14 2010 年老年人口分年龄和性别的构成状况

资料来源：国家统计局社会科技和文化产业统计司，《中国社会中的女人和男人——事实和数据（2012）》，2012，第 14 页。

由于老年女性的寿命更长久，她们失能、残疾和带病存活的概率会更大，时间也要比男性更长。换言之，女性老年人口的整体健康状况不及男性老年人口。如表 6 所示，在"不健康，但生活能自理"和"生活不能自理"的 60 岁及以上的老年人口中，低龄女性老人所占的比例就高于男性，高龄女性老年人口所占的比例要比男性同龄组的高得多，而且，随着年龄组递增，这一比例也继续升高。例如，"生活不能自理"的 85～89 岁高龄女性所占的比例比同一年龄组的男性高 35 个百分点。老年妇女的很多健康问题可能是由伴随其整个生命周期的日积月累的健康不平等导致的。

---

① 国务院第六次全国人口普查办公室、国家统计局人口和就业统计司编《2010 年第六次全国人口普查主要数据》，中国统计出版社，2011，第 9 页。
② 国家统计局社会科技和文化统计司：《中国妇女儿童状况统计资料（2014）》，中国统计出版社，2014，第 9 页。

表 6　2010 年分年龄、身体健康状况的 60 岁及以上老年人口性别构成

年龄（岁）	不健康,但生活能自理（%）		生活不能自理（%）	
	女	男	女	男
60～64	54.5	45.5	50.7	49.3
65～69	54.9	45.1	51.0	49.0
70～74	54.5	45.5	52.3	47.7
75～79	56.5	43.5	56.5	43.5
80～84	59.1	40.9	61.2	38.8
85～89	63.2	36.8	67.5	32.5
90～94	67.9	32.1	73.1	26.9
95～99	71.8	28.2	77.3	22.7
100＋	73.5	26.5	81.7	18.3
合计	56.6	43.4	58.4	41.6

资料来源：国家统计局社会科技和文化产业统计司，《中国社会中的女人和男人——事实和数据（2012）》，2012，第 15 页。

其他经验研究也提供了女性寿命更长而生命质量不高的证据。例如，北京市疾病控制中心 2012 年开展的市民"健康预期寿命"（Health Adjusted Life Expectancy，HALE）① 研究显示，18 岁组人群的健康期望寿命为 40.17 剩余年，其中男性为 43.40 剩余年，女性为 38.06 剩余年。18 岁组男性期望寿命为 62.22 年剩余年，除去 43.40 年的健康期望寿命剩余年，剩下的 18.82 年都将在疾病或残疾状态下度过。18 岁组女性平均期望寿命为 66.50 剩余年，高于同年龄组男性，但是健康期望寿命低于同龄男性，而受疾病或残疾困扰的年头几乎长达 30 年（28.44 年），比男性差不多长 10 年时间。②

女性老年人尤其是农村弱势老年妇女的生活来源也令人担忧。女性比男性更可能失去亲密伴侣，并且不太可能再婚。如表 7 所显示的，农村以离退休金、养老金为主要收入来源的老人比例严重偏低。第六次人口普查资料显示，中国以养老金作为主要收入来源的老年人只占 24.1%，并且城乡之间差异十分显著，城镇老年人中有 50.1% 主要依靠离退休养老金生

---

① 健康期望寿命测量的是排除了疾病/残疾等非健康状态后在完全健康状态下生存的平均期望年数。

② 北京市疾病控制中心：《北京居民健康期望预期寿命研究结果》，2014，http：//www.bjcdc.org/article/38901/2014/6/1402963518440.html。

活；而在农村，靠离退休金、养老金为生的老年人仅占 4.6%，其中农村老年女性仅有 2.1%。[①] 与此形成鲜明对照的是，依靠子女等其他家庭成员接济的农村女性所占的比例高达 59.9%。生活早年缺乏经济机会和保障会使妇女的脆弱性逐渐积累，以至于到了晚年难以逃脱较高的贫穷风险、不良的健康状况甚或更高的受虐待风险。

老年女性婚姻家庭和生活照料等问题也更为突出。老年女性丧偶的比例比男性高，并且随着年龄增长而增高。其健康状况也会因丈夫死亡而"雪上加霜"。缺乏基本社会保护和社会支持的农村老年人尤其是老年女性的风险和脆弱性是显而易见的。

表 7　2010 年农村 60 岁及以上老年人口生活来源构成

生活来源	生活来源构成（%）			性别构成（%）	
	总计	女	男	女	男
劳动收入	41.2	32.1	50.5	39.7	60.3
离退休金、养老金	4.6	2.1	7.2	23.1	76.9
最低生活保障金	4.5	3.9	5.1	43.7	56.3
财产性收入	0.2	0.2	0.2	43.8	56.2
家庭其他成员供养	47.7	59.9	35.1	63.8	36.2
其他	1.8	1.8	1.8	51.3	48.7
合计	100.0	100.0	100.0	50.9	49.1

资料来源：国家统计局社会科技和文化产业统计司，《中国社会中的女人和男人——事实和数据（2012）》，2012，第 56 页。

5. 进城务工妇女的职业健康与安全

进城务工妇女的健康仍是一个薄弱环节。快速城镇化和工业化进程给妇女带来就业与发展机会的同时，职业健康与安全问题也日益突出。职业危害对"打工妹"的影响最为显著。这个人群主要集中在纺织、橡胶、制鞋、化工、陶瓷、铸造、玩具、电子产品等制造行业的私有企业，或者娱乐、洗浴、发廊等娱乐服务性行业，从事城里人和当地人不愿意做的苦活、累活、脏活乃至不体面和没有尊严的工作。一些女工长期在有毒有害物质的环境中作业，深受尘、毒、噪音严重超标的职业危害。一些企业还存在严重的事故

[①] 国家统计局社会科技和文化产业统计司：《中国社会中的女人和男人——事实和数据（2012）》，2012，第 56 页，http://wenku.baidu.com/link? url = IgpwkxIM_ xGMtb_ ahTkv ShmXMev0Myti40QKTn8 – b2Me611YRX5R8Dm71trwdMgzcWC1VK3LVlC2gZOQcBFLYtb6 X8Kj Poxnxp – P22YoE0u。

隐患，工伤、急性中毒、爆炸、火灾等威胁女工健康与生命的事件时有报道。由于缺乏促进和保护健康的社会服务，再加上非正规部门没有工会组织，加班加点超时劳作，缺少或完全没有劳动防护，工作场所的性骚扰等诸多原因，侵害妇女权益的事件也层出不穷。①

由于获取经济机会与资源的不平等，在农村和城市边缘游走的女性农民工在城乡劳动力市场面临着双重乃至多重的弱势地位。根据国家统计局抽样调查的结果，2014 年全国农民工总量达到了 27395 万人，其中，外出农民工 16821 万人，本地农民工 10574 万人。在全部农民工中，男性占 67.0%，女性占 33.0%。外出农民工中男性占 69.0%，女性占 31.0%；本地农民工中男性占 65.1%，女性占 34.9%。② 这个庞大人群不仅收入低、福利差，而且缺乏就业保护和社会保障，极易落入生存困境。再加上男女之间社会经济地位的落差，一些无收入或低收入的年轻女性沦入商业化性服务之中。男女之间不平等的权力关系使性工作者难以控制其性活动并保护自己免受非意愿妊娠和性病的侵害，因而成为感染性传播疾病特别是艾滋病的高危人群。然而，她们对有偿医疗卫生服务的承受力却比较低。③

6. 农村妇女自杀问题

自杀是急速变迁的发展中国家普遍存在的一大公共卫生问题。在世纪转换之际，中国自杀人数约占全球自杀总数的 1/4，中国还是世界上妇女自杀率最高的一个国家。④ 农村妇女自杀率相对较高的主要原因在于经济负担、社会压力、健康困扰、社会地位低下，甚至源自于无法应对急剧社会变迁下的双重劳动负担、户内冲突、人际关系紧张及家庭暴力等。少数妇女因抑郁、焦虑、绝望、悲观厌世等精神疾患而一时冲动走上了不归路。⑤

---

① 谭深：《外来女工的安全与健康》，孟宪范主编《转型社会中的中国妇女》，中国社会科学出版社，2004。
② 国家统计局：《2014 年全国农民工监测调查报告》，2015，http://www.stats.gov.cn/tjsj/zxfb/201504/t20150429_797821.html。
③ 胡玉坤：《社会性别与艾滋病问题研究：全球化视阈下的中国个案》，《社会科学论坛》（学术评论卷）2007 年第 5 期。
④ Weiyuan Cui, "Women and Suicide in Rural China," *Bulletin of the World Health Organization* 2009, Vol. 87, No. 12, pp. 888 – 889, http://www.who.int/bulletin/volumes/87/12/09 – 011209/en/.
⑤ 《农家女百事通》杂志社课题小组：《中国农村妇女自杀报告》，贵州人民出版社，1999；WHO, *Women and Health: Today's Evidence Tomorrow's Agenda*, 2009, http://apps.who.int/iris/bitstream/10665/44168/1/9789241563857_eng.pdf。

与西方国家不同，中国女性自杀率高于男子，农村年轻妇女的自杀现象尤为突出。根据卫生部提供的数据，1990 年，城市男女的自杀率分别为每100000 人 8.10 例和每 100000 人 9.07 例。而农村的相应比例分别为 20.35/100000，24.64/100000，农村妇女比城市妇女约高 2 倍。[①] 加拿大籍费立鹏（Michael Phillips）博士等人发表在《柳叶刀》杂志上的文章也揭示，自杀是中国 15～34 岁女性的主要死因。1995～1999 年，中国 15～34 岁的女性中，每 100000 人里年均约有 37.8 名自杀，其中来自农村的青年妇女所占比例高达 93%。[②] 但在过去十多年，中国总自杀率骤然下降了一半以上。据官方数据，2012 年城市自杀率为 4.82/100000，其中城市男性为 5.30/100000，城市女性为 4.33/100000；农村的自杀率为 8.58/100000，其中农村男性为 9.09/100000，农村女性是 8.05/100000。[③]

伴随农村妇女就业和受教育机会的增多，特别是流动到城市打工的青年妇女的自杀率有所下降，但城乡老年人的自杀率反而上升了。一项依据卫生部数据的研究揭示，1995～1999 年，15～34 岁的女性中，每 100000 人里年均约有 35.2 例农村女性自杀。而 2011 年，这一数字已降至每 100000 人中只有 3 例，降幅超过了 90%。2009～2011 年，65 岁及以上这个年龄组的自杀者占所有自杀人数的 44%，其中农村居民自杀率占全国总数的 79%。[④]

（四）针对妇女的暴力

消除性别暴力是联合国促进性别平等的核心目标之一。对妇女的暴力是中国面临的一个棘手的社会问题和公共卫生问题。[⑤] 2000 年开展的中国第二

---

① 国家统计局社会科技和文化产业统计司：《中国社会中的女人和男人——事实和数据（2012）》，2012，第 91 页，http：//wenku.baidu.com/link? url = MntIkh62pAkbw520WCExr1q0B_Ka7OaufC9ShMSsRwYHMce7h0TVhkwxAYNLwTfvDup9wVm6 - tBXC_ KVMk2jC35Ls_ dVxr3k kuGEaaddVlS。

② Michael R Phillips, Xianyun Li and Yanping Zhang, "Suicide Rates in China, 1995 - 99," *The Lancet*, 2002, Vol. 359, No. 9309, pp. 835 - 840.

③ 国家卫生和计划生育委员会编《中国卫生和计划生育统计年鉴（2013）》，中国协和医科大学出版社，2013，第 302、318 页。

④ Chong-Wen Wang, Cecilia L. W. Chan and Paul S. F. Yip, "Suicide Rates in China from 2002 to 2011: An Update," *Social Psychiatry and Psychiatric Epidemiology*, 2014, Vol. 49, No. 6, pp. 929 - 941.

⑤ 参见联合国人口基金驻华代表处《针对妇女的暴力——2010 年的事实和数据》，2010，http：//www.engagingmen.net/files/resources/2010/Zi/Fact_ and_ Figures - _ FINAL.pdf。

期妇女社会地位调查考察了妇女遭受配偶殴打或强迫性生活的状况。调查结果显示，曾遭受过上述两种家暴形式中至少一种的占 24.1%，其中，挨过打的妇女比例为 22.5%，遭遇过强迫性生活占 10.8%。[①] 第三期中国妇女社会地位调查考察了妇女在近半年以及整个婚姻生活中曾遭受配偶限制人身自由、殴打、侮辱谩骂、持续不理睬、强迫性生活、经济控制等诸多不同形式的家庭暴力。结果发现，有 24.9% 的妇女曾遭受过上述至少一种形式的家暴，遭遇过三种及以上形式的家暴占 4.3%。其中，曾遭受过配偶身体暴力（含限制人身自由或殴打）的女性占 6.4%，遭受过精神暴力（含侮辱谩骂或持续不理睬）的高达 23.3%。[②] 换言之，中国约有近 1/4 已婚妇女遭受各种形式的家暴。一些局部的小型调查研究也揭示了城乡妇女遭受暴力的事实。此外，拐卖妇女也一直屡禁不止。从出生人口性别比居高不下到老年妇女受虐等严重侵害妇女人身权利的犯罪问题也比较突出。这一切都表明，从摇篮到坟墓，妇女整个一生中都有可能遭遇各种类型的暴力。对妇女的暴力会对成千上万女性的生活、身心健康及发展造成极大的负面影响和严重伤害。

2015 年，中国在反家暴的立法上迈出了关键性的一步。2015 年 8 月第十二届全国人民代表大会常务委员会第十六次会议上初次审议了《中华人民共和国反家庭暴立法（草案）》，并向社会公开征求意见。这系第一个国家级防治性别暴力的立法（草案）。与国际上认定的基于性别的暴力相比，中国关注的暴力还过于狭窄，性暴力、精神暴力及经济剥削等暴力还缺乏应有的关注。虽然在制止性骚扰和"打拐"方面也取得了一些进展，但性别暴力尚未成为各级司法机构、公安部门及其他机构的优先关注目标，各个部门间也缺乏有效的衔接。

中国尚未形成反对针对妇女暴力的预防、干预和救助的长效机制。社会各界缺乏对这个问题的应有意识和敏感性。不少民众仍主要把暴力问题当作家庭的私事而不是一个社会问题，特别是尚未能将之提到侵犯妇女权利和尊严的人权问题或者触犯刑法的违法行为的高度来认识。而许多受害者本身迫于种种压力通常不愿甚至还有意隐瞒真实情形。当"沉默"被打破之后，暴力受害者也经常缺乏来自卫生部门、社会保障系统、妇联、非政府组织、

---

① 宋秀岩主编《新时期中国妇女社会地位调查研究》下卷，中国妇女出版社，2013，第 490 页。

② 宋秀岩主编《新时期中国妇女社会地位调查研究》下卷，中国妇女出版社，2013，第 489~490 页。

社区组织乃至家庭的救助以便尽快摆脱进一步的侵害。针对妇女的暴力不仅有损妇女健康、福祉和全面发展，而且妨碍了社区和整个国家的社会稳定与和谐。

（五）偏高的出生人口性别比和女婴儿死亡率

1. 出生人口性别比

自 20 世纪 80 年代初以来，中国出生人口性别比持续攀升、严重偏离正常值。在没有干预措施的情况下，出生人口性别比的正常区间通常为 103 到 107。如图 15 所示，1982 年中国出生人口性别比为 108.5，超出正常值范围的现象初露端倪。自那时以来，出生人口性别比一路持续攀升，到 1990 年为 111.3，2000 年上升为 116.9。10 年后的 2010 年为 118.1，严重偏离 103～107 的正常值范围，2004 年达到了创历史纪录的 121.18 的峰值。

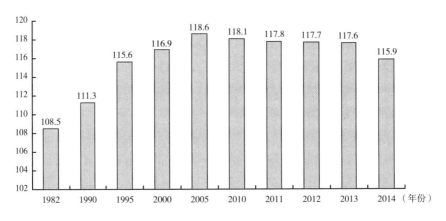

图 15　1982～2014 年全国出生人口性别比（女 = 100）

资料来源：国家统计局社会科技和文化产业统计司，《中国社会中的女人和男人——事实和数据（2012）》，2012，第 10 页可见 1982～2011 年数据；其他年份的数据见一些年份的《国民经济和社会发展统计公报》。

从 1982 年以来的变动趋势看，如图 16 所示，农村地区的出生人口性别比一直高于城镇地区。但在最近十来年，城乡之间的差距趋于缩小。若按胎次计，城市甚至高于农村。

分胎次的出生性别比数据表明，出生人口性别比随胎次增加而提高。以 2010 年为例，第一胎出生人口的性别比约为 113.7，第二胎提高到 130.3，第三胎及以上高达 158.4。可见，胎次越高出生性别比失衡

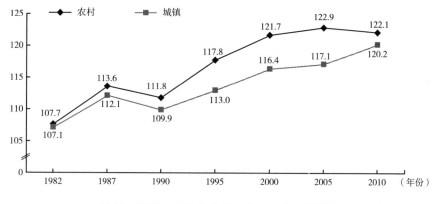

图 16   1982～2010 年分城乡的出生人口性别比

资料来源：中华人民共和国国家统计局，《中国儿童人口状况——事实与数据（2013）》，2014，第 7 页，http：//www. unicef. cn/cn/index. php? m = content&c = index&a = show&catid = 59&id = 1852。

就越严重。在正常的没有性别选择的情形下，任一胎次的出生性别比应该相似并接近正常值。由图 17 可见，1982～2005 年所有第一胎以及 1982 年第二胎出生人口性别比均在正常值范围内，随后所有胎次的出生人口性别比都不断升高。2000～2010 年，第二胎出生人口性别比有所下降。

分城乡和省份的出生人口性别比数字同样令人担忧。中国出生性别比失衡的"重灾区"已遍及大江南北的城乡地区。与 2000 年相比，2010 年绝大部分省份的出生人口性别比进一步上升，失衡的地域也在进一步扩大。据第六次全国人口普查数据，全国 31 个省、自治区、直辖市中（港澳台除外），唯有新疆（106）和西藏（107）处于正常值范围内。出生人口性别比超越 120 的有 9 个省、自治区、直辖市。其中最高的安徽为 129，其次为福建（126），接下来是海南（125）和湖北（124）。江西、广西和湖南都是 123，贵州为 122，广东为 120。① 可见，出生人口性别比与各地的经济发展水平并没有必然的联系。

出生人口性别结构严重失衡背后的直接动因根植于文化的强烈性别偏好。中国毕竟是一个有浓烈歧视性男孩偏好的国度，根深蒂固的男权文化和

① 参见 2010 年全国人口普查的短表汇总资料，国务院人口普查办公室、国家统计局人口和就业统计司编《中国 2010 年人口普查资料》，中国统计出版社，2012。

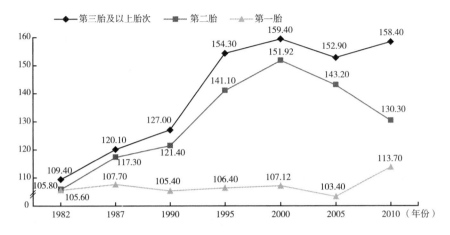

图 17　1982～2010 年分胎次的出生人口性别比

资料来源：中华人民共和国国家统计局，《中国儿童人口状况——事实与数据 2013》，2014，第 7 页，http：//www. unicef. cn/cn/index. php？m = content&c = index&a = show&catid = 59&id = 1852。

重男轻女的价值观仍大有市场和强大的惯性，在短期内很难得到扭转。此外，国家计划生育政策、男女地位不平等、农村社会保障和养老保障体系不健全以及 B 超等鉴定胎儿性别的仪器和技术等，也都对性别比失衡起了推波助澜的作用。诺贝尔经济学奖得主阿玛蒂亚·森（Amartya Sen）在 20 世纪 90 年代就率先提出，亚非一些国家妇女"过高的死亡率"导致了数量庞大的"失踪妇女"（missing women），即因医疗保健及其他必需品分配上的性别不公而造成的未能出生或因性别偏好而过早死亡的女性人口。据阿玛蒂亚·森的估计，全世界约有 1 亿多女性因人为性别选择而失踪，其中中国和印度是"重灾区"。[1]

　　女性的"赤字"会带来各种负面的人口影响。对男孩的性别选择直接侵害了女童的生存权和发展权，损害妇女的身心健康。妇女短缺还有可能带来婚姻市场男多女少的严重"挤压"，并由此诱发或助长多重性关系、卖淫嫖娼、拐卖妇女、性犯罪、色情业及家庭不稳定等一系列灾难性的社会后果。这些现实与潜在的威胁还会进一步影响社会稳定、经济发展乃至国家安全。2015 年 1 月，国家卫生和计划生育委员会在解读《关于加强打

---

① Amartya Sen, "Missing Women: Social Inequality Outweighs Women's Survival Advantage in Asia and North Africa," *British Medical Journal*, 1992, Vol. 304, No. 6827, pp. 587 – 588.

击防控采血鉴定胎儿性别行为的通知》时清醒且坦诚地指出："目前，世界上有 18 个国家和地区的出生人口性别比高于 107 正常值上限，我国是世界上出生人口性别结构失衡最严重、持续时间最长、波及人口最多的国家。"①

从 20 世纪 80 年代中后期，中国政府就开始了治理出生性别比失衡现象的努力。2001 年颁布的《人口与计划生育法》明确规定："严禁利用超声技术和其他手段进行非医学需要的胎儿性别鉴定；严禁非医学需要的选择性别的人工终止妊娠"（第三十五条）。《妇女权益保障法》第三十八条也提到："妇女的生命健康权不受侵犯。禁止溺、弃、残害女婴；禁止歧视、虐待生育女婴的妇女和不育的妇女。"其他一些公共政策也做出积极的回应。2001 年颁布的《妇女发展纲要（2001～2010 年）》和《儿童发展纲要（2001～2010 年）》都有禁止溺杀女婴的内容。2005 年 12 月，国务院办公厅转发了国家人口计生委等 12 个政府部门《关于广泛开展关爱女孩行动综合治理出生人口性别比偏高问题的行动计划》，确定了各相关部门的职责。2006 年，中共中央、国务院颁布的《关于全面加强人口和计划生育工作统筹解决人口问题的决定》，将遏止出生人口性别比偏高确立为国家人口与发展领域的重要任务之一。《国家人口发展"十二五"规划》进一步提出将出生人口性别比下降至 115 以下的目标。

国家人口和计划生育委员会等政府相关部委先后采取了经济、行政及宣传教育等一系列干预措施。宣传倡导、利益导向、全程服务、整治"两非"及考核评估等工作机制渐趋完善。例如，从 2003 年开始，国家人口计生委在出生人口性别比高于 110 的 24 个省、自治区和直辖市的 24 个县（市、区）启动了"关爱女孩行动"试点工作。从 2005 年起，"关爱女孩行动"被推向全国。政府在就学、就业、就医、扶贫、养老等诸多方面也努力落实计划生育家庭的优惠政策，部分地区采取了向女孩家庭倾斜的做法。从 2004 年起实施"农村部分计划生育家庭奖励扶持制度"，为 60 岁以上独生子女和双女户家庭的父母提供养老财政支持。"婚育新风进万家"和"幸福工程"等专项活动也对营造女童生存与发展的支持性社会环境起到了积极

---

① 中华人民共和国国家卫生和计划生育委员会：《〈关于加强打击防控采血鉴定胎儿性别行为的通知〉文件解读》，2015，http://www.nhfpc.gov.cn/jtfzs/s3578/201501/ab51aa0f97ec4ec3a9690976eebb9062.shtml。

的推动作用。

然而，对妇女和女孩的歧视并未因经济迅猛发展和男女平等基本国策的推行而减弱。在现实生活中，妇女地位低下和男女未能真正实现平等的社会现象，无疑直接或间接影响着人们仍根深蒂固的重男轻女观念。"传宗接代"的生育文化、社会保障机制不健全、"养儿防老"的现实需求、较为严格的计划生育政策以及 B 超等性别鉴定技术的滥用等，都直接或者间接地加剧了出生性别比的严重失衡。有效遏制出生性别比偏高还有待建立健全党政负责、部门配合、群众参与的工作机制，采取更为有效、具有针对性和"治本"性质的政策措施。

值得特别关注的是，出生人口长期严重失衡的后果和风险正在不断呈现出来并不断放大。近几年，出生人口性别比长期偏高的势头有所遏制。如前所述，2004 年达到峰值的 121.18 之后，开始出现连连下降。但与正常值上限的 107 相比，2014 年依然处于 115.9 的较高数值。2013 年 11 月，党的十八届三中全会通过的《中共中央关于全面深化改革若干重大问题的决定》，提出启动实施一方是独生子女的夫妇可生育两个孩子的政策，这标志着"单独二孩"政策正式实施。2014 年 1 月，浙江、江西、安徽三省率先实施"单独二孩"政策，同年 9 月份，该政策全面落地。尽管如此，育龄人群的回应却不尽如人意。截至 2015 年 8 月底，"全国符合政策条件的单独夫妇有 1100 多万对，提出生育二孩申请的仅有 169 万对，所占的比例为 15.4%"。[①]

2015 年 10 月 29 日，《中共十八届五中全会公报》最终决定："坚持计划生育的基本国策，完善人口发展战略，全面实施一对夫妇可生育两个孩子政策，积极开展应对人口老龄化行动。"[②] 这意味着自 1980 年以来实施了 35 年之久的城镇独生子女政策终于退出了历史舞台。二孩政策的落地也意味着出生性别比过高的棘手问题有可能逐渐得到缓解。

2. 女婴死亡率

自 20 世纪 80 年代以来，伴随着社会经济的飞速发展，人民生活水平改善及妇幼保健服务水平的不断提高，城乡新生儿、婴儿及 5 岁以下儿童死亡

---

① 习近平：《关于〈中共中央关于制定国民经济和社会发展第十三个五年规划的建议〉的说明》，2015，http://news.xinhuanet.com/fortune/2015 - 11/03/c_ 1117029621.htm。

② 中国共产党第十八届中央委员会：《中国共产党第十八届中央委员会第五次全体会议公报》，2015，http://www.beijingreview.com.cn/special/2015/ssw/201511/t20151102_ 800041719.html。

率都在持续下降。2013 年，中国 5 岁以下儿童死亡率为 12.0‰，与 1991 年相比下降了 80.3%；新生儿死亡率为 6.9‰，较之 1991 年下降了 79.2%；婴儿死亡率为 9.5‰，与 1991 年比也下降了 81.1%。[①]

女婴死亡率在正常情况下应低于男婴。然而自 80 年代中期以来，由于女婴在食物、营养和医疗保健等方面遭遇的不公平待遇，在婴儿死亡率不断下降的同时，女婴死亡水平却一直偏高。2000 年，女婴死亡率为 33.7‰，男婴死亡率仅为 23.9‰，前者高出了几乎 10 个千分点。[②] 不过到 2010 年，男女婴儿死亡率之差大为缩减。男女新生儿的死亡率分别为 7.3‰ 和 8.2‰，男女婴死亡率分别为 11.3‰ 和 12.8‰，5 岁以下男童和女童的死亡率分别为 14.3‰ 和 16.2‰。[③] 婴儿和儿童死亡水平的城乡差异也在不断缩小。

（六）妇女的决策和社会参与

自 1995 年第四次世界妇女大会以来，中国加大了促进妇女参与国家和社会事务管理与决策的力度。政府相继出台了一系列政策措施推动女干部的培养、选拔和任用工作。2000 年以来，各级党委和政府中女干部的配备率大为提高，女干部的数量和比例也在持续上升。

然而，由于历史遗留的社会性别歧视和偏见，加之培养选拔的机制不健全，女性在平等参与国家和社会事务的管理方面仍面临很多障碍。总的来看，女性在全国各级领导干部中的比例依旧偏低且增长缓慢。女性在党政及其他重要政府职能部门担任主要职务的比例也偏低，结构不合理。在层级结构中，级别越高，女性的比例越低，参政的质量也不甚理想。譬如，妇女通常集中在文教、卫生等传统上被认为适合女性的某些领域和职位上。女性担任正职、要职的不多，绝大多数位居非决策性的岗位。

高层女领导干部所占的比例一直不高。以中国最高国家权力机关和立法

---

① 中华人民共和国外交部和联合国驻华系统：《中国实施千年发展目标报告（2000～2015年）》，2015，第 30 页，http://www.cn.undp.org/content/china/zh/home/library/mdg/mdgs-report-2015-.html。

② 中华人民共和国国家统计局：《中国儿童人口状况——事实与数据（2013）》，2014，第 9页，http://www.unicef.cn/cn/index.php?m=content&c=index&a=show&catid=59&id=1852。

③ 国家统计局社会科技和文化产业统计司：《中国社会中的女人和男人——事实和数据（2012）》，2012，第 80 页，http://wenku.baidu.com/link?url=MntIkh62pAkbw520WCExr1q0B_Ka7OaufC9ShMSsRwYHMce7h0TVhkwxAYNLwTfvDup9wVm6-tBXC_KVMk2jC35Ls_dVxr3kkuGEaaddVlS。

机关的全国人民代表大会为例，从第八届到第十一届，女代表的比例一直在
21%左右徘徊。2013 年的第十二届上升为 23.4%。这比第十一届提高 2.1
个百分点（见表 8），成为历届人大代表中女性比重最高的一届。全国政协
女代表的比例更低，2013 年才达到 17.8%。

按国际标准来衡量，在国家政治舞台上取得一席之地的妇女比例也不算
高。据跨国议会联盟 2015 年 9 月的统计，2013 年 3 月中国女人大代表的比
例（23.6%），在提供了数据的 143 个国家和地区中排第五十八位。尽管略
高于 22.5% 的世界平均值，但远远落后于瑞典（43.6%）、芬兰（41.5%）、
冰岛（41.3%）及挪威（39.6%）等北欧诸国，[①] 这与联合国提出的妇女在
议会中至少占 30% 的目标也尚有差距。

表 8　全国人大代表和政协委员的人数及其性别构成

届别	召开年份	总人数（人）	女性（人）	性别构成（%）		
				所占比例	男性	女性
全国人大						
第八届	1993	2978	626	21.0	79.0	21.0
第九届	1998	2979	650	21.8	78.2	21.8
第十届	2003	2984	604	20.2	79.8	20.2
第十一届	2008	2987	637	21.3	78.7	21.3
第十二届	2013	2987	699	23.4	76.6	23.4
全国政协						
第八届	1993	2093	193	9.2	90.8	9.2
第九届	1998	2196	341	15.5	84.5	15.5
第十届	2003	2238	373	16.7	83.3	16.7
第十一届	2008	2237	395	17.7	82.3	17.7
第十二届	2013	2237	399	17.8	82.2	17.8

　　资料来源：国家统计局社会科技和文化统计司，《2014 中国妇女儿童状况统计资料》，中国统计
出版社，2014，第 62～63 页。

在男性文化主导的政治文化之下，基层妇女参与公共事务管理和决策的
程度也较低。妇女进入村两委会（即村民委员会和村党支部委员会）的比

---

① Inter-parliamentary Union, *Women in National Parliaments*, 2015, http://www.ipu.org/wmn-e/classif.htm.

例也一直不高。经过多年努力，2013 年，村民委员会成员中女性达到了 22.7%，村主任所占的比例也上升到了 11.9%。而在相对缺乏权势的居民委员会中，女性成员和主任分别达到了 48.4% 和 41.5%。① 由于各级有针对性的大量干预，女性进入村民委员会和村党委的比例从 2008 年的 20% 左右迅速提高到 2013 年的 93.6%，有些省市甚至实现了村村有女委员。②

由于乡村地区根深蒂固的传统性别角色刻板观点，女性政治精英即便得以入选，她们也常常处于村庄权力结构的底层或边缘。全国妇联 2006 年对 10 个省份 100 个村庄的调查发现，女性担任村委会主任的只占 0.5%，任村党支部书记的为零。③ 妇女在村务决策和管理中担任正职、要职的决策者少，其职务多半受限于传统的社会性别分工。有些地方村委会和村党支部成员是清一色的男性。妇女在村庄权力结构中的 "缺位" 由此可略见一斑。这一 "短板" 在影响妇女社会地位的同时也使妇女的经验、观点及利益诉求在社区层面得不到表达和考虑。

此外，女科学家在代表中国最高层次和水平的两院院士中的比例很低，性别差距十分显著。2013 年，在中国科学院院士中，女性只有 43 人，男性为 750 人，分别占 5.73% 和 94.27%。在中国工程院院士中，女性仅有 38 人，男性为 802 人，分别占 4.74% 和 95.26%。④ 像妇女从政一样，女性科学家要打破职场的 "玻璃天花板" 同样难乎其难。2015 年 10 月，中国本土女科学家屠呦呦获得了诺贝尔生理学或医学奖。一个被戏称为 "三无"（没有大奖，没有科学院院士、工程院院士荣誉称号）的女科学家实现了诺贝尔奖的零突破，这在一定程度上是具有讽刺意味的，不能不令人深思。

（七）男性参与⑤

成年男子和男孩在促进男女平等尤其是在反对针对妇女的暴力、促进生殖健康与权利以及承担家务劳动等方面可以发挥不可或缺的重要作用。

---

① 国家统计局社会科技和文化统计司编《中国妇女儿童状况统计资料（2014）》，中国统计出版社，2014，第 70 页。
② 中华人民共和国外交部和联合国驻华系统：《中国实施千年发展目标报告（2000～2015年）》，2015，第 27 页。
③ 甄砚主编《中国农村妇女状况调查》，社会科学文献出版社，2008。
④ 国家统计局社会科技和文化统计司编《中国妇女儿童状况统计资料（2014）》，中国统计出版社，2014，第 72 页。
⑤ 由于数据的可获得性限制，本部分男性参与主要是指避孕责任和家务劳动的分担情况。

1. 避孕节育责任分担

尽管《人口与计划生育法》等一直强调夫妻双方共同承担计划生育责任，但妇女一直过多过重地承担了避孕节育的主要责任。根据国家卫生和计划生育委员会的官方数据，2013 年，全国已婚育龄妇女避孕率已达到87.3%。在中国育龄人口避孕节育方法的使用中，女性避孕方法尤其是宫内节育器和女性绝育这两种长效避孕措施占据了主导地位。选择宫内节育器的妇女占 54.5%，女性绝育的占 28.4%。男性避孕所占的比例仅为 15.6%，其中男性绝育的为 4.3%，使用避孕套的约为 11.3%。这说明在中国育龄夫妇中采取避孕措施的仍以女性为主。①

男性承担避孕措施的省际差异悬殊。以避孕套的使用为例，2011 年使用避孕套比例最高的是北京市（59.6%），与最低的山西省（0.8%）相比约相差 74 倍。绝育最高的省份是贵州，达到 14.8%，而天津、内蒙古、青海和甘肃仅为 0.1%，相差了 147 倍。②

2. 家务劳动分担

中国女性和男性花在有酬经济活动和无酬家务劳动上的时间存在明显的性别差异。据全国妇联 1990 年 9 月（非农忙时节）进行的第一期中国妇女社会地位调查，15~64 岁的农村女性平均每天用于家务劳动的时间比男性多 3 个小时，2000 年进行的第二期中国妇女社会地位调查发现，农村女性的家务劳动时间略微减少，但仍比男性多将近 3 小时。1990 年和 2000 年，城市女性的家务劳动时间比城市男性约多 2 小时。③

2010 年开展的第三期妇女社会地位调查显示，女性依然比男性承担了更多无酬劳动。无论是大部分家务，还是具体到辅导孩子功课或照料老人，女性承担的比例都比男性高得多。以大部分家务为例，女性比男性高出了56 个百分点（见图 18）。

就城乡在业者工作日平均家务劳动时间而言，与 2000 年相比，2010 年

---

① 国家统计局社会科技和文化统计司编《中国妇女儿童状况统计资料（2014）》，中国统计出版社，2014，第 25~26 页。

② 国家统计局社会科技和文化产业统计司：《中国社会中的女人和男人——事实和数据（2012）》，2012，第 128~129 页，http://wenku.baidu.com/link? url = MntIkh62pAkbw520WCExr1q0B_ Ka7OaufC9ShMSsRwYHMce7h0TVhkwxAYNLwTfvDup9wVm6 - tBXC_ KVMk2jC35Ls_ dVxr3kkuGEaaddVlS。

③ 国家统计局人口和社会科技统计司：《中国社会中的女人和男人——事实和数据（2004）》，中国统计出版社，2004，第 103 页。

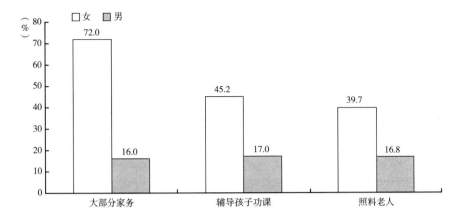

图18　2010年男女承担家务劳动的比例

　　资料来源：国家统计局社会科技和文化产业统计司，《中国社会中的女人和男人——事实和数据（2012）》，2012，第123页。

不论城乡也不管男女都有所下降，并且城乡女性的下降幅度超过了男性，下降幅度也很大。10年间，城镇妇女减少了1个多小时（70分钟），农村女性减少2个多小时（123分钟）。然而，城乡女性的家务劳动时间依然比男性长。2010年城市女性为102分钟，城市男性才43分钟，两者相差几乎1小时（59分钟）。2010年农村女性为143分钟，农村男性为50分钟，两者相差93分钟，较之10年前农村两性家务劳动时间相差172分钟，这表明农村两性分担家务的差距亦大为缩短（见图19）。

　　国家统计局2008年组织实施的中国首次时间利用调查对两性有酬和无酬劳动上的显著性别差异也提供了佐证。该调查显示，男性有酬劳动的参与率（74%）高于女性（63%），而无酬劳动的参与率（65%）则低于女性（92%）。城镇女性无酬劳动的参与率是92%，高出男性27个百分点；乡村女性无酬劳动的参与率是93%，高出男性35个百分点。[①] 就劳动时间而言，2008年女性每天的有酬劳动时间为4小时23分钟，比男性少1小时37分钟。与此形成鲜明对照的是，女性的无酬劳动时间为3小时54分钟，而男性仅为1小时31分钟，前者比后者多2小时23分钟（见表9）。中国由女性承担绝大多数家务劳动的格局几十年来几乎不曾改变。

---

　　① 安新莉等：《2008年时间利用调查结果简介》，2008，http://www.stats.gov.cn/ztjc/ztfx/grdd/200811/t20081121_59037.html。

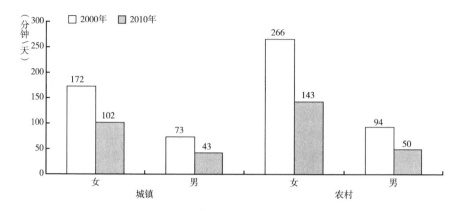

图 19 分城乡在业者工作日平均家务劳动时间

注：总劳动时间涵括工作、往返路途及做家务的时间。

资料来源：国家统计局社会科技和文化产业统计司，《中国社会中的女人和男人——事实和数据（2012）》，2012，第 123 页。

表 9 2008 年按城乡和性别划分的各种活动时间

单位：分钟

活动	合计			城市			农村		
	合计	男	女	合计	男	女	合计	男	女
有酬劳动	311	360	263	248	283	214	381	443	320
就业活动	149	179	120	195	223	169	98	132	64
无酬劳动	164	91	234	176	111	237	150	69	230
家务劳动	122	62	180	129	76	178	115	47	182
非生产性活动	966	989	943	1017	1046	989	908	927	890

资料来源：国家统计局社会和科技统计司编《2008 年时间利用调查资料汇编》，中国统计出版社，2009，第 39 页。

生产与再生产劳动的性别劳动分工既是男女就业机会不平等分配的体现，也是其结果。在日常生活中，由于"男主外、女主内"的父权制文化依然根深蒂固，女性承担了比男性多得多的再生产劳动，许多城乡女性的双重角色冲突因而十分突出，受"时间贫困"的制约也更严重。这在乡村留守妇女中表现得尤为明显。她们在从事农业生产劳动的同时还得包揽做饭、洗衣、带孩子、收拾屋子等大量无偿而繁重的再生产劳动。而且，

"无影子"的家务劳动因其私人性质而被严重贬低。妇女将更多时间分配给非市场劳动，势必会影响她们的创收能力和现金收入，也会间接影响其对家庭收入和其他家庭资源的控制。这还有可能强化户内的性别劳动分工。因此，家务劳动的不公平分配成为家庭内部旷日持久不平等的主要根源之一。

（八）中国性别平等的国际排序

环顾当今世界，有关妇女/社会性别的一些国际可比数据，为我们提供了了解中国妇女地位和性别平等的跨国比较信息。当前，国际上有 3 种比较权威的性别指标体系。联合国开发计划署从 1990 年起每年发布一份主题各异的旗舰报告——《人类发展报告》。除了人类发展指数（Human Development Index，简称 HDI），始于 1995 年，它又创新性地专门增添了社会性别发展指数（Gender-related Development Index，简称 GDI）和社会性别赋权测量（Gender Empowerment Measure，简称 GEM），用以衡量人类发展中社会性别不平等状况并进行国家排序。

GDI 与 HDI 使用的变量相同，它们都试图测量一个国家在预期寿命、受教育和收入方面取得的成就，但后者考虑到了男女之间在人类发展方面存在的差异。GDI 采用的 3 个指标分别是：长寿而健康的生活（用出生时预期寿命来衡量）、知识（用成年人识字率和小学、中学与大学综合入学率来衡量）、体面的生活（用估计的收入来衡量）。GEM 则侧重于反映妇女社会参与的 3 个变量，即政治参与和决策权（用女性拥有议会席位的份额来衡量）、经济参与和决策权（用女性在立法者、高级政府官员、管理者及专业技术人员中所占的比例来衡量）、对经济资源的支配权（按购买力平价美元计算的妇女挣钱能力）。可见，GDI 重在测量女性和男性在人类基本能力上的不平等，而 GEM 则着眼于捕捉男女在参与政治经济决策上的不平等。

到 2010 年《人类发展报告》问世 20 周年之时，联合国开发计划署启用性别不平等指数（Gender Inequality Index，简称 GII）取代了社会性别赋权测量（GEM）。性别不平等指数用生殖健康、赋权和劳动力市场参与三个维度衡量性别不平等状况，其中生殖健康采用孕产妇死亡率和未成年人生育率两个指标；赋权用国家议会中的席位比例及至少接受过中等教育的人口比例；劳动力市场参与用男女性劳动力市场参与率来衡量。性别不平等指数越低说明男女越平等，反之亦然。

达沃斯世界经济论坛采用全球性别差距指数（Global Gender Gap Index，简称 GGGI）主要是为了评估经济参与机会、教育、政治赋权及健康与生存方面的性别差距。这个综合性框架已持续跟踪了 10 个年头。经济合作与发展组织（OECD）提出的社会制度和性别指数（Social Institutions and Gender Index，简称 SIGI），主要瞄准对男女平等产生影响的各种制度维度，即可见和不可见的成文法、风俗、惯例、价值观及态度等更深层次的东西。它聚焦于 5 个方面：歧视性的家庭准则、对身体完整性的限制、男孩偏好、对资源和财产的限制及对公民自由的限制。

表 10 中 4 个权威性国际统计机构的数据显示，2013 年，中国性别平等在国际上的排位皆处于中等位置。这与性别最为平等的北欧诸国相比有较大的差距。例如，属于极高人类发展水平的挪威在 2013 年人类发展指数中排在首位，数值为 0.944。2015 年全球性别差距指数排在第一位的是冰岛，它的数值为 0.881。即使傲居首位，这两个国家距离最高数值 1 所代表的完全性别平等尚有差距。世上没有一个国家能声称自己已实现了性别平等。

这三组全球性标准化的跟踪数据，既可与其他国家进行横向比较，亦可使世界各国纵向看自身的历史演进。例如，2006 年第一份《全球性别差距报告（2006）》显示，中国全球性别差距指数的年度排名是第六十三位，数值为 0.6560。[①] 到了 2015 年，尽管数值有所上升，排位却下降了二十八位。由于出生性别比一直居高不下，2006 年，中国健康与生存的分项指数位次是第一百一十四位，系全球倒数第二，到 2015 年还沦为全球倒数第一。[②]

表 10　中国性别平等/不平等的全球排名

4 种国际知名的指数体系	大致时间（年）	指数值	国家/地区数（个）	排行	开发的组织/机构
社会性别发展指数	2013	0.939	187	88	联合国开发计划署
性别不平等指数	2013	0.202	187	37	联合国开发计划署

[①] World Economic Forum：*The Global Gender Gap Report 2006*，pp. 3，11，http：//www3. weforum. org/docs/WEF_ GenderGap_ Report_ 2006. pdf.

[②] World Economic Forum：*The Global Gender Gap Report 2015*，2015，pp. 8 - 9，http：//www3. weforum. org/docs/Media/GGGR15/GGGR2015_ FINAL. pdf.

续表

4 种国际知名的指数体系	大致时间（年）	指数值	国家/地区数（个）	排行	开发的组织/机构
全球性别差距指数	2015	0.682	145	91	世界经济论坛
社会制度和社会性别指数	2014	0.1310	—	中等歧视	经济合作与发展组织

注：社会性别发展指数名列第一的斯洛伐克，其数值为 1.000；性别不平等指数排名第一的是欧盟成员国斯洛文尼亚共和国，其数值为 0.021，分别见《2014 年人类发展报告》第 176、172 页。在社会制度和社会性别指数（SIGI）极低的国家中比利时名列首位，其得分为 0.0016。

资料来源：联合国开发计划署，《2014 年人类发展报告——促进人类持续进步：降低脆弱性，增强抗逆力》，2014，第 160～163、172～175、174～179 页；World Economic Forum, *The Global Gender Gap Report 2015*, p. 9, http://www3.weforum.org/docs/GGGR2015/cover.pdf；OECD Development Centre, *Social Institutions & Gender Index 2014 Synthesis Report*, 2015, http://www.genderindex.org/sites/default/files/docs/BrochureSIGI2015.pdf, pp. 60–64。

以人类发展为例，自改革开放以降，中国的人类发展指数不断提高。1980 年，中国处于低人类发展水平的组别，人类发展指数值为 0.423。1990 年和 2000 年的数值分别为 0.502 和 0.591，属于中人类发展国家。到 2013 年，人类发展指数值上升为 0.719，在 187 个国家和地区中排第九十一位，业已跻身高水平人类发展国家之列。[1] 中国各种社会性别指数的全球排序，不管是社会性别发展指数、社会性别赋权测量抑或性别不平等指数，都明显高于人类发展指数的排位。2013 年人类发展指数排在第一位的是挪威，其数值为 0.944。以 2013 年为例，与很多发达国家不同的是中国的人类发展指数（第九十一位）与性别不平等指数（第三十七位），两者差 54 位次（见表 11）。这个现象从一个侧面反映出相比而言中国妇女享有相对较高的人类发展水平和较高的社会地位。具有讽刺意味的是，中国社会性别发展指数等并未因人类发展指数的提升而随之提升，相反，它的全球排名还从 1992 年的第七十一位下降为 2013 年的第八十八位。这个现象特别值得我们关注和深思。

综上所述，作为人权公约的缔约国和国际高端会议的参与者，对国际发展目标的承诺成为促动中国政府不断完善顶层设计并采取国家行动的关键

---

[1] 联合国开发计划署：《2014 年人类发展报告——促进人类持续进步：降低脆弱性，增强抗逆力》，2014，第 165 页，http://www.cn.undp.org/content/china/zh/home/library/human_development/human-development-report-2014.html。

表 11　中国在人类发展指数中的全球排位

各种指数	《1995 年人类发展报告》			《2014 年人类发展报告》		
	数值	排行	国家总数（个）	数值	排行	国家总数（个）
人类发展指数（HDI）	0.594	111	174	0.719	91	187
社会性别发展指数（GDI）	0.578	71	130	0.939	88	187
社会性别赋权测量（GEM）	0.474	23	116	—	—	—
性别不平等指数（GII）	0.202	37	187	0.202	37	187

资料来源：联合国开发计划署，《1995 年人类发展报告：社会性别与人类发展》，第79~80、88~89、160~162 页；联合国开发计划署，《2014 年人类发展报告——促进人类持续进步：降低脆弱性，增强抗逆力》，2014，第 160~163、172~175、174~179 页。

性因素。而顶层设计的不断完善反过来又成为国家落实国际发展目标的有力保障。如上所述，自 20 世纪 90 年代中叶以来，各种国际人权公约和国际发展会议政策框架逐渐扩大了妇女应享有的各种权利，也提高了从国际到草根层面的性别平等意识及对社会性别问题的关注度。为了将国际承诺化为实践，中国政府采取了一系列切实有效的国家行动，不仅将性别平等问题纳入国家立法和政策框架，而且强化了政府的义务和职责。

　　1995 年第四次世界妇女大会在北京召开是一个具有历史意义的里程碑，中国的社会性别平等事业从此迎来了前所未有的历史机遇。由于国际政策与国家行动的密切联动，国际社会倡导的一些发展理念和实践已逐渐变成了政府和非政府组织的自觉行动，从而为促进性别平等创造了有利的支持性环境。以妇幼健康和保健为例，国家在这个领域的干预卓有成效。通过采取相关立法和政策，建立跨部门的协调合作机制及系统监测、评估及问责机制等一揽子举措，中国妇幼健康水平已大为改观。[①]

　　总的来看，自 1995 年第四次世界妇女大会以来的发展历程可谓喜忧参半。改革开放以来，中国经济发展取得了具有全球意义的骄人业绩。到 2010 年，中国已超过日本，成为继美国之后世界第二大经济体。伴随中国

---

① 钱序、杨肖、董丽佳：《妇幼领域政策简报之一：从行动纲领到有效实施》，2015，http://cps. nhfpc. gov. cn/ghsp/c/fs/web_ edit_ file/20150925154022. pdf；中华人民共和国卫生部：《中国妇幼卫生事业发展报告》，2011，http://www. gov. cn/gzdt/att/att/site1/20110921/001e3741a4740fe3bdab01. pdf。

经济的急速发展，城乡民生事业有了大踏步前进。中国已完成了消除贫困与饥饿、普及初等教育、促进两性平等和妇女赋权、降低儿童死亡率、改善孕产妇保健等千年发展目标的指标。中国还是世界上第一个提前实现减贫目标的发展中国家，城乡妇女的物质福祉因而大为提升。从长远看，经济发展有助于促进性别平等，包括妇女和女童人力资本的改善，劳动力市场参与的拓展及农村基础设施的改善等。由于各种专项干预的实施，中国制止对妇女暴力的行动也取得了显著成效。例如，反对家庭暴力早已被写入中国《婚姻法》和《妇女权益保障法》等法律。政府有关职能部门对性别暴力也更为敏感了。

然而必须承认，全球化浪潮的裹挟之下，促进性别平等和赋权妇女的努力仍面临诸多障碍和挑战。鉴于横亘在城乡之间的二元经济结构的制度藩篱，城乡促进社会性别平等和妇女发展的进程仍很不平衡。城乡、区域、不同群体妇女和女童健康还存在着明显差距。贫困者、女童、罹患残疾者、老年人及少数族裔妇女等边缘化群体，在生存境况、完成义务教育、就业、健康水平、享有医疗保健及社会保护等还面临诸多严峻而复杂的挑战。在一个复杂多变的世界里，自然、社会和市场风险的相互叠加会使原本就处于劣势的脆弱妇女群体的境况雪上加霜。一些性别不平等和不公正现象仍大行其道。城乡妇女经济机会与政治赋权的现况也依然滞后于男性。尽管进行了很多努力，但出生人口性别比仍居高不下，这无疑是重男轻女观念与现实的一个集中体现，也印证了促进性别平等干预的艰巨性和复杂性。

收入增加和经济发展并不能自然而然地提高妇女地位和促进性别平等。要在中国促进性别平等，仍需在经济、政治、社会及文化权利等各个维度切实做出承诺。下面几个领域应成为优先关注目标：确保城乡男女平等地获得经济机会和生产性资源，其中包括土地、农业投入物、金融服务及其他农业支持；充分实现健康权尤其是性与生殖健康与权利；终止以性别为本的各种形式的暴力；促进平等的社会性别规范和公平的社会保护；增强妇女的政治领导权及在公共与私人生活中的决策权等。中国毕竟是世上最大的一个发展中国家，拥有世上最大的妇女和女童群体，而且，性别不平等又是所有社会不平等中最持久且顽固的一种。这一切都昭示了中国履行国际义务和实现自身发展目标的任务依旧十分艰巨而繁重。

近年来，中国高层频频发出的声音与国际社会倡导和践行的发展议程，尤其是可持续发展议程的精神和理念渐趋吻合。自 2003 年以来，外交部与联合国驻华系统先后联合发布了 6 份中国实施千年发展目标的进展报告，对千年发展目标 3 "促进社会性别平等和赋权妇女"做出了动态回应。2015年 5 月，中国向联合国提交了《2015 年后发展议程中方立场文件》，明确承诺"面向未来，中国政府将坚持从本国国情出发，将落实 2015 年后发展议程与本国发展战略有机结合，与世界各国携手并肩，为打造人类命运共同体，实现各国人民的美好梦想而不懈努力"。①

近来，中国对全球事务和全球治理的参与更加积极主动。值得关注的是，国家主席习近平 2015 年 9 月 26 日在纽约出席了联合国发展峰会，并发表题为《谋共同永续发展做合作共赢伙伴》的讲话。他指出："发展的最终目的是为了人民。在消除贫困、保障民生的同时，要维护社会公平正义，保证人人享有发展机遇、享有发展成果。要努力实现经济、社会、环境协调发展，实现人与社会、人与自然和谐相处。"他还代表中国郑重承诺："以落实 2015 年后发展议程为己任，团结协作，推动全球发展事业不断向前！"②这一切都昭示着在未来 15 年，中国将为完成千年发展目标未竟事业的 2015年后议程继续履行国际义务。伴随着愈来愈多国际发展目标逐渐被整合到相关立法和政策之中，国际与国家层面的联动效应将更加显著，中国促进性别平等和赋权妇女的事业也将迈上新的台阶。

[原文题为《中国履行促进性别平等的国际义务》，载《战略与管理》2016 年第 1 辑，中国计划出版社，2016]

---

① 外交部：《2015 年后发展议程中方立场文件》，2015，http：//www. gov. cn/gzdt/2013 - 09/22/content_ 2492606. htm。

② 习近平：《谋共同永续发展做合作共赢伙伴》，2015，http：//news. xinhuanet. com/mrdx/2015 - 09/27/c_ 134664040. htm。

后　记

　　本书是我最近 20 余年在人口、健康与发展领域探索、思索和学术积淀的产物。在这 20 余载的学术旅途中，承蒙很多师友、同事和同仁的帮助与支持，我一直心怀感恩。

　　我对健康与发展问题感兴趣，说来话长。与此结缘，可上溯到 20 世纪 90 年代初。1989 年研究生毕业后，我来到了草创之中的全国妇联妇女研究所。由于我是美国史专业的硕士研究生，遂被分到了国际室，从事国际妇女运动的研究。

　　身处一个激变的全球化时代，一个国际合作项目将我带入了一个全然未知的世界。福特基金会（Ford Foundation）北京办事处赞助妇女研究所开展一项全国性的妇女生殖健康研究课题。在项目启动之前，福特项目官员白梅（Mary Ann Burris）女士交托我们翻译其纽约总部在 1991 年刚通过的一个指导性文件《生殖健康：20 世纪 90 年代的战略》（*Reproductive Health：A Strategy for the 1990s*）。须知，福特基金会率先提出这个战略时，比今天人们熟知的联合国在 1994 年国际人口与发展大会（ICPD）上首次提出这个革命性概念还早了好几年。那时，恐怕国内还没有人真正理解这个新术语的真实含义。

　　翻译这本小册子就如同啃"硬骨头"。当年国际室共有 4 名工作人员，其中两位是日语背景，翻译的任务于是落到了我头上。其时，步入学术殿堂不久的我，全然是健康研究的门外汉。整个文本虽只有短短 38 页，乍一看都傻了眼。即便是熟悉的英文词句，似乎亦不得其解。那时，"reproductive health"是个很生僻的字眼。单单是这个词语本身，我们就为译为"生育"还是"生殖"，"健康"还是"卫生"，纠结了许久。我们最终选择了"生育"的表述，以期给这个新名词注入更多社会文化的人性化色彩。在翻译和不断完善的过程中，幸亏得到而今在清华大学历史系任教的知名福柯著作翻译家刘北成教授的不少指点，而后又得到了中国科学院心理研究所方俐洛研究员的指教。

紧随其后，雄心勃勃的福特项目官员白梅女士将这本还散发着油墨香的小册子广为散发，福特的生殖健康项目随之很快就在全国各地"遍地开花"。由妇女研究所承担的"中国妇女生育健康研究"便是其中较有影响力的项目之一。这个课题于 1992 年 2 月启动，前后跨越了 12 年时间，经历了3 个阶段。项目伊始就组建了一个由中外专家组成的跨学科评审委员会，主要专家包括来自澳大利亚格里菲斯大学的朱明若（Cordia Chu）教授、中国台湾阳明医学院胡幼慧教授、时任妇女研究所所长陶春芳教授、西安交通大学朱楚珠教授、北京妇产医院张颖杰院长及北京医科大学妇儿保健研究中心渠川琰教授等。

这个全国性项目的 17 个子项目，涉及妇女生命周期诸多性与生殖健康问题，包括少女青春期性教育、早婚早育、人工流产、产前检查、阴道炎、孕产妇死亡、产后抑郁、生男生女对妇女健康的影响、不孕症、更年期以及少数民族的生育文化等。我们妇女所承担了"北京人工流产者的致孕原因分析"这一子课题。与这些专家学者的交流互动，为我们开启了一扇认识和理解生殖健康的新窗口。

第一期项目结束之后，朱明若教授从福特基金会申请到了一个后续的人才培养项目，我有幸入选。1994 年 2 月，我赴格里菲斯大学接受了为期半年的培训。一同前往进修的还有其时妇女研究所国际室的肖扬主任、陕西省妇联研究室的高小贤主任和北京医科大学妇儿保健研究中心的王临虹医生。在朱明若教授的悉心指导下，我们主要学习了公共卫生尤其是有关妇女生育健康的社会理论、方法及政策推动，并分工合作编写了一本培训教材。1998年，中国书籍出版社正式出版了由朱教授任主编、我们五人合作完成的教材《妇女生育健康促进与研究》一书。

从澳大利亚回国后不久，恰逢国际人口与发展大会落幕，国内有关生殖健康的新研究开始起步，卫生、计生系统及社会科学诸领域的研究者和实践者都开始涉足生殖健康这个新领域。获益于在澳大利亚得到的新知识和新视野，我在这个"拓荒"的阶段围绕妇女生育健康撰写了一系列文章。蒙张开宁教授热心引荐，当时走在全国前列的云南生育健康研究会在其会刊

《生育健康与社会科学》专门登载了我 3 万余字的长文。《中国妇女报》于 1995 在《健康》专栏中刊用了我的 8 篇短文。为了将我们的学术成果推向国际，我独自将我们课题组有关妇女人工流产研究的论文翻译改编后投给了英国的《生殖健康要略》（Reproductive Health Matters）杂志，并很快被刊用。

　　在 20 世纪 90 年代从事妇女健康研究与交流的过程中，我同医学界、人口学界、计划生育系统及社会科学领域的一些境内外专家学者初步建立了良好的关系。其间，多次应邀参加了若干涉及健康与发展的国际会议，其中包括中澳妇女生殖健康国际论坛（1994 年 8 月，澳大利亚布里斯班）、第十四届国际社会科学与医学大会（1996 年 9 月，英国爱丁堡）、东亚东南亚妇女与健康网络第二届会议（1996 年 10 月，菲律宾马尼拉）、世界卫生组织召集的生殖健康研究中的伦理问题研讨会（1997 年，泰国曼谷）及国际人口科学联盟（IUSSP）第二十三届国际人口科学大会（1997 年，中国北京）。1994 年国际人口与发展大会之后，人口和计划生育系统普遍采用"生殖健康"这一带有浓厚生物医学色彩的译名，政府官方文件亦采用这个表述。为避免误会，我后来也延用"生殖健康"这个术语。

　　1995 年适逢联合国第四次世界妇女大会在北京举行，妇女研究者在"走出去，请进来"的双向交流与合作中，有了与全球化"亲密接触"的难得契机。在全国妇联紧锣密鼓地筹备 '95 非政府组织论坛之际，我被抽调去筹备非政府组织（NGO）论坛。当时我主要在全国妇联宣传部王孟兰部长的麾下，参与组织和联络活跃在环境领域的一些妇女非政府组织，并负责搜集和整理相关资料。从那时起，我开始将目光转向妇女与环境的研究。世界妇女大会结束之后，我参加了国家环保局和全国妇联开展的一系列研讨活动。翌年，我在第四次全国妇女理论研讨会上，还就"妇女、环境与可持续发展"的主题做了大会发言。随后在国家环保局和联合国环境规划署联合主办的《世界环境》杂志上发表过两篇相关论文。

　　伴随国际交流活动的增多，种种纠结和困惑勾起了我赴美深造的愿望。兴许是因为做生殖健康研究的缘故，在很多场合和邮件中，我每每被称为 Dr. Hu。那时，我到妇女研究所任职已几近十载，并开始迈向不惑之年。既非医生亦非博士的尴尬竟驱使我于 1998 年硬着头皮去参加新东方的英语冲刺班并参加了托福和美国研究生入学考试（GRE），同时顺利通过了国家人事部组织的高级职称英语考试。1998 年底，全国妇联妇女研究所向中央党校专业技术职务评审委员会提出了我的专业职务任职资格的评审申请。当年12月2日，经无记名投票，我的副研究员任职资格申请也被顺利通过。1999年赴美探亲时，我被美国和加拿大4所大学录取。为了做社会性别与环境研究，我毫不犹豫地选择了位于麻省距波士顿不远的克拉克（Clark）大学。我的申博成功和负笈求学，不能说不是北京世界妇女大会的"遗产"和全球化带来的福音。

将全球－地方两个层面勾连起来，从全球化视阈观照本土实践和经历，主要得益于在美国接受的学术训练。我的导师、地理学家黛安·罗谢瑞（Dianne Rocheleau）教授和博士指导委员会的成员之一巴巴拉·托马斯－斯来特（Barbara Thomas－Slayter）教授，均长期致力于国际发展研究与实践。她们在连接全球－地方方面做过一些开拓性的研究，其合著的《肯尼亚的社会性别、环境与发展：草根的视野》（Gender, Environment and Development in Kenya: A Grassroots Perspective）和《女性主义政治生态学：全球问题与地方经验》（Feminist Political Ecology: Global Perspective and Local Experience）就是明证。博士指导委员会的另一成员、德高望重的辛西娅·恩洛（Cynthia Enloe）教授，是全美知名的国际问题专家。她的《香蕉、海滩和军事基地：女权主义者对国际关系的理解》（Bananas, Beaches and Bases: Making Feminist Sense of International Politics）系女权主义国际政治研究中最具影响力的经典著作之一。这部佳作同样是从国际视野审视地方发展实践的一个典范。

在大洋彼岸的3年中，我格外珍惜这来之不易的深造机会。忘不了恩洛教授在课堂内外总强调的从"global"审视"local"、从"local"思考"global"的教导。为了探究村落底层的生态环境变迁，我到内蒙古一个民族村进行了为期半年的民族志研究。2005年，我顺利通过了《从"人定胜天"到"再造秀美山川"——对内蒙一个村落社会性别、自然资源管理与国家的研究》（From "Man Can Conquer Nature" to "Rebuild Beautiful Landscape": Gender, Natural Resource Management and the Chinese State in an Inner Mongolia Village）的博士论文答辩。

事实上，自20世纪80年代以来，国际上致力于可持续发展研究的学者都倾向于从全球视野对人口、人权、性别不平等、社会不公平、贫困、环境及健康等主题进行整合性的综合探究。联合国秘书长国际发展特别顾问、哥伦比亚大学地球研究所所长杰弗里·萨克斯（Jeffrey Sachs）教授就是一个范例。2013～2014 年，我作为富布莱特学者在哥伦比亚大学访学期间，旁听了萨克斯教授的相关课程，更坚定了这个想法。在尊重、理解并秉承这一学术取向的基础上，我将自己多年探索社会性别、环境与发展的成果，结集出版了近 40 万字的《社会性别与生态文明》一书（社会科学文献出版社，2013；该文集 2015 年获第三届中国妇女研究优秀成果著作类二等奖），着力于探究社会性别、环境与可持续发展议题。该书已收录了从全球化视阈审视妇女、健康与发展的两篇文章，即《全球化时代的农村妇女健康》和《全球化、社会性别与艾滋病问题》。

2005 年 10 月，我来到北京大学人口研究所任教，就此踏上了新的学术之旅，并重新拾起了性与生殖健康的研究。北京大学人口研究所系世界卫生组织生殖健康与人口科学合作中心，以郑晓瑛教授为首的这个跨科学团队一直致力于人口与健康的研究，有好几个同事都是医学和公共卫生背景的，已在出生缺陷、残疾、青少年与青年及老年研究等领域取得了斐然成果。

在人口研究所，我的研究教学活动与健康议题密不可分。在以往 10 年，我基本上延续了以往的学术旨趣和路子，继续致力于以下 3 个领域的探索：社会性别与发展（特别是农村妇女就业）；人口、资源环境与可持续发展；青少年和青年的性与生殖健康。在初来乍到的 2005 年与 2006 年，我参与了郑教授开设的"人口与生殖健康的社会科学研究"课程的教学。作为项目组主要成员之一，我参与过联合国人口基金和国务院妇女儿童工作委员会资助的"中国青年生殖健康可及性的政策开发研究"（Policy Development on Youth Access to Reproductive Health）的申请、项目设计及在全国诸多省份的实地调研。2010～2011 年，围绕青年和青少年面临的性与生殖健康挑战，我在《人口与发展》杂志的《马寅初论坛》栏目，先后就"中国青年性与生殖健康的政策抉择"、"性健康教育"、"青年友好服务"及"青年亚文化"主持了 4 期专题讨论。10 年来，在硕博士研究生培养的各个环节，包括面试、论文开题、预答辩及答辩等，都得益于与这个共同体师生们的互动和交流。

自 20 世纪 90 年代初以来，自己对生殖健康研究一直不能释怀的确是出乎预料的。攻读博士学位期间，因专攻环境研究加上学业繁忙，曾有意淡出该领域。其间，仅写过涉及美国妇女与艾滋病的一篇文章。2000 年，应《生殖健康要务》（Reproductive Health Matters）主编 Marge Berer 女士之邀，我成为该杂志的编委会成员，并赴伦敦参加了编委会会议。2008 年，成为世界卫生组织生殖健康与研究部专家，同年 11 月，赴瑞士世界卫生组织总部参加了为期 5 天的社会性别与权利咨询战略委员会会议。2008～2009 年，我担任联合国人口基金咨询专家，参与编写《生殖健康/计划生育服务中社会性别主流化指南》（*Gender Mainstreaming Guidelines in Reproductive Health and Family Planning Services*），并与中外专家合作完成了中国/联合国人口基金第六期国别方案《社会性别倡导战略（2008～2010 年）》（*Gender Advocacy Strategy 2008–2010*）的校译、修改、完善及最终定稿。

2015 年初，人工流产低龄化问题骤然引发了新一轮热议。先是《中国青年报》于 1 月 26 日刊发了《人流低龄化：迷惘青春之痛》的报道。同一天，中央电视台在《新闻 1＋1》黄金档节目中推出了《人工流产低龄化：谁之"痛"》的专题报道。一石激起千层浪，一时间，该专题火速引爆了各大主流媒体。除了《中国青年报》和央视《新闻 1＋1》之外，我先后接受了《中国妇女报》和新华社《瞭望东方周刊》等媒体的采访。不出所料，像以往一样，一阵沸沸扬扬的密集报道之后，一切又归于沉寂。若不从制度层面进行反思和干预，这个庞大群体不断累积的性与生殖健康危机势必继续恶化。为此，我专门撰写了《庞大群体的生殖健康危机——中国人工流产低龄化问题透视》一文。2016 年初，我又加入了印度知名学者吉塔·森 Gita Sen 主持的一个国际妇女组织 DAWN（Development Alternatives with Women for a New Era）的课题——"中国、印度和印尼性与生殖健康和权利的比较研究"。

在过去十年从事人口、健康与发展研究的过程中，我得到过北大人口所同事和学生的很多帮助和支持。1997 年，在赴曼谷参加世界卫生组织召集的"生殖健康研究中的伦理问题研讨会"的路上，我与郑晓瑛教授初次结识。2005 年毕业之前，她以朋友之诚大力推荐我到北大任教。在此，我要由衷感谢郑老师，也真诚祝贺她在健康研究中取得的不凡业绩。这十年里，副所长陈功教授、穆光宗教授和宋新明教授，有求必应，为我提供过莫大的帮助。乔晓春教授、李涌平教授、裴丽君教授、庞丽华副教授、涂朝晖老师，尤其是办公室的王德利老师、胡成花老师和李国华老师，都提供过很多热心支持。青年教师武继磊副教授、张蕾副教授、刘岚副教授、黄成礼副教授、刘天利博士、李宁博士、王振杰博士、云春凤博士等，都曾给予我悉心关照，令我感激不已。我从人口所一波又一波的年轻学子特别是自己十余个学生身上，也学到了很多。

在北京大学，我还得感谢北京大学－林肯研究院城市发展与土地政策研究中心创始主任满燕云教授。她邀请我加入了其研究团队，并资助开展了两个小课题——"农村土地利用与可持续发展"和"社会性别视界中的'三农'问题"。我能够成为北大法学院人权与人道法研究中心的一员，不能不感谢白桂梅教授的信任。忝列为中国社会学学会妇女/社会性别专业委员会常务理事，则要向北大社会学系佟新教授致以由衷的谢忱。借此机会，也要感谢《北京大学学报》魏国英老师提供的帮助。

当初有幸步入生殖健康研究这一跨学科领域并取得些微成绩，我获益于境外若干友人和学者的帮助。我不会忘怀朱明若（Codia Chu）和沙学汉（David Schak）教授夫妇的授业和人生影响。亦师亦友的中国通沙学汉（David Schak）教授每次来京时，我们都会在一起愉快地小聚和畅谈。福特项目官员白梅（Mary Ann Burris）及其后继者琼·高芙曼（Joan Kaufman），曾给予我难以忘怀的支持。这两位学者型的美国活动家给中国的生殖健康研究和促进播下了种子，也注入了活力。从事社会流行病学研究的台湾学者胡幼慧教授，给我们带来了闻所未闻的新知识和新方法。性与生殖健康领域知名的国际发展专家凯伦·纽曼（Karen Newman）女士、《生殖健康要务》主编玛吉·贝里尔（Marge Berer）女士、世界卫生组织生殖健康与研究部的简·科廷哈姆（Jane Cottingham）女士和联合国人口基金驻华办事处的项目官员马杰·汉森（Maja Manzenski Hansen）女士，都是令人难以忘怀的国际友人。

我还要感谢活跃在中国性与生殖健康领域的一些前辈、同仁和友人的关照和支持，其中包括中国社会科学院哲学研究所邱仁宗教授，云南生殖健康研究会张开宁教授、杨国才教授和赵捷教授，上海计划生育科学研究所高尔生教授和武俊青教授，上海社会科学院社会学所夏国美研究员，北京大学医学部余小鸣教授，中国疾病预防控制中心的王临虹教授，国务院妇儿工委办公室副主任宋文珍女士等。玛丽斯特普国际组织中国代表处首席代表刘丽青女士、肖远鸿主任，玛丽斯特普青岛你我青少年健康服务中心前主任徐进和项目官员徐敏以及该组织充满青春活力的一些年轻人如王龙玺、王鑫等，都为我了解青少年和青年的性与生殖健康提供过弥足珍贵的信息和洞见。

跨入妇女研究界已逾1/4世纪，我要特别感谢全国妇联妇女研究所老所长陶春芳老师，原副所长刘伯红教授和肖扬研究员，国务院妇儿工委办公室原常务副主任、原全国妇联宣传部王孟兰部长及全国妇联书记处书记、现任研究所所长谭琳教授。这些年来，但凡索取推荐书时，刘伯红教授总是给予鼎力支持。妇女研究所现任副所长杜杰博士与我同一年进入全国妇联，同去泰安市锻炼一年，同住同吃一锅饭成长，感谢她一路的支持和理解。我还要感谢妇女研究所李静之老师、王思梅老师、蒋永萍老师、丁娟老师、移居纽约的白丽君女士、姜秀花研究员以及我离开之后加入研究所的一拨年轻人，其中包括杨玉静、马冬玲、贾云竹、李亚妮、李海燕及高倩等。

一路走来，我在妇女学圈子里收获了很多姊妹情谊。陕西妇女理论婚姻家庭研究会高小贤会长一直以挚友相待，特别感谢她热心为我引介到合阳县去做田野研究。南京师范大学金陵女子学院的金一虹教授、上海大学的闵冬潮教授、中华女子学院的陈方教授和张李玺教授、中共中央党校的李慧英教授、北京外国语大学的李英桃教授、中国社会科学院社会学研究所吴小英研究员、DAWN执委会成员蔡一平女士，都为我提供过友好的帮助和支持。全国妇联国际联络部原部长邹小巧和副部长宋文艳把起草和完善《中国政府执行〈消除对妇女一切形式歧视公约〉第七第八次合并报告》的任务交给我，谢谢她们的信任和支持，也忘不了1998年我们在蒙古国乌兰巴托开会时一起度过的美好时光。

在人口学界，我要特别感谢南京大学陈友华教授、浙江大学周丽萍教授、厦门大学叶文振教授、中国人民大学杨菊华教授、中国社会科学院学部委员田雪原教授、联合国人口基金项目官员贾国平和彭炯先生、内蒙古社会科学院孙学力研究员及中国人口与发展研究中心刘鸿雁副主任和汤梦君研究员等。在联合国人口基金项目官员贾国平老师的指导下，2009年，我有机会与中国人民大学刘爽教授及国家发展和改革委员会社会发展研究所刘本波副研究员一起，共同完成了2009年人口与发展报告《从ICPD到MDG：中国15年回顾与展望》（中英文两个版本，国家统计局社会和科技统计司，2010）。本人是第二作者，负责撰写了其中有关性别平等和青少年的两章。

收入本书的文章主要刊布于《清华大学学报》《青年研究》《当代青年研究》《人口与发展》《人口与经济》《国际生殖健康/计划生育杂志》《妇女研究论丛》《社会科学论坛》《战略与管理》等杂志。这些文字得以变成铅字，我要向《清华大学学报》常务副主编仲伟民教授、《社会科学论坛》杂志社社长兼主编赵虹先生和《战略与管理》杂志主编郭琼虎先生，致以衷心的敬意和谢忱。郭先生是"以专业、严谨，原创性和思想性"负有盛名的"爱思想网"的主编。2008年，我们尚素昧平生，他慨允我在其网站（当时的"天益网"）开设个人学术专栏，迄今忝列其中的大小篇章约40篇六七十万字。能与境内外人文社科领域德高望重的老前辈和如日中天的中青年学人的文字放在一起是我莫大的荣幸。此外，我还要由衷感谢传播学术新知的一些报业使者，《人民日报》记者赵明昊、《中国人口报》记者杨利春、《中国科学报》记者张林及《中国妇女报》记者蔡双喜和南储鑫博士等，都多次接纳过相关拙文。

该论文集得以面世，我要特别感谢社会科学文献出版社责任编辑张晓莉、智烁为本书的出版所付出的大量努力。感谢中国政治大学法学院杨玉圣教授热心促成其编撰和出版。感谢中国政法大学县域法治研究中心提供的出版资助。

儿子2011年就读北京大学法学院以来一直努力进取。他先后获得过"众达国际法律奖学金"和"贝克·麦坚时奖学金"等国际律师事务所颁发的奖学金。他参与的北大代表队2015年和2016年两度赴华盛顿参加了被誉为国际法学界"奥林匹克竞赛"的杰赛普（Jessup）国际法模拟法庭比赛，并在2016年第五十七届杰赛普国际法模拟法庭比赛中获得了循环赛全球第八名的佳绩。儿子的成长与进步也给了我莫大的安慰和支持。20世纪90年代初我首次涉足生殖健康研究时恰好在孕育儿子。在我们生殖健康项目专家、北京妇产医院张颖杰院长的帮助下，儿子在北京妇产医院呱呱坠地。20多年来，孩子的孕育和成长也见证了我在人口、健康与发展领域的摸爬滚打。

鉴于做人口、健康与发展研究的功底欠缺，文中不免有浅薄疏漏之处，诚请读者批评指正。

2016 年 6 月定稿

图书在版编目（CIP）数据

人口、健康与发展：全球化视阈与本土经验／胡玉
坤著. ――北京：社会科学文献出版社，2016.8
　（学术共同体文库）
　ISBN 978 – 7 – 5097 – 9370 – 1

Ⅰ. ①人…　Ⅱ. ①胡…　Ⅲ. ①人口 – 发展 – 研究 – 中
国　Ⅳ. ①C924.24

中国版本图书馆 CIP 数据核字（2016）第 143940 号

· 学术共同体文库 ·

人口、健康与发展
――全球化视阈与本土经验

著　　者／胡玉坤

出 版 人／谢寿光
项目统筹／张晓莉
责任编辑／智　烁　孙以年

出　　版／社会科学文献出版社·人文分社（010）59367215
　　　　　地址：北京市北三环中路甲 29 号院华龙大厦　邮编：100029
　　　　　网址：www. ssap. com. cn
发　　行／市场营销中心（010）59367081　59367018
印　　装／三河市东方印刷有限公司

规　　格／开　本：787mm × 1092mm　1/16
　　　　　印　张：19.25　字　数：324 千字
版　　次／2016 年 8 月第 1 版　2016 年 8 月第 1 次印刷
书　　号／ISBN 978 – 7 – 5097 – 9370 – 1
定　　价／128.00 元

本书如有印装质量问题，请与读者服务中心（010 – 59367028）联系